불신당하는 말

불신당하는 말

권력은 왜

피해자를

신뢰하지 않는가

데버라 터크하이머 | 성원 옮김

교양인
GYOYANGIN

| 일러두기 |

본문 하단의 각주는 저자와 역자의 주석이며 역주만 따로 표시했다.

살아남은 모든 이들에게 바칩니다

차례

이 책에서 나누는 이야기들은 성폭력과 성적 괴롭힘 이후에 펼쳐지는 다양한 경험을 담고 있다. 사람들이 얼마나 용감하게 그 이후 상황을 헤쳐 나갔는지 헤아릴 수 없이 많은 이야기를 담을 수도 있었다. 그 대신 나는 우리가 성범죄 고발인들을 대할 때 보이는 패턴을 드러내고 잘 들리지 않는 목소리를 키울 수 있는 사건들을 부각하는 쪽을 택했다. 선택한 이야기들은 성폭력 혐의를 제기했을 때 겪는 보편적 경험과 특수한 경험을 모두 반영한다. 때로 사생활을 보호하기 위해 이름과 신원이 드러나는 정보들은 바꿔서 표현했다.

맥락에 따라 더 적절한 단어가 있거나 당사자가 어느 한쪽을 선호하지 않는 한 '피해자'와 '생존자'를 섞어서 사용했다. 두 단어 모두 성범죄의 해악, 결과를 예측할 수 없으며 종종 불완전한 치유 과정, 그리고 성폭력 이후를 견디는 데 드는 에너지를 전달하려는 의도를 담고 있다. 작가 도나 프레이타스(Donna Freitas)는 이렇게 말했다. "나는 생존자이자 **동시에** 여전히 피해자다. 왜 그런지는 몰라도 나는 항상, 그리고 영원히 둘 다일 것이다."[1]

소년과 성인 남성 역시 성범죄의 피해자이자 생존자일 수 있지만 피해자의 대다수가 소녀와 성인 여성이라는 점은 우연이 아니다. 대부분의 가해자가 남성이라는 사실도 놀랍지 않다. 내가 가해자와 피해자를 언급할 때 젠더화된 대명사를 사용하는 것은 해당 사건이 가해자가 남성이고 피해자가 여성인 전형적인 성폭력 사건이라는 의미다.[2] 가해자가 피해자의 취약성을 이용할 수 있게 만드는 권력은 가해자가 폭력의 결과를 걱정할 필요 없도록 보호하는 역할도 한다. 오늘날에도 대부분의 성범죄는 제대로 다뤄지지 않고 있기에 결국 성범죄가 가능하도록 만드는 위계질서는 아무런 타격을 입지 않는다. 젠더는 성폭력, 그리고 그 이후의 상황과 떼려야 뗄 수 없다. 이 현실이 앞으로 이 책에서 들려줄 이야기들을 빚어낸다.

성폭력 사건은 결국 신뢰성 싸움이다

2020년 2월 초의 어느 아침, 내 경력 초창기에 검사로 일했던 로어 맨해튼의 형사 법원을 찾았다. 검사로 일할 때 나는 젠더 폭력 사건을 전담했는데 그중 많은 사건들을 생생하게 기억한다. 법원을 찾을 때면 그 사건들, 특히 피해자들이 다시 떠올랐다. 그날 법원을 찾은 건 하비 와인스타인 사건 때문이었다. 나는 노스웨스턴대학의 교수 신분으로 한 달간 이어진 재판을 면밀하게 추적하고 있었다. 그리고 마침내 개인적으로 재판 과정을 직접 관찰할 수 있게 되었다.

닷새 동안 숙의한 끝에 배심원단이 평결에 이르렀다고 발표한 날 나는 재판정에 있었다. 고발이 평결에 이르렀다는 사실만으로도 이 사건은 이례적이었다. 성폭행 고발 대부분은 구속이나 기소, 유죄 선고는커녕 체포로 이어지지도 않는다.[1] 미국 전체에서 경찰에 신고된 성폭행 사건 중 체포로 이어지는 건 겨우 20퍼센트 정도로 추정된다.[2] 일부 사법구역(jurisdiction)에서는 체포율이 이보다 훨씬 낮다.[3] 어찌어찌 재판까지 가는 데 성공하더라도 고발인과 피고발인이 아는 사이일 때는 배심원들이 더 성가셔 하는 경향이 있다. 그리고 피고발인이 권력 있는 남성일 때는 무사통과가 일반 규칙으로 작동하기에 배심원들이 책임 있는 태도를 보이는 경우는 눈을 씻고도 찾기 힘들다.

와인스타인이 법정에 서게 된 과정은 새 시대를 알리는 촉매 역할을 했다. 약 2년 반 전에 이 할리우드 거물의 약탈을 다룬 획기적인 내용이 보도되자 숨죽이던 속삭임은 이내 와자지껄한 대중의 공개 고발 합창으로 바뀌었다. #미투 해시태그(#MeToo)가 들불처럼 번졌다. 각계각층의 사람들이 나서서 자기 이야기를 나누며 출판계, 패션계, 음악계, 스포츠계, 광고계, 코미디계, 자선사업계, 접객업계, 소매업계, 법조계, 공장, 학계, 과학기술계, 종교계, 정치계 등에서 일어난 성폭력을 폭로했다. 사회운동가 타라나 버크(Tarana Burke)가 '미투' 운동을 시작한 지 십여 년이나 흐른 뒤의 일이었다. 사실 타라나 버크의 미투 운동은 성폭력 생존자들, 특히 유색인종 여성과 소녀 들의 힘을 북돋기 위한 것이었다.[4] 와인스타인이 재판을 받을 즈음 이 운동은 우리의 집단적인 소통과 의식의 전면으로 성폭력(sexual violence)•을 끌어냈다.

미투 운동이 들불처럼 번지자 활동가와 지지자 들은 이 기세를 몰아서 제도 변화를 요구했다. 그리고 몇 가지 주목할 만한 성공을 거뒀다. 와인스타인이 여성들을 침묵시키기 위해 수십 년간 기밀유지합의서를 사용한 사실이 밝혀졌을 때 주요한 관심이 되었던 핵심 문제인 비공개 계약은 12개가 넘는 주에서 사용이 제한되었다. 몇몇 주는 덜 심각한 괴롭힘같이 더 광범위한 행위를 포함하고 독립계약자와 인턴 같은 더 많은 피해자들을 보호하기 위해 성적 괴롭힘의 정의를 확장했다. 그리고 일부 주는 성적 괴롭힘 제소 기한(statute of limitations)을 연장했다.[5]

• 이 책에서는 성폭행과 성적 괴롭힘(육체적인 것과 비육체적인 것 모두)을 성범죄 또는 성폭력 범주에 포함하는 방식으로 사용했다.

초창기에 이런 성공을 거뒀는데도 제도와 그 제도를 둘러싼 문화를 개선하려는 우리의 노력은 거의 교착 상태에 빠졌다. 힘겹게 거머쥔 법적 성취는 우리가 이르러야 하는 지점에 한참 못 미친다. 지금도 여전히 미국 전역의 주 법원과 연방 법원, 심지어 가장 발전한 사법구역에서조차 민형사사건에서 고발인의 신뢰성을 깎아내리는 법을 유지하고 있다.

법 제도 바깥에서는 문제가 더 심각하다. 우리는 일상에서 다급하게 신뢰성을 판단하도록 요구받는다. 동료가 당신에게 성적 괴롭힘 사건에 관해 이야기할 때, 당신의 상사에 관한 조용한 경고를 듣게 될 때, 친구가 아주 오래전이나 얼마 되지 않은 과거에 성폭행을 당했다고 털어놓을 때, 한 지인이 다른 지인을 성범죄로 고발했다는 사실을 소셜 미디어에서 접하게 될 때, 평소 선망하던 정치인, 배우, 또는 운동선수에게 최근에 성폭력 혐의가 제기되었다는 뉴스를 읽을 때.

신뢰성 판단은 막강한 권력이다. 신뢰성은 그 자체로 권력의 한 형태이기 때문이다. 우리는 신뢰성을 판단할 때마다 좋은 쪽으로든 나쁜 쪽으로든 말하는 이의 가치를 평가하는 위치에 서게 된다. 하지만 우리는 이 권력을 사회적으로나 개인적으로나 문제 있는 방식으로 휘두른다. 미투 운동의 교훈에 활짝 열려 있는 사람들을 비롯해서 가장 선한 의도를 지닌 사람들조차도 여기서 자유롭지 않다.

우리는 자신도 모르는 사이에 내가 **신뢰성 구조**(credibility complex)라고 정의하는 힘의 군집에 영향을 받는다. 이 힘들은 우리의 판단력을 오염시켜서 고발인의 신뢰성을 폄하(credibility discount)하고 피고발인의 신뢰성을 과장(credibility inflation)하기 쉽게 만든다. 가장 취약한 여성들은 가장 극단적으로 신뢰성이 폄하되는 반면, 직위나 지위로 보호받는 남성들은 거대한 신뢰성 증폭(credibility boost)의 덕을 본다.

신뢰성 구조를 움직이는 동력은 크게 두 가지이다. 첫째는 문화다. 신뢰성 구조는 얼마나 논쟁적인지와 관계없이 우리가 공유하는 의미 시스템인 문화의 가장 깊은 지층을 뚫고 들어간다. 사회인류학자 애덤 쿠퍼(Adam Kuper)는 문화를 "사상과 가치의 문제이자 집단적 사고방식"이라고 규정한다.[6] 우리가 공유하는 의미 시스템은 균열이 있긴 하지만 어쨌든 존재한다. 여기서 핵심은 이 문화가 냉혹한 권력 불균형에서 비롯된 사회적 맥락과 뗄 수 없는 관계라는 것이다.[7] 이어지는 이야기에서는 위계질서, 불평등, 취약성, 특권이 모두 핵심적인 역할을 한다.

문화가 굴절되는 주된 방법은 개인의 행위와 태도를 통과하는 것이다. 이어지는 장에서는 신뢰성 구조가 사람들을 통해 힘을 얻는다는 사실을 확인하게 될 것이다. 이중 어떤 사람들은 일상적으로 신뢰성을 폄하하거나 과장하는 시스템 안에서 일한다. 이어질 설명에서는 경찰관, 교직원, 직장의 인사 담당자가 두드러진 역할을 한다. 친구, 룸메이트, 부모, 직장 동료도 마찬가지다. 문화적 규범을 초월하거나 문화가 자신의 내면에 남기는 흔적을 피할 수 있는 사람은 없다. 문화심리학자들이 인정하듯 인간의 마음은 문화의 산물이자 문화의 생산지다. 신뢰성 구조에서 개인 심리는 성폭력 주장을 둘러싼 집단의 반응을 거울처럼 그대로 비춰 보이는 **동시에** 집단의 반응에 불을 지핀다.[8]

좋든 싫든 우리는 모두 똑같은 문화에 푹 젖어 있다. 우리 중 일부는 이런 문화적 힘의 영향에 다른 사람보다 잘 적응하고 일부는 우리가 인식하게 되는 일반적인 오류와 편견을 조절하기도 한다. 성범죄 특유의 경험에 밝은 사람도 있는데, 이런 경험 역시 신뢰성을 둘러싼 의사 결정에 영향을 끼친다. 그리고 우리 대부분은 수많은 미투 고발을 접하며 성폭력에 관해 무언가 알게 된 것이 있다. 하지만 문화적 영향에서 자유로운 사람은 없다. 심지어 생존자조차도.

법은 신뢰성 구조를 움직이는 또 다른 큰 힘이다. 공동의 가치와 태도를 빚어내는 법의 기능은 눈에 띄지 않을 때가 많다. 법학자 나오미 메지(Naomi Mezey)는 "법은 작동하지 않는 것처럼 보일 때마저도 작동한다"고 말한다. 메지는 법 규정이 가장 친밀한 관계를 비롯한 모든 관계에서 "우리가 삶을 협상하고 정체성을 구성하는 기준선"을 결정한다고 설명한다.[9]

법은 미궁과 같아서 이러한 규정들은 마구잡이로 뻗어 나간다. 특정한 행동을 처벌하는 형법, 어떤 형태의 차별을 금지하는 법령, 이런 법을 해석하는 사법부의 견해, 법원에서 어떤 증거가 허용되는지 결정하는 규정, 민형사소송을 관장하는 절차가 모두 법이다. 이런 법의 근원들 모두 신뢰성 구조에 중요하다.

법은 문화적 이해 안에서 굳어지는 까닭에 다른 상황이었으면 감춰질 수도 있는 사각지대를 노출한다. 하지만 사회학자 수전 실비(Susan Silbey)가 관찰한 것처럼 "법은 다른 상황이라면 규범적으로 구성되었을 것을 반영하거나 성문화하는 것 이상의 역할을 한다." 법은 또한 문화를 형성한다. 실비가 지적한 대로 "법은 사회적 관계의 역할 구성에 적극 기여하는 문화적 과정의 일부이다."[10] 법은 신뢰성 구조를 강화하는 동시에 그것을 발가벗긴다.

2017년 당시 와인스타인은 여론 법정에서 흉악한 미투 범죄의 전형적인 악당이 되었다. 하지만 법정에서는 달랐다. 그곳에서 그는 모든 형사 피고인들처럼 합리적인 의심을 넘어서 유죄가 입증되지 않는 한 무죄로 추정되었다. 검찰 측은 고발인들의 말에 의지했는데, 고발인들의 신뢰성이 사건의 핵심이었기에 이들의 말은 번번이 공격당했다.

와인스타인 변호 팀은 성폭력 고발 여성을 향한 끈질긴 의심을 활용해서 거칠고 고통스럽게 반대 심문을 펼쳤다. 고발인들은 부와 명예를 얻고자 나선 거짓말쟁이로 그려졌다. 이들은 제 발로 취약한 자리를 찾아갔다며 비난받았다. 피고가 주장하는 합의된 성관계를 맺었지만 이를 후회하고 앙심을 품은 사람들로 몰렸다. 어째서 수년간 기다렸다가 나섰는지, 성폭행을 당했다고 주장하면서 왜 사건 이후에도 와인스타인과 친분을 유지했는지 압박을 당했다.

이는 여성의 신뢰성에 흠집을 낼 때 쓰이는 오래된 전략들이다. 이 전략들은 법정뿐만 아니라 법정 바깥, 즉 성범죄 혐의가 처음 제기되는 가장 신뢰할 수 있는 내부 집단 사람들에게도 전달된다. 와인스타인 배심원단을 노리고 설치된 함정에는 우리 중 누구라도 빠질 수 있다.

배심원단이 법정으로 돌아왔을 때 나는 법원 직원들이 평결이 나오기를 준비하며 와인스타인을 에워싸는 모습을 지켜보았다. 나는 이 순간이 와인스타인의 용감한 피해자들뿐만 아니라 어디에나 있는 성폭력 생존자들, 역경을 딛고 정의로 나아갈 수 있을지 지켜보던 모든 사람들을 위한 순간이라는 사실을 알았다. **유죄**. 고발인들은 신뢰를 얻었다. 고발인들이 진술한 사건은 실제로 일어났고, 그 일은 그릇된 일이었으며 이들의 고통은 중요하다는 믿음이었다. 이 여성들은 신뢰할 만하다고 밝혀졌다.

와인스타인에 대한 평결은 엄청난 승리를 상징했다. 하지만 이 순간이 있기까지 필요했던 것들이 떠올라 걱정스러웠다. 너무나 많은 여성들이 필요했다. 재판에서 증언한 여성은 여섯이었지만 수십 명이 와인스타인을 향해 공개적으로 들고일어나 경찰과 검사 들을 압박하여 소송을 만들어냈다. 수가 많아야 신뢰성을 인정받는다면 더 전형적인 단독 고발인들은 어떻게 되는 걸까? 그리고 일부 고발인들에게만 신뢰성이 주어진다면 — 와인스타인의 피해자 대부분은 백인 여성이었다 — 유색인종이나 다른 주변화된 여성이 성폭력에 관해 목소리를 높일 때는 무슨 일이 일어나는 걸까? 이런 시급한 질문들은 슬프게도 미투 운동이 미완임을 상기시킨다.

나는 처음에는 특수 피해자 담당 검사로 일했고 이후에는 법학자로 경력을 쌓아 가는 내내 신뢰성 구조가 성폭력 가해자에게 어떻게 면죄부를 마련해주는지 지켜보았다. 그리고 이런 상황을 끝장내려면 신뢰성에 대한 접근법을 바꿔야 한다고 믿게 되었다. 이 믿음은 내 일뿐만 아니라 이 세상에서 여성으로 살아가면서 한 경험과 관찰을 거쳐 얻은 것이다. 많은 권력자들이 기존의 가부장 질서를 유지하는 데 깊이 관여한다. 가부장 질서는 우리가 신뢰성과 신뢰성의 본질인 권력을 문제 삼기 전까지 꾸준히 지속될 것이다.

신뢰성 구조는 권력을 불균등하고 불공정하게 분배한다. 우리는 고발인의 신뢰성을 깎아내리는 폭넓은 경향에 주변화된 생존자들이 가장 심하게 시달린다는 사실을 확인할 것이다. 유색인종 여성, 빈민 여성, 장애 여성, 성소수자(LGBTQ), 이주 여성 들은 공무원, 가족, 친구를 불문하고 신뢰받지 못할 가능성이 가장 높은 고발인들이다. 이들의 말이 다르게 취급받는 건 위계질서가 만연한 사회에서 이들이 차지하고 있는 위치 때문이다. 생존자들은 이런 불평등한 처우를 예상하고 이를 피하기 위해 피해 사실을 발설하지 않는 경우가 많다.

여성들이 이야기하려고 나서도 신뢰성 구조는 이들을 너무나도 쉽게 묵살하게 만든다. 이들이 진술하는 사건을 믿지 않게 하고 이들의 잘못을 트집 잡게 하고 고통을 무시하게 만든다. 한편으로 우리는 신뢰성 구조 때문에 고발당한 남성의 이익을 드높인다. 혐의를 부인하는 남성의 주장을 받아들이고 이들에게 비난이 향하지 않도록 면제해주고 책임을 회피하려는 이들의 욕구를 우선시한다. 우리 대부분이 이런 경향에 쉽게 빠져든다. 우리가 나쁜 사람이라거나 생존자를 궁지로 몰아넣고 싶어서가 아니라, 항상 성폭행과 성적 괴롭힘의 피해자를 폄하해 온 가부장 문화에 푹 젖어 있기 때문이다.

대안은 있다. 우리의 의사 결정을 왜곡하는 영향력을 직시함으로써 누가 신뢰할 만한지 판단하는 데 더 나은 힘을 행사할 수 있다.

이어지는 이야기들은 가장 내밀한 방식으로 신뢰성 구조의 작동 방식을 조명한다. 성범죄 피해를 입은 여성들이 그 이후의 상황 때문에 어떻게 다시 상처받는지 보게 될 것이다. 일부 등장인물들은 이미 익숙할 것이다. 하비 와인스타인, 제프리 엡스타인, 알 켈리, 래리 나사르, 빌 코스비, 브렛 캐버노, 도널드 트럼프. 하지만 우리는 신뢰성 구조라는 새로운 렌즈로 이 익숙한 사건들을 들여다보려고 한다.

이 책에 실린 대부분의 이야기는 가해자가 유명하지도 않고 성폭력을 고발하는 진술이 헤드라인을 장식하지도 않은 여성들의 것이다. 이 여성들은 지나친 시련을 겪었다. 성폭력뿐만 아니라 그 이후에 벌어진 일 때문에 너무 심하게 내동댕이쳐졌다. 가해자뿐만 아니라 도움이 될 만한 반응을 할 수 없었거나 할 의지도 없었던 주변 사람들에 의해서. 자신의 친구, 동료, 가족에게 제일 먼저 털어놓은 피해자도 있었고 직장 관리자, 대학의 징계 담당자, 또는 경찰이나 검사에게 신고한 피해자도 있었다. 성폭력 고발을 들은 사람들은 본인도 몰랐겠지만 판단력이 부족해서 자신을 믿었던 여성에게 상처를 입혔다.

우리는 더 잘할 수 있다. 우리 모두 문제의 일부이지만 해법의 일부기도 하다. 누군가 털어놓는 피해 고발에 더 공정하게 반응할 수 있도록 스스로 재정비한다면 법 개혁과 문화 변화는 뒤따를 것이다. 시간이 지나면 신뢰성 구조를 해체할 수 있을 것이다. 그 길은 신뢰성 구조가 어떻게 작동하는지 이해하는 데서 출발한다.

1장

문제는 권력이다

신뢰성 구조의 작동 방식

의식을 하든 못하든 우리는 사회적 권력이 부족한 사람들에게 불리한 방식으로 신뢰성을 판단하기 쉽다. 우리는 사실을 주장하는 사람의 권위를 의심한다. 아무리 그 사람이 자신의 삶에 대한 사실을 말해도 말이다. 기존 질서를 위협하는 주장은 신뢰성 구조를 가동한다. 그리고 주변화되었거나 취약한 사람의 입에서 진술이 흘러나올 때 신뢰성 구조는 가장 활기를 띤다. 기본값은 묵살이다.

규칙은 단순하다. 시스젠더(cisgender)든 트랜스젠더(transgender)든, 인종이나 사회경제적 지위, 성적 지향이나 체류 신분이 어떻든 여성들에게는 신뢰성이 너무 적게 배정된다. 동시에 불리한 조건이 겹치면 상황은 위태롭다. 여성 원형이란 것이 존재하지 않듯 내가 말하는 **신뢰성 폄하**는 단 하나의 고정된 경험이 아니다.

신뢰성 폄하를 일단 의식하고 나면 도처에서 이 현상을 만날 수 있다. 신뢰성 폄하는 단발적이거나 별스러운 현상이 아니다. 패턴화되어 있고 예측 가능하다. 일터에서 당신의 기여가 무시당할 때 신뢰성 폄하가 일어난다. 병원에서 증상을 설명하는 당신의 말이 사실이 아니라거나 중요하지 않은 것으로 취급될 때, 임금 협상 과정에서 당신의 요구가 부적절하다고 묵살당할 때, 교실에서 당신의 통찰력이 가치를 인정받지 못하고 축소될 때, 친밀한 관계에서 어째서인지 당신이 다른 사람들의 행동을 책임져야 할 때. 심지어 이런 순간들이 젠더와 연결되어 있다고 감지할 때도 당신의 신뢰성과 관계가 있다고는 생각하지 못할 수 있다. 신뢰성 폄하의 작동 방식을 이해하면 어째서 이런 순간에 위축감을 느끼는지 알게 될 것이다.

어떤 여성이 성폭력을 주장하며 나설 때 신뢰성을 폄하하려는 광범위한 사회적 충동이 절정에 달한다. 이때 젠더, 권력, 성적 권리 의식,* 문화적 신화, 법적 보호 장치 들이 서로 충돌한다. 나는 이런 충돌 속에서 신뢰성 폄하를 인식했고, 신뢰성 폄하의 전형이 바로 이런 모습이라고 생각한다.

자신의 경험에 신뢰성 폄하라는 이름을 붙이지는 못해도 대부분의 고발인들은 이런 사실을 잘 안다. 많은 이들이 앞에 나섰다가 묵살당하고, 이보다 더 많은 이들이 바로 이런 가능성 때문에 침묵한다. 어쩌면 얼마 전에 묵살당한 경험이 있을지도 모른다. 다른 고발인들이 묵살당하는 모습을 보았을 가능성도 농후하다. 신뢰성 폄하를 피할 수 없다고 느낄 수 있다.

신뢰성 폄하의 파급력이 너무 크다고 느낄 수도 있는데, 실제로 그렇다. 신뢰성에는 주장의 진실성에 대한 믿음보다 훨씬 많은 것들이 딸려 있다. 피해 주장이 신뢰할 만하다고 여겨지려면 우리는 그 주장이 설명하는 행동이 비난받을 만하고, 그것이 관심을 쏟을 만한 가치가 있다고

성적 권리 의식(sexual entitlement) 남성은 성적 충동을 억제하지 못하므로 여성이 여기에 맞춰줘야 한다는 관념.(역주)

믿어야 한다. 성폭력 혐의를 제기하고 나선 어떤 사람이 다음 세 주장을 내세운다고 생각해보자. **이런 일이 일어났다, 그 일은 잘못이다, 이 문제는 중요하다.** 각각의 주장은 모두 중대하다. 이중 어느 하나라도 사랑하는 사람이나 공식 대응자가 부인할 경우 이 고발인은 묵살당한다.

고발을 들은 사람이 문제의 행동이 일어나지 않았다고 판단할 수도 있다. 아니면 그건 피고발인이 아니라 고발인의 잘못이었다고 판단할 수도 있다. 또는 관심을 쏟을 정도로 충분히 피해가 크지 않았다고 판단할 수도 있다.

어떤 판단을 하든 결과는 동일하다. 고발을 들은 사람은 확신하지 못하고 기존 질서는 유지된다. 세 주장의 모든 부분 — **이런 일이 일어났다, 그 일은 잘못이다, 이 문제는 중요하다** — 이 받아들여지지 않는 한 혐의는 사실이 아니거나, 비난할 정도가 아니거나, 중요하지 않다는 이유로 묵살당한다. 이 세 가지 폄하 메커니즘은 중첩될 수 있고 종종 함께 엉켜서 작동한다. 하지만 각각의 판단 단독으로도 혐의를 가라앉히기에 충분하다.

남성을 상대로 성폭력 혐의를 주장하는 대부분의 여성들은 신뢰성 폄하와 직면할 것이다. **권력 있는** 남성을 상대로 혐의를 제기할 때는 훨씬 혹독하게 신뢰성이 폄하된다. 확실히 해 두자면 성범죄 피해를 당한 남성이 문제를 제기할 때도 신뢰성 폄하를 경험할 것이다. 하지만 이 책 전체에서 나는 가부장제를 가장 위협하는 사람들, 즉 여성 고발인들에게 초점을 맞췄다. 남성의 성적 특권을 우선시하는 가부장제 사회에서는 신뢰성 폄하가 특별한 효능을 지닌 채 작동한다.

신뢰성 폄하에는 이면이 있다. 나는 그것을 **신뢰성 과장**이라고 부른다. 신뢰성 폄하와 신뢰성 과장은 함께 신뢰성 구조를 규정한다. 신뢰성 폄하에 고발인의 세 가지 주장에 각각 대응하는 세 측면이 있듯 신뢰성 과장도 그렇다. 그것은 가해자가 거의 책임을 지지 않게 보장하고, 이들을 용인하는 시스템이 유지되도록 허용한다.

이 모든 게 자연스럽고 어쩔 수 없는 일처럼 보일 수 있다. 신뢰성 과장은 워낙 몸에 깊이 배어 있는 사고방식이어서 시야에서 완전히 사라질 때가 많다. 하지만 신뢰성 구조가 작동하는 데는 똑같이 필수적이다.

우리 사회는 권력 있는 남성에게 보이지 않는 혜택을 제공한다. 철학자 로런 레이든-하디(Lauren Leydon-Hardy)가 내게 말했듯 우리는 이런 남성들에게 "과도한 신뢰성을 부여"하도록 배운다. 이들은 지난 사건과 그 사건의 의미와 의의에 대해 결정적인 발언을 할 수 있는 권위를 부여받는다. 이들은 내가 필요 이상으로 관대한 신뢰성 증폭이라고 생각하는 것을 누린다. 레이든-하디의 지적대로 사실 이 신뢰성 증폭은 "사회적 규범을 따른다." 우리가 삶을 헤쳐 나가기 위해 집단적으로 사용하는 '로드맵'이 우리에게 남성의 권위, 즉 의사 결정을 할 권위뿐만 아니라 세상을 해석할 권위까지 인정하라고 "반복하고 또 반복해서" 말한다는 것이다.

두 당사자의 주장이 상충하는 어떤 진술을 평가할 때 우리는 일반적으로 혐의 제기는 지나칠 정도로 의심하고 **동시에** 혐의 부인은 과도하게 신뢰한다. 이런 반응은 해당 사건을 전형적으로 '남자의 말과 여자의 말이 다른 상황'이라고 여기는 맥락에서 쉽게 발견할 수 있다. 하지만 제기한 혐의가 모두 부인당하는 건 아니다. 때로는 피고발 남성의 입장에서 재구성한 이야기를 듣지 못하기도 하고, 남성이 자기가 저지른 일을 인정하기도 한다. 그렇지만 **여전히** 그는 신뢰성 증폭의 수혜를 입을 수 있다. 다만 이제는 증폭의 수혜가 책임의 영역(그건 그 **남자 잘못이 아**

니었어), 그리고 관심의 영역(그 남자는 그런 행동의 결과에 시달리기에는 너무 중요한 사람이야)에서만 작동한다.

이런 격상은 우리가 고발인에게 책임을 뒤집어씌우고 고발인이 겪는 시련에 냉담하게 반응하는 데 견주면 특히 두드러진다. 이걸 서로 맞물린 시스템으로 생각할 수 있다. 고발인의 신뢰성을 폄하하는 각각의 메커니즘에는 거기에 상응하는 피고발인의 신뢰성을 과장하는 메커니즘이 있다. 고발인은 일상적으로 불신받고 비난받고 무시당하지만 이들이 고발하는 남성들은 손쉽게 믿음을 얻고, 비난을 면하고, 중요한 사람으로 부풀려진다.

우리는 피고발 남성의 말도 안 되는 부인이 당연하게 신뢰받을 때 그 사실을 잘 알아차리지 못할 수 있다. 성범죄가 피해자의 잘못으로 정당화될 때나 외부에서 사건에 개입해야 할 정도로 악행이 충분히 해롭지 않다며 피고발인이 용서받을 때도 마찬가지다. 하지만 이런 신뢰성 과장 메커니즘은 고발인에게 폄하 메커니즘과 동일한 영향을 준다.

이는 전혀 놀라운 일이 아니다. 신뢰성 폄하와 과장은 모두 같은 뿌리, 즉 권력의 축을 따라 신뢰성을 부여하는 신뢰성 구조에서 함께 자라난 가지와 같기 때문이다.

로즈 맥고완은 하비 와인스타인을 무너뜨린 사건들의 연쇄를 촉발한 여성이다. 수십 년간 이 프로듀서의 성범죄는 일부 집단에서는 공공연한 비밀이었다. 하지만 와인스타인에게 맞서 공개적으로 나서는 여성은 아무도 없었다. 이런 상황은 2016년 가을, 배우이자 페미니스트 활동가인 맥고완이 익명의 어떤 "스튜디오 대표"가 자신을 강간했다는 글을 트위터에 올리면서 변하기 시작했다.[1] 맥고완의 글은 와인스타인이 수많은 여성들을 성폭행했다는 주장을 막 보도하려고 준비 중이던 정상급 기자들의 눈에도 띄었다. 그로부터 1년 뒤, 조디 캔터(Jodi Kantor)와 메건 투히(Megan Twohey)가 〈뉴욕타임스〉에, 로넌 패로(Ronan Farrow)가 〈뉴요커〉에 와인스타인의 범죄에 관한 블록버스터급 폭로 기사를 터트렸다.[2]

맥고완은 비망록 《브레이브(Brave)》에서 자신의 영화가 개봉하던 1997년 선댄스 영화제에서 어떻게 한 업무 회의에 불려 가게 되었는지 설명한다. 맥고완이 "그 괴물"이라고 칭하는 와인스타인이 거대한 호텔 스위트룸에서 일하고 있었기에 회의는 거기서 열렸다. 회의가 끝나자 와인스타인은 맥고완에게 문까지 바래다주겠다고 말했다. 하지만 맥고완에 따르면 그 말과 달리 와인스타인은 맥고완을 자쿠지 욕조로 밀어 넣고 거기서 구강성교를 강요했다. 맥고완은 충격에 휩싸여 호텔을 나왔다. 맥고완은 "내 인생은 결코 그 전과 같을 수 없었다"라고 썼다.[3]

맥고완은 전혀 알 수 없었지만, 이후 최소 100명의 여성이 결국 와인스타인을 성적 괴롭힘이나 성폭행으로 고발한다. 그리고 이중 24명은 훗날 '침묵을 깬 사람들(Silence Breakers)'로 알려진다. 맥고완이 직접 나서서 이 눈사태를 일으키기까지 20여 년이 걸렸다. 1997년 당시 맥고완은 자신이 혼자라고 믿었고 사건을 신고하지 않기로 했다. 자신이 유명인이든 아니든, 고발 대상이 유력 인사든 아니든 다른 많은 생존자들처럼 맥고완은 신뢰성 구조의 간교한 메시지에 넘어갔고 자신의 신뢰성을 스스로 폄하했다.

"나는 그 일이 일어나기 전날 밤에 극장에서 그가 어떻게 내 뒤에 앉아 있었는지 생각하고 또 생각했다"고 맥고완은 말한다. "딱히 내 책임이 아니었는데도 그것 때문에 내가 그 인간을 유혹하는 데 한몫한 것 같은 기분이 들었다. 그래서 훨씬 견디기 힘들었고, 내가 더 더럽게 느껴졌다. 다른 피해자들도 이런 기분이라는 걸 안다. 우리는 자신을 탓하면서 사건 테이프를 돌려보고 또 돌려본다. 이렇게 했더라면, 이렇게 했더라면, 이렇게 했더라면."

맥고완은 경찰에 신고할지 고민하다가 포기했다. "내가 이 문제를 공개적으로 제기해도 그 괴물에게는 아무런 일도 일어나지 않겠지만 나는, 나는 다시는 일하지 못하리라는 걸 알았다"고 맥고완은 설명했다. 와인스타인의 주변인들, 그가 할리우드와 미디어와 정계에서 골라 모은 권력자들이 그를 계속해서 보호하리라고 생각했다. "그건 아무래도 상관없으니까." 맥고완은 말한다. "그게 비즈니스고 나는 그냥 여자애 한 명일 뿐이니까."[4]

20여 년이 흐른 뒤 맥고완이 더는 침묵하지 않으려 한다는 사실을 알게 된 와인스타인은 자신의 법률 팀과 열심히 모은 일군의 스파이들을 이용해서 맥고완을 인신공격하기 시작했다. 캔터와 투히가 결국 보도한 내용에 따르면 와인스타인에게 자신의 법률 서비스를 성공적으로 홍보한 변호사 리사 블룸이 '세계의 장미들'•, 특히 맥고완과 벌이는 전투를 거들겠다고 자청했다. 블룸이 와인스타인에게 전달한 메모에는 "여자의 말을 반박하면서 그 여자를 병적인 거짓말쟁이로 몰아세울 온라인 캠페인"을 제안하는 내용이 담겨 있었다. 나아가 블룸은 "그 여자가 점점 이성을 잃고 있다는 기사"를 내서 "사람들이 그 여자를 구글에서 검색했을 때 그런 기사가 튀어나오게 해 그 여자의 신뢰가 실추되게끔" 하자고 제안하기도 했다.[5]

• 맥고완의 이름이 장미(Rose)인 데서 착안하여 도처에 널린 와인스타인의 피고발인들을 비유한 표현.(역주)

작업은 효과가 좋았다. 맥고완은 이렇게 말했다. "그 사람들은 정말 정말 일을 잘했다. 그리고 사람들은 그런 걸 믿고 싶어 한다. 그렇지 않은가? 어떤 끔찍한 일이 일어났을 때 사람들은 그런 걸 믿어야 마음이 더 편해진다. 그렇지 않은가? 그래야 밤에 잠자리에 들면서 그런 일은 나쁜 사람들에게만 일어난다며 마음을 놓을 수 있다. 하지만 현실은 그렇지 않다."[6]

맥고완은 와인스타인 측이 공격하자마자 그 일에 대한 소식이 "할리우드 전체에 들불처럼 번졌"고 자신이 블랙리스트에 올랐다고 말한다. "할리우드에 있는 온갖 재수 없는 인간들이 나의 가장 취약하고 상처 입은 순간을 아는 것만 같았다. 그리고 그 일로 벌 받는 쪽은 나였다. 성폭행이 반복해서 되풀이되는 것 같았다."

"모두가 그게 그냥 사라지기를 원한다. 그래야 마음이 편해지니까."[7] 성범죄가 사라진 것처럼 보이려면 '세계의 장미들'의 신뢰가 실추되어야 한다.

신뢰성 폄하 메커니즘

우리가 고발인의 신뢰성을 판단할 때는 세부 사항이 중요하다. 해당 여성이 주변화되었거나, 부차적이거나, 그외 다른 취약 집단에 속할 때 이들이 제기한 혐의는 신뢰받을 가능성이 훨씬 적다. 계급은 중요하다. 직업도 중요하다. 체류 신분도 중요하다. 마약과 알코올 복용 여부도 중요하다. 성적 이력도 중요하다. 성적 취향도 중요하다. 법학자 트리나 그릴로(Trina Grillo)는 "젠더와 불가분의 관계"인 인종은 다른 어떤

세부 사항보다 중요하다고 지적했다.[8]

우리가 신뢰성을 판단할 때 저지르는 실수는 무작위로 분포하지 않는다. 오히려 한 방향으로 움직이는 경향이 있다. 권력이 적은 사람에게는 불리하고 권력이 많은 사람에게는 우호적인 방향으로 움직인다. 다시 말해 일반적으로 이미 비교 열위에 있는 피해 고발인은 손해를 보지만 이미 비교 우위를 점하고 있는 피고발 남성은 득을 본다는 뜻이다.

오랜 시간 동안 한 가지 주목할 만한 예외가 있어 왔다. 백인 여성이 흑인 남성에게 성폭행을 당했다고 주장할 때 권력 있는 백인들이 이 혐의를 너무 손쉽게 인정했던 길고도 비극적인 역사가 그 예외다. 역사학자 에스텔 프리드먼(Estelle Freedman)에 따르면 "인종 지배의 역학을 잘 보여주는 예시로 강간에 대한 대응만 한 게 없다." '성범죄자 흑인 남성과 취약한 백인 여성' 신화는 노예제 시대에 정착되었다. 하지만 이 시기 흑인 남자들을 겨냥한 강간 혐의는 아무리 허울뿐이어도 법 제도 안팎에서 백인의 폭력을 정당화하는 데 일상적으로 활용되었다. 흑인 남자들에게 전략적으로 강간 혐의를 뒤집어씌우는 동안 백인 남자들은 아무런 처벌도 받지 않고 자신의 여자 노예들을 강간할 수 있었다. 프리드먼은 19세기 말까지 인종에 대한 두 가지 믿음이 미국 전역에서 강간을 규정했다고 말했다. "첫째, 흑인 여자들은 워낙 성적으로 문란해서 강간이 성립하지 않는다는 믿음. 둘째, 흑인 남자들은 백인 여성의 정조를 위협한다는 믿음."[9]

이 역사는 오늘날까지 성범죄에 대한 반응에 영향을 끼친다. 많은 유색인종 피해자들이 성폭력의 후과를 설명할 때 자신의 인종을 언급한다. 백인 여성들은 대부분 자신의 인종을 전혀 언급하지 **않는데**, 그릴로의 표현에 따르면 백인 여성들은 "스스로 백인이라기보다는 '인종이 없는 상태'라고 여길 때가 많"기 때문이다.[10] 고발인의 인종이 무엇이든 인종은 타인이 고발인의 신뢰성을 판단하는 것과 긴밀하게 얽혀 있다.*

벤케일라 헤인스 사례를 살펴보자. 최근에 대학원에 입학한 헤인스는 대학 1학년 때 강간을 당했다고 말한다. 내가 그 이후 상황을 묻자 헤인스는 자신이 그 사건을 당국에 신고하기를 꺼리게 된 이유를 이해하려면 훨씬 더 과거로 거슬러 올라가야 한다고 분명하게 밝혔다. 헤인스는 열두 살 때 청년 모임에 열심히 참여하던 교회 구성원에게 반복적으로 성폭력을 당했다. 흑인인 그 사람은 교회에는 "정말 아무것도 요구하지 않았지만 대신 흑인 소녀들에게 성폭력을 저지르곤 했다"고 헤인스는 말했다. 헤인스는 "무언가 잘못 돌아가고 있다는 건 알았"지만 성폭력이 이어지는 한 아무에게도 말할 수 없었다. "누군가 내 목소리를 빼앗아 간 기분이었어요. …… 그 성폭력의 시간 내내 침묵을 지켰어요."

헤인스는 자신이 당한 성폭력에 관해 침묵을 지켰지만 같은 사람에게 성추행을 당하던 다른 소녀는 가만히 있지 않았다. 이 소녀의 주장이 사람들에게 알려졌지만 교회는 아무런 조치를 취하지 않았다. "그다음 일요일에 그 남자는 다시 교회에 나왔어요. 그리고 바로 그날 또다시 내게 성폭력을 저질렀죠." 성폭력은 헤인스의 가족이 이사할 때까지 5년 넘게 이어졌다. 이를 통해 헤인스는 신뢰성 폄하를 처음 접했고, 그 경험은 세상에 대한 헤인스의 관점과 그 안에서 자신의 위치를 형성하는 데 깊은 영향을 끼쳤다.

몇 년이 흐른 뒤 헤인스는 캠퍼스 내 성폭행을 신고해야 한다는 생각

• 이후 설명에서 고발인이 스스로 밝힌 경우에는 인종을 언급했지만, 그렇지 않은 경우에는 백인성이 지워지거나 암묵적인 규범이 되지 않도록 하는 방법을 찾으려 했다.

을 억누르게 되었다. 헤인스는 인근 대학의 한 운동선수에게 강간을 당했다고 말한다. 가해자는 친한 친구였고, 어린 시절에 겪었던 성폭력을 최초로 털어놓은 이들 중 한 명이기도 했다. 성폭행을 당한 후 헤인스는 제일 처음 경찰과 엮이지 말아야겠다는 생각이 떠올랐다고 기억한다. 헤인스는 "나는 흑인이고 여자다 보니 곧바로 911에 신고하지도 않고 법 집행을 신뢰하지도 않아요. 왜냐하면 성범죄가 경찰의 만행과 관련된 사례들도 있고 그런 건 아주 아주 민감한 주제들이니까요."라고 내게 설명했다. 헤인스는 피해자가 문제 제기를 한 뒤에도 소녀들을 추행하던 교인에게 교회가 아무런 조치도 취하지 않았던 몇 년 전 일도 떠올렸다.

갓 입학한 대학 신입생 때, 헤인스는 대학 당국에 성폭행 사실을 신고할지 고민했지만 자신이 강간당했다는 사실은 전혀 의심하지 않았다. 하지만 굴하지 않고 목소리를 낼 "강인함"이 자신에게 있는지, 그리고 모든 역경을 딛고 믿음을 얻을 수 있을지 자신하지 못했다. 자신이 "이번에는 보호받을" 수 있을지 아니면 어린 시절에 피해 사실에 대해 침묵했을 때처럼 또다시 "다른 사람들을 보호"해야 하는지 의심스러웠다.

긴 망설임 끝에 주변 사람들이 자신의 이야기를 중요하게 받아들이지 않을 수 있다고 충분히 의식하면서도 헤인스는 성폭행을 신고하기로 결심했다. 헤인스는 대학 당국의 반응은 피해자인 **자신에게** 책임을 돌리는 것이었다고 말한다. "학교 밖에 있는 그 아파트에 가지 말았어야지. 그런 옷을 입지 말았어야지. 그런 남자애들하고 어울리지 말았어야지. 공부에 집중했어야지." 헤인스는 "모든 책임이 나에게 돌아왔다"고 강조한다.

헤인스는 결국 신고를 취하했다. "내 상처, 감정, 경험보다 가해자를 보호해야 한다고 강요받은 기분이 들었어요. 아무도 나를 보호할 생각이 없었어요." 헤인스는 자신에게 일어난 일이 중요하지 않다고 느꼈다. "자신의 인생이 소중하지 않다"는 기분만 남았다. 헤인스는 나중에 이렇게 썼다. "강간당한 흑인 여자는 중요한 존재가 아니다."[11]

흑인 여성의 신뢰성은 백인 여성과 다른 방식으로 폄하된다. 흑인 여성들은 백인 여성보다 더 심하게 멸시될 뿐만 아니라 멸시되는 방식도 다르다. 법학자 앤절라 P. 해리스(Angela P. Harris)의 말마따나 흑인 여성들은 "그냥 좀 더 폄하되는 백인 여성일 뿐"인 게 아니다.[12] 신뢰성에 관한 한 흑인 여성의 섹슈얼리티에 대한 해묵은 신화는 흑인 고발인들이 직면하는 불신과 비난과 무시에 영향을 끼친다.[13]

애니타 힐의 경우를 생각해보자. 변호사였던 힐이 미국 역사상 두 번째 아프리카계 대법관인 클래런스 토머스에게 성적 괴롭힘을 당했다고 주장하여 청문회가 열렸는데 이는 30년 가까이 지난 지금, 미국 현대사에서 가장 중대한 사건 중 하나로 남아 있다. 언론인 제인 메이어(Jane Mayer)는 이렇게 썼다. "청문회는 토머스와 그 변호인들이 힐의 인격을 깎아내리고 신뢰성을 박살내서, 실제로는 아무 증거도 없는데도 힐을 거짓말쟁이, 몽상가, 음란증이라고 비난하는 충격적인 대결로 이어졌다."[14] 힐의 주장을 의심하는 사람들은 몇 년 전 평등고용기회위원회에서 힐이 토머스의 부하 직원으로 일할 때 토머스를 고발하지 않고 그냥 떠났던 일을 지적했다. 사실 그 시기에 힐은 자신과 토머스를 모두 알고 지내는 친구에게 자신이 토머스에게 2년간 성적 괴롭힘을 당했다고 이야기했다.

"믿을 수 없어!" 친구가 반응했다. "무슨 뜻이야?" 힐이 물었다. "널

못 믿는다는 말이 아니야." 친구가 설명했다. "하지만 클래런스 토머스가 그런 짓을 했으리라고는 믿을 수가 없어." 힐은 울기 시작했다. 이대화는 "다시 누구에게든 그 경험을 이야기해야 할지에 관한 힐의 생각에 큰 영향을 끼쳤다"고 전해졌다. 힐은 당시에 "내 친구가 이런 식으로 반응한다면 그의 편인 다른 사람들도 똑같이 반응하리라"고 생각했다고 훗날 회상했다. 힐은 10년 가까이 이 문제를 다시 꺼내지 않았다.[15]

토머스가 대법관으로 지명되었을 때 그를 공개적으로 고발하기 위해 나선 힐은 다시 한번 묵살당했다. 토머스는 대법관으로 확정되었지만 힐의 명성은 걸레 조각이 되었다. 한 정치 평론가의 표현에 따르면 보수 집단 안에서 힐은 "살짝 맛이 가고 살짝 문란한", 제정신이 아닌 데다 단정치 못한 여자로 널리 묘사되었다.

힐은 자신의 경험을 돌아보며 흑인 여성은 "하나의 집단으로서" 오랫동안 "문란하고 언제든 취할 수 있는 존재로 여겨졌다"고 기록한다. 노예인 "이들을 성폭행하는 것은 범죄가 아니"었고, "항의할 정도로 무모한" 피해자들은 "망상에 빠졌거나 피해 의식에 사로잡혔다는 비난을 받았다." 몇 세기가 지난 뒤에도 이와 동일한 이야기가 힐의 주장을 묵살하는 데 사용되었다. 힐은 "어떤 대상을 향한 욕구 때문에 현실과 허구를 구분하지 못하는 색정광으로 나를 거짓 캐스팅한 것은 흑인 여성 섹슈얼리티 신화에 딱 맞아 들어맞는다"고 쓴다.[16]

흑인 여성이 세 가지 주장 — **이런 일이 일어났다, 그 일은 잘못이다, 이 문제는 중요하다** — 을 들고 나올 때 신뢰성 폄하가 가장 극심해진다. 주장이 사실로 받아들여진 피해자들도 종종 냉담하게 취급당한다. 흑인 여성들이 사회뿐만 아니라 자신이 속한 인종 커뮤니티 내에서마저 자신의 가치가 위축되었음을 알게 될 때처럼 말이다. 애니타 힐은 "우리의 인종 정체성을 유지하기 위해 우리의 젠더를 부정"해야 한다는 강요가 있음을 인정하며 이 때문에 흑인 여성들은 자신이 당한 피해에 침묵해야 한다는 압박에 시달린다고 말한다. "흑인 남성을 겨냥한 폭력과 린치에 대한 이야기들은 성적 괴롭힘, 가정 폭력, 심지어는 강간에 저항하지 못하도록 억누르는 규칙들을 강화한다"고 힐은 덧붙인다. "우리는 그 경험이 개인에게 상처를 입힐 수 있지만, 폭로하면 흑인 공동체 모두가 상처를 입는다는 말을 듣는다."[17]

불신, 비난, 무시라는 세 가지 폄하 메커니즘은 흑인 여성에게 특히 가혹하다. 한 연구에 따르면 가족에게 성폭행 사실을 알린 피해자들은 세 가지 공통된 반응에 맞닥뜨렸다. 피해자가 겪은 성폭행을 부정하거나, 피해자를 탓하거나, 주장을 완전히 무시했다.[18] 성폭력 위험에 많이 노출된 사람일수록 불신받고, 비난받고, 무시당할 가능성이 높고 그래서 정식 고소 절차를 밟을 가능성이 적다. 흑인 여성들의 폭로를 막는 장애물을 연구한 심리학자들은 그 요인으로 "사법제도 안에서 발생하는 실질적이고 감지되는 부당한 처우로부터 아프리카계 남성 가해자들을 보호해야 한다는 문화적 명령"을 지목하기도 했다.[19] (연구에 따르면 미국 원주민 여성에 대한 성폭행은 압도적인 비율로 다른 인종에 의해 발생하는데 이 경우를 제외하면 대다수 성폭행은 같은 인종 내에서 일어난다.)[20]

흑인 여성의 경우에 나서서 문제를 드러내는 행위는 배신으로 간주될 수 있다. 페미니스트 활동가이자 아프리카계미국인학 학자인 살라미샤 틸렛(Salamishah Tillet)은 "전형적인 흑인 남성 강간범에 대한 고정관념은…… 이 문제를 드러내면 인종 반역자로 낙인찍히거나, 심하게는 흑인 남자들을 불균형하게 많이 투옥해 온 사법제도의 공모자로 비춰질 수 있다는 두려움 때문에 아프리카계 미국인 남성에게 성폭행당한 흑인 여성들을 침묵하게 만들어 왔다"고 말한다.[21] 애니타 힐은 흑인 여성들이 이런 방식으로 침묵을 강요받다 보니 이들에게 "모멸감을 크게 키우는 일종의 자기 부정"이 나타나기도 한다고 설명했다.[22]

미투 운동의 문을 연 타라나 버크는 유명 인사에 비해 눈에 잘 띄지 않는 피해자들에게 꾸준히 집중해 왔다.[23] 버크는 이런 생존자들의 이야기가 제대로 평가받으려면 이들의 고통을 중요하게 여겨야 한다고 주장한다. 다큐멘터리 시리즈 〈알 켈리에게서 살아남기(Surviving R. Kelly)〉의 총괄 제작자였던 영화감독 드림 햄튼(dream hampton)은 그렇게 하지 않으면 흑인 여성들은 자신의 피해 사실을 알리기 주저할 거라고 말한다. 그리고 이렇게 설명한다. "이것은 흑인 여성들이 입을 열지 못하게 하는 방법이다. 사법제도에서 흑인 남성들이 피해자라는 사실은 다른 모든 피해를 압도한다."[24]

언론인 자밀 스미스(Jamil Smith)는 이렇게 말한다. "우리 흑인 공동체의 여성 구성원들은 때로는 자신의 존엄과 안전을 희생해 가며 집단적인 인종 투쟁을 우선시하도록 끊임없이 요구받아 왔는데도 감히 흑인 강간범을 비난하면 우리의 전통과 문화의 배신자라는 꼬리표가 달린다."[25] 피해자보다 가해자를 더 걱정하는 세상에서 흑인 여성들은 자신을 희생하더라도 침묵할 수밖에 없는 이유가 추가된다.

인종을 막론하고 일단 유색인 생존자는 일반적으로 가해자보다 덜 중요하다고 인식된다. 정체성과 불평등이 중첩되는 층위를 설명하기 위해 '교차성(intersectionality)'이라는 단어를 만든 법학자 킴벌리 윌리엄스 크렌쇼(Kimberlé Williams Crenshaw)는 "유색인 여성은 경제·사회·정치 세계에서 다른 위치에 놓인다"고 말한다.[26] 고발인이 흑인이든, 라틴계든, 아시아계 미국인이든, 무슬림이든, 이 모든 것 그리고 그 이상의 것들이 고발인의 신뢰성을 판단하는 방식에 정보를 제공한다.

원주민 여성들은 다른 유색인 여성들과 유사한 방식으로 신뢰성 폄하를 경험하지만, 동시에 이 경험에는 독특한 면도 있다. 2014년 맥아더 펠로로 선정된 법학자 세라 디어(Sarah Deer)는 오클라호마주 머스코지(크리크) 네이션 출신이다. 디어는 20여 년을 원주민 젠더 폭력 생존자들을 돕는 데 바쳤다. 디어는 이 생존자들은 "가장 많이 희생된 피해자일 뿐만 아니라 정치적이고 정치화된 성폭력의 첫 번째 희생자인 원조 피해자이기도 하다"고 설명한다. 원주민 여성들은 믿기 힘든 놀라운 비율로 성폭력에 시달린다. 정부 추정에 따르면 살면서 성폭력 피해를 당한 적 있는 원주민 여성이 절반이 넘는다.[27] 일부 공동체, 특히 외딴 마을에서는 성폭행이 더 많이 발생한다. 사우스다코타주 양크턴 수 원주민 보호구역의 한 여성 보건중재인[*]은 "성폭행은 예상 밖의 일이라기보다 예상할 수 있는 일"이라고 말한다.[28]

공무원들은 신고가 무의미할 정도로 원주민 생존자들의 신뢰성을 터무니없이 폄하한다. 원주민 여성들은 성폭행을 당했을 때 자신의 주장이 무시당할 가능성이 높다는 걸 잘 안다. "어머니나 언니나 숙모들이 신고하는 걸 보았거나 신고했다고 들었을 수 있다." 디어는 말한다. "그리고 아무도 빌어먹을 대응을 하지 않았다. 그런데 어째서 내 사건은 다를 거라고 생각할 수 있겠는가?"

원주민 공동체는 자신들을 보호할 책임이 있는 법 집행관들이나 이론상 사건을 판단하게 될 배심원들과 물리적으로 분리된 경우가 많다. 본토 48개 주에서 원주민 여성 대상 성폭행 사건의 기소는 거의 연방

보건중재인(health advocate) 심신이 취약한 상태의 환자나 범죄 피해자에게 의료 정보를 정확하게 안내하고 조력하며 당사자의 이익을 위해 힘쓰는 일을 하는 사람.(역주)

정부의 몫이다. 원주민 공동체는 비원주민 가해자에 대한 사법 권한이 없기 때문에 사건을 맡을 수 없다(다시 말하지만 원주민 여성을 성폭행하는 가해자 대다수가 비원주민이다).[29] 이로 인한 거리감 때문에 사건을 추적하고 심리하는 외부인들은 원주민 여성을 더욱 무시하고 이들의 고통을 가중한다.

원주민 여성들에게 관심을 쏟지 않기로는 지역 법 집행관들 역시 마찬가지다. 알래스카에는 원주민 여성의 성폭력 신고를 수사하지 않기로 악명 높은 경찰국이 몇 군데 있다. 그레천 스몰은 2000년대 중반에 항구 도시 놈에서 경찰관으로 근무했다. 스몰은 근무를 시작한 직후 경찰서가 원주민 여성의 주장을 일상적으로 묵살한다는 사실을 알게 되었다. 고발인들은 번번이 책임을 뒤집어쓰고 무시당했다.

스몰은 술집에서 술을 마시다가 잠에서 깨어보니 여러 명의 남자들과 호텔 방에 있었다고 신고한 한 원주민 여성을 기억한다. 같은 방에 있던 남자 중 한 명이 원주민 여성이 의식을 잃은 동안 다른 다섯 명이 수차례 강간했다고 이 여성에게 알려주기도 했다. 스몰은 피해자의 설명을 듣고 난 뒤 단서를 찾으려고 경찰서로 돌아갔다가 다른 동료 경찰들에게 그 사건은 고발인이 술에 취해 있었기 때문에 "강간이 아니"라는 말을 들었다. 스몰이 이들에게 의식이 없는 피해자와 맺는 성관계는 실제 범죄라고 일깨우자 두 경찰은 "웃으면서 사건 파일 무더기를 가리켰다." 그러면서 "피해자에게 '음주나 음란 전력'이 있으면" 그 사건은 "절대 건드리지 않는다"고 설명했다.

다른 곳처럼 놈에서도 성폭력이 일어났다는 믿음만으로는 조치를 취하지 못한다. 지역의 한 피해자 대리인은 "이런 일이 일어날 때…… 그건 개인의 잘못이라는 사고방식이 법 집행 기관뿐만 아니라 공동체 구성원 사이에서" 끈질기게 이어지고 있다고 말했다. 원주민 피해자를 상대로 한 폄하 메커니즘은 비난에 한정되지 않는다. 무시는 또 다른 문제다. 많은 경찰들이 원주민 생존자들의 곤경에 완전히 무심하다. 스몰은 열네 살 알래스카 원주민 소녀를 강간한 혐의를 받던 백인 남성에 대한 수사를 중단하라는 명령을 받은 적이 있다고 말한다. "그 남자는 애들은 안 건드려." 스몰은 그 경사가 이렇게 말했다고 기억한다. "그 남자는 술집에서 술 취한 여자만 꾀어서 툰드라에 나가서 섹스를 해······. 좋은 놈이야."

이 사건을 비롯해서 다른 여러 사건을 지켜보며 스몰은 "원주민 여성은 중요하지 않은 존재"라는 결론을 내리지 않을 수 없었다.[30] 실제로 일부 피해자 대리인들은 원주민 피해자들에게 성폭행을 신고하라고 더는 격려하지 않는다. 세라 디어는 인정하기는 싫지만 "기꺼이 나서서 증언해도 성폭행의 상처만 더 악화될 뿐" 아무도 도와주지 않는다고 설명한다.[31] 원주민이든 비원주민이든 많은 생존자들에게 이 두 번째 상처는 최초의 폭력보다 훨씬 고통이 심하다.

주변화된 생존자들은 자신이 쉽게 무시당할 거라고 예상하고 여기에 잘 적응한다. 자신이 당한 성폭행을 신고하지 않은 한 트랜스 여성은 이렇게 말했다. "나는 침묵을 지켰다. 많은 생존자들이 자신의 이야기를 털어놓을 때 불신과 의심에 맞닥뜨린다. 하지만 트랜스 생존자들은 종종, 트랜스젠더들은 성폭행하기에는 '너무 역겹다'는 생각에 뿌리를 둔 다른 종류의 불신까지 상대해야 한다는 사실을 알고 있다."[32]

터무니없는 신뢰성 폄하는 생존자들이 피해 사실을 털어놓지 말아야 할 이유를 추가로 제공한다.

하지만 진실은 보편적이다. 피해 사실을 주장하며 나섰다가 정당한 이유도 없이 묵살당하는 것은 또 다른 유린이다. 피해자들은 이런 집단적인 묵살에 몸을 던지기보다는 침묵을 지킬 때가 많다. 이 침묵은 나의 표현에 따르면 **예상되는 신뢰성 폄하**(anticipated credibility discount)에서 비롯된다.

침묵당하는 피해자

애비 호널드는 미네소타 토박이다. 여섯 남매 중 맏이인 호널드는 중산층 가정에서 성장했고 미네소타대학에 들어가 2017년에 졸업했다. 졸업에 이르기까지는 "길고도 소름끼치는 길"이 이어졌다고 호널드는 말한다.

몇 년 전에 호널드는 의식이 없는 상태에서 강간을 당했다. 호널드는 "그게 내 잘못이었다는 느낌에서 벗어날 수가 없었다"고 설명하면서 강간범에게 성폭행당하기 전에 그와 함께 마약을 했다고 덧붙인다. "그게 '내 탓'인 것 같은 기분이었어요. **내가 '내 탓'이라고 생각하는데 경찰이 뭐라 그러겠어요?**" 나와 이야기를 나누기 전까지는 겨우 몇몇 친구와 담당 의사만 그 사건을 알았다.

호널드가 이 강간 사건을 경찰에 신고하지 않은 이유에 관한 설명은 이 사건이 일어나기 1년 전에 대니얼 드릴-멜럼이라는 또 다른 남자가 호널드를 성폭행한 일에서 시작된다. 이 첫 번째 강간은 많은 부분이 두 번째 강간과 달랐다. 첫 번째 강간에서 호널드는 사건 직후 구급차에 실려 병원으로 이송되었다. 그리고 경찰에 **신고했다.** 자신을 탓하지도 않았다. 최소한 처음에는.

고소는 끔찍하게 엉망으로 처리되었다. 호널드는 합의된 성관계를 해놓고는 이제 와서 후회하는 젊은 여자라는 식으로 거짓말쟁이 취급을 당했다. 그 후유증으로 호널드는 911에 전화를 걸지만 아무도 받지 않는 악몽을 꾸게 되었다.

첫 강간은 극도로 폭력적이었다. 미네소타와 아이오와가 겨루는 풋볼 경기에 맞춰 학생 수백 명이 흥청망청한 분위기를 즐기던 파티 장소 바로 길 건너에서 일어났다. 이 파티에서 두 사람을 모두 아는 어떤 친구가 호널드를 드릴-멜럼에게 소개했고, 호널드는 그가 자신의 아파트에 있는 보드카를 파티 장소로 옮기는 걸 돕기로 했다. 아파트에 도착한 직후 드릴-멜럼은 호널드를 침실로 끌고 갔고, 저항하는 호널드의 옷을 거칠게 벗기면서 다리에 생채기를 남겼다.

호널드는 "그냥 얼어붙었다"고 훗날 설명했다. 그 남자는 호널드를 침대에 내동댕이친 뒤 호널드를 깨물고 잠시 의식을 잃을 정도로 질식시키기도 하며 항문과 질로 강간을 했다. **"이렇게 죽는구나**, 생각했어요. 그러면 최소한 끝은 나겠구나 생각했죠." 하지만 그가 일을 마치고 호널드가 이제 가겠다고 말하자 그는 호널드를 다시 강간했다. "이번에는 그 남자를 발로 차고 밀고 어떻게든 일어나려고 계속 애썼어요. 그게 얼마나 고통스러울지 알았으니까요."

마침내 그 아파트에서 힘겹게 도망쳤을 때 호널드는 공황 상태에 빠져 있었다. 바깥은 화창하고 환한 정오였다. 호널드는 도로를 가로질러 파티 장소를 찾아갔다. "내 꼴을 보면 무슨 일이 일어났다는 걸 알아차릴 수 있었을 거예요. 머리는 헝클어졌고 옷도 아마 엉망이었을 거고 화장은 눈물범벅으로 지워져서 완전 난리도 아니었어요. 학생들이 모여들기 시작했고…… 그리고 그중에서 어떤 애들이 '오 맙소사, 쟤 강간당한 것 같지 않아? 젠장, 진짜 미쳤다' 같은 말을 하는 걸 들었어요. 그런 말을 듣는 것도 끔찍해서 바닥에 몸을 웅크리고 누워버렸어요……. 그리고 그냥 울기 시작했어요."

모여든 인파 중 한 학생이 제안해서 호널드는 911에 신고했다. 호널드는 처음에는 경찰차가, 그 다음에는 구급차가 도착했다고 기억했다. 친구들이 이야기를 바꾸는 데 거들 수 있으므로 병원에 친구들과 함께 갈 수 없다고 경찰이 통고했다고 말했다. 엄마에게 전화를 거는 것도 허락되지 않았다. "엄마한테는 나중에 전화할 수 있어." 경찰은 이렇게 지시했다. "이게 너한테는 꽤 난처하겠지."

또 다른 경찰은 "너를 강간하고 있다는 걸 그 남자애한테 알리기 위해서 넌 뭐라고 말했지?"라고 물었다. "네가 '안 돼'라는 말을 하진 않은 것 같구나, 얘야. 남자애들은 '안 돼'라는 말을 제대로 이해하는데 말이야. 다음번에는 그렇게 해보려무나." 호널드는 강간범의 행동을 정말 말로 멈추게 할 수 있었을지 의아했다고 기억한다.

경찰들과 대화하면서 병원에 실려 가는 동안 호널드는 경찰에 신고한 것을 후회하기 시작했다. 호널드는 당시에 이렇게 생각했다고 기억한다. "너는 중요하지 않아. 너에게 일어난 일은 중요하지 않아……. 그건 그렇게 나쁜 일이 아니었어. 넌 그냥 징징대는 거야. 넌 그냥 호들갑을 떠는 거라고."

호널드가 병원에 도착한 직후 형사가 찾아왔다. "너도 알겠지만 일이 그렇게 호락호락하지 않을 거야." 형사는 자신이 호널드가 가해자로 지목한 남자와 연락을 취했다고 언급하면서 빠르게 알렸다. "내가 그 꼬마랑 얘길 했는데, 걔는 이게 합의한 거였다는데. 넌 뭐라고 하겠니?"

호널드는 형사의 질문에 어리둥절했다. 자신이 잘못된 대답을 하도록 함정을 파는 것 같은 느낌이 들었다. 호널드는 질문에 똑바로 답하려고 최선을 다했다. 하지만 특히 트라우마에 대한 이해가 충분하지 않은 상태에서 성폭행이 일어난 뒤 면담을 진행할 때 종종 그렇듯 많은 세부 사항이 누락되었다. 호널드는 가해자가 자신을 깨물고 질식시키고 항문으로 강간했다는 사실을 언급하지 않았다. "형사가 나한테 무엇을 물으려는 건지에 너무 집착했어요. 그 사람은 사건을 시간순으로 늘어놓도록 너무 몰아갔고요. 떠오르는 걸 불쑥 끄집어내려고 하면 말을 막았어요." 면담이 끝나자 형사는 호널드에게 신고 내용이 "사실 그렇게까지 심각하지는 않다"고 말했다. 호널드의 기억에 따르면 형사는 "이건 남자의 말과 여자의 말이 다른 상황이고, 이런 경우에 우린 아무 일도 할 수가 없어. 넌 그래도 강간 키트로 검사를 받아야 해."라고 말했다.

호널드는 검사를 받은 후 다시 면담을 했다. 이번에는 트라우마의 실상을 충분히 알고서 사건에 접근하는 성폭행 전담 간호사였다. 간호사는 개방형 질문들을 던졌는데, 폭행에 관한 호널드의 감각적 인상에 대해 묻는 질문이 많았다. 사건이 벌어졌을 때 어떤 맛을 느꼈는지 묻는 질문에서 호널드는 문득 자신의 목구멍을 쑤시던 드릴-멜럼의 손가락이 떠올랐고, 그 다음에는 입에서 뭔가 다른 걸 느꼈던 기억이 떠올랐다. 간호사가 살펴보니 호널드의 입술주름띠(윗입술과 잇몸을 연결하는 작게 접힌 주름)가 찢어져 있었다. 잇자국과 찰과상도 발견되었는데 그중 몇몇은 흉터가 남을 정도로 깊었고 질과 항문에는 수십 개의 열상이 확인되었다. 그날 밤 간호사는 담당 형사에게 전화를 걸어 호널드의 상처가 자신이 보았던 700여 건 이상의 사건 중에 제일 심각한 경우에 해당한다고 설명했다. "이건 '완벽한 사건'이라고 생각했던 기억이 나요."

나중에 간호사는 이렇게 말했다. "이 사건은 심각하게 생각해야 해요." 간호사는 자신이 이렇게 주장했지만 형사는 "알잖아요, 요즘엔 애들이 난잡하게 노는 거"라고 대답했다고 기억한다.[33]

집으로 돌아온 호널드 앞에는 이제까지와는 다른 캠퍼스 생활이 펼쳐졌다. 강간당했던 날 밤 호널드는 남자 친구들 몇 명에게 음성 메일을 받았다. 그들은 분명히 취해 있었고 낄낄대면서 "젠장, 우린 그게 그렇게 쉬운 일인지 몰랐잖아" 하고 외쳐댔다. 캠퍼스에는 호널드가 강간에 대해 거짓말했다는 소문이 빠르게 번졌다. "내가 길에서 댄한테 걸어가 '위층에 가서 거칠게 섹스하지 않을래?' 하고 말해놓고 볼일이 다 끝난 후 걔가 내 남자친구가 될 생각이 없다는 걸 알고 911에 신고했다는 말들이 돌았다"고 호널드는 떠올린다. 이후 몇 달간 호널드가 "미친 허위 고발녀" "사이코" "걸레" 같은 소리를 듣는 동안 드릴-멜럼에게는 "무고한" "이런 짓은 절대 하지 않을" "경찰이 결백을 확인해준"이라는 수식어가 붙었다.

호널드는 이때를 끔찍한 시기로 기억한다. 경찰은 드릴-멜럼을 체포한 직후 수사종결 처분을 내렸고, "믿어주는 사람이 아무도 없어서" 호널드의 트라우마는 점점 심해졌다. 드릴-멜럼이 "거기서 용케 빠져나왔기" 때문에 호널드는 그가 다시 자신을 강간해도 또다시 아무도 신경 쓰지 않을까 봐 두려웠다.

요즘 호널드는 강간 허위 신고를 했다는 헛소문 때문에 자신이 신고해봤자 아무도 믿지 않을 거라고 생각하는 사람들의 표적이 된 건 아닌지 의심한다. 스스로도 자신이 아무리 신고해도 분명 거짓말쟁이 취급을 당할 거라고 느낀다. 이는 어째서 약 1년 뒤 호널드가 두 번째로 성폭행을 당했을 때 경찰과 엮이지 않는 쪽을 택했는지 이해하는 데 도움이 된다. "다시는 그렇게 할 수 없어요." 호널드는 생각에 잠겨 이렇게 회상한다. "다시 신고했는데 또 비슷한 반응이었으면 내가 그걸 견딜 수 있었을지 모르겠어요."

나중에 다른 두 여성이 드릴-멜럼에 혐의를 제기하며 추가로 나서자 그는 호널드를 성폭행한 혐의로 기소되었다.[34] 호널드는 검사가 자신에게 한 말을 기억한다. "우리가 너 같은 여자를 강간했다는 이유로 그 남자애 같은 사람을 기소하다니 넌 운이 좋은 줄 알아야 해." 누가 들어도 가해자가 호널드에 비해 더 부유하고 교육 수준이 높은 집안 출신이라는 사실을 암시하는 말이었다. 드릴-멜럼은 나중에 유죄 판결을 받고 징역형에 처해졌다.

호널드는 자신이 "운이 좋다"고는 느낄 수 없었지만 가해자 기소는 호널드에게 의미가 컸다. 성범죄가 법정까지 오는 일은 예외에 속한다. 호널드가 두 번째 사건에서 그랬던 것처럼 신고하지 않는 게 일반적이다. 대부분의 생존자들처럼 호널드는 자신의 피해 사실에 침묵하는 쪽을 택했다.

신뢰성 구조는 성폭력 혐의가 수면 위로 떠오르지도 않도록 사전에 작동한다. 대부분의 성폭행은 공식적인 경로를 거쳐 신고되지 않는다. 강간에 제일 취약한 인구 집단인 18세부터 24세 사이의 젊은 여성 가운데 경찰에 신고하는 경우는 3분의 1 미만이다.[35] 대학 재학 중인 여성의 신고율은 이보다 더 낮다. 20퍼센트라는 추정치도 있고[36] 5퍼센트 미만이라는 추정치도 있다.[37] 캠퍼스 안에서든 밖에서든 유색인종 여성의 신고율은 이보다 훨씬 낮다.[38] 정부 연구원들은 강간을 신고하는 흑인 여성 한 명당 신고하지 않은 흑인 여성이 최소한 열다섯 명 있다고 추정

한다.[39]

대학 내 성폭행 생존자들이 경찰에 의지하는 일은 거의 없지만 해당 사건이 "믿을 만할 경우", 즉 모르는 사람이 저지른 폭력적인 강간이고 여기에 물리적 증거가 있을 경우에는 신고할 가능성이 높아진다.[40] 하지만 성폭행 대다수는 폭력적인 '비면식범 강간'이라는 고정 관념에 들어맞지 않는다. 강간 사건에서 피해자가 가해자와 아는 사이인 경우가 4분의 3 이상이고,[41] 아무런 무기도 없었다고 말하는 피해자가 열에 아홉이다.[42] 성폭행에는 일반적으로 믿을 만한 그럴 듯한 특징이 없다. 그래서 많은 생존자들이 자신이 성폭력 혐의를 제기해도 사실이 아니라며 무시당할 거라고, 정확하게 예측한다.

많은 생존자들은 또한 공식 기관이나 사랑하는 사람들 앞에 나서서 피해 사실을 알릴 경우 자신의 주장 **일부**가 신뢰받더라도 비난과 무시는 면치 못하리라고 예상한다. 생존자들은 자신의 신뢰성이 어떤 식으로 폄하되든 결국은 고발이 묵살될 수 있음을 누구보다 잘 안다. 대부분은 피해 사실을 드러냈다가 불신받거나, 비난받거나, 무시당하느니 침묵하는 쪽을 택한다. 신뢰성 구조의 사전 억제 작용은 사건을 신고하지 않는 쪽이 예외가 아니라 일반 규칙인 이유를 설명하는 데 도움을 준다.

애비 호널드를 비롯한 일부 생존자들은 과거 경험을 근거로 삼아 부당한 대우를 받을 것이라 예상한다. 수년간 많은 생존자들이 과거에 성범죄를 당했을 때 처리가 엉망이었다고 내게 지나가듯 언급했다. 아동기와 청소년기의 성폭력은 놀라운 빈도로 일어난다. 흑인 소녀들이 특히 취약한데 무려 65퍼센트가 14세 이전에 성폭력을 경험한다고 추정된다.[43] 인종에 관계없이 아동기 또는 청소년기의 성폭력 피해 경험은 성인이 되었을 때 성범죄의 피해자가 될 가능성을 높인다.[44] 이중 대부분의 피해자들이 침묵을 지킨다. 피해 사실을 드러낸 많은 이들은 일찍부터 괴로운 교훈을 얻는다. 신고를 해도 달라지는 건 없다는 교훈 말이다.

피해자들을 침묵으로 이끄는 다른 경로도 있다. 처음에 피해 사실을 드러내기로 했던 생존자들도 초기 단계에서, 사랑하는 누군가에게 신뢰성을 폄하당하면 그 이후에 종종 경로를 변경한다. 내가 이야기를 나눴던 많은 여성들이 처음에 비공식적으로 피해 사실을 알렸을 때 제대로 받아들여지지 않은 경험 때문에 공식적인 신고를 하지 않는 쪽을 택했다. 심리학자들은 가까운 친구들의 "부정적인 사회적 반응"이 생존자들이 성범죄에 관해 말하지 못하게 만든다는 사실을 보여주었다.[45]

피해자는 그 방식이 불신이든 비난이든 무시든, 초반 진술이 폄하당하면 종종 입을 다물어버린다. 나는 성폭행과 직장 내 괴롭힘 생존자들과 수많은 대화를 나누면서 최초 폭로에 대한 대응이 어떻게 피해자들의 이후 경로를 결정했는지 들었다. 사랑하는 사람들이 형편없는 반응을 보였을 때 이들은 공식적인 신고가 쓸데없는 짓이라고 강하게 느꼈다. 생존자들은 내게 말했다. **내 친구도 나를 믿지 않는데 알지도 못하는 사람이 왜 나를 믿겠어? 엄마도 나를 탓하는데 당연히 경찰도 그러겠지. 나랑 제일 가까운 사람들이 그런 일에 신경도 안 쓰는데 어째서 다른 사람들이 신경을 쓰겠어?**

예상되는 신뢰성 폄하는 폄하를 직접 경험하지는 않았지만 자신들이 나섰을 때 폄하될 거라고 충분히 예상할 수 있는 문화에 젖어 있는 생존자들도 침묵시킬 수 있다. 많은 피해자들이 자신의 이야기가 불신당하거나 비난받거나 무시당할 가능성이 어느 정도일지 안다. 이들은 다른 고발인들이 가족, 친구, 경찰, 공무원에게 어떤 대우를 받았고 여론 법정의 반응이 어땠는지 지켜봤기 때문에 그 사실을 알고 있다. 이런 인식은 성폭행 사건이 비면식범 강간이라는 패러다임에 들어맞지 않을 때 선뜻 드러내기 힘들게 만드는 거대한 장애물이다.[46]

무시에는 특히 강력한 사전 억제력이 있다. 성폭행 생존자들은 자신의 신고가 중요하지 않게 취급되거나 피고발 남성에 대한 처벌을 보장할 정도로 충분히 중요하지 않은 사건으로 처리되리라는 두려움 때문에 침묵할 때가 많다. 이런 냉담함을 피하고자 많은 피해자들이 치료 환경에서만 피해 사실을 드러내는 쪽을 택한다. 니콜 존슨(Nicole Johnson)은 젠더 폭력 개입과 예방을 연구하는 심리학자다. 임상 실습을 통해 존슨은 트라우마, 특히 성폭행 생존자들과 수년간 함께 일해 왔다. 존슨은 의뢰인 중에 자신을 힘들게 한 일이 신고할 정도로 심각한 사건으로 비치지 않으리라고 믿는 이들이 많다고 내게 말했다. 이 여성들은 신고할지 말지 고민할 때 가해자에 대한 염려가 일반적으로 고발인에 대한 염려보다 크다는 것을 이해한다.

가해자에게 책임을 묻는 위치에 있는 사람이 성폭력 문제를 중요하게 여기지 않을 것 같을 때 피해자들은 흔히 침묵을 지킨다. 이런 일은 산업계 전반에서 볼 수 있어서 침묵은 일터에서 발생하는 성적 괴롭힘의 일상적인 특징이다. 피해를 경험한 직장인의 약 90퍼센트가 직장의 공식 창구를 통해 신고하기를 거부한다. 평등고용기회위원회가 소집한 어느 전략 팀에 따르면 이런 노동자들에게는 공통적으로 "자신의 주장에 아무런 조치도 취해지지 않으리라"는 생각이 폭넓게 자리 잡고 있었다. 많은 노동자들은 공식적으로 고발하더라도 자신의 주장이 신뢰받지 못하거나 "문제 행동을 유발했다"는 비난을 뒤집어쓰게 될지 모른다

고 의심하기도 한다.[47]

특히 비육체적인 괴롭힘을 경험한 노동자들이 자신의 고발에 조치가 취해지리라는 생각에 회의적인 데는 충분한 이유가 있다. 오랜 세월 동안 미국 역사에서는 성적 괴롭힘 개념이 존재하지 않았다. 1975년, 코넬대학에서 '여성과 노동' 수업을 진행하던 언론인 린 팔리(Lin Farley)가 한번은 학생들이 직장에서 겪은 경험을 이야기하는 시간을 마련했다. 팔리는 인종과 경제 수준이 다양한 여성들이 나눈 이 대화를 통해 숨어 있던 "명백한 고용 패턴"이 드러났다고 기억한다. "우리 모두에게 남자들의 행동이 너무 불편해서 일을 그만두거나 해고당한 경험이 최소한 한 번은 있었다"고 팔리는 말한다.[48]

얼마 후 법원이 직장 내 성적 괴롭힘을 법적으로 인정하기 시작했는데 이에 관해서는 뒤에서 살펴볼 것이다. 이 법적 주장을 선구적으로 개척한 법학자 캐서린 매키넌(Catharine MacKinnon)의 표현에 따르면 그때까지 직장 내 성적 괴롭힘은 "그냥 안고 살아가야 하는 문제"였다.[49] 성적 괴롭힘(sexual harassment)으로 명명된 후에야 잘못된 것이고 불법적인 행동으로 공격이 가능해졌다.[50]

하지만 이렇듯 공식적인 주장이 책에 실렸는데도 직장 내 성적 괴롭힘 피해자들, 특히 더 주변화된 노동자들은 피해 사실을 밝히는 게 도움이 될지 의심을 품는다. 직장 안팎의 숱한 피해자들이 그렇듯 많은 이들이 침묵 속에 괴로워한다.

알레한드라는 2003년 캘리포니아주 중남부의 도시 프레즈노에서 잡역부로 일하기 시작했다. 정규 근무 시간은 월요일부터 금요일, 오후 5시 반부터 새벽 2시까지였다. 알레한드라는 일한 지 1년이 채 지나지 않앉을 때부터 관리자 마테오가 자신을 괴롭히기 시작했다고 말한다. 엉덩이를 품평하고 알레한드라가 자신의 페니스를 감싸면 어떤 느낌일지 알고 싶다는 말까지 서슴지 않았다. 알레한드라가 있는 데서 포르노 영상을 보며 자위를 하곤 했고, 자신에게 구강성교를 해 달라거나 노출된 페니스를 만져 달라며 반복적으로 요구하기도 했다. 그리고 한번은 실제 강간을 시도했다. 마테오는 이 사실을 알려봤자 "아무도 당신 말을 믿지 않을 것"이라고 자주 말하곤 했다고 한다. 이는 가해자가 흔히 쓰는 입막음 전략이다. 알레한드라는 10년 넘게 참고 참다가 결국 경찰과 고용주에게 이 사실을 신고했다.[51]

　직장 내 성적 괴롭힘 피해자들은 신뢰받지 못할 가능성뿐만 아니라 보복의 위험까지 감수해야 한다. 가부장제 사회에서 여성 노동자들은 소모품으로 여겨질 때가 많은데, 이는 직장의 위계질서를 반영하고 영구화하는 관점이다. 반대로 가해자들은 흔히 남성으로서 또 더 권력 있는 고용주로서 가치를 인정받는다. 한번 쓰고 버릴 수 있는 존재로 인식되는 피해자들과 달리 가해자들은 결정권을 지닌 사람들에게 보호받을 공산이 크다. 이런 역학 관계는 소득 수준과 관계없이 모든 노동자들이 합리적으로 우려할 만한 지점이지만 비빌 언덕이 거의 없거나 전혀 없는 노동자들에게는 특히 더 그렇다. 수십 년간 성적 괴롭힘 사건의 원고를 대리해 온 필라델피아의 인권 변호사 로버트 밴스(Robert Vance)는 저임금 노동자들은 임금이 필요하므로 사건을 신고한다 해도 도저히 그 직장을 참을 수 없을 때만 신고하는 경향이 있다고 설명한다. 알레한드라는 자신을 신고하면 해고당할 거라는 말을 가해자에게 반복해서 들었다고 말한다. "몇 년 동안 고통 속에서 보냈다." 나중에 알레한드라는 이렇게 말했다.[52]

마리아 데 제주스 라모스 에르난데스는 딸의 수술비를 벌겠다는 희망을 품고 멕시코에서 미국으로 왔다. 척추지압사 사무실에 취직한 지 얼마 되지 않아서 성폭력이 시작되었다. 에르난데스는 지압사를 곧바로 신고하지 않았다. 숱한 피해자들이 그렇듯 에르난데스는 신고해도 무시당할 거라고 생각했다. 혼자인 데다 돈도, 이주 등록증도 없고 영어도 하지 못했다. 에르난데스가 경찰이 자신이 아니라 사회에서 존중받는 그 남자를 믿을 거라고 생각할 만한 특별한 이유도 있었다. 누군가의 집이나 작은 사무실같이 고립된 환경에서 일하는 많은 이주 여성처럼 에르난데스에게는 성폭력이나 그 이후 상황을 목격한 증인이 없었다. 자신의 말이 전부인 상황이었다.

에르난데스는 고용인을 유혹했다거나 자신에게 접근하도록 부추겼다는 비난을 받을지도 모른다며 걱정하기도 했다. 고용인이 지급하는 돈 때문에 에르난데스는 "그에게 쾌락을 허락하지" 않을 수 없다고 느꼈고, 그래서 성폭행당하는 내내 대체로 수동적이었다. 직장에서 권력이 없는 유색인종 여성인 데다, 신고한다 해도 자신의 말을 믿어줄 가능성이 크지 않은 상황이었으므로 에르난데스는 고발할 것 같지 않았다.[53] 가해자에게는 완벽한 먹잇감이었다.[54]

신뢰성 구조가 취약성을 어떤 식으로 악화시키는지 주목해야 한다. 주변화된 여성들은 가장 심하게 신뢰성이 폄하된다. 그 결과, 이들에게는 침묵할 수밖에 없는 남다른 이유가 생긴다. 이 점을 알기에 가해자들은 피해 사실을 발설할 가능성이 가장 낮은 대상을 목표물로 삼곤 한다. 결국 이미 종속적인 위치에 있는 사람들이 더 심한 피해를 입게 된다.

로위나 추는 1998년에 하비 와인스타인의 유럽 영화 제작을 도우며 런던 사무실에서 일하기 시작했다. 일을 시작한 그해 베니스 영화제에서 추는 와인스타인과 심야 회의를 하게 되었다. 추의 기억에 따르면 거기서 와인스타인은 "나는 한 번도 중국 여자애를 가져보지 못했다"고 말하고서 추를 강간하려 했다. 수십 년 뒤 지난 일을 회상하며 추는 자신이 인종을 비롯한 권력 불균형 때문에 "하비의 덫에 걸려들었다"고 말한다. 추는 이렇게 말한다. "아시아계 이민자가 '모범적인 소수 인종'이라는 생각은 상투적이지만 최소한 영국계 중국인 가정인 우리 집은 눈에 띄는 걸 두려워했다. …… 나는 공손하고 예의 바르고 처신을 잘하는 데 따르는 사회적 이익을 학습했다. 많은 아시아계 여성들이 그렇듯 그건 내가 성적 대상으로만 보일 뿐 인간으로 여겨지지 않는다는 의미였다."

추는 "거의 20년간 말 못할 엄청난 트라우마를 안고 살면서 두 번이나 자살 시도"를 했고, "내가 그 일을 받아들였다는 죄책감, 그 방에서 더 일찍 나오지 않았다는 죄책감, 그게 어쨌든 내 잘못이라는 죄책감과 씨름했다"고 서술한다. 추는 상담사에게도, 목사에게도, 결혼하게 될 남자에게도 비밀을 털어놓지 않았다.

2017년 여름, 와인스타인 사건을 조사하던 〈뉴욕타임스〉 기자 중 한 명인 조디 캔터가 추를 찾아왔다. 캔터는 추가 할 말이 있을 거라고 여겼다. 약 20년 전에 추와 마찬가지로 와인스타인의 피해자였던 동료 젤다 퍼킨스에게 추가 이야기한 것이 있었기 때문이었다. 퍼킨스는 캔터와 이야기를 나누었지만 추의 상황은 자세히 말하지 않으려 했다. 퍼킨스는 이야기를 할지 말지를 결정할 권한은 추에게 있다고 말했다.[55]

캔터는 투히와 함께 와인스타인 탐사보도라는 폭탄을 던지기 불과

몇 달 전에 추를 처음 찾아왔다. 하지만 추는 침묵했다. 기사가 공개된 후 수십 명의 여성이 뒤따라 공식적으로 혐의를 제기했는데도 추는 여전히 침묵을 지켰다. 여기에는 다른 이유가 있었다.

하나는 1990년대 말에 추가 21만 3천 달러를 받고 침묵을 지킨다는 법적 합의서를 쓴 것이었다. 추는 자신과 퍼킨스는 "하비의 상급자들에게 하비 문제를 알리고 싶었다. 그런데 그 대신 우리는 기밀유지합의서에 서명하라는 압력을 받았다. 결국 친구와 가족들에게 이야기할 수 없게 되었을 뿐만 아니라 상담사나 변호인과 일하기도 어렵고 범죄 수사에 도움을 주기도 극도로 힘들어졌다."고 훗날 설명했다.

두 여성 모두 그런 상황을 원하지 않았지만 대안이 없어 보였다. 이들은 와인스타인의 상급자들에게 이 문제를 알리려고 했지만 신뢰성 구조가 기세등등하게 막아섰다. 추의 기억에 따르면 "온갖 상급자들이 우리 입을 막으려고 움직였다. 일부는 우리 면전에서 대놓고 웃었다. 메시지는 늘 똑같았다. 누가 할리우드에서 제일 힘센 남자보다 우리 말을 더 믿겠어?"

기밀유지합의서에 서명하고 난 뒤 추는 거의 20년을 자신의 표현에 따르면 "끝없는 공포" 속에서 보냈다. "하비의 학대와 통제와 권력에 대한 공포, 그 이야기가 계속 나를 따라다닐 거라는 공포, 나도 모르게 절대 이야기하지 않겠다는 약속을 실수로 어길 거라는 공포."

기밀유지합의서는 끔찍한 피해를 안겼다. 하지만 추는 발설해서는 안 된다는 "개인적인 제약"이 법적인 제약보다 "훨씬 강력"했다고 말한다. 많은 여성들, 특히 "모범적인 소수 인종 가정" 출신 여성들이 그렇듯 추는 "법석을 떨지" 않도록, 또는 "불쾌한" 방식으로 행동하지 않도록 교육받았다. 추는 자신에게 관심이 쏠리지 않도록 하고 기존 질서를

어지럽히지 않는 데 익숙했다. "착하게" 행동하라고 배웠다. 그게 자신이 당한 폭력을 숨기는 것이라 해도 말이다.[56] "침묵을 지키는 일이 여성이자 유색인종으로서 내 정체성의 필수 요소가 되었다"고 나중에 추는 이야기한다.

그렇다면 추가 처음에는 캔터와 투히에게 털어놓고 나중에는 〈뉴욕 타임스〉 지면에 글을 써서 자신의 이야기를 알리게 된 근본적인 이유는 무엇이었을까? 추는 크리스틴 블레이시 포드의 강력한 증언에서 영감을 받았다고 말한다. 대학에서 심리학을 가르치는 포드는 2018년 9월에 당시 대법관 지명자였던 브렛 캐버노에게 고등학교 시절 성폭행당했다는 사실을 "소신 있게 밝혀" 큰 파장을 일으켰다. 몇 달 뒤 추는 캔터와 투히가 주선한 모임 자리에서 포드를 만날 기회가 있었다. 추는 포드에게 자신의 이야기를 했고 그 자리에서 다른 여성들의 이야기도 듣게 되었다. 총 열두 명이었고 이들의 변호사 몇 명도 함께 있었다. 이 사람들이 모인 곳은 와인스타인을 상대로 성폭력 혐의를 제기한 바 있는 귀네스 팰트로의 로스앤젤레스 집이었다. 그 자리에 모인 여성들은 모두 미투 시대의 주요 고발인들이었다. 그 방에서 아직 침묵을 깨지 못한 사람은 추뿐이었다.

그 모임은 추에게 중대한 전환점이 되었다. "유사한 경험을 한 다른 사람들을 만나면서 내 안에서 지각 변동이 일어났다"고 추는 설명했다. 로스앤젤레스 모임 이후 얼마 되지 않아서 추는 자신의 사건을 공론화했고 와인스타인은 이를 부정했다. 사람들 앞에 나서는 일은 힘들었지만 추는 자신의 결정에 오히려 마음의 안정을 찾았다. "더는 넌덜머리 나는 비밀을 뭉개고 앉아 있지 않아도 된다는 안도감에 잠시나마 뿌듯할 수 있었다"고 밝혔다.

몇 달 전, 그 중요한 모임이 마무리되기 직전에 몇몇 여성들은 사건을 공개했던 경험을 잠시 돌아보는 시간을 보냈다. "우린 아직 여기 있잖아요." 젤다 퍼킨스는 이렇게 말하고서는 "우린 화염 속을 걸었지만 모두 반대편으로 나왔다"고 덧붙였다.

성범죄를 당했다고 주장하는 대부분의 여성들은 화염 속을 걸어야 한다. 이들은 불신과 비난과 무시를 당하며 어떨 땐 이보다 훨씬 더 심한 것을 상대하게 된다. 이들은 십중팔구 다시 상처받을 것이다. 이번에는 자신을 도와줄 거라고 믿었던 사람들에게 말이다. 이제는 그 이유를 살펴보자.

2장

순결한 피해자와
짐승 같은 가해자

신뢰성 판단을
왜곡하는 고정 관념

신뢰성 구조에는 피해자와 가해자를 향한 한 무더기의 오해가 깊이 똬리를 틀고 있다. 이 오해들은 우리의 문화와 법에 흠뻑 배어들어 우리 모두의 정신에 각인되고 성범죄에 대한 우리의 반응을 조종한다. 고발인의 설명이 피해자, 가해자, 성폭력에 관한 우리의 이해와 동떨어져 있을 때 우리는 그 혐의를 믿을 수 없는 것으로 여기기 쉽다. 우리가 부정확하게 이해하고 있더라도 말이다.

성폭행에 관한 여러 신화와 현실의 간극은 신뢰성의 세 측면, 즉 **이런 일이 일어났다, 그 일은 잘못이다, 이 문제는 중요하다** 모두에 걸쳐 있다. 고발인이 믿을 만하다고 인정받으려면 이 주장 하나하나가 신뢰받아야 한다. 전반적으로 그릇된 패러다임은 우리를 잘못된 길로 이끈다.

비면식범 강간 패러다임은 여전히 성폭행 주장을 판단하는 잣대로 남아 있다. 대부분의 성폭행은 친구, 데이트 상대, 파트너, 동료, 상사, 멘토가 저지른다. 낯선 사람보다는 지인이나 친밀한 사람이 성폭행범일 가능성이 단연 더 높다는 말이다. 한 추정치에 따르면 여성 강간 피해자 중 절반 이상이 가해자 중 최소 한 명과 과거 또는 당시의 친밀한 파트너였다고 밝혔고, 40퍼센트 이상이 지인에게 강간을 당했다.[1] 하지만 우리는 정반대의 관념을 따른다. 비면식범 강간 패러다임은 꾸준히 우리의 신뢰성 판단을 왜곡한다.

우리 대부분은 "실제 강간" 또는 "진짜 강간"이라고도 하는 이 패러다임에 익숙하다. 이는 피해자가 아는 사람이 아니라 낯선 사람이 저지르는 강간을 뜻한다. 이 패러다임에 따르면 진짜 강간은 사회경제적 지위가 낮은 사람이 저지른다. 여기에는 꽤 심한 육체적 폭력이 뒤따라서 뚜렷한 상해의 흔적을 남긴다. 무기도 끼어든다. 밤에 어두운 골목이나 험한 동네에서 벌어진다. 공동체의 성폭행 대응 문제를 다루는 전문가들이 말하듯 강간에 대한 이런 식의 이해는 "법 집행 전문가뿐만 아니라 검사, 의료 전문가, 피해자 대리인, 판사, 배심원, 심지어는 피해자의 친구와 가족들에게까지 영향을 끼친다."[2] 이 패러다임은 현실에 부합하지 않는데도 놀라울 정도로 오래 지속되고 사회 전반에서 받아들여지고 있다.

약 50년간 사회학자와 심리학자 들은 초기 연구에서 "강간, 강간 피해자, 강간범에 관한 편견과 고정 관념 또는 그릇된 믿음"이라고 규정된 강간 신화의 영향력을 입증해 왔다.[3] 최근에는 전문가들이 강간 신화를 인식하는 방식에 중대한 변화가 생겼다. 그릇된 믿음뿐만 아니라 성폭력에 대한 우리의 **태도**까지 들여다보게 된 것이다. 이런 믿음과 태도는 광범위하고 끈질기게 유지된다. 그리고 연구자들의 표현을 빌리면 "여성에 대한 남성의 성적 공격성을 부정하고 정당화"하는 중요한 기능을 한다.[4] 달리 말해서 강간 신화는 성폭력을 지탱하는 기둥이며, 성폭력이 유구하게 계속되는 이유를 설명하는 데 도움을 준다.

작가 리베카 솔닛(Rebecca Solnit)이 《남자들은 자꾸 나를 가르치려 든다》에서 말하듯 우리 문화에는 "남성에게는 여성의 욕구가 어떻든 섹스할 권리가 있다는 생각"이 배어 있다. 솔닛은 "섹스라는 은혜를 베푼다는 이 감각은 도처에 퍼져 있다"고 덧붙인다.[5] 섹스할 권리는 비면식범 강간 패러다임과 한 쌍을 이루어, 암묵적으로 대부분의 성폭력을 정당하다고 인정하게 만든다. 그 결과, 우리가 사실이라고, 잘못된 일이라고, 관심을 기울일 만하다고 인정하는 성폭력은 한 줌밖에 되지 않는다. 나머지는 사실이 아니라며, 그럴 만한 이유가 있다며, 중요하지 않다며 버려진다. 가부장적 구조는 이런 식으로 강화된다. 솔닛은 "남성의 권리는 여성의 권리를 능가한다"고 말한다.[6] 남성의 성적 특권이 특히 일상적인 관계 속에서 보호받을 때 젠더화된 위계가 굳어지고 단단해진다.

일상적인 관계에는 상사나 동료와 맺는 관계도 있다. 이는 왜곡된 신뢰성 평가가 일어나는 또 다른 현장이다. 연구자들에 따르면 성폭행을 비롯한 직장 내 성적 괴롭힘에 관해서 온갖 오해가 난무한다.[7] 이런 오해들은 성적 괴롭힘 고발인에 반응하는 많은 사람들의 방식에 미세하게 영향을 끼친다.

강간과 성적 괴롭힘에 관한 신화들이 사라지지 않는 것은 그것들이 가부장적 구조를 강화하기 때문만이 아니라 우리 대부분이 추악한 현실을 직시하지 않으려 하기 때문이다. 연구 결과 우리에게는 성폭력 발생을 의심하려는 강한 동기가 있는 것으로 나타났다. 성범죄에 대한 공동체의 대응을 연구해 온 심리학자 킴벌리 론스웨이(Kimberly Lonsway)는 우리 모두가 성폭력을 못 본 체하고 싶어 한다고 말한다. "우리는 성폭력이 실제로 일어나는 만큼 많이 벌어지지 않길 원해요."

론스웨이가 내게 말했다. "우린 그 일이 우리가 사랑하는 사람들에게 일어나지 않길 원하죠. 성폭력을 믿고 싶지 않아 해요. 그게 사실이 아니어야 더 나은 세상일 테니까요."

성폭력이 도처에서 벌어진다는 사실을 받아들일 경우, 우리 자신과 우리가 맺는 관계에 대한 이해가 혼란에 빠지게 된다. 론스웨이의 설명처럼 성폭력이 실제로 벌어지는 만큼 빈발하고, 대부분의 경우 가해자가 피해자와 우리들의 지인이었다는 사실을 믿게 되면 불안감이 깊어질 수 있다. 이런 믿음은 우리가 "젠더와 섹슈얼리티를 재고"하고 심지어는 우리 자신의 경험도 재고하게 만들 수 있다. 그래서 우리는 그릇된 패러다임을 고수하고 불편한 진실을 회피하는 쪽을 택한다.

낸시 혹스헤드—마커는 성폭력 피해자 전문 변호사다. 그리고 1984년 하계 올림픽에서 금메달 세 개를 포함해 총 네 개의 메달을 거머쥔 전직 세계 정상급 수영 선수이기도 하다. 이렇게 믿을 수 없는 위업을 달성하기 몇 년 전 혹스헤드—마커는 당시 2학년생으로 재학 중이던 듀크대학의 학내 가로수 길에서 달리기를 하다가 성폭행을 당했다. 가해자는 혹스헤드—마커를 두 시간 동안 야만적으로 강간하고 폭행했다.

같은 인종의 지인에게 당하는 전형적인 성폭행과 달리 혹스헤드—마커에게 일어난 일은 기존의 패러다임과 맞아떨어져서 쉽게 무시당하지 않았다. "말하자면 난 이 스토리하고 찰떡이었던 거죠." 혹스헤드—마커가 한숨을 섞어 말한다. 가해자도 그 서사와 맞아떨어지긴 마찬가지였다. "모르는 사람이었어요. 아프리카계 미국인이었고요. 나는 유복한 백인이었고 그 남자는 가난했어요. 그리고 난 강간당한 사람처럼 보였죠."

듀크대학은 혹스헤드-마커에게 필요한 지원을 제공했다. 혹스헤드-마커는 수업 두 개의 수강 신청을 취소했고, 기숙사까지 갈 때 캠퍼스를 가로질러 긴 거리를 걸을 필요가 없도록 주차권을 받았으며, 중앙쪽으로 이사했다. 모든 주변인들이 혹스헤드-마커가 성폭행을 당했다는 사실을 믿었다. 그 일로 혹스헤드-마커가 피해를 입었다고 믿었고, 그래서 가능한 모든 방식으로 성심껏 도왔다. 이들은 혹스헤드-마커가 공동체의 중요하고 귀한 구성원이며 자신들은 마땅히 공감해주어야 함을 이해했다. 공동체는 혹스헤드-마커를 지원하고자 모여들었고 그가 잃은 것들을 최대한으로 복원해주고자 했다. 이런 대응은 혹스헤드-마커가 앞으로 나아가는 데 도움이 되었다. 이후 자신이 수십 년간 상대하게 될 대부분의 의뢰인들과는 달리 혹스헤드-마커는 신뢰할 만한 사람으로 인정받았고 이는 그에게 좋은 변화를 일으켰다.

혹스헤드-마커가 전적으로 인정하듯 이런 결과는 예외적이었고, 교육받은 백인 여성이자 스타 운동선수라는 특권과 분리해 생각할 수 없었다. 경찰이 종합한 사실을 바탕으로 삼아 판단했을 때 가해자는 대학 공동체의 외부인으로 보이는 흑인 남성이었는데, 가해자가 지닌 취약성도 그 예외적인 결과와 떼놓고 생각할 수 없었다. 혹스헤드-마커는 자신과 강간범의 정체성이 자신이 당한 폭행에 대한 집단의 반응에 영향을 끼친 방식을 애석해한다. 혹스헤드-마커는 자신이 받았던 것과 같은 관심이 외적 조건 면에서 자신과 유사한 생존자들에게만 한정되어서는 안 되고, 자신의 가해자 같은 조건의 남자들만 가해자로서 책임을 추궁당해서도 안 된다고 주장한다. 강간범은 체포되지 않았지만 이는 노력이 부족해서가 아니었고, 혹스헤드-마커는 그 점이 가해자를 처벌하지 못했다는 것보다 더 중요하다고 느꼈다.

혹스헤드-마커는 사건 이후 몇 년간 자신이 성취해낸 것들을 이용해 성폭력 트라우마를 축소하려 해서는 안 된다고 강조한다. 혹스헤드-마커의 이야기는 시간순으로 일어난 일들로 알 수 있는 것보다 훨씬 복잡하고, 그는 아무리 유혹적이어도 이야기를 깔끔하게 포장하는 데 반대한다. 그의 표현을 빌리면 "아, 낸시는 1981년에 강간을 당했는데 1984년이 되니까 올림픽에서 금메달을 세 개 땄어" 같은 방식은 안 된다는 것이다. 혹스헤드-마커는 자신의 성취는 자신에게 "각별한 편의"가 주어졌기 때문에 가능했다고 주장한다.

대부분의 성폭력 혐의에 우리가 동요하지 않는 건 그 혐의들이 혹스헤드-마커의 상황과 비슷한 구석이 없기 때문이다. 즉 비면식범 강간 패러다임이나, 거기에서 파생된 '완벽한 피해자'와 '짐승 가해자' 원형과 비슷한 구석이 없기 때문이다.

피해자다움의 신화

'완벽한 피해자'라는 기준은 신뢰성 판단에 방해가 된다. 고발인이 이 기준에 못 미칠 때 고발인이 제기한 혐의에 내재한 세 주장은 모두 거부당한다. '그런 일은 일어나지 않았다. 그 일은 비난을 살 만한 일이 아니다. 중요하지 않다.'고 말이다.

'완벽한 피해자'상에는 피해자가 **실제로** 성폭력에 대응하는 방식에 관한 우리의 생각과 피해자라면 어떻게 대응**해야 하는지**에 관한 우리의 생각이 결합되어 있다. 고발인이 이런 기준을 충족하지 못할 경우에는 피해자처럼 보이지 않는다.

피해자가 받는 기대 중 하나는 성폭력 상황에서 맞서 싸우리라는 것이다. 피해자는 모름지기 모종의 육체적 저항을 해야 하고, 폭력적인 다툼 끝에 가해자에게 굴복당해야 한다는 것이다. 맞서 싸우거나 도망칠 때만 가해자가 휘두른 폭력이 폭력으로 인정된다. 2017년 가을, 북부 캘리포니아의 한 대학에서 2학년에 재학 중이던 어밀리아 왜거너가 동료 학생에게 성폭행을 당했다. 당시 왜거너는 학교 조정 팀에 소속된 유능한 운동선수였는데 이 점이 그의 신뢰성을 떨어뜨렸다.

"벤치 프레스를 얼마나 하니? 스쿼트는 몇 개나 할 수 있니? 한 주에 몇 시간 운동하니?" 왜거너는 피고발 남성 측 변호사가 이렇게 물었다고 기억한다. "이런 일이 어떻게 일어나지? 그렇게 튼튼한 애가 어떻게 이런 일이 일어나게 놔둘 수 있지?"

왜거너는 자신이 피해자 같지 않으며 피해자 자격이 없다는 생각을 어떻게 "변호사가 계속 각인시켰는지" 내게 설명했다. 왜거너는 어째서 자신의 육체적 능력이 "그렇게 중요한지" 이해가 안 된다고 덧붙였다. "몸이 얼어붙으면 아무 소용 없어요. 벤치 프레스를 얼마나 할 수 있든 얼마나 튼튼하든 말이에요. 몸이 말을 안 듣는다고요."

2019년 전직 군사언어학자 라이언 리 도스티(Ryan Leigh Dostie)는 〈뉴욕타임스〉에 군 복무 중에 강간을 당한 여성들에 관한 에세이를 썼다. 도스티는 이 에세이에서 자신과 자신이 아는 군대 내 성폭력 생존자들이 "충분히 '강간 피해자처럼' 행동"하지 않는다는 이유로 어떻게 묵살당했는지 설명했다.[8] 도스티에 따르면 자신의 사건 수사관들은 이 '주문'을 앵무새처럼 되뇌었다.

도스티는 군 복무를 시작한 첫해에 각각 기술병과 하사관이었던 두 여성 지인과 자신이 성폭행을 당했다고 말한다. 기술병은 이 사실을 알렸지만 불신만 돌아왔다. "주먹을 펴고 강간범들을 총으로 쏘지 않았다"는 이유였다. 강간범은 네 명이었다. 하사관은 체스 게임을 한 뒤에 오두막에서 통역병에게 강간을 당했지만 수년 뒤 군 복무를 끝낼 때까지 이 사실을 말하지 않았다. 도스티의 설명에 따르면 이 하사관에게는 남자와 단둘이 있었다며 비난받을 거라고 믿을 만한 충분한 이유가 있었다. "무슨 일이 일어났든 그건 피해자 책임이었으므로 하사관은 몸을 사렸다."

도스티 역시 피해자 원형과는 거리가 있었다. "내가 당한 부상은 눈에 보였고 기록으로도 남았지만, 나는 강간당한 뒤 몇 시간 동안 어쨌든 나를 믿어줄 생각이 전혀 없는 남자들만 가득한 헌병대 사무실에서 충분히 악을 쓰며 시끄럽게 울지 않았다."

이러한 문제는 도스티와 도스티가 우연히 알게 된 생존자들을 훌쩍 넘어 뻗어 나간다. "군에서 벌어지는 모든 강간은 현실이 아니고 믿을 수 없는 것으로 여겨진다"고 도스티는 말한다. 이상적인 피해자는 여러 방면에서 이상적인 군 복무자, 즉 도스티의 표현에 따르면 "말이 없고" "복종하는" 군인과는 완전히 딴판이다. 그런데도 고발인들은 주문처럼 되풀이되는 표현대로 "충분히 피해자처럼 행동"하지 않을 때 무시당한다.

군대 밖에서도 많은 소녀와 성인 여성 들이 순종적이고 신체적으로 고분고분한 사람으로 사회화된다. 아무리 전통적인 여성성 관념이 도전받고 있다 해도 그러한 관념은 상냥함과 부드러움 같은 젠더화된 품성과 자질 들을 적절하다며 권장하는 방식으로 그 영향력을 유지한다. 이 해묵은 기준은 많은 소녀와 성인 여성 들의 행동 방식을 꾸준히 제약하는데, 이는 성폭력 와중에 피해자들이 물리적으로 맞서 싸우길 바라는 우리의 기대를 충족하지 못하는 숱한 이유 중 하나가 된다.

외견상 여성들에게 수동성이 나타나는 또 다른 이유는 자기 보호다. 일부 피해자들은 저항했다가는 목숨을 잃거나 더 심각한 부상을 당할 가능성이 높아질 수 있다고 우려해서 의식적으로 싸우지 않겠다는 결정을 내린다.

성폭력이 진행되는 동안 차분함을 유지하는 대응 기제를 발달시키는 피해자들도 있는데 이는 유년기의 성적 트라우마에서 기인하는 경우가 많다.[9] 심리학자들은 위협이 닥칠 때 이런 대응 기제가 거의 자동으로 활성화될 수 있음을 밝혔다.

피해자들은 트라우마에 대한 반사 반응으로 얼어붙기도 한다. 신경 생리학자들은 뇌에 관해 더 많은 사실을 발견함으로써 우리가 공격을 당할 때 일어날 수 있는 다양한 부동 상태를 관장하는 신경회로망을 규명해냈다.[10] 트라우마를 남긴 사건이 학교 총기 난사 사건이건 자연재해건 군사 전투건 성폭행이건 심각한 괴롭힘이건 간에, 심각한 위협 상황은 예측 가능한 반응을 촉발할 수 있다.

점점 쌓여 가는 증거들 덕분에 우리는 피해자의 트라우마 대응 방식을 완전히 새롭게 이해하게 되었다. 그런데도 우리는 계속해서 이들에게 암묵적인 부담, 즉 저항해야 한다는 부담을 지운다. 이는 우리의 문화뿐만 아니라 법에 깊이 뿌리내리고 있는 독특한 부담이다.

형법에 내재된 논리는 명료하다. **가해자에게 육체적으로 저항하지 않은 고발인은 피해자가 아니라는 것이다.** 그리고 이 논리의 연장선에서, 저항하지 않는 여성과 강제로 성관계를 하는 남성에게는 책임을 묻지 못한다.

알려진 대로 법의 저항 요건은 지난 100년 동안 진화해 왔다.[11] 한때 여성이 법적으로 강간 피해자 자격을 획득하려면 '있는 힘껏(to the utmost)' 저항해야 했다. 나중에 일부 주가 이 요건을 완화해서 '진심을 다해(earnest)' 또는 '합당하게(reasonable)' 저항한 피해자를 인정해주었다. 하지만 이런 변화 속에서도 이 요건의 근본적인 전제는 변하지 않았다. 맞서 싸우지 않는 한 피해 여성도 자신이 강간범이라고 혐의를 제기한 사람의 행동에 책임이 있다는 그 전제 말이다.

과거의 사례들은 법규의 가혹함을 애써 감추지도 않는다. 1906년 위스콘신주 대법원은 십대 피해자 에드나 네더리를 공격한 남성에 대한 강간 유죄 판결을 뒤집었다. 피해자가 있는 힘껏 저항해야 한다는 기준을 충족하지 못했기 때문이었다. 네더리는 들판을 가로질러 할머니 집으로 걸어가다가 이웃 농부의 아들인 그랜트 브라운과 마주쳤다. 브라운은 "네더리를 붙들어 바닥에 쓰러뜨리고는 자기 몸으로 네더리를 내리누른 상태에서 속옷을 벗기고 자기 옷도 벗은 뒤 성관계를 했다." 네더리는 이렇게 증언했다. "나는 최대한 도망치려고 했다. 줄곧 도망치려고 최대한으로 애썼다. 일어서보려고 했고, 풀을 잡아당겼고, 있는 힘껏 비명을 질렀다. 그랬더니 그 사람은 나한테 입 다물라고 했고, 내가 말을 듣지 않자 내가 거의 숨 막혀 죽을 때까지 내 입을 자기 손으로 막았다." 브라운은 네더리가 아무에게도 말하지 않겠다고 약속한 뒤 "네더리가 일어서도록 허락"했다. 마침내 피를 흘리며 할머니 집에 도착한 네더리는 "숨 돌릴 새도 없이 '그랜트 브라운이 나한테 (무슨 짓을) 했어요. 아! 어쩌지?'라고 소리를 질렀다."

이 혐의의 진실성이 받아들여져서 브라운이 이미 재판에서 유죄를 선고받았는데도 이후 항소 법원은 네더리가 충분히 저항하지 않았으므로 강간죄가 성립하지 않는다고 판결했다. 법원의 설명에 따르면 "여성은 자신의 몸이 침투당하는 데 저항하기 위해 자신의 힘이 닿는 범위 안에서 모든 신체적 수단과 능력을 최대한 격렬하게 행사해야 하며 이러한 저항은 범죄가 끝날 때까지 계속되어야 한다." 이 기준으로 보면 네더리의 행동은 미흡했다. "처음 붙들렸을 때 '날 보내줘요'라고 한 번 요구하고 애매하게 비명을 지른 걸 빼면 네더리는 언어적인 저항을 전혀 하지 않았다." 심지어 법원이 만족할 만큼 가해자에게 신체적으로 맞서 싸우지 않았다는 점이 더욱 옴짝달싹할 수 없는 증거가 되었다. 법원은 여성이 "손과 팔다리, 골반 근육으로 효과적인 장애물을 개입시킬 능력이 있으므로" 자신의 가장 강력한 "보호 수단"을 펼쳐야 한다고 강조했다. 기대대로 행동하지 못했으므로 비난은 네더리의 몫이었고, 브라운은 자유의 몸으로 걸어 나갔다.[12]

피해자에게 지워지는 가장 극단적인 형태의 이 부담은 수십 년간 끈질기게 이어졌다. 1980년대에는 대부분의 주에서 '있는 힘껏' 저항해야 한다는 기준을 '합당하게' 또는 '진심을 다해' 저항해야 하는 것으로 다소 완화했다. 하지만 피해자들은 여전히 가해자에게 맞서 싸움으로써 자신이 법의 보호를 받을 가치가 있음을 입증해야 했다. 1983년에는 배심원단이 한 남성에게 내린 강간 유죄 평결을 항소 법원이 뒤집은 이례적인 사건이 있었다. 법원이 보기에 고발인 커샌드라 위크스는 강간을 피하기 위해 충분히 노력하지 않았다. 증거에 따르면 위크스는 길모퉁이에서 자신을 태우러 올 사촌을 기다리고 있었다. 그때 지인이 차를 몰고 다가왔고, 위크스는 그의 차에 올라 이야기를 나눴다. 남자는 위크스를 외진 장소로 데려갔고 거기서 법원의 설명에 따르면 "위크스의 얼굴을 서너 차례 가격하면서 죽이겠다고 협박했고" "자동차 시트 아래 무기가 있다고 암시하며 무기를 사용하겠다고 위협"했다. 그는 위크스와 강제로 성관계를 했다.

법원의 결론에 따르면 더 많이 저항하지 않았으므로 위크스의 행동은 비합리적이었다. 법원은 "확실히" 위크스가 겁을 먹었다고 인정하면서도 빠르게 이렇게 덧붙였다. "강간으로 추정되는 사건 직후에 피해자를 보았던 모든 증인이 피해자에게서 자상이나 멍을 비롯해 어떤 물리적 공격의 증거도 보지 못했다고 증언한 점은 주목할 만하다. 피해자의 증언은 그녀 자신이 저항하려는 노력을 전혀 하지 않았음을 암시한다. 피해자는 재판에서 피고가 자신을 죽이겠다며 협박했다고 단언했지만, 피고는 이런 상황에서 합리적인 사람이 자신이 저항해도 강간을 막지 못할 것이라고 믿을 만한 행동은 전혀 하지 않았다." 얼굴을 가격하고 가까운 곳에 총을 둔 것만으로는 충분하지 않았다는 것이다.[13]

이제는 저항 요건이 1980년대만큼 빡빡하게 적용되지는 않지만 여전히 법원과 배심원들은 저항을 강간 고발인의 "모범적인 행동"으로 여기고 판단을 내린다.[14] 기준은 주마다 다르다. 앨라배마 같은 일부 주에서는 아직도 저항을 공식 요건으로 유지하는 반면 델라웨어 같은 주들은 '비동의(non-consent)'와 '물리력(force)' 같은 용어들을 정의하면서 피해자가 저항한 경우에만 법적인 보호가 가능하다고 명시한다.[15] 법학자 조슈아 드레슬러(Joshua Dressler)는 오늘날에도 "여성의 저항 또는 저항의 부재가 강간 기소에 끼치는 잠재적인 영향력이 사라지지 않았다"고 말한다.[16] "저항의 증거는 진상 조사자가 강간이 일어났다고 판단하는 데 도움을 주거나 심지어는 중요할 수 있다."

드문 예외가 있긴 하지만 신체적 저항 요건을 폐지한 주들도 여전히 사실상 언어적인 저항 요건을 적용하고 있다. 전국적으로 워싱턴부터 뉴햄프셔, 그리고 그 사이에 있는 여러 주에서 피해자가 성폭행 피해자 자격을 획득하려면 성적인 행동에 가담할 의지가 없음을 **밝혔어야** 한다.[17] 그냥 가만히 있었다면 동의한 것으로 간주된다. 요즘 캠퍼스에서 통용되는 적극적인 동의(affirmative consent) 규칙과는 달리 형법의 동의 규정은 성관계를 거부할 책임을 고발인에게 지운다. 아무것도 하지 않는 여성, 그러니까 성적 접촉이 일어나는 동안 무기력하게 있었던 여성은 지배적인 법 규정에 따라 성행위에 동의한 것으로 간주된다.

가령 뉴욕주에서는 피해자가 비동의를 "분명하게 표현"해야 한다. 이렇게 해야 피고발인 입장에 있는 "합리적인 인간"이 피해 여성의 "말과 행동"을 "동의 없음의 표현"으로 이해할 것이라고 보는 것이다.[18] 동의 규정은 전통적인 저항 요건을 현대화하여 자격 있는 피해자의 범주를 확장하는 기능을 한다. 하지만 분명히 짚고 넘어가자. 강간법은 고발인에 집중하며 피해 여성이 폭행을 좌절시키기 위해 충분히 노력했는지에 관심을 두는 해묵은 관점을 그대로 유지하고 있다.

폭행 이후에 피해자가 취한 행동 역시 우리의 기대에 실망을 안기고 피해자의 신뢰성을 손상할 수 있다. 고발인의 감정적 대응이 우리가 생각하는 대응과 거리가 있을 때 고발인의 이야기는 의심을 산다. 성폭력 생존자들과 함께 일하는 심리학자들에게는 "억눌린" 감정과 "격렬한" 감정, 또는 "과소 감정적"인 대응과 "과잉 감정적"인 대응이 모두 익숙하다.[19] 하지만 피해자들이 폭행에 대응하는 방식에 대한 고정 관념은 우리의 신뢰성 판단을 왜곡한다.

가령 감정적 고통을 명백하게 드러내지 않는 피해자는 법 집행관과 민간인 모두에게 신뢰를 얻지 못할 때가 많다.[20] 호평받은 2019년 텔레

비전 미니 시리즈 〈믿을 수 없는 이야기〉에서 마리라는 젊은 여성은 허위 강간 신고를 했다며 기소당했다가 나중에 경찰이 연쇄 강간범으로 밝혀진 가해자를 붙잡은 후 누명을 벗는다. 마리의 진술에 가장 먼저 의심하는 태도를 보인 건 경찰이 아니라 마리와 가장 가까운 사람들이었다. 마리의 위탁모였던 페기는 마리가 강간당했다는 이야기를 하는 방식이 뭔가 이상했다며 암시를 던졌다. "애가 무심했어요. …… 자기가 하고 있는 말이랑 감정적으로 거리가 있는 느낌이었다고요." 페기는 담당 경찰에게 이렇게 말했다. 과거 위탁모였던 섀넌도 같은 이유로 미심쩍어 했다. "정확하게 기억해요." 섀넌은 기자들에게 말했다. "내가 발코니에 서 있었는데 마리가 전화를 해서는 '나 강간당했어요'라고 했어요. 아주 단조로웠어요. 아무 감정도 없이." 섀넌과 페기는 같이 이야기를 나누면서 서로의 의심에 쐐기를 박았다. 그들이 이러한 의심을 경찰에게 알리자 마리는 용의자가 되었고 강간범에 대한 의미 있는 수사는 아예 틀어져버렸다.[21]

이런 반응은 이례적이지 않다. 한 메타 분석에 따르면 "통제된 감정을 보이는" 고발인은 눈에 띄게 불안정한 고발인에 비해 신뢰성이 떨어진다고 인식된다. 이는 "다른 범죄 피해자들에 비해 부정적인 감정을 훨씬 강렬하게 경험"할 것으로 예상되는 강간 고발인들에게만 지워지는 부담이다. 성폭력 피해자는 감정을 극단적으로 드러낼 거라는 상상은 우리의 판단을 흐리게 만든다. 이 메타 분석의 결론처럼 "감정적 처신은 증인의 정직함을 진단하는 잣대가 아니"므로 우리가 일부 피해자의 신뢰성을 저평가하는 것은 전혀 근거 없는 행동이다.[22] 그런데도 감정을 적정 수준으로 드러내는 데 실패한 여성들은 무시당한다.

30여 년간 애리조나주의 피닉스에서 법 집행관으로 일했고 이중 14년은 성폭력 사건을 담당하다가 은퇴한 짐 마키는 성폭력 폭로를 들은 최초 대응자들 중에는 아주 차분해 보이는 고발인을 믿지 못하는 이들이 많다고 지적한다. 생존자들에게 용납되는 감정의 범위는 극도로 좁아서, 적절한 감정이라는 상상에 부합하지 않는 감정은 모두 의심의 빌미가 된다. **너무 차분한** 여성들이 그렇듯 **너무 흥분한** 여성들도 신뢰를 얻지 못한다. "히스테리"를 부리는 고발인들은 이들의 주장이 비면식범 강간이라는 패러다임과 거리가 있을 때 특히 의심을 산다. 마키의 설명에 따르면 순찰 경관들은 "부상을 당한 것도 아니고 무기도 없었는데 이 여성이 왜 이런 식으로 행동하는지 이해가 안 된다"고 생각할 때가 많다. 고발인에게 히스테리라는 낙인이 찍히면 혐의는 이미 묵살된 것이나 마찬가지다. 이미 수세기 동안 그래 왔듯 "히스테리"를 부리는 여자는 믿음직하지 못한 신고자로 간주된다.*

케빈 베커(Kevin Becker)는 30년 가까이 트라우마를 전문으로 다룬 임상심리학자이다. 베커는 나와 이야기를 나누면서 트라우마가 있는 피해자는 통상적인 이해에 들어맞지 않는 경향이 있다고 강조했다. "그런 피해자들에게서 보이는 감정이 우리 기대와 항상 맞아떨어지는 건 아니에요. 그 사람들이 하는 말과도 맞지 않을 수 있죠." 베커는 이렇게 설명했다. "진짜 소름끼치는 상황을 아주 생생하게" 설명하는 사람에게서는 우리가 피해자에게 기대하는 감정이 보이지 않을 수 있다는 것이다. 베커는 웃음을 비롯한 일부 예상하지 못한 반응은 트라우마의 신경생리학이나, 경우에 따라서는 생존자의 대응 기제로 설명할 수 있다고

• 한때는 자궁이 "여성이 불만족스러운 상태일 때 정박지에서 벗어나 몸 안을 돌아다니면서 그 경로상의 모든 것을 교란할 수 있는 자유로운 부유물"이고 그 결과 "히스테리" 증상이 나타난다고 믿었다.[23]

말했다. 하지만 이를 해석할 타당한 틀이 없는 상태에서 피해자들의 이런 반응은 의심에 불을 지필 뿐이다.

우리는 피해자가 가해자와 모든 연결 고리를 즉각 끊어내리라고 예상하는데, 이 역시 '완벽한 피해자' 시나리오가 어떻게 생존자에게 불리하게 작동하는지를 보여주는 중요한 사례다. 피해자와 가해자가 어떤 식으로든 관계를 유지할 경우 피해자의 이야기는 세 측면 모두에서 기준에 미달하게 된다. 우리는 피해자를 믿을 수 없는 사람으로 여기고 그 진술이 사실이 아니라며 거부한다. **그런 일은 일어나지 않았다.** 그리고 우리는 그 행동을 부추긴 책임을 피해자에게 지운다. **그 일은 잘못이 아니다.** 그리고 그 악행은 우리가 신경 쓸 가치가 없다고 판단한다. **그 사건은 중요하지 않다.** 결국 피해자가 그 남자와 관계를 끊지 않았다면 우리는 그 일이 **그렇게까지** 끔찍한 사건이었을 리 없다고 생각한다.

와인스타인 사건을 예로 들어보자. 검찰 앞에 놓인 숱한 과제들 중 하나는 어째서 와인스타인의 피해자들 중 어떤 이들은 사건 이후에도 친구처럼 지내거나 심지어는 내밀하게 연락을 주고받으며 관계를 유지했는지 배심원들에게 설명해야 하는 것이었다. 한 법정신의학자는 재판에서 성폭행과 성적 괴롭힘 피해자 들이 가해자들과 다정하거나 친밀한 관계를 유지할 때가 많다고 증언했다. 이 전문가는 배심원들에게 이렇게 말했다. "대부분의 사람들은 '그냥 지나간 일이라고 생각하면 돼. 난 내 인생을 계속 살아갈 거고 나한테 일어났던 일은 잊을 수 있어. 상황이 더 악화되길 바라지 않아. 나를 성폭행한 이 사람이 내 우정을 망치거나 내 일자리를 위태롭게 만드는 건 싫어.'라는 식으로 생각합니다."[24] 뒤탈에 대한 두려움과는 별개로, 생존자들은 가해자와 관계를 유지하는 일이 그가 자신을 무너뜨리지 못했음을 자신과 가해자에게 보여주는 방편이라고 생각할 수 있다. 아무 일도 없었다는 듯 전진함으로써 피해자는 가해자의 권력을 약화하려고 한다.

가장 보통의 가해자

가해자를 향한 몇몇 해묵은 오해 역시 신뢰성 구조를 떠받친다. 고발인이 우리 마음속의 '완벽한 피해자'상과 거리가 있을 때와 마찬가지로, 피고발 남성이 우리가 상상하던 가해자와 다를 때 우리는 혐의에 의심을 품는다. 가해자란 어떤 사람들인지 그리고 그들이 어떻게 행동하는지에 관한 잘못된 이해 때문에 가해자가 이른바 "착한 남자"일 때 우리는 성폭력 주장을 의심하고, 고발인에게 책임을 떠넘기고, 사건을 무시한다. 우리의 의심은 '완벽한 피해자'의 필연적 귀결인 '짐승 가해자'라는 끈질긴 신화와 연결되어 있다. 이 원형은 '완벽한 피해자' 원형과 마찬가지로 우리가 사건을 부정하고, 정당화하고, 별일 아닌 것으로 넘기게 만든다.

상상 속 나쁜 남자는 마주치는 모든 잠재적인 피해자를 가차 없이 유린한다. 허구의 가해자를 향한 이러한 비방은 실제적인 결과를 낳는다.[25] "평범한" 남자들은 성범죄에 가담하지 않는다고 믿게 만드는 것이다. 비정상의 흔적이 드러나는 남자들이 만화에 나올 법한 악당과 유사할 때, 나머지 모든 남자들은 무고하다고 추정된다. 생존자들조차 이런 틀을 채택할 때가 많다. 늘 그렇듯 문화적 편견에서 자유로운 사람은 없다. 성폭력에 주력하는 임상심리학자 니콜 존슨은 많은 의뢰인들이

"우리가 강간범이라고 하면 떠올리는 괴물의 상"과 자신이 직접 파악한 가해자를 통합하느라 애를 먹는다고 지적한다. 존슨은 많은 피해자들이 "강간범은 짐승일 텐데, 내가 어느 정도 긍정적인 감정을 품었고 심지어는 사랑했던 이 사람이 나한테 이런 짓을 한 거라면 나는 이 문제를 어떻게 이해해야 할지 알아내야 한다"는 식으로 사고한다고 말한다. 가해자의 좋은 점과 그가 가한 끔찍한 피해를 조화시켜야 한다는 필요성은 생존자들에게 엄청난 인지부조화를 일으킬 수 있다. 이 부조화는 종종 부인, 정당화, 변명으로 이어지고 결국에는 침묵으로 귀결된다.

고발인이 사건을 문제 삼기로 선택했을 때도 비슷한 난제가 발생한다. 고발인의 신뢰성을 평가하는 사람들이 피고발 남성을 전형적인 악당과 비교할 경우 혐의가 설득력이 없어 보이기 때문이다. 우리는 피고발인이 "좋은 남편"이나 "좋은 상사", 또는 "좋은 집안 출신"이라고 주장하는 변호인의 말에 쉽게 휘둘린다. 그리고 만일 피고발인이 집단의 존경을 받는 유명인 남성일 경우 고발인의 말을 믿지 않는 경향은 훨씬 커진다.

바버라 보먼의 사례가 이런 경우에 해당한다. 애리조나주 스코츠데일의 예술가인 보먼은 수십 명의 여성들과 함께 빌 코스비를 성폭력으로 고발했다. 보먼은 자신이 패기만만한 배우였던 열일곱 살 때 코스비가 자신을 수차례 성폭행했다고 말했다. 처음에는 에이전트에 피해 사실을 알렸지만 에이전트는 아무 조치도 취하지 않았고, 그 다음에 변호사에게 피해 사실을 알렸더니 변호사는 "이야기를 지어냈다"며 보먼을 나무랐다. 약 30년 뒤 보먼은 〈워싱턴포스트〉에 쓴 글에서 "내 말을 무시하는 그들의 태도는 내가 도움을 받을 수 있을 거라는 희망을 완전히 짓밟아놓았다. 나는 어느 누구도 내게 귀를 기울이지 않을 것이라고 확신했다."고 회상했다. 보먼은 "맥도널드 광고에 나오는 덴버 출신의 십 대"였던 반면 그는 "완벽한 미국인 아버지 클리프 헉스터블*이자 유명 젤리 상품 젤로의 대변인인 빌 코스비였다."

보먼은 경찰을 찾아간 적은 없었지만 세월이 흐르면서 자신의 이야 기를 공개적으로 털어놓기 시작했다. "그런데도 내 호소는 별 힘이 없어 보였다." 오랫동안 언론을 통해 성폭력 혐의를 제기했던 다른 고발인들 의 호소 역시 마찬가지였다. 보먼이 관찰한 바에 따르면 2014년 가을에 "해니벌 버리스라는 한 **남성이** 코미디극에서 빌 코스비를 강간범이라고 부른 뒤에야" 세간의 관심이 "진지하게" 달아오르기 시작했다.[26]

결국 60명의 여성이 나서서 코스비를 고발했고, 그는 모든 혐의를 부 인했다. 4년 뒤, 코스비는 앤드리아 콘스탠드를 성폭행한 혐의로 유죄 판결을 받았다. 전 멘토였던 코스비가 자신에게 약물을 먹였고 이후 소 파에서 옴짝달싹 못하는 상태가 되자 코스비가 성폭행을 했다고 증언 한 콘스탠드의 주장이 인정받은 것이다.[27]

2019년 말, 샌프란시스코 만안 지역의 한 저명한 발레 교사의 성폭행 재판에서 배심원단은 교착 상태에 빠졌다. 이 남성은 당시 자신의 학생 이었던 두 명의 십대 소녀를 강간한 혐의로 기소된 상태였다. 또 다른 한 학생은 검사가 공식 기소에 포함하지 않은 성폭력 사건에 대해서도 증언했다. 발레 교사는 변호 과정에서 모든 강간 혐의를 부인했다. 그 는 한 소녀는 거짓말을 하는 거라고 주장했고, 다른 한 소녀는 자신과 시시덕거리긴 했지만 성관계를 하려 했을 때 발기가 되지 않았다고 말

• 미국 드라마 〈코스비 가족〉에서 빌 코스비가 맡은 등장인물의 이름.(역주)

했다.

배심원단의 의견이 모아지지 않아서 심리가 무효로 끝난 뒤 배심원단장은 어째서 자신이 의구심을 품게 되었는지를 설명했다. 증언한 소녀들을 믿기에는 피해자가 너무 적다는 것이 이유였다. "20년 넘게 학생 수백 명을 가르쳤는데 피해자라고 주장하는 사람이 셋뿐이라고요?" 배심원단장은 이렇게 물었다. 그는 이해하지 못했다. 그가 생각하기에 소녀들에게 집적대는 유형의 남자는 "무절제한 소아성애자"여야 했던 것이다.[28]

이보다는 덜 노골적이지만 비슷한 논리에 기반을 둔 변호 방식은 피고발인이 악행을 저지를 "유형"이 아니라는 것이다. 사람들은 여자를 학대하는 남자들은 언제 어디서나 여자들을 학대한다고 생각하는 경향이 있다. 이런 오류가 바탕이 되어, 피고발 남성에게 피해를 입은 적 없는 여성들이 쓴 탄원서가 무죄 증거로 간주된다. 일정한 **유형**의 남성만이 여성을 괴롭히거나 폭행할 수 있다고 판단할 때 우리는 성품이 좋은 남성도 위법 행위를 저지를 수 있다는 가능성을 너무도 쉽게 부정한다. 그렇게 하면 우리는 피고발 남성에 관한 입장을 놓고 골머리를 앓지 않고 혐의를 그 자리에서 일축할 수 있다.

물론 어떤 사람의 성품이 "훌륭한지"에 관한 판단은 그 자체로 편향되어 있을 수 있다. 우리는 사회적으로 특권적인 지위에 있는 사람들이 긍정적인 성품을 지녔다고 여기는 경향이 있다. 피고발인의 지지자들은 피고발인의 성품을 증언하면서 이 잘못된 가설을 강화한다. "착한 남자 추론"의 유혹은 강력하다. 이 추론은 우리가 개인적으로 보증할 수 있는 남자들에게 불리한 발언을 하는 고발인, 심지어는 **다른 여성들**이 보증할 수 있는 남자들을 고발하는 사람들까지도 불신하게 만든다.

가해자로 지목된 사람에게 괴롭힘을 당한 적이 없는 여성들은 성범죄 혐의가 제기되면 보통 이 혐의를 반박하는 길로 향한다. 전직 CBS 사장 레슬리 문베스는 성폭행과 성적 괴롭힘 혐의가 숱하게 제기된 뒤 2018년에 사임했지만 그의 한 친구는 그가 친절하고 괜찮은 사람이라고 말했다. CBS의 한 여성 임원은 "직업적으로든 개인적으로든 그와 함께 있으면서 혐의가 제기된 그런 행동의 조짐은 한번도 느끼지 못했다"고 말한다. 성적 괴롭힘으로 고발된 CBS 뉴스의 전직 의장 제프 페이거의 한 동료는 자신의 경험에 따르면 "제프는 여성을 지지하고 여성에게 예의 바른 사람"이라고 말했다. 전직 상원의원이자 코미디언인 앨 프랭큰이 〈SNL〉에 출연하던 시절에 만났던 여성 동료 30여 명은 공개서한을 통해 "우리 가운데 부적절한 행동을 경험한 사람은 한 명도 없다"고 말했다. 성적 괴롭힘으로 고발당한 NBC 뉴스 앵커 톰 브로코와 일했던 60여 명의 여성들은 그가 "우리 모두를 공정하게 대했고 존중했다"고 말했다.

언론인 메건 가버는 피고발 남성을 지지하는 이런 탄원서를 나열하며 이렇게 썼다. "이런 식의 친밀함이 변호가 되지는 못한다. 내가 **그 남자를 안다**고 말할 수도 있고 자신이 아는 것이 그 자체로 면죄부가 된다고 생각할 수도 있다." 하지만 그렇지 않다. 가버의 말마따나 "내가 그 남자를 안다는 태도는 자명한 것을 간과한다. 가해자가 모든 사람에게 해를 입히지는 않는다는 사실 말이다. 실익을 따졌을 때 전혀 도움이 되지 않기 때문도 있지만 인간은 복잡하고 가변적이며, 흔히 그렇듯 다중성을 지니고 있기 때문이다."[29]

우리가 가해자의 평범함을 이해하기 전까지는 그런 사람들에게 피해를 입은 숱한 여성들을 계속 무시하게 될 것이다. '짐승 가해자' 원형은 우리의 신뢰성 판단에 혼란을 초래하고 갖은 가해에 면죄부를 준다. '완벽한 피해자' 원형도 똑같다. 다음 세 장에서는 이런 원형들과, 신뢰성 구조가 설치한 다른 함정들이 어떻게 우리로 하여금 고발인의 신뢰성을 폄하하고 피고발 남성의 신뢰성을 과장하게 만드는지를 살펴볼 것이다. 이런 함정을 식별할 때 우리는 그 영향력을 약화하기에 더 유리한 자리에 서게 된다. 일단은 신뢰의 영역, 즉 **그 일이 일어났다**는 주장을 평가하는 방식에 집중해보자.

3장

믿을 수 없는 이야기

피해자는 어떻게
불신의 대상이 되는가

에이자 뉴먼은 자신을 도시 사람이라고 소개했다. 일곱 남매 중 막내인 이 흑인 여성은 뉴욕에서 자라 한 번도 그곳에서 벗어나본 적이 없었다. 30대에 접어들어 학령기 자녀를 둔 뉴먼은 이제는 자신이 당한 성폭행 이야기를 솔직하게 털어놓는다.

2016년 1월 뉴먼은 라과디아 공항에서 수하물 담당자로 일하고 있었다. 어느 날 저녁, 하루 종일 뉴먼을 괴롭히던 어깨 통증이 점점 심해지기 시작했다. 통증이 악화되고 손이 얼얼해지기 시작하자 뉴먼은 이스트할렘에 있는 한 병원 응급실을 찾아야겠다고 생각했다. 자신과 여섯 남매들이 태어난 바로 그 병원이었다.

통증을 가라앉히는 소염제를 받고 난 뒤 뉴먼은 병원복으로 갈아입을 정도로 어깨를 움직일 수 있게 되었다. 담당 의료 팀이 교대하면서 뉴먼은 야간 당직 의사에게 인계되었고, 의사는 뉴먼이 잠들도록 모르핀 투여를 지시했다. 얼마 뒤 의사가 뉴먼의 방으로 찾아와서 뉴먼이 반대하는데도 한 번 더 모르핀을 주사했다. 나중에 실험실에서 검사해보니 처방된 모르핀 외에도 전신 마취와 진정에 사용되는 강력한 마약

성 의약품인 프로포폴이 허가도 없이 뉴먼에게 투여된 것으로 드러났
다.

　나중에 뉴먼은 자신에게 마약을 투약한 의사가 어떻게 재빨리 자신
이 누워 있던 침대를 옮긴 뒤 침대와 벽 사이로 비집고 들어갔는지 기억
해냈다. "처음에 느낀 것 중 하나는 그 사람이 내 가슴을 더듬는 거였어
요." 뉴먼은 언론인 리사 밀러(Lisa Miller)에게 이렇게 설명했다. 뉴먼은
아마도 눈이 떠지지 않아서 그 상황을 볼 수는 없었지만 의사가 자신을
추행하면서 자위하는 소리는 들을 수 있었다. 뉴먼은 이렇게 설명했다.
"몸을 움직이려고 했어요. 싸워보려고 했어요. 그런데 그 남자가 정말
힘이 세거나 내가 아무것도 할 수 없는 상황 같았어요." 의사는 침대 시
트로 뉴먼의 몸을 거칠게 닦고는 "개년"이라고 중얼거렸다.[1]

　의식이 돌아온 뒤 확인해보니 얼굴이 끈적거렸고 가슴 사이에 정액이
있었다. 정액은 "이 일이 진짜로 일어났다는 확인 도장"이었다고 뉴먼
은 내게 말했다. 그게 아니었다면 전부 악몽이었다고 생각했으리라.

　이제는 마음을 먹어야 했다. "그러니까, 저기 나가서 갖은 부질없는 짓
을 하겠다고? 다른 사람한테 불리한 말을 하게 될 텐데. 여기에는 너한테
적대적인 사람들이 더 많아. 사람들이 최악의 반응을 보일 거라고 예상하
지는 않더라도 그 사람이 여기서 일한다는 건 알고 있잖아. 여기엔 그 사
람 편이 많을 거라고. 저는 재빠르게 이런 생각을 했고 증거가 필요할 거
라고 결론을 내렸죠." 뉴먼은 침구와 자신의 병원복을 챙겼다. 누구에
게든 진실을 알려주려면 이 증거가 필요하다고 느꼈다. 뉴먼은 자신이
"정말 제정신이 아니었고 어쩔 줄 몰랐다"고 회상했다. "내가 쓰레기가
된 것 같은 기분은 좋은 기분이 아니잖아요. 내 자신이 인간 같지 않은
느낌이었어요. 아주 아주 아주 하찮은 존재가 된 기분이었죠."

뉴먼은 곧바로 그 의사의 조수에게 무슨 일이 있었는지 이야기했지만 그는 경찰에 신고하는 걸 말렸다고 말한다. (추후 그 조수는 자신은 경찰에 신고하려는 뉴먼을 만류한 적 없다며 부인했지만 해당 혐의를 병원 규정대로 지휘 계통에 따라 상부에 전달하지 않았다는 사실은 인정했다.) 몸이 회복되자 뉴먼은 증거가 담긴 커다란 비닐봉지를 들고 병원을 나와 800미터를 걸어서 언니의 집으로 갔고 언니에게 경찰에 연락해 달라고 부탁했다.

얼마 뒤 경찰이 도착해서 뉴먼의 표현에 따르면 "마치 이야기를 지어냈다는 듯이" 뉴먼을 "신문하기" 시작했다. 뉴먼은 이야기를 반복해 달라는 요구를 열 번도 넘게 받았다. "경찰들은 '맙소사, 너무 힘드시겠어요' 같은 식으로 반응하지 않았어요. 그 사람들은 '아, 이런 일에 끼고 싶지 않은데. 추잡한 일이고 내가 보기에 이 여자는 미쳤어'라는 식이었어요."[2]

"계속해서 나한테 질문하고 그 다음에는 마약을 하는지 묻는 거예요. 계속해서 '코카인이나 헤로인 해요? 아편이나 다른 건요?' 라고 물어봤다니까요." 뉴먼은 경찰들에게 병원에서 투여된 약물 말고는 어떤 약물도 복용하지 않는다고 말했다. 하지만 그들은 계속 같은 질문을 반복했다. "사람들이 내 이야기를 의심한다는 걸 깨닫고도 남을 정도로 충분히 여러 번에 걸쳐서 묻더라고요."

이런 반응은 뉴먼에게 전혀 놀랍지 않았다. 자신의 이야기를 믿어주지 않을 것이라 줄곧 예상했기 때문이었다. 바로 이 때문에 병원 침구를 가져온 것이었고 이후 뉴먼은 자신의 사건을 조사하는 경찰들에게 그 침구를 건넸다. 곧 경찰들은 찜찜해하면서도 추가적인 검사와 증거 수집을 위해 뉴먼을 데리고 다른 병원으로 갔다. 뉴먼은 한 법의학 기술자가 특수 화학 물질과 자외선으로 자신이 그 병원에서 가져온 침구에서 정액을 찾는 모습을 지켜보았다. 뉴먼이 그 의사가 어디에 사정했는지 재차 설명했는데도 어느 한 사람 뉴먼의 몸을 화학적으로 검사해보려 하지 않았다. 그 기술자가 추가 검사가 필요하니 침구를 실험실로 보내야겠다고 선언하자 뉴먼은 "촉"이 왔다. 그리고 기술자에게 자신의 몸에 화학 물질을 뿌려보라고 말했다.

뉴먼은 정액 때문에 자신의 얼굴과 가슴 사이가 밝게 빛나자 그 방에 있던 의료진과 법 집행관들 모두 입을 모아 헉하고 놀라던 걸 기억한다. 모두에게 말한 그대로였는데도 말이다.

DNA 검사 결과는 몇 달 뒤에나 나올 것이었다. (훗날 정액에서 검출된 DNA는 그 의사와 일치하는 것으로 밝혀졌다.) 그동안 뉴먼은 사람들이 자신의 이야기를 믿어주지 않으리라는 두려움에 시달렸다. 뉴먼은 반박 불가능한 증거가 없으면 사람들은 진술을 묵살할 방법을 찾으리라는 걸 알았다. 심지어 그 사람들이 던질 질문도 예상할 수 있었다. "둘이 섹스한 거야? 그 여자 창녀야? 마약을 얻으려고 했나?" 그리고 뉴먼이 옳았다. "이 모든 주장이 실제로 제기되었다"고 뉴먼은 내게 말했다.

뉴먼이 사건을 신고한 날 저녁, 경찰이 뉴저지의 자택에 있던 그 의사를 찾아가 이야기를 했을 때 그는 완전히 다른 이야기를 했다. "민망하지만 라운지에서 자위를 했어요. 내 손에 있던 정액이 그 여자 담요에 묻었을 수도 있겠네요. 그 여자한테 처치하는 동안 손에 묻은 정액이 그 여자 얼굴로 옮겨 갔을 수도 있고요." 의사는 "그 여자가 모르핀을 맞은 상태라서 내가 자기 얼굴에 사정했다고 오해한 걸 수도" 있다고 넌지시 주장하기도 했다.[3]

의사는 그날 밤 체포되지 않았다. 하지만 이 사건은 언론으로 흘러

들어갔고, 언론은 공개적인 지지 표명을 유도했다. 의사를 향한 지지 말이다. 한 의사는 피고발 남성이 "이런 진흙탕 싸움에 끌려 나왔다"는 게 "정말 슬프다"고 말했다.[4] 의사의 친구와 동료 들은 혐의에 강한 의심을 드러냈다. 어떤 사람은 이 이야기가 "굉장한 악취를 풍긴다"고 결론을 내렸다. 또 어떤 사람은 이 사건에 관한 "통계적으로 가장 그럴싸한" 설명은 "고발인이 행동이나 정신 건강에 문제(경계성 인격장애를 생각해보라)가 있는 것"이라고 주장했다. 그러면서 이런 "문제"가 있는 여자들은 성범죄의 표적이 될 수도 있지만 "이런 상태에 있는 사람들"은 "다른 사람의 경력을 망쳐놓을 시나리오를 창작할 능력도" 있다고 지적하기까지 했다.[5] 자주 있는 일이지만, 개인적으로 해당 의사를 알지 못하는 사람들마저 그를 방어하려고 나섰다. 어떤 사람은 이 남자가 의학계에서 쌓은 성공적인 경력 때문에 "나는 그 남자를 의심할 수가 없다"고 논평했다.[6]

뉴먼의 고발이 공론화된 지 일주일도 안 되어서 두 번째 여성이 등장했다. 이 여성은 사건에 관한 소식을 듣고 경찰을 찾아가서 2015년 9월에 자신이 감기로 치료받고 있을 때 같은 의사가 응급실에서 자신의 가슴을 더듬었다며 혐의를 제기했다. 이 두 번째 여성이 해당 사건을 경찰에 신고한 건 이번이 처음이었다. 하지만 이 여성은 이미 그 이야기를 다른 사람들에게 **한 적이 있었다.** 성은 모르고 이름만 아는 어떤 금발의 의사가 자신의 가슴을 어떻게 만졌는지 집단 상담 시간에 진술한 적이 있었던 것이다. 해당 여성은 용어는 몰랐지만 신뢰성 구조를 의식하고 있었기에 그 일이 벌어졌을 때 "기겁해 겁을 먹었다"고 말했다. 그 남자는 의사인데 자신은 과거에 성폭행을 당한 적이 있는 젊은 유색인종 여성이었기 때문이었다. 집단 상담을 담당한 복지사는 이 여성의 진술을

병원에 전달했지만 병원은 이 주장을 기록으로 남기지도 않았고 조사하지도 않았다.[7]

복지사의 신고가 물거품이 된 지 4개월이 지나, 이제 두 건의 신고를 받은 경찰은 의사를 체포했다. 이후로 여성 피해자가 두 명 더 나왔고 2016년 3월에 검사는 해당 의사 데이비드 뉴먼(피해 여성인 에이자 뉴먼과는 성만 같을 뿐 아무런 관계가 없다)을 에이자 뉴먼과 다른 세 환자를 성추행한 혐의로 기소했다. 모두 가난한 유색인종 여성이었다. 데이비드 뉴먼은 결국 유죄 판결을 받고 2년의 징역형에 처해졌다.

에이자 뉴먼은 가해자에게 내려진 가벼운 징역형에 "아주 아주 실망했다"고 말했다. 뉴먼이 보기에 이 사건은 가해자와 자신의 인종 그리고 계급과 연결되어 있었다. 자신의 눈과 뺨에 남아 있던 정액에서 얻은 DNA 증거가 없었더라면 이 사건은 절대 형사 법정까지 가지 못했을 것이고, 다른 여성들이 추가로 혐의를 제기한 것이 국면 전환에 큰 영향을 끼쳤다는 것도 절감했다.

사람들이 왜 자신을 믿지 않을 거라고 예상했는지 묻자 뉴먼은 "보통 여자들은 먹이 사슬 제일 아래 있다"고 말했다. "난 우리가 제일 밑바닥인 것 같아요. 그런데 나는 여자인 데다 소수인종이니까 밑바닥 중에서도 밑바닥인 거죠. 특정 계급이나 재정적 지위에 있는 게 아니다 보니 그게 가장 불리한 거라고 확신해요. 그래서 내가 유감스럽게도 밑바닥 중에서도 밑바닥 중에서도 밑바닥인 거죠." 하지만 뉴먼은 이렇게 덧붙였다. "그래도 내가 거물이 된 것 같은 기분이 들어요. 어쨌든 내 목소리를 냈으니까요."

어떤 사람이 **이런 일이 일어났다**는 주장을 펼칠 때 그 주장의 신빙성은 두 가지 요소에 의해 좌우된다. 하나는 발언자의 믿음직함(trustworthiness)이고 다른 하나는 그 진술의 그럴싸함(plausibility)이다. 철학자 캐런 존스(Karen Jones)는 우리는 "세상의 작동 방식에 대한 우리의 이해"에 기대어 이런 요소들을 평가한다고 말한다.[8] 하지만 슬프게도 성범죄와 관련된 주장에 대해서는 평소와 같은 이해가 우리를 잘못된 길로 이끈다. 다르게 사고할 수도 있지만 무엇을 믿을지 판단할 때 오류로 점철되는 경우가 많다.

많은 사람들이 완벽한 피해자와 짐승 같은 가해자라는 신화를 비롯해서 성범죄에 관한 여러 핵심적인 오해를 지니다 보니 사실인 주장을 묵살해버릴 때가 많다. 성폭행이나 성적 괴롭힘을 당했다고 주장하는 여성의 말은 대부분의 경우 그 자체로 충분하지 않게 여겨진다. 그 자리에서 당장 고발인의 주장을 물리치지 않는다 해도 우리는 '남자의 말과 여자의 말이 다른 상황'에서 한쪽 편을 들 의지나 능력이 없어서 형식적인 균형에 집착한다. 이는 우리가 고발인을 신뢰해야 할 때 그렇게 하지 않아서 피고발인이 승리를 거둔다는 뜻이다. 신뢰성 폄하는 종종 고발인에게 비합리적으로 많은 확증을 요구하는 것으로 나타난다. 특히 특정한 유형의 고발인과 특정한 유형의 주장을 불신하기도 한다.

신뢰성 과장의 경우, 피고발 남성이 특히 권력 있고 신망받는 자리에 있을 때 우리는 그의 거짓된 부인을 너무나도 기꺼이 포용한다. 멍청하거나 순진해서가 아니라, 우리가 이런 남자들에게 의지하고 이들이 진술하는 현실을 신뢰하는 문화와 법 안에서 살아가기 때문이다. 이런 남성들의 권위를 문제 삼는 일은 흔치 않다. 그리고 권력을 통해 신뢰성을 축적한 이런 남성들의 부풀려진 신뢰성은 더 큰 권력을 낳는다. 신뢰성 구조는 기존의 위계질서와 함께 이 위계질서가 허용하는 성적 특권을 보호한다.

이제 고발인이 **이런 일이 일어났다**고 말할 때 신뢰성 폄하와 과장이 어떻게 작동하는지 들여다보자. 먼저 '믿음'의 의미를 분석해볼 것이다.

믿음은 확신의 스펙트럼을 따라 펼쳐진다. 켜기와 끄기만 있는 전원 스위치가 아니라는 뜻이다. 이분법으로 나뉘지 않고 유동적이고 잠정적이다. 철학자들은 이런 스펙트럼을 '믿음의 정도(degrees of belief)'라고 지칭하는데, 이는 "어떤 명제가 진실하다는 우리의 확신이 다른 명제가 진실하다는 우리의 확신보다 더 크다"는 의미이다.[9] 가령 내가 여러분에게 오늘 아침 시카고에서 인도 위를 걸어가는 개를 봤다고 말한다면 여러분은 내 진술의 진실성을 상당히 확신할 것이다. 만약 내가 시카고에서 인도 위를 걸어가는 코끼리를 봤다고 말해도 내 말을 곧이곧대로 받아들이지 **않을 만한** 특별한 이유가 있지 않는 한 여전히 내 말이 진실이라고 믿을 것이다. 하지만 개를 봤다는 말보다 코끼리를 봤다는 말은 덜 확신할 것이다. 내 진술의 그럴싸함에 대한 여러분의 평가는 나에 대한 여러분의 의견이 그렇듯 내 진술을 평가하는 방식에 영향을 끼칠 것이다. 나를 전반적으로 믿을 만한 사람으로 알고 있다면 여러분은 내 말을 더 쉽고 자신 있게 믿을 것이다. 그 반대도 참이다. 이런 사실을 염두에 둘 경우 '믿음'에 수반된 여러 복잡한 사정을 언급하지 않고 믿음 그 자체만을 이야기하는 건 오히려 혼란을 초래할 수 있다. 법체계 밖에서 우리는 이런 믿음의 **정도**나 확실성의 스펙트럼을 인정하는 경우가 드물다.

법체계 안에서는 평결에 도달하기까지 배심원들에게 뚜렷한 기준에 따르는 확신을 요구한다. 형사 법정에서는 **합리적 의심을 넘어서**

(beyond a reasonable doubt) 유죄를 입증하는 증거가 필요하다. 민사 법정에서는 **증거의 우위**(preponderance of the evidence)가 원고의 주장을 뒷받침할 때, 즉 그 주장이 거짓이기보다는 참일 가능성이 높을 때 일반적으로 원고에게 유리한 판결이 허용된다. **분명하고 납득할 만한** (clear and convincing) 증거는 또 하나의 친숙한 법적 기준인데, 증거의 우위와 합리적 의심을 넘어섬 사이에 존재한다. 그리고 경찰이 민간인을 잠시 구금하거나(**합리적인 의혹**) 체포해야겠다고(**상당한 근거**) 결정할 때는 이보다 낮은 증거 기준이 적용된다. 경찰이 에이자 뉴먼에게 대응할 때 그랬듯 개인의 편견과 오해도 이런 기준이 적용되는 방식에 영향을 줄 수 있다. 그래도 각각의 맥락에서는 일련의 주장이 참이라는 지정된 수준의 확신에 맞춰 사건 판결이 이루어진다.

하지만 캠퍼스 징계 절차처럼 법적인 환경 또는 법에 준하는 환경에서 벗어나면 미리 정해진 확신의 수준 같은 것은 존재하지 않는다. 대신 친구나 동료, 가족이 제기하는 혐의에 대응할 때는 믿음의 기준점을 정해놓고 혐의가 그것을 넘어서는지 각자의 의지에 따라 판단한다. 고발인을 믿고 고발인을 지지하려면 어느 정도의 확신이 필요할까? 정답은 없다. 여기서도 맥락이 중요하기 때문이다. 하지만 확실성의 스펙트럼을 인정하지 않을 경우 피해자에게 현저하게 불리한 확신의 수준을 적용할 위험을 무릅쓰게 된다.

나는 고발인들이 여론 법정에서든 자신이 속한 내부 집단의 구성원들에게든 피해 사실을 공개하고 "강간당했어요. 이런 일이 일어났어요." 또는 "성적 괴롭힘을 당했어요. 이런 일이 일어났어요."라고 말할 때 어떻게 **합리적 의심을 넘어서는** 증거가 부족하다는 이유로 주장이 묵살되곤 하는지 수년간 목격했다.

형사 법정 밖에서 **합리적 의심을 넘어서**라는 기준은 적용하기 모호한 데가 있다. 믿음에 뒤따르는 결과들이 형사상 유죄 판결에 뒤따르는 것에 비하면 훨씬 가볍기 때문이다. 가령 고발인이 성폭력을 당했다고 친구에게 알렸을 때 친구는 피해자를 지원하고 가해자와 관계를 끊고 피해자가 전문적인 도움을 받을 수 있도록 같이 알아볼 수 있다. 캠퍼스나 일터에서는 성폭력 사건이 일어났다는 믿음이 이보다 더 심각한 처벌을 수반할 수도 있다. 그래도 형사사건에 걸린 처벌에 비하면 심각하지 않다. 형사사건에서 합리적 의심을 넘어서는 증거가 요구되는 이유는 자유를 제한하는 엄청난 처벌을 가할 수 있기 때문이다. 판돈이 그렇게까지 크지 않은데도 높은 수준의 확실성을 고집하는 건 적절하지 않다.

그리고 이런 고집은 대부분의 혐의를 고사시킨다. 여러 중요한 부분에서 형사제도와 맥락이 다른데도 일상생활에서 최고 수준의 확신을 암묵적으로 선택할 경우 수면 위로 떠오른 성폭력 고발은 당연스럽게 냉대에 직면한다. 법 집행관들에게는 구경꾼들은 범접할 수 없는 온갖 수사 기법을 활용할 권한이 주어진다. 소환장과 수색 영장은 고발인이 비공식 환경에서 문제를 제기했을 때는 절대 얻을 수 없는 값진 증거 자료를 찾아낼 수 있다.

형사 법정 밖에서, 어떤 혐의도 그 자체로는 충족시킬 수 없는 수준의 확실성이 요구될 때, 그리고 추가 증거를 손에 넣을 방법이 부족할 때 거의 예외 없이 그 혐의를 믿지 않을 이유를 발견하게 된다.

의심부터 받는 피해자의 말

많은 사람들이 사건을 털어놓는 고발인이 거짓말을 하거나 착각했을 가능성을 과장하는 경향을 분명하게 보인다. 성폭력 관련 민형사사건 실무를 수십 년간 맡았던 한 변호사는 대부분의 사람들이 "그런 일이 일어났다고 믿고 싶지 않다는 입장에서 출발한다"고 내게 설명했다. 여러분 역시 처음에는 불신하는 태도를 취할지 모른다. 나는 수년간 선한 의도를 품은 친구와 동료 들이 허위 신고의 빈도에 관해 대단히 비뚤어진 감각을 지닌 채 하는 말들을 들어 왔다. 우리에게는 의심이 기본값이다.

법 집행관들만 그러는 것은 분명 아니지만 허위 강간 고발일지 모른다고 의심부터 하는 태도는 다른 사람들에 비해 법 집행관들에게서 더 많이 측정된다. 900여 명의 경찰을 상대로 한 조사에 따르면 절반 이상이 성폭행 고발인의 11~50퍼센트가 성폭행에 대해 거짓말을 한다고 믿었고, 허위 신고율이 51~100퍼센트라고 생각하는 비율도 10퍼센트에 달했다.[10] 또 다른 경찰들을 대상으로 한 어떤 연구에 따르면 대부분의 형사들이 성폭행 신고의 40~80퍼센트가 허위라고 믿는 것으로 나타났다.[11] 이런 불신의 태도를 보여주듯 중서부의 한 경찰은 연구자들에게 이렇게 말했다. "몇 퍼센트일지는 모르겠지만 확실히 3분의 1 이상, 아마 40에서 45퍼센트 가까이는…… 진실성에 **아주** 심각한 문제가 있다고 봅니다."[12] 그리고 2016년에 아이다호의 한 보안관은 "우리한테 신고가 들어오는 강간은 대부분 사실 합의된 성관계"라고 못 박았다.[13]

동료 경찰들이 유사한 신고를 묵살하는 모습을 눈으로 확인할 때 이런 태도는 강화된다. 스탠퍼드대학의 심리학자 제니퍼 에버하르트

(Jennifer Eberhardt)는 확증 편향은 사람들이 "이미 자신이 지닌 신념을 확인해주는 정보를 찾아내고 관심을 기울이게" 만든다고 설명한다. 에버하르트에 따르면 "일이 돌아가는 방식에 대한 이론을 한번 세우고 나면 그 틀을 해체하기는 힘들다."[14] 신뢰할 수 없다고 여겨지는 고발인들은 고발인을 믿어서는 **안 된다는** 분위기를 강화한다.

눈에 띄지 않는 이런 피드백의 연쇄 작용은 경찰에게만 국한되지 않는다. 신뢰성을 판단할 때 우리는 주변 사람들의 반응에 크게 영향을 받는다. 우리가 아는 고발인이 어떤 대우를 받는지, 이목이 집중된 고발인이 어떤 결과를 맞는지, 고발인이 형법이나 캠퍼스 조사 위원회, 직장의 인사부 같은 공식적인 시스템에 의지했을 때 무슨 일이 벌어지는지 지켜본다. 어떤 혐의가 허위로 판명될 때마다 신뢰할 수 없는 고발인이라는 신화가 강화되고 이는 다음에 제기될 혐의 역시 허위로 간주될 가능성을 높인다. 인생의 전반에서 불신은 불신을 낳는다.

허위 신고가 발생하는 빈도는 우리 대부분이 추정하는 것보다 훨씬, 훨씬 적다. 경찰 분류에만 한정하지 않고 그외의 자료를 두루 살피는 것이 가장 믿을 만한 연구 방법인데, 이러한 방법을 채택한 연구에 따르면 허위 신고율은 2~8퍼센트에 불과하다.[15] 최근의 한 메타 분석은 이 비율을 5퍼센트 정도로 본다.[16]

우리는 신고가 허위일 가능성을 (종종 심하게) 과대평가할 뿐만 아니라, 혐의를 의심할 때 헛다리를 짚는 경향마저 있다. 지인이 연루되어 있고 취한 상태에서 발생한 사건이 보통 허위로 치부될 가능성이 가장 높은데, 한 연구에 따르면 이런 사건이 진실일 가능성이 제일 높다.[17] 일리 있는 결과다. 심리학자 킴벌리 론스웨이는 이렇게 말한다. "허위 신고를 하는 사람은 '진짜 강간'의 문화적 원형에 부합하는 시나리오를 진술할 가능성이 높다. 그런 진술에는 무기를 들고, 어쩌면 스키 마스크까지 쓴 낯선 사람이 등장할 수 있다. 이런 강간은 골목에서 발생하며 강간범은 극단적인 폭력을 행사하고 피해자는 있는 힘껏 물리적으로 저항한다. 피해자는 병적으로 흥분한 상태에서 대응하고 사건이 발생한 그 자리에서 범죄를 신고한다." 론스웨이는 이렇게 덧붙인다. "이러한 '진짜 강간'의 전형은 대부분의 사람들에게 의혹을 불러일으키는 성폭행 유형과는 정반대 모습이다."[18] 최근 한 분석은 학술 연구, 언론 자료, 무고에 관한 기록을 근거로 삼아 허위 신고에 관한 관습적인 서사의 "모든 부분"이 사실과 다르다는 결론을 내렸다.[19]

관습적인 서사는 우리가 성폭력 주장을 접할 때 최초 출발점을 왜곡한다. 우리는 혐의가 허위일 거라는 과장된 감각을 지니고 처음부터 지나치게 의심하는 입장에서 해당 주장에 접근한다. 그리고 고발인의 진술을 뒷받침할 증거를 비현실적으로 많이 요구함으로써 이 오류를 악화한다. 에이자 뉴먼 같은 생존자들은 자신이 이런 집단적인 경향을 상대하게 될 거라고 예상한다. 뉴먼이 병원에서 침구를 가져온 것도 바로 그 이유 때문이었다. 뉴먼은 사람들이 정해놓은 확신의 수준에 도달하기 위해 요구되는 확증의 기준이 아무리 좋게 봐도 불합리하고 최악의 경우에는 충족이 불가능하다는 사실을 알았던 것이다.

이런 식의 불합리한 보강 증거 요구는 최근 오페라계에서도 있었다. 2019년 8월 AP통신은 가수이자 지휘자인 플라시도 도밍고가 오랫동안 성범죄를 숱하게 저질렀다는 주장을 보도했고, 도밍고는 부인했다. (나중에 자신이 저지른 악행을 사과했지만 곧이어 이 사과를 번복하고는 여성들의 주장을 반박했다.)[20] 해당 기사에는 도밍고가 고위 관리직을 맡았던 오페라단에서 저지른 일을 비롯해서 30년에 걸쳐 성적 괴롭힘을 당했다고 진술한 가수 여덟 명과 무용수 한 명의 주장이 상세하게 담겨 있었다.

이 기사에 자신의 이름을 밝혀도 된다고 허락한 여성은 메조소프라노 가수인 퍼트리샤 울프뿐이었다. 다른 사람들은 고용주의 보복과 세간의 괴롭힘이 두려워서 익명을 요구했다. 기자들은 이 혐의를 확인하기 위해 해당 여성들이 신뢰하는 "여러 동료와 친구 들"과 이야기를 나눴고, 피해자라고 주장하는 사람들이 진술에서 밝힌 시간과 장소가 도밍고의 일정과 겹친다는 사실도 확인했다. 기사는 또한 "여섯 명 정도 되는 또 다른 여성들"이 "도밍고의 도발적인 접근이 불편하다"고 말했다고 언급했다.[21]

혐의가 발표된 지 몇 주 만에 **또 다른** 여성 열한 명이 과거에 도밍고에게 성적 괴롭힘을 당했다며 고발에 나섰다(이것 역시 도밍고는 부인했다). AP통신의 두 번째 기사에서 앤절라 터너 윌슨만이 자신의 이름을 밝혀도 된다고 허락했고 나머지 고발인들은 익명을 요구했다. 윌슨은 울프와 마찬가지로, 성폭력을 당한 뒤 사람들이 자기 말을 믿어주지 않을까 봐 무서워서 매니지먼트사에 사건을 전혀 알리지 않았다고 밝혔다. 결국 기자들과 이야기하게 되자 윌슨은 문제의 사건이 일어났을 때 썼던 일기를 제시했다. 일기에서 도밍고가 등장하는 부분에는 그가 "내 노래를 들으면 얼마나 행복한지 나에게 여러 번 말했다" 하지만 "그 사람은 매일 나한테 집적댄다"고 적혀 있었고 "제발 하느님, 상황이 악화되지 않도록 도와주세요"라는 말이 덧붙어 있었다.[22]

혐의가 두 차례 공론화되고 몇 주가 지나자 메트로폴리탄 오페라단의 총괄 매니저는 다가오는 도밍고의 공연이 왜 취소되거나 연기되지 않는지 설명하기 위해 코러스, 오케스트라와 회의를 소집했다. 나중에 메트로폴리탄 오페라는 오페라단의 소극적인 조치에 관한 매니저의 설명이 들어간 성명서를 발표했다. 고발인이 스무 명인데도 "현재로서는 도밍고 씨에게 불리한 확증된 증거가 전혀 없다"는 것이었다.[23] (얼마 뒤 오케스트라와 코러스 단원들이 모여서 혐의에 대한 오페라단의 대응에 반대 입장을 표명하자 메트로폴리탄 오페라는 도밍고가 향후 모든 공연에서 즉각 물러날 것이라고 발표했다.)[24]

확증에 대한 불합리한 요구는 성범죄 사건에서 전형적으로 나타난다. 캘리포니아주 샌타클래라의 노련한 성범죄 사건 검사 얼레일라 키아너시(Alaleh Kianerci)는 2015년 샤넬 밀러를 성폭행한 혐의로 기소된 스탠퍼드대학의 수영 선수 브록 터너 사건을 비롯해서 여러 복잡한 사건을 맡았다.[25] 키아너시는 형사 법정에서 요구하는 높은 설득 수준에 아주 익숙하다. 모든 사건에서 검사들은 합리적인 의심을 넘어서 유죄를 입증해야 판결을 얻어낼 수 있다는 사실을 생각해보라. 키아너시는 이러한 부담이 성범죄 사건에서 훨씬 큰 것이 실질적인 문제라고 강조한다. 성폭행 사건에서 "사람들은 더 많은 증거가 있어야 한다고 생각한다. 배심원들과 이야기해보고 배심원단을 선발했던 경험에서 이 사실을 알 수 있다." 많은 사람들이 DNA로 유죄를 입증할 수 있다고 기대하지만, 피고발인이 피해자와 **성관계를** 하지 않았다는 내용이 아니라 피해자가 성관계에 **동의했다는** 내용의 변론을 펼치는 사건에서는 불가능하다. 또 키아너시는 사람들이 "사건에 대한 증거가 영상으로 남아 있기를 바란다"고 설명한다. "물론 우리 모두 그런 걸 원한다. 하지만 우리 삶은 그런 식으로 흘러가지 않는다. 모든 일이 영상에 포착되지는 않는다. 모든 일이 과학적 흔적을 남기지는 않는다."

성폭행 키트('강간 키트'라고도 하는)로 수집된 증거가 확증 요구를 충족하는 데 도움을 줄 때도 있다. 하지만 이런 종류의 증거를 수집하는 게 항상 가능한 건 아니다. 특히 시간이 지난 사건이 그렇다. 그리고 이런 증거는 피해자가 성관계에 "동의했다는 내용의 변론"을 펼치는 사건에서는 결정적인 증거가 되기 힘들다. 애비 호널드가 받은 성폭행 검사에서 끔찍하게 폭력적인 강간이 남긴 숱한 육체적 증거들을 보고 담당 형사가 한 말을 떠올려보자. 합의된 성관계였다는 피고발 남성의 말을 들은 담당 형사는 호널드의 육체적 부상을 "요즘 애들은 난잡하게 논다"는 증거로 해석했다.

무죄 추정 원칙이라는 함정

제일 극단적인 신뢰성 폄하는 고발인의 말을 하위 범주에 두어 **증거가 아닌 것**으로 치부하는 것이다. 고발인의 사건 진술을 이런 식으로 대하는 것은 터무니없는 일이다. 법정에서 피해자가 진술하는 증언은 사건의 증거가 맞다. 심지어 증언이 가장 강력한 증거일 때가 많다. 어떤 명제가 참일 가능성을 합리적으로 바꿔놓을 수 있는 일상의 모든 정보가 증거다. 증거는 강력할 수도 있고 약할 수도 있다. 즉 믿음을 얻기에 충분할 수도 있고 불충분할 수도 있다. 하지만 고발인의 말을 **증거에 미치지 못하는** 무언가로 분류하는 것은 고발인 진술 특유의 성격을 오해한 것이며, 혐의가 묵살되도록 쐐기를 박는 짓이다.

피고발인이 고발인과 다르게 진술할 때 고발인의 진술은 특히 두드러지게 폄하당한다. 우리는 사건에 대해 상충하는 이야기를 접할 때 '남자의 말과 여자의 말이 다른 상황'이라는 틀에 기대서 '그 여자'가 패배할 수밖에 없게 만든다. 뒤죽박죽으로 얽힌 논란 전체를 해결 불가능한 사건으로 여기며 정당한 조치를 취할 수 없는 교착 상황이라고 일축하는 것이다. 고발인의 진술이 피고발인의 진술과 어긋날 때는 돌파구를 찾을 길이 없어 보인다. 그래서 현 상황을 유지하고 모든 사람이 아무일 없었다는 듯 앞으로 나아가도록 내버려 두며 가해자가 자신의 행동에 책임지지 않을 수 있게 그를 보호한다. '그 남자'의 승리다.

로스앤젤레스의 변호사 로런 튜콜스키(Lauren Teukolsky)는 저임금 노동자와 그밖의 사람들을 대리해서 성적 괴롭힘 소송을 제기한 경험이 풍부하다. 튜콜스키는 사건을 맡으면서 "순수하게 여성의 서사와 남성의 서사가 대립하는 사건에서는 사람들이 일반적으로 여성을 믿지 않는다"는 것을 알게 되었다. 튜콜스키는 "회사의 인사부는 두 손을 들고 '아, 남자의 말과 여자의 말이 다르고 우린 확실한 증거가 없으니 그냥 무승부로 처리할 거야……. 다들 아무 일도 없었다는 듯 그냥 하던 일을 계속 하게 될걸.'이라고 말할 때가 아주 많다"고 내게 토로했다.

튜콜스키는 '남자의 말과 여자의 말이 다른 상황'이라는 표현도 불쾌하게 여긴다. "그건 '진짜 아무 증거가 없다'고 말하고 싶을 때 항상 나한테 던지는 말이었다"고 지적한다. 튜콜스키는 고발인의 증언이 '남자의 말과 여자의 말이 다른 상황'의 절반을 차지하는 '여자의 말' 수준의 지위로 추락할 때 그 혐의는 끝난다는 걸 숱하게 확인했다.

고발인의 진술을 일단 의심하고 보는 방식이 마지막으로 하나 더 있다. 상충하는 주장을 두고 피고발 남성이 "무죄로 추정된다"고 간단히 말함으로써 법정 밖에서 혐의를 부인해버리는 것이다. 무죄 추정은 사법제도의 기초 원칙이다. 무죄 추정의 원칙에 따르면 검찰 측이 제시한 증거가 필수적인 기준치에 이르지 못할 경우 피고발인에게 유죄 판결을 내릴 수 없다. 무죄 추정은 증거로 넘어설 수 있는데, 앞서 말했듯 증언대에 선 피해자의 진술도 증거에 포함된다. 우리의 일상에서도 고발인의 진술이 다른 증거와 유사한 기능을 해야 한다. 즉 믿을 만한 진술이 우리의 생각을 바꾸기도 해야 한다. 그러려면 우리는 신뢰성 구조가 설치한 숱한 함정에 빠지지 말고 혐의와 부인을 두고 **이성적으로** 추론해야 한다.

문제는 진술이 믿을 만할 때 우리가 인정하지 않는다는 점이다. 우리는 믿어야 할 때 믿지 못한다. 실제로는 전혀 그렇지 않은데도 혐의가 그럴듯하게 들리지 않는다며 일축한다. 우리가 이런 잘못을 저지르는 이유 중 하나는 제일 괜찮은 사람들조차 허위 고발인이라는 뿌리 깊은 신화에 휘둘리기 때문이다.

상상 속에 갇힌 피해자

'성폭력을 당했다며 거짓말하는 여자'는 우리 문화의 대들보에 가깝다. 성경에서 보디발의 아내는 요셉을 유혹했다가 거부당하자 그가 자신을 강간했다고 고발하는데, 이 원형은 시대를 가로질러 꾸준히 이어져 왔다. 2016년 도널드 트럼프는 자신을 상대로 제기되는 숱한 성범죄 혐의에 맞서기 위해 "강간이라며 울부짖은 여자" 원형을 똑같이 이용했다. 트럼프는 선거 유세에서 "이 여자들은 모두 내 선거 운동에 흠집을 내려고 발 벗고 나서서 거짓말하는 것"이라면서 "그들이 나처럼 맞서 싸울 자원이 무한한 사람에게 시비를 걸 수 있다면 여러분에게는 무슨 짓을 할 수 있는지 한번 보라"고 덧붙였다.[26] 2018년에는 자신이 대법관으로 지명한 브렛 캐버노에게 성범죄 혐의가 제기되자 "그런 일은 나한테도 숱하게 일어났다. 거짓 진술이 만들어지고 솔직히 누구를 믿어야 할지 아무도 알지 못하는 그런 일 말이다."라며 묻지도 않은 말을 했다. 트럼프는 이를 두고 여러분이 "일생 동안 완벽"할 수 있었는데 "누군가가 당신을 뭔가로 고발할 수" 있는, "미국의 젊은 남성들에게 아주 겁나는 시기"라고 묘사했다.[27] 캐버노에 대한 고발은 #그남자도당했다(#HimToo)를 촉발했고, 한 트윗에서 "다른 속셈이 있는 급진 페미니스트들의 허위 성범죄 고발이 만연한 오늘날의 분위기"를 통탄한 이후 이 해시태그는 들불처럼 번졌다.[28]

이런 세계관을 거부하는 사람들이 많을 것이다. 하지만 성범죄 고발인을 믿을 수 없는 정보원으로 여기는 문화에서 자유로운 사람은 없다. 우리는 강간이나 성적 괴롭힘을 이야기하는 여성을 믿을 수 없다는 메시지를 무의식적으로 흡수할 때가 많다. 이런 경향은 성폭력을 주장하는 사람들에 대해 우리가 잘못된 판단을 내리게 할 수 있다. 고발인들을 거짓말쟁이로 여기는 일반적인 경향이 있을 때 우리는 특정 혐의가 참이 아니라고 지나치게 빨리 판단을 내린다.

거짓말하는 여성에 대한 상투적인 재현을 너무 흔하게 접한 나머지 우리는 여성들을 쉽게 불신해버리기도 한다. 쉽게 떠올릴 수 있는 사례는 '꽃뱀(gold digger)'이다. 법 제도 안에서 각종 고발인들은 소송 제기에 따른 금전적 이익이 있는지 질문을 받을 수 있고, 민사사건에서 고발인을 대리하는 변호사들은 이런 종류의 공격에 아주 익숙하다. 하지만 성범죄 고발인들은 다른 고발인들에 비해 이런 대접에 훨씬 취약하다. 필라델피아 출신의 원고 측 변호인 로버트 밴스는 "피해자는 기본적으로 일확천금을 얻어내려는 사람으로 비친다"고 설명하면서 성적 괴롭힘 혐의를 "그냥 돈을 갈취하려는 행위"처럼 보는 때가 많다고 덧붙인다.

성범죄 담당 검사들 역시 형사 법정에서 변호인이 내세울 수 있는 이 '꽃뱀' 고정 관념과 싸워야 한다. 빌 코스비의 성폭행 혐의에 대한 1심 재판이 불일치 배심[*]으로 막을 내린 후 다시 열린 재심에서 코스비의 변호사는 고발인에 대해 "그 여자가 빌 코스비에게 뭘 바란다고 보세요? 돈, 돈, 그리고 더 많은 돈이죠."라고 말했다.[29] 법 절차 밖에서도 고발인들은 똑같은 방식으로 오명을 뒤집어쓴다. 트위터 사용자들이 유명 남성을 상대로 제기된 성폭행 고발에 어떻게 반응하는지를 살펴본 한 연구에 따르면 사용자들은 자신의 반응을 '#꽃뱀' 해시태그로 압축하는 선택을 할 때가 잦았다.[30] 꽃뱀은 그 무엇보다도 큰돈을 원한다. 즉 필요하다면 그 여성은 공론화했을 때 자신이 무엇을 감내해야 하든 개의치 않고 성폭력 의혹을 날조할 수도 있다는 뜻이다.

이밖에도 거짓말하는 고발인에 대한 다양한 캐리커처들이 무엇을 믿을지 우리의 판단을 왜곡한다. **퇴짜를 맞은 여자**가 자신을 거부한 남자에게 복수하려 한다. 뒤늦게 **후회하는 여자**가 합의했던 성관계를 엎으려고 한다. 당파적인 의제를 밀어붙이기 위해 **정치적 수단**을 기꺼이 사

불일치 배심(hung jury) 배심원단의 의견이 엇갈려서 판결을 못 내리는 경우를 말한다. 미국에서 불일치 배심은 법원과 재판의 종류에 따라 처리 방법이 다르다. 배심원들에게 추가 질문을 받아 추가 심리를 열기도 하고, 판사가 미결정 심리(mistrial), 즉 심리 무효를 선포하기도 한다.(역주)

용하거나 어쩌면 여자 쪽의 의제가 동기로 작용할 수도 있다. **관심에 목 마른 사람** 짓이다. (양성애자 여성을 비롯해서 "이성애자 남성의 관심을 얻기 위해" 성적 정체성을 "거짓으로 연기"했다고 인식되는 여성들은 특히 관심에 목마른 거짓말쟁이로 비춰질 가능성이 높다.)[31]

여성 고발인에 대한 불신을 조장하는 원형은 거짓말하는 여성 원형만이 아니다. 의도적으로 누군가를 속이기보다는 **착각을 한 여자**가 실제 사건에 대해 혼란을 초래한 것으로 보기도 한다. 데브라 카츠(Debra Katz)는 크리스틴 블레이시 포드를 비롯해 성범죄 혐의를 제기하려는 여성들을 수십 년간 대리해 온 선도적인 인권 변호사다. 카츠는 나와 이야기를 나누면서 "부인(denial)의 서사"가 바뀌었다고 말했다. 이제는 피고발인 측에서 혐의를 부인할 때 과거와 다른 방식으로 고발인을 유형화한다는 것이다. 즉 이 여성은 고의로 거짓말하는 건 아니지만 사건을 잘못 해석하거나 잘못 기억하고 있다고 주장하는 경우가 늘고 있다. 인식의 오류든 기억의 오류든 그 여자는 "착한 숙녀이긴 하지만 틀렸다"는 식이다.

여성은 자기 삶에 대한 진실을 분별하고 회상하고 이해할 능력이 부족하다고 간주되기 때문에 믿음직하지 못하다며 무시당한다. 이런 무능은 사기와는 다르지만 결과는 똑같다. 착각했거나 거짓말하고 있다고(아니면 논리에 맞진 않지만 둘 다고) 여겨지는 고발인은 당연히 신뢰할 수 없다. 믿을 수 없는 이유가 무엇이든 간에 그런 여성의 주장은 묵살당할 것이다.

이런 일이 벌어지면 사람들은 다가올 미래에 접할 혐의에 훨씬 회의적인 태도를 취할 가능성이 높아진다. 기존의 믿음을 확인해주는 증거를 찾고 그 믿음을 더욱 공고히 하는 방식으로 증거를 해석하게 만드는 확증 편향을 떠올려보라. 고발인을 불신의 대상으로 여길 때마다 고발인을 믿어서는 **안 된다**는 태도가 점점 강화된다. 한번 어떤 혐의가 묵살되는 것을 목격하거나 직접 어떤 혐의를 묵살하고 나면 확증 편향에 따라 이후에 제기되는 모든 혐의에 대한 신뢰성 판단이 왜곡된다.

이 효과는 특정 허위 주장이 널리 알려졌을 때 증폭된다.[32] 듀크대학 라크로스 팀이 강간으로 허위 고발된 사건[*][33]이나 〈롤링스톤〉에서 다룬 가짜 강간 기사[**][34]가 대표적이다. 이런 사건들이 대중의 상상을 사로잡는 큰 이유는 거짓말하는 고발인에 대한 견고한 믿음과 이 믿음에 활기를 불어넣는 여성 혐오(misogyny)와 공명하기 때문이다. "거짓말하는 고발인" 사건들은 가짜 현실, 그러니까 성폭력 고발이 보통은 허위인 거꾸로 된 세상을 대표하게 된다. 면밀하게 조사해보면 모래성처럼 무너질 이야기를 하는 여성에게 세차게 분노할 때 우리는 더 복잡한 그림을 분별하는 능력을 발휘하지 못하게 된다. 거짓으로 밝혀진 이야기들과 이에 대한 반응의 중심에는 비정상적인 폭력에 관한 문화적 선입견이 놓여 있을 때가 많다. 평론가 지아 톨렌티노(Jia Tolentino)는 〈롤링스톤〉 사건에 대해 이야기하면서 "강간에 대한 진실은 그게 예외적인 사건이 아니라는 데 있다. 강간은 이례적인 일이 아니다."라고 말한다. "그리고 그걸 만족스러운 이야기로 만들 방법은 전혀 없다."[35] 우리

● 2006년 듀크대학 라크로스 팀이 숙소에서 파티를 열면서 고용한 스트리퍼 중 한 명이 세 선수에게 강간을 당했다며 고발한 사건. 흑인 여성 스트리퍼가 명문 대학 백인 학생들을 가해자로 지목해서 전국적으로 큰 파장이 일었으나 담당 검사의 석연치 않은 진행과 피해자 진술과는 다른 조사 결과 때문에 강간 혐의는 중도에 취하되었고 결국 악명 높은 허위 고발 사건으로 남았다.(역주)
●● 2014년에 〈롤링스톤〉에서 버지니아대학에서 벌어진 집단 강간 사건을 취재하여 기사를 내보냈으나 결국 취재원이 지어낸 이야기로 밝혀진 사건.(역주)

가 이례적인 사건에 끌리는 이유는 그런 사건들이 성폭력의 참을 수 없는 일상성을 덮어주기 때문이다.

일부 고발인들은 처음부터 다른 사람들보다 신뢰성이 떨어진다고 인식된다. 얼레일라 키아너시 검사는 "약물에 중독된 홈리스 여성이 성폭행을 당한 사건이 있었는데 시작부터 힘든 싸움이었다"고 전한다. 키아너시는 수많은 아시아계 미국인 여성들이 사창가에서 일하다가 강간당한 사건들을 회상하며 성산업 종사 여성들도 마찬가지라고 말한다. 키아너시는 가장 취약한 피해자가 가장 믿음을 얻기 힘들다고 강조한다. "마약, 알코올, 홈리스, 직업, 이유가 뭐가 됐든 사람들은 그 사람들을 그냥 믿고 싶어 하지 않아요."

신뢰를 가로막는 또 다른 장애물은 가난이다. 미국 국립여성법률센터의 교육과 일자리 정의 부대표인 에밀리 마틴(Emily Martin)은 가난한 사람들의 이야기는 다른 사람들에 비해 믿을 만하다고 인정받을 가능성이 더 낮다고 지적한다.[36] 특히 성적 괴롭힘을 당한 저임금 피해자들 앞에는 주눅이 들 정도로 높은 믿음의 장벽이 놓여 있다.

샌드라 페스케다의 이야기는 전형적이다. 2015년 페스케다는 캘리포니아의 한 호화 리조트에 설거지 담당이자 셰프 보조원으로 채용되었다. 페스케다는 일을 시작한 직후 채용 업체 관리자가 자신을 괴롭히기 시작했다고 말한다. 페스케다의 설명에 따르면 이 관리자는 페스케다가 예쁘다며 외모를 품평했고, 자꾸 데이트를 하자고 졸랐고, 집에 있는 페스케다에게 전화를 걸었다. 또 페스케다의 근무 일정을 바꿔서 자신과 단 둘이 일하게 만들었고, 저장실에서 키스하려고 두 번 시도했고, 직접적으로 추근거리다가 퇴짜를 맞자 몇 주 동안 페스케다를 일정

표에서 빼버렸다. 페스케다가 또 다른 상사에게 이 사실을 알렸더니 그 상사는 아무런 조치도 취할 수 없다고 주장하며 페스케다의 말과 해당 관리자의 말이 다르다고 대답했다. 그리고 몇 달 뒤 페스케다는 해고당했다.[37]

직장 내 성적 괴롭힘으로 피해자들이 민사 법원에 소송을 제기하면 이 같은 장애물들을 숱하게 마주하게 된다. 형사 법원에 비하면 입증 책임은 훨씬 적다. '증거의 우위'에 부합하거나 원고의 주장이 사실일 가능성을 높이는 입증 자료만 있으면 되기 때문이다. 하지만 이 낮은 기준조차도 성적 괴롭힘 원고들에게는 너무 높을 때가 많다. 고발인이 법원 밖에서 사건을 이야기하면 듣는 사람들이 일단 의심부터 하고 보듯, 배심원들은 고발인이 원고가 되는 순간 이들의 신뢰성을 폄하한다. 언제나 그렇듯 인종도 계급도 성 정체성도 모두 중요하다.

믿음직함과 관련이 있지만 상대적으로 덜 드러나는 특징 중 하나는 외모다. 믿음의 영역에서 미의 사회적 기준은 아주 독특한 방식으로 여성에게 불리하게 작동한다. 관습적인 기준에서 매력적이든 그렇지 않든 외모는 그 여성 본인의 신뢰성에 불리하게 작용할 수 있다. 이는 법학자 데버라 로드(Deborah Rhode)가 '외모의 부정의(the injustice of appearance)'라고 통칭한 것에 해당하는 구체적인 사례로 볼 수 있다.[38] 워싱턴 D.C.의 노련한 인권 변호사 아리 윌켄펠드(Ari Wilkenfeld)는 매력이 없다고 여겨지는 여성은 성적인 관계를 위해 접근할 만한 대상이 아니라는 이유로 신용을 잃기 쉽다고 내게 말했다. 한편으로 매력적인 여성들은 성적인 접근을 자초한다고 여겨지는 경우가 많기 때문에 그런 행위가 달갑지 않다고 주장하면 역시 불신당하기 쉽다. 윌켄펠드는 나와 이야기를 나누면서, 트집을 잡는 게 목적이 아닐까 싶을 정도로 기준이 까다로운 이런 외모에 기반을 둔 평가를 개탄했다. 여성이 성적 괴롭힘을 당했다고 주장할 때 신뢰를 얻으려면 "딱 맞는" 외모여야 한다. 그렇지 않으면 고발인에 대한 뿌리 깊은 신화에 농락당한다.

신뢰성은 주장의 출처를 신뢰하는 문제에만 그치지 않는다. 그 주장이 그럴싸하고 우리의 직관에 부합한다고 인정하는 것이기도 하다. **그 일이 일어났다고 믿을지를 결정할 때마다** 우리는 세상의 작동 방식에 대한 인상에 의지한다. 이때 비면식범 강간, 완벽한 피해자, 짐승 같은 가해자에 대한 신화가 작동하여 우리를 그릇된 경로로 안내한다. 피고발 남성들은 아무리 틀렸어도 우리의 선입견에 부합하는 이야기를 할 때가 많은 반면, 대부분의 고발인들은 우리가 성폭력에 대해 아는 것(실상은 잘못 알고 있는 것)과 어긋나는 진술을 한다.

어떤 주장의 그럴싸함은 고발인이 우리 머릿속의 피해자, 그러니까 현실의 피해자와는 동떨어진 그런 모습처럼 행동하는지에 대한 감각에도 좌우된다. 고발인이 상상 속의 피해자와 다른 방식으로 행동할 때 고발인의 진술은 거짓처럼 보이고 우리는 그 진술을 묵살한다. 이상적인 피해자 시나리오와 어긋날 때 고발인의 신뢰성이 어떻게 흠집이 날 수 있는지는 이미 어느 정도 확인했다. 피해자가 저항하지 않았을 때, 피해자의 감정적 반응이 우리의 예상과 다를 때, 피해자가 가해자와 관계를 유지하고 있을 때 피해 여성의 진술은 쉽게 묵살당한다.

이밖에도 그럴싸함에 대한 우리의 판단을 오염시키는 또 다른 중요한 요소가 있다. 피해자들이 트라우마에 반응하는 방식을 오해한 나머지 우리는 사건에 관한 고발인들의 기억이 불완전하거나 오류가 있으면 너무나도 성급하게 고발인을 불신한다. 한 전형적인 사례에서 어떤 대학생은 캠퍼스 당국에 자신이 성폭행을 당했다고 신고했지만 이후 열린 심리에서 사건을 묵살당했다. 고발인의 진술에서 작은 세부 사항이 바뀌어서였다. 8개월 앞서 고발인은 성폭행당하기 전에 앉아서 자기 휴대 전화를 보고 있었다고 진술했다. 심리에서도 고발인은 성폭행 전에 자기 휴대 전화를 보며 앉아 있었다고 진술했지만 사건 당시 방에서 자신이 앉아 있던 정확한 위치를 다르게 말했다. 이 여성의 변호인이었던 브렌다 애덤스(Brenda Adams)는 "심리 담당자는 이를 고발인의 신뢰성을 훼손할 정도로 중대한 불일치로 여겨 고발인이 사건 전체를 완전히 지어낸 게 틀림없다고 판단했다"고 내게 말했다.

피해자가 사건의 어떤 부분을 기억해야 하는가에 대한 통념은 신경과학에 의해 거의 대부분 반박된다. 트라우마 전문가들은 많은 피해자들이 사건 직전이나 직후에 일어난 일의 세부 사항을 기억하지 못하는 점을 이해한다. 피해자들은 사건을 깔끔하게 시간 순으로 진술하는 게 힘들 수도 있다. 하지만 대부분의 사람들은 이런 제약에 관한 신경학적 설명을 알지 못하며 이것이 고발인이 신뢰받는 데 부당한 장애물이 된다. 애덤스는 "진술이 순차적이지 않으면 아무도 그 이야기를 받아들이지 못할 것"이라고 말한다.

철두철미한 진술을 요구하는 건 오판이다. 경험을 기억할 때, 트라우마를 남겼든 그렇지 않든 이 경험은 부분적으로만 부호화된다.* 하버드 의과대학 정신의학과에서 학생들을 가르치며 트라우마의 신경생리학에 대해 전국에서 자문 요청을 받는 짐 호퍼(Jim Hopper)는 기억 연구에서

---

* 기억의 단계는 정보를 기억에 집어넣는 부호화(encoding), 기억에 유지하는 저장(storage), 기억에서 꺼내는 인출(retrieval)로 구성된다.(역주)

핵심은 핵심 세부 사항과 주변 세부 사항의 차이라고 지적한다. 평범한 환경에서도 우리는 핵심 세부 사항에 주로 주의를 기울인다. 핵심 세부 사항은 다른 기억에 비해 기억의 첫 단계인 부호화가 잘 되고, 한번 부호화되면 저장될 가능성도 높다. 가령 우리는 마지막으로 외식했을 때 옆 테이블에 누가 앉아 있었는지보다는 어디서 식사했는지를 더 잘 기억한다. 우리가 알아차리지 못하거나 중요하다고 생각하지 않는 세부 사항은 저장 가능한 기억으로 변환되지 않을 수 있다. 호퍼는 "핵심 세부 사항은 가장 우선적으로 부호화되어 기억에 저장된다"라고 설명한다. "바로 이 점을 통해 우리의 모든 경험은 불완전하고 파편화된 기억이 된다는 것을 알 수 있습니다. 우리는 이중 일부만을 선별적으로 기억합니다. 핵심 세부 사항조차도 일부는 시간이 지나면 흐려지죠. 이게 바로 인간 경험의 본질입니다."

뇌는 위협적인 상황에서 더 부담을 느낀다. 베셀 반 데어 콜크(Bessel van der Kolk)는 트라우마의 생리학적 영향 부문에서 선도적인 전문가다. 그의 책 《몸은 기억한다》는 트라우마가 몸과 뇌에 어떻게 각인되는지 보여준다. 한 가지 중요한 발견은 트라우마 기억(traumatic memory)이 뒤죽박죽 상태라는 점이다. 반 데어 콜크와 동료들의 체계적인 연구에 따르면 끔찍한 경험의 피해자들은 "일부 세부 사항(강간범의 냄새, 죽은 아이의 이마에 남은 상처)은 너무 낱낱이 너무 분명하게 기억했지만 사건의 순서나 다른 중요한 세부 사항(구급차든 경찰차든 제일 먼저 도착해서 병원까지 데려다준 사람)은 떠올리지 못했다."[39]

짐 호퍼가 말하듯 "스트레스와 트라우마 상황에서 뇌는 생존과 대처에 꼭 필요하다고 평가하는 경험으로 초점을 좁히는 경향이 있다. 그래서 주의를 한쪽으로 집중해 핵심 세부 사항에 몰입하면서 주변 세부 사항은 간과하거나 처리하지 못하는 현상이 두드러진다." 그 결과 트라우마 경험에 관한 기억은 다른 기억에 비해 더 파편화된다.

게다가 스트레스를 받으면 기억을 생성할 시간이 제한된다. 대뇌의 측두엽에 있는 해마는 정보를 단기 기억으로 부호화하고 장기 기억으로 저장하는 데 핵심적인 역할을 한다. 그런데 뇌가 위협을 감지하면 이 해마가 평소와 다른 방식으로 작동한다. 핵심 세부 사항들이 강력하게 부호화되는 "슈퍼 인코딩 모드"에 진입한 지 5분에서 20분이 경과하면 해마는 "최소 인코딩" 단계에 들어간다. "이 단계에서는 아무리 중요한 정보여도 세부 사항을 부호화하고 특히 저장하는 작업은 심각하게 제한되거나 아예 일어나지 않는다." 슈퍼 인코딩의 생물학은 세포를 영구적으로 손상하지 않고는 그 상태를 오래 지탱할 수 없음을 의미한다. 그래서 우리의 몸은 해마를 보호하는 동시에 미래의 생존에 가장 필요할 것 같은 정보를 기억으로 각인하는 방식으로 적응한다.[40]

크리스틴 블레이시 포드가 상원 법제사법위원회에서 브렛 캐버노 인사 청문회가 열리기 전에 사건을 증언할 때 민주당 상원의원 패트릭 레이히는 포드에게 "가장 강렬한 기억이 무엇인지, 그 사건에서 무엇이 제일 기억에 남는지, 결코 잊을 수 없는 기억이 있는지" 물었다. 질문에 답할 때 포드는 마치 십대가 되어 캐버노와 그의 친구가 있던 그 방에서 사건을 다시 체험하는 듯한 기분을 느꼈다. 하지만 포드는 스탠퍼드 의과대학의 연구 전담 심리학자였으므로 자신의 기억을 묘사하는 데 그치지 않고 전문 지식을 바탕 삼아 그것을 설명할 수 있었다. 포드는 그날 밤의 가장 강렬한 기억을 이야기하면서 스트레스 상태의 뇌가 어떤 식으로 작동하는지도 정확히 설명했다. 포드는 "해마에서 지워지지 않는 것은 웃음입니다. 두 사람 사이에서 시끄럽게 터져 나오던 웃음, 그리고 그들이 나를 제물로 삼아 즐거워하던 웃음 말이죠."라고 말했다.

주목할 만한 대화가 이어졌다.

> 레이히 상원의원: 그 웃음을 잊지 못하셨군요. 그들이 박사님을 비웃었다
> 는 걸 잊지 못하셨어요.
>
> 크리스틴 포드: 그들은 같이 웃었어요.
>
> 레이히 상원의원: 그리고 박사님이 그 웃음의 대상이었고요?
>
> 크리스틴 포드: 저는 말이죠, 둘이 웃는 동안 그들 중 한 명 아래 깔려 있
> 었어요. 두 친구, 두 친구가 같이 아주 즐거운 시간을 보냈던 거죠.[41]

달리아 리트윅(Dahlia Lithwick)은 이 증언을 직접 목격한 기자 중 한 명이었다. 리트윅의 설명에 따르면 포드는 "말수가 적었고" "권위가 있었고" "완벽하게 믿을 만하고 생생하고 사실적"이었다. 리트윅은 포드가 "단어 선택이나 아주 사소한 오류를 바로잡는 일조차 너무나도 꼼꼼해서 거의 외과 수술 수준의 효과가 있었다"고 덧붙인다. 리트윅은 "모두 포드를 믿었다"고 말한다. "모두가."[42]

처음부터 만장일치는 아니었지만 캐버노가 증언하면서 모든 것을 부인하자 사람들의 의견이 갈리기 시작했다. 청문회가 열린 지 일주일이 채 되지 않았을 때 전국적으로 실시한 여론 조사에서는 고발인과 피고발인 중 누구를 믿을지를 두고 여론이 크게 갈렸음을 확인할 수 있었다. 응답자에게 "고등학교 파티에서 일어난 사건에 대해 누가 진실을 말한다고 생각하십니까?"라는 질문을 던졌더니 절반에 조금 못 미치는 사람들이 포드를 믿었고, 3분의 1이 캐버노를 믿었으며, 약 4분의 1이 "잘 모르겠다"고 답했다.[43]

포드를 믿지 않는 많은 이들은 진술 내부의 모순을 지적했다. 법제사 법위원회 소속 공화당 상원의원 대리 변호사 레이철 미첼은 평가서에 "포드 박사는 문제의 그날 밤의 핵심적인 세부 사항에 관한 기억이 전혀 없다"고 썼다. 누가 박사를 그 파티에 초대했고, 그 파티까지 어떻게 갔는지, 그 파티가 정확히 어디서, 언제 열렸는지 같은 것들 말이다. 하지만 변호사는 "어쩌면 가장 중요한 것은 박사가 파티장에서 집으로 어떻게 돌아왔는지를 기억하지 못한다는 점일 것이다. 이는 중대한 의문점을 던진다."고 주장했다.[44]

하지만 트라우마 기억을 다루는 과학은 그게 아니라고 말한다. 심리학자 짐 호퍼는 이 청문회 직후 발표한 한 에세이에서 "오래전에 공격이 언제, 어디서 일어났는지 정확히 짚어내지 못하는 것뿐만 아니라 주변 세부 사항이 서로 모순되고 불일치하는 것은 아주 정상적이고 예상 가능한 일"이라고 지적했다. 스트레스 상황에서 포드의 해마가 일단 '최소 인코딩' 단계에 접어든 후 기억의 부호화와 저장 능력이 손상되었을 수 있다. 포드의 증언에서 의심스러워 보이는 허점들은 트라우마 반응에 완전히 부합한다. 호퍼는 포드가 느꼈다는 "도망쳤다는 안도감, 그리고 누군가가 자신이 막 공격당했음을 알아차릴지 모른다는 두려움"은 "대단히 의미 있는 핵심 세부 사항"으로, "해마가 자기 보호 모드로 들어가서 그 다음에 무슨 일이 있었는지 저장하는 능력을 잃어버리기 전에 받은 마지막" 세부 사항으로 볼 수 있다고 밝혔다.

불완전한 기억은 트라우마의 흔한 부산물이다. 따라서 진술상의 불완전함을 근거로 삼아 고발인을 부정적으로 평가하는 건 잘못된 방향으로 헛다리를 짚는 일이다.[45] 이 실수는 쉽게 설명할 수 있다. 트라우마 전문가들은 해리된 기억의 기원을 알아보지만 우리 대부분은 트라우마 전문가가 아니다. 호퍼는 "성폭행이 (범인이) 가장 빠져나가기 쉬운 폭력 범죄인 큰 이유는 사람들이 기억의 작동 방식에 무지하기 때문"이라고 결론 내린다.[46] 보통은 잘 모르다 보니 고발인의 진술에 세부 사항이 누락되었을 때나 진술이 순차적이지 않을 때, 아니면 더 중요한 사항은 배제되고 덜 중요해 보이는 사실이 들어가 있을 때 우리는 의심을 품게 된다. 하지만 불완전한 이야기가 불신의 빌미가 되는 것은 부당하다.

트라우마는 기억의 부호화와 저장 단계뿐만 아니라 인출 단계에도 영향을 끼친다. 트라우마와 연결된 기억은 편안한 환경, 즉 듣는 사람이 편견 없이 자신을 믿어줄 것처럼 보이는 상황에서 접근하기 더 쉽다. 반대로 고발인이 명백하게 의심받거나 심판하는 태도에 맞닥뜨릴 때는 트라우마와 연결된 기억을 떠올리기 쉽지 않다. 호퍼는 "스트레스를 받으면 뇌 안에 저장된 정보를 인출하는 능력이 손상된다"고 설명한다. 고발인이 이 정보를 인출할 **수 있다고 해도** 듣는 사람이 이미 믿지 않을 준비를 하고 있으면 그걸 털어놓을 정도로 충분히 안전하다고 느끼지 못할 것이다.

트라우마를 둘러싼 오해는 경찰들이 강간 혐의에 지나치게 의심스러운 태도로 접근하는 경향을 보이는 이유를 설명하는 데 유익하다. 레이철 러벌(Rachel Lovell)은 법 집행 기관의 젠더 폭력 대응을 주로 연구하는 사회학자이다. 러벌은 많은 경찰들이 "피해자의 반응을 이해하지 못하다 보니 성폭행 사건을 상대적으로 더 강도 높게 조사한다"고 내게 말했다. "경찰들은 트라우마에서 비롯된 행동을 보고 허위 신고일 거라고 오해한다"고 덧붙였다. 미국 국립사법연구소의 재정 지원으로 실시된 미확인 강간 키트에 관한 한 연구에서 러벌과 동료들은 수사를 진행하지 않은 사건의 경찰 보고서 수천 건을 검토했다.[47] 한 보고서에는 "피해자가 웃고 있다. 분명 허위 신고일 테지만 고통받고 있는 것처럼 보인다."고 적혀 있었다. 러벌은 이런 식으로 경찰들이 혼란스러워하는 일은 비일비재하다고 말한다. "트라우마의 신경 생리를 이해하는 사람들에게 이 모든 건 전형적인 피해자 행동의 범위 안에 있다." 하지만 고발인의 진술을 평가하는 경찰의 틀이 트라우마의 영향을 반영하지 못하면 고발인이 거짓말하고 있다고 속단할 수 있다.

나는 법 집행 기관의 성폭력 대응을 연구하는 전문가로서 미국에서 손꼽히는 심리학자 리베카 캠벨(Rebecca Campbell)에게서 비슷한 설명을 들었다. 캠벨은 미국 국립사법연구소에서 재정 지원을 받아 이번에는 디트로이트에서 진행한 또 다른 강간 키트 연구의 연구 책임자였다. 이 연구는 경찰이 수사를 종결하는 주요 이유가 고발인의 반응이 자신들의 선입견과 동떨어져 있기 때문임을 확인했다.[48] "그들은 전형적인 엉망진창을 기대한다"고 캠벨은 내게 말했다. "그들은 고발인이 대성통곡하기를 원한다. 정말 눈에 띄는 고통의 징후를 보여주기를 기대한다. …… 경찰들이 생각하는 피해자의 행동 방식대로 행동하지 않으면 이 피해자는 믿을 수 없다고 추론할 때가 많다." (다시 한번 말하지만 피해자가 과잉 감정적이라는 인식은 과소 감정적이라는 인식만큼이나 피해자에게 불리하다.)[49]

캠벨은 과학으로는 고발인이 믿음직한지 판별할 수 없다고 강조한다. 하지만 과학은 경찰들이 우리와 마찬가지로 고발인의 품행만을 기준으로 삼아서 고발인이 거짓말한다고 판단하는 데 조심해야 함을 보여준다. "과학은 트라우마에 다양한 반응이 있다는 걸 우리에게 알려준다. 그리고 그 반응이 맞고 틀리고를 판단하는 건 경찰의 몫이 아니다."
라고 캠벨은 말한다. 캠벨은 경찰이 과학을 안다면 피해자의 반응에 집
착하기보다는 "실제로 수사를 할 것"이라고 지적한다.

대부분의 경우 적절한 수사는 전혀 진행되지 않는다. 대신 경찰들은
노력하면 입증할 수도 있는 혐의의 수사를 종결할 핑계를 찾으려고 피
해자의 행동 방식에 대한 온갖 신화에 자기도 모르게 의지한다. 성범죄
를 당한 고발인이 사실을 털어놓았는데도 수사가 조기에 중단되어 추
가 증거를 수집하지 못하는 경우가 많다. 이는 반복되는 패턴이다. 크
고 작은 전국의 경찰국에서 경찰들은 사건이 수사할 가치가 없다고 지
나치게 빠르게 판단을 내리고, 그에 따라 너무나도 높은 비율로 강간
혐의를 묵살한다.[50]

경찰들이 수사를 종결할 수 있는 방법 중 하나는 고발을 "사실무근"
으로 분류하는 것이다. 이는 근거가 없거나 거짓으로 간주한다는 뜻이
다. 많은 법 집행 기관들이 체포 없이 성폭행 신고를 "처리"하기 위해 이
사실무근 분류에 크게 의지한다. "처리" 수치는 경찰이 얼마나 효과적
으로 범죄를 해결하는지 측정하는 척도로 사용되는데 이 수치가 높으
면 낮은 체포율을 은폐할 수 있다.[51] 몇 가지 사례를 들어보자. 2017년
피츠버그에서는 강간 사건의 30퍼센트 이상이 사실무근이었다.[52] 버지
니아주 프린스 윌리엄 카운티에서는 2016년 이 수치가 40퍼센트에 가
까웠다.[53] 앞선 한 분석에서도 이 정도로 높은 비율을 확인했다. 2009
년부터 2014년까지 볼티모어 카운티에서는 강간 신고의 34퍼센트, 애
리조나주 스코츠데일에서는 46퍼센트, 그리고 캘리포니아주 옥스나드
에서는 절반 이상이 사실무근으로 처리되었다.[54] 이 수치는 실제 성폭력
허위 신고 건수와 크게 어긋난다. 다시 한번 확인하자면 연구자들은 성

폭력 허위 신고율을 5퍼센트 정도로 추정한다.[55]

〈프로퍼블리카〉가 64개 법 집행 기관을 조사해보니 체포를 집행한 사건이 3분의 1 미만인 기관이 54개였다. 시카고, 시애틀, 샌디에이고, 피닉스, 포틀랜드, 투손, 내슈빌, 새크라멘토를 비롯한 14개 경찰국은 이 수치가 (백분율로) 한 자릿수였다. 솔트레이크시티는 이 비율이 가장 낮아서 사건의 3퍼센트만 체포가 진행되었다.[56] 전국의 법 집행 기관에 관한 최근의 한 연구는 "관할이 어디든 성폭력이 체포로 이어지는 경우는 거의 없다"고 밝혔다.[57]

초동 단계에서 나타나는 신뢰성 폄하는 결국 혐의가 묵살될 전조다. 경찰이 고발인의 신뢰도를 섣부르게 깎아내릴 때 그들은 잠재적인 확증, 그러니까 문자, 음성 메일, 사진, 소셜 미디어 포스트, 법의학 보고서, 사건 직전이나 직후에 관한 증언, 드물게는 목격자 같은 증거를 간과하게 된다. 시간이 경과할수록 혐의의 확증을 찾기는 어려워지지만 동일한 수사 기법 가운데 관련 증거를 얻을 수 있는 방법은 많다. 하지만 경찰은 노력하면 보강할 수 있는데도 혐의를 일축하고 수사를 단축하는 경향이 있다. 경찰들이 성폭력을 신고한 여성을 불신하고, 비난하고, 무시하는 경향을 중단한다면 '남자의 말과 여자의 말이 다른 상황'은 잘 피할 수 있을 것이다.

리베카 캠벨은 고발인을 향한 불신이 수사 과정 전반을 오염시킨다고 강조한다. "여러 연구를 보면 피해자가 경찰에 신고할 때 피해자들은 신뢰받지도 못하고 믿음직하다고 여겨지지도 않아요. 그래서 사건에 대한 양질의 수사가 전혀 이루어지지 않는 경우가 많죠." 캠벨은 경찰을 대상으로 교육을 진행할 때 자신은 모든 성폭행 사건에서 피고발인을 체포해야 한다는 입장은 아니라고 밝힌다. 그보다는 경찰들에게 이렇게 말한다. "여기서 핵심은 수사를 진행하려고 노력하는 것입니다. 그건 아주 단순한 문제입니다. 그러면 사건의 진상은 저절로 밝혀질 것입니다." 캠벨은 내게 "문제는 경찰들이 수사를 진행하지 않는 것이었다"고 말했다.

2011년 라라 매클라우드는 강간 허위 신고로 체포되었다(이 혐의는 나중에 취하되었다). 매클라우드와 가장 먼저 이야기를 나눈 형사는 처음부터 매클라우드의 주장을 의심하듯 어째서 (총을 가진) 공격자에게서 도망치려고 하지 않았는지, 어째서 그가 셔츠를 벗기지 못하게 팔을 내리지 않았는지 같은 질문을 던졌다. 이런 불신의 태도는 태만한 수사로 이어졌고 매클라우드의 주장은 불행한 결말을 맞았다.

경찰들은 매클라우드가 사건이 있기 전 섹스 문제를 놓고 옥신각신하다가 피고발 남성이 자신을 끌고 나갔다고 말한 편의점에서 보안 카메라 영상을 확보할 수도 있었다. 경찰들은 사건 이후 매클라우드의 의료 기록을 살펴볼 수도 있었다. 그리고 경찰들은 해당 남성이 강간이나 다른 범죄로 기소된 적이 있는지 자신들의 데이터베이스를 확인해볼 수도 있었다. 하지만 수사관들은 이중 아무 조치도 취하지 않았다. 이후 경찰 내부 기록물을 검토해본 결과 "경찰이 성폭행에 대한 자신들의 믿음이 사건을 추적하는 방식에 영향을 끼치도록 내버려 둠으로써 어떻게 처음부터 끝까지 수사를 지독하게 망쳐놓았는지" 확실히 드러났다. 매클라우드에게 제기된 허위 신고 혐의는 결국 취하되었지만 그 과정에서 매클라우드는 자신을 방어하는 법률 비용으로 5만 달러를 지출했다. 매클라우드가 고발한 남성은 체포조차 되지 않았다.[58]

확인이 보류된 강간 키트는 경찰이 수사상 단서를 쫓는 데 실패했음을 보여주는 완벽한 상징이다. 전국적으로 이런 키트는 10만 개 이상이 잠자고 있어서,[59] 검사 결과 확인을 의무화하고 이를 위해 필요한 자원을 할당하는 법을 통해 "밀린 일을 해결하려는" 전국적인 풀뿌리 운동이 일고 있다. 강간 키트를 사용하려면 외과적인 신체 검사가 필요하다. 숙련된 간호사가 피해자의 몸에서 체모, 섬유, 정액, 타액, 피부 세포, 혈액과 같은 증거를 수집해 보존한다. 리베카 캠벨은 디트로이트 경찰국 연구를 통해 어째서 경찰들이 강간 키트를 확인하지 않는지 알게 되었다. 캠벨과 동료들은 경찰들이 고발에 대한 수사를 진행하지 않겠다는 결정을 초기에 내려서 증거 확보에 시들했다는 사실을 발견했다. 심지어 활용할 수 있는 단서를 쫓기도 전에 혐의가 종결되곤 했다. 캠벨과 동료들은 이렇게 결론 내렸다. "여러 측면에서, 확인되지 않은 강간 키트는 이런 식의 사건 처리에 대한 명백한 징후였다. 사건도 강간 키트도 선반 위에 올려졌다. 사건은 비유적인 의미로(보류되었다는 뜻), 강간 키트는 말 그대로 한쪽으로 치워진 것이다."[60]

지나치게 신뢰받는 권력자들

신뢰성 구조는 피해자에 대한 부당한 불신을 유발하는 동시에 혐의를 부인하는 남성에게 근거가 없는데도 유리한 해석을 선사한다. 대부분의 남성들은 결백을 주장하면 자동으로 유능하고 믿음직하다고 추정된다. 즉 믿을 만하다고 인식된다. 동시에 이들이 자신의 관점으로 서술한 사건은 아무리 묘사가 형편없어도 이 세상의 작동 방식에 대한 우리의 인상과 종종 부합한다. 즉 그들의 이야기는 그럴싸하게 들린다.

성범죄로 고발당한 사람들은 **넘치도록** 신뢰받는 경향이 있다.

콜로라도주 볼더의 변호사 존 클룬(John Clune)은 처음에는 검사로, 지금은 인권 변호사로 일하면서 20여 년간 성범죄 사건을 맡아 왔다. 클룬의 의뢰인 중에는 유명 남성을 상대로 혐의를 제기한 여성 여럿과, 전혀 뉴스거리가 될 만하지 않은 사건에 연루된 수많은 여성들이 있다. 클룬은 자신의 경험에 따르면 대부분의 피고발 남성들이 여성 고발인 들에 비해 "더 논리적이고 더 합리적인 인간"으로 인식된다고 강조한 다. 리더거나 존경받는 자리에 있는 남자들은 특히 믿을 만하다고 간주 된다.

이걸 생각해보자. 할리우드의 거물 하비 와인스타인이 처음으로 경 찰의 주목을 받게 된 것은 2015년 모델 앰브라 바틸라나 구티에레즈가 뉴욕의 한 경찰서에 가서 와인스타인이 가슴을 움켜쥐고 손을 치마 속 으로 넣으려 했다고 신고한 때였다.[61] 구티에레즈가 바로 신고하기로 결심한 것은 이례적인 일이었다. "다른 나라에서 와서, 난 이탈리아 사 람이니까, 그 남자가 어느 정도 권력이 있는지 제대로 이해하지 못했다" 고 나중에 구티에레즈는 설명했다. "게다가 난 남이 나한테 손대는 걸 정말 싫어하는데, 누가 그런 식으로 내 공간에 침입했다는 걸 깨닫자 정말 견딜 수가 없었다. 그리고 난 시스템을 그냥 믿었다."[62]

다음날 구티에레즈는 형사들의 도움을 받아 도청 장치를 설치하고 와인스타인과 나누는 대화를 녹음했는데 이중에는 그가 유죄를 인정 하는 발언도 있었다. 어째서 그 전날 사무실에서 자기 가슴을 만졌냐고 질문하자 와인스타인은 "오 제발, 미안해" 하고는 "내가 그런 일에 익숙 해" 그리고 "다시는 안 그럴게"라고 덧붙인 것이다.[63]

2주 뒤 검사는 와인스타인 사건을 종결한다고 선언했다. "양 당사자와 진행한 수차례 면담을 비롯해서 입수 가능한 증거를 분석해보았으나 범죄 혐의를 뒷받침하는 증거는 없었다"고 맨해튼 지방검찰청 대변인은 밝혔다.[64] 구티에레즈에 따르면 검사는 "마치 내가 범죄자라는 듯이 '창녀였던 적이 있나요?' '선물을 받은 적이 있나요?' '영화 배역을 요구한 적이 있나요?' 같은 질문을 던지면서 신문했다." 또 구티에레즈는 "나를 거짓말쟁이라고 하면서 내 비키니 사진을 1면에 박아 넣은" 언론 기사를 비롯해서 야만적인 보도도 기억한다.[65]

와인스타인의 변호 팀은 그가 구티에레즈의 가슴을 만진 것은 "진짜" 인지 확인하기 위해서였고, 이는 속옷 모델로서 가능성과 관련된 문제였다고 주장했다. 구티에레즈는 와인스타인이 녹음에서 인정했듯 자신의 가슴을 움켜쥐었을 뿐만 아니라 치마 속으로 손을 넣으며 키스하려 했다고 주장했다. 하지만 와인스타인은 단지 직업적인 이유 때문에 그냥 가슴을 만지기만 했다고 주장했는데, **그의 부인은 구티에레즈의 고발보다 더 중요하게 받아들여졌다.** 검사들은 강압적인 성적 접촉을 금지하는 뉴욕주 법의 요건에 따라, 와인스타인이 성적인 욕구를 충족하고자 구티에레즈를 만졌는지 규명할 수 없다는 결론을 내렸다. 피고 측 변호사로 변신한 한 전직 검사는 나중에 〈뉴욕타임스〉에서 "와인스타인에게는 구티에레즈의 가슴을 개인적으로 검사할 '직업상의 필요'가 있기 때문에 그의 범죄 의도를 입증할 수 없었다는 주장에 웃음을 참을 수 없다"고 말했다. 그런데도 와인스타인 입장에서 재구성된 사건이 승리했다.[66]

법 집행 기관에 자신의 관점으로 사건을 이야기한 뒤 자신에게 유리하게 사건이 해석되는 이익을 누린 또 다른 피고발 남성으로 전직 육상

트레이너이자 미국 체조 국가대표 팀 닥터 래리 나사르가 있다. 나사르는 과거에 그가 진료했던 환자가 제기한 성폭력 혐의에 관해 처음 질문받았을 때 자신은 적법한 의료 행위를 한 것이라며 수사관들을 설득했고 수사는 중단되었다. 나사르가 처음으로 경찰의 주목을 받은 뒤로도 수십 명에 이르는 10대 여성들이 성추행을 당했다. 14년 뒤 150여 명의 여성들이 과거 팀 닥터였던 나사르의 양형 심리가 열린 형사 법정에서 자신들이 당한 성폭력을 상세하게 진술했다.[67]

이중 많은 사건, 또는 모든 사건은 예방할 수 있는 일이었다. 2004년, 미시간주 머리디언 타운십의 고등학교 육상선수 브리앤 랜들은 어머니와 함께 당시 유명한 정골 요법 의사이자 육상 트레이너였던 나사르를 만날 약속을 잡았다. 이들은 랜들의 척추 측만증 때문에 도움을 받고자 했다. 첫 방문에서는 방에 어머니가 같이 있었고 나사르는 일련의 상투적인 검사를 진행했다. 어머니가 같이 없었던 두 번째 방문에서는 검사가 완전히 달랐다.

나사르는 랜들을 엎드리게 한 다음 랜들의 척추를 마사지하면서 검사를 시작했다. 그리고 난 뒤 그는 랜들의 속옷을 옆으로 당기고 "질 바깥 부위를 전체적으로 누르기" 시작했다. 그러더니 랜들의 질 속에 손가락을 넣으려 했다(랜들이 탐폰을 착용하고 있어서 성공하지는 못했다). 그는 20분 정도 계속해서 질을 마사지하더니 환자복 안으로 손을 뻗어 랜들의 가슴 "주위를 문지르고" "쥐어짰다." 나사르는 랜들에게 일주일에 한 번, 한 시간씩 보고 싶다고 말하고 난 뒤 포옹해 달라고 했다. 나사르는 검사하는 동안 장갑을 끼지 않았다.

랜들은 "겁이 나고" "불편한" 기분이 들었고, 곧바로 어머니에게 가서 나사르가 어떻게 자신을 "질겁"하게 했는지 알렸다. 다음날 랜들과 어머니는 경찰서에 가서 신고를 접수했다.

경찰은 랜들을 면담하고 약 일주일 뒤에 나사르와 이야기를 나누었다. 이 대화의 기록은 간단하다. 나사르는 랜들의 아래쪽 등의 통증을 완화하기 위해 시술을 진행했는데 그러려면 외음부 가까운 곳을 "만지고" "촉진"해야 한다고 주장했다. 그는 이 기법을 엉치결절인대 이완법이라고 설명하면서 수사관에게 "이 기법은 의학 저널에도 나와 있고 미국 전역에서 의사들은 같은 내용을 가르쳐주는 트레이닝 테이프를 구할 수 있다"고 말했다. 보고서에는 나사르가 수사관에게 제공한 26쪽짜리 파워포인트 발표 자료가 첨부되어 있었다.

인터뷰 기록에는 나사르가 랜들의 가슴을 애무하거나 손가락을 질 속에 넣으려 했던 일을 질문받았다는 말이 전혀 없었다. 나사르는 어째서 검사하는 동안 장갑을 끼지 않았느냐는 질문도 받지 않았다. 장갑이 없었다는 것은 나중에 랜들의 어머니와 나눈 대화를 언급하며 겨우 거론되었다. 어머니는 "나사르 박사가 라텍스 장갑을 끼지 않아서 당혹스러웠다"고 말했고, 이에 형사는 "나는 의사가 장갑을 낄지 말지, 또는 시술하는 동안 다른 사람을 진찰할지 말지에 영향을 끼치지는 못하겠지만, 어쨌든 어머니의 우려를 나사르 박사에게 전달하겠다"라고 반응했다. 이 보고서는 경찰이 랜들의 어머니에게 "나사르 박사가 내게 제시한 사실들을 토대로 삼아" 사건을 종결할 거라고 알렸다는 언급으로 마무리되었다.

파워포인트 자료에는 질 삽입은 고사하고 질을 만지거나 촉진하는 행위에 관한 언급도 전혀 없었다. 환자의 가슴을 문지르는 행위나 맨손의 필요성에 관해서도 말이다. 하지만 경찰은 이런 불일치를 전혀 캐보지 않았다(불일치를 알아차리기라도 했다면 말이다). 같은 분야에서 일하는 다른 의사의 의견도 더 알아보지 않았다. 대신 나사르의 황당한 설명을 액면 그대로 받아들였다.

그 이후 경사로 승진한 담당 수사관은 15년 후 이 결정에 관해 설명해 달라는 요구에 그저 "나사르가 그 절차는 적법하고 따라서 범죄가 아니라고 설명했다"고 말했다.[68] 수사관이 그 사건을 더는 진행하지 않기로 선택한 것은 이 지어낸 이야기를 믿었기 때문이었다. 그가 경찰로 일하는 동안 사건을 검사에게 넘기지 않고 수사를 종결한 건 이 건이 유일했다.[69]

만약 머리디언 타운십 경찰국이 별종이었다면 나사르는 수십 년간 계속해서 환자들을 상대로 성폭력을 저지르지 못했을 것이다. 이 기간 동안 소녀와 성인 여성 들은 거듭 문제를 제기했다. 부모에게, 코치에게, 의사에게, 심리학자에게, 미국 체조계에 말이다.[70] 그런데 매번 이들의 주장은 그런 행위가 의학적으로 정당하다는 나사르의 주장보다 신빙성이 떨어진다며 묵살당했다. 그의 주장이 아무리 허무맹랑해도 말이다. 24세의 전직 치어리더가 2014년에 나사르를 정식으로 고발했을 때 수년간 나사르를 채용했던 미시간주립대학 역시 이런 식으로 대응했다. 그 여성은 엉덩이 통증 때문에 나사르를 찾았는데 나사르가 가슴을 마사지했고 이에 저항했는데도 자신의 질을 만졌다고 진술했다. 학교 조사관들은 의사의 행위가 "의학적으로 적합"하다고 밝혔다.[71]

고발당한 남성의 신뢰성을 추켜올리고 고발인의 신뢰성을 깎아내리는 문화적 힘의 영향에서 자유로운 사람은 아무도 없다. 피해자 자신마저도.

자기 의심으로 가는 회로

고발인들이 **다른 사람들은** 자신의 말을 무시할 것이라고 예상한다는 점은 앞에서 확인했다. 하지만 고발인들에게 신뢰성 폄하는 예상되는 것일 뿐 아니라 내면화되는 것이기도 하다. 최소한 처음에는 많은 고발인들이 자신이 겪은 일의 진실성을 의심하거나 자책하거나 사건의 의미를 축소한다. 이중 하나라도 일어날 때 공식적인 고발이 무의미해 보일 수 있다. 피해자의 관점에서 볼 때, 일체의 공식적인 반응은 자신이 내면화한 신뢰성 폄하를 그대로 비추거나 심하게는 이보다 훨씬 혹독한 폄하를 반영하는 것일 수 있다. 피해자를 불신하고 비난하고 무시하는 문화에 젖어서 자기 자신을 불신하고 비난하고 무시하는 피해자에게 침묵은 유일한 선택지처럼 보일 수 있다. 신뢰성 구조는 대체로 은밀하게 피해자가 자신보다 가해자의 관점과 이해관계를 더 높이 평가하게 만든다. 나는 자신의 신뢰성을 스스로 깎아내리는 이런 경향을 **내면화된 신뢰성 폄하**(internalized credibility discount)라고 부른다.

신뢰의 영역에서 이런 자기 폄하가 어떻게 작동하는지 살펴보자. 사건이 정말로 일어났다고 믿는 문제에서 생존자들은 종종 자신이 정말로 성폭력을 당했는지 사후적으로 반추하는 경우가 많다. 이는 일종의 집단적 가스라이팅으로 볼 수 있는 동학에서 비롯된다.˙ 철학자 케이트 에이브럼슨(Kate Abramson)은 선봉에 서서 가스라이팅이 무엇이고 피

• 가스라이팅이라는 단어는 1938년에 무대에 오른 연극 〈가스등〉에서 비롯되었다. 연극에는 아내가 스스로 미쳤다고 믿게 만들려고 속임수를 쓰는 남자가 등장한다. 이 남자의 계략 중 하나는 집 전체의 가스등을 흐릿하게 해놓고 등이 어둡다는 아내에게 망상에 빠졌다며 우기는 것이다.

해자에게 어떻게 해를 끼치는지 설명하려고 애써 왔다. 에이브럼슨이 이 주제를 다룬 논문의 초고를 발표하자 압도적인 반응이 터져 나왔다. 에이브럼슨은 "그 방에 있던 거의 모든 여성이 '맙소사, 나 저거 알아'라고 말했다"고 기억한다.

가스라이팅은 피해자가 자신이 현실과 동떨어졌다고 느끼게 만드는 일종의 감정 조작이다. 에이브럼슨은 가스라이터는 "어떤 사람이 자신의 반응, 인지, 기억, 신념이 잘못되었을 뿐만 아니라 완전히 터무니없다고 느끼게 만들려고 (의식적으로든 무의식적으로든) 노력한다"고 말한다.[72] 에이브럼슨은 가스라이팅에는 여러 방법이 있다고 설명했다. "직접적으로 '아니야, 그 남자가 맞아. 당신은 미친 사람처럼 행동하고 있어.'라고 말하는 방법도 있고 '이건 그렇게 큰일이 아니야. 왜 이걸로 그렇게 난리야?'라고 말하는 방법도 있다."

가스라이팅은 집단 행동의 형태일 수도 있다. "가스라이터 말고도, 가스라이팅을 당하는 여성을 둘러싼 사람들이 누구의 관점에서 서술된 현실을 지지할지 선택하는 방법은 아주 다양하다"고 에이브럼슨은 말한다. 고발인과 "그저 대화를 나누고 싶지 않은" 사람들조차 사실상 피고발인의 편에 서서 고발인이 말하는 사건이 일어나지 않았다거나, 고발인이 그 일을 자초했다거나, 그게 그렇게까지 나쁜 일은 아니었다는 생각에 무게를 실어줄 수 있다. 피해자의 주변인들은 자기도 모르는 사이에 가해자의 부인에 힘을 보탠다.

성범죄 피해자들은 사실에 관한 가스라이터의 관점과 해석을 받아들이는 일에도 익숙하다. 에이브럼슨은 소녀와 성인 여성은 소년과 성인 남성에 비해 자기가 틀릴 가능성이 높다고 믿도록 사회화된다고 말한다. 이 '자기 의심이라는 규범'은 생존자가 자신의 경험을 불신하고 남성을 부당하게 신뢰하는 "젠더화된 존경"으로 나타난다. **그게 괴롭힘인가, 아니면 그냥 직장에서 오가는 농담인가? 그게 강간이었나, 아니면 그냥 오해였나? 그게 정말 성폭력이었나?**

머리사 호츠스테터는 남편과 학령기의 쌍둥이 딸과 함께 매사추세츠 서부에 살고 있다. 호츠스테터는 고등 교육 기금을 마련하는 일에 종사하고 지역 사회에서 자원 활동을 한다. 뉴잉글랜드로 이사하기 전에는 뉴욕에 살았고 거기서 딸들을 낳았다.

호츠스테터는 2010년에 임신한 뒤 여러 의사와 면담하고 나서 로버트 해든에게 진료를 받기로 결정했다. 그는 산부인과에서 수십 년 일한 경력이 있었다. 해든은 좋은 선택 같았다. 그는 호츠스테터의 좋은 친구의 삼촌이었을 뿐만 아니라 호츠스테터의 묘사에 따르면 "유명하고 존경받는" 뉴욕 장로교 병원에서 일했기 때문이었다. 호츠스테터는 임신 기간 내내 이 의사와 만났다.

호츠스테터는 나와 이 검진에 대해 이야기하면서 나중에서야 깨달은 숱한 "적신호들"을 떠올렸다. 해든은 호츠스테터에게 성생활과 오르가슴에 관해 뜬금없이 질문했고, 가슴 검사를 너무 오래 했으며, 자궁경부암 검사를 지나치게 자주 했다. 한번은 "그 사람이 장갑을 끼지 않은 것 같다"는 걸 깨달았다. 하지만 의사에게 성폭력을 당한다는 생각은 "보통 가능하다고 생각하는 행동의 범위 밖에 있어서…… 내가 착각하는 게 틀림없다고 스스로 타이르게 된다"고 덧붙였다.

딸이 태어나고 나서 1년 뒤 호츠스테터는 후속 검진을 받으러 다시 해든을 찾았다. 그리고 이 검진이 마지막 방문이었다. "그 사람이 나를 추행하고 혀로 핥았던 때가 내가 그 병원에 간 마지막 날이었다"고 호츠스테터는 내게 말했다. 호츠스테터는 의사의 수염이 자신의 질 부위에 닿는 느낌이 들어서 "확실하게, 아주 분명히" 자신이 성폭력을 당하고 있다는 걸 알게 되었다고 기억한다. "그냥 얼어붙었어요. 그 사람이 방을 나갔고, 나는 다시는 그 진료실에 가지 않았어요."

그런데도 호츠스테터는 확신하지 못하고 혼자 질문을 되풀이했다. "솔직히 나한테 무슨 문제가 생긴 건가 생각하게 되잖아요." 호츠스테터가 말한다. "나는 뭔가가 일어났다는 걸 알았지만 생각을 멈출 수가 없었어요. 머리를 이리저리 굴리는 거예요. '네가 잘못 생각한 거야. 그런 일은 일어나지 않았어. 그렇지만 일어났잖아. 아니야, 그렇지 않아.'라는 식으로요." 호츠스테터는 "그냥 뇌가 받아들이지 못한 것"이라고 설명했다.

호츠스테터는 수년간 그날의 일을 누구에게도 이야기하지 않았다. 자신의 고통이 중요한지 계속 의문을 품었던 것이다. "나 자신한테 그일이 폭력적이지 않았다고 말했어요. 육체적으로 상처를 입지 않았다고 말이죠. 모르는 사람한테 난폭하게 강간당한 건 아니라고요." 대부분의 일하는 엄마들이 그렇듯 호츠스테터는 어린아이들과 직장에 신경 쓰느라 바쁘고 피곤하기도 했고, 그래서 자신의 경험을 제대로 처리할 여력이 없다고 느꼈다.

2015년에 호츠스테터는 해든이 여섯 명의 여성에게 성폭력을 저지른 혐의로 기소당했다는 사실을 알게 되었다. 나중에 더 많은 여성들이 비슷한 혐의를 제기하며 공개적으로 나섰는데, 수십 명에 달하는 과거 환자 중에는 정치인 앤드루 양과 결혼해서 두 자녀를 둔 전직 마케팅 임원 에벌린 양도 있었다.[73] (이중 많은 여성들이 의사가 같은 유형의 성폭력을 지속하게 내버려 두었다며 병원을 고소했다.)[74] 호츠스테터는 "닥터 밥"

이 연쇄 약탈자임을 알게 되었다고 설명한다. 끔찍하고 충격적이었지만 "확인의 순간"이기도 했다. 호츠스테터는 "넌 미친 게 아니야"라는 느낌이었다고 회상한다. "내 기억이 이상했던 게 아니야. 그 일은 진짜로 있었어."

많은 피해자들에게 이런 깨달음은 얻기 힘든 것일 수 있다. 우리는 성폭력이 발생했는지 의심하도록 널리 동기 부여를 받는다고 설명했던 심리학자 킴벌리 론스웨이를 떠올려보라. 론스웨이는 사건을 받아들이려면 "젠더와 섹슈얼리티와 우리의 과거 경험들"을 재고해야 한다고 말했다. 의심, 심지어 자기 의심조차 더 나은 대안으로 보일 수 있다.

법에 새겨진 불신

성폭행 고발인에 대한 불신은 법으로 공식화되어 있다. 회의주의는 미국 역사에서 오랜 기간 동안 형법의 공식적인 규칙이었다. 성폭행 사건, 유일하게 성폭행 사건에서만 고발인에게 지나칠 정도로 부담스러운 여러 가지 필수 조건이 뒤따랐다. 이런 규칙은 대체로 폐지되었지만 아직도 강간을 주장하는 여성을 묵살하는 문화적인 경향을 반영하고 강화하며 새로운 양상으로 명맥을 이어 가고 있다.

성폭행 사건의 첫 번째 법적 장애물은 피해자의 증언만으로는 유죄를 입증할 수 없다는 점이다. 추가적인 확증이 없으면 증인이 아무리 자신이 강간을 당했다고 주장해도 혐의는 배심원의 심의 대상이 될 자격을 얻지 못한다. 가령 증인이 강도를 당했다고 진술하는 상황과는 다르게 말이다. 알다시피 이런 독특한 확증 요건은 전형적인 '거짓말하는 여성'으로부터 남성들을 보호하기 위해 각별히 고안되었다.

1886년에 뉴욕주가 최초로 확증 요건을 제정했을 때 그 이유는 한 법정이 "믿을 수 없고, 정직하지 않고, 악의에 차 있다"고 묘사한 고발인으로부터 피고를 보호하기 위함이었다.[75] 곧 조지아를 비롯한 다른 주에서도 이 접근법을 채택했다. 조지아주 대법원은 확증 요건이 없으면 "모든 남성이 비열한 여성이 내놓은 일말의 진실도 담기지 않은 증언을 근거로 삼아 기소되어 유죄를 선고받을 위험이 있다"고 주장했다.[76] 우리의 법은 고발인에 맞서 "모든 남성"의 편을 드는 방식으로 거짓말하는 여성이라는 지배적인 고정 관념에 힘을 실어주었다.

이와 비슷하게 '즉각적인 신고' 규칙은 강간 고발인에 대한 법의 불신을 적나라하게 드러낸다. 법은 사건 직후에 신고된 혐의만 수사를 진척할 수 있게 허락한다. 성폭행 사건에서 확증을 각별하게 요구하는 것과 마찬가지로 이 요건의 바탕에는 강간 고발을 처음부터 불신하겠다는 태도가 깔려 있다. 1900년에 유타주 대법원은 신고가 지연되었을 때는 명백하게 허위 신고와 동일시하겠다는 입장을 밝혔다. "그렇게 유린당하고 상처 입은 여자는 타고난 본성에 이끌려 자신의 행복에 자연스럽게 가장 깊은 관심을 보이는 가족이나 친구에게 기회가 닿는 한 가장 신속하게 이 사건을 알린다. 그리고 이렇게 알리는 행위가 없으면 증인으로서 신뢰가 깎인다."[77] 법의 관점에서 "기회가 닿는 한 가장 신속하게" 신고하지 않은 여성은 믿을 수 없었다.

성폭행 고발인을 향한 형법의 불신이 드러나는 또 다른 예는 이른바 경계 지침이다. 재판에서 배심원들은 고발인의 증언을 각별히 의심하면서 평가하라는 판사의 노골적인 경고를 받았다. 이 지침은 모든 성폭행 사건에서 배심원들이 고발인의 사건 진술을 불신하게 만들기 위한 것이었다. 캘리포니아주의 한 대표적인 경고에서는 강간 고발은 "쉽게 할 수 있고, 한번 고발하고 나면 아무리 피고발인이 무고해도 이를 방어하기 어렵기" 때문에 "법은 여러분이 고발장에 적힌 여성의 증언을 경계하면서 검토할 것을 요구한다"고 표현했다.[78] 무고한 남자들을 특히 허위 강간 고발에서 보호하기 위해 배심원들은 고발인의 증언을 판단할 때 각별히 경계하라는 주문을 받았다. 모든 형사 기소에서 요구하는 '합리적인 의심을 넘어서'는 증거라는 높은 기준 위에 이 경계 지침이 추가로 더해진 것이다.

1962년에는 자기 주의 형법을 개정하려는 전국의 입법자들에게 영향력이 큰 지침서인 미국 《모범형법전(Model Penal Code)》에 이런 불신의 태도가 공식적으로 자리 잡았다. 《모범형법전》의 성폭행 절에 전통적으로 고발인에게 불리하게 작용하는 세 규칙, 즉 확증 요건, 엄격한 '즉각적인 신고' 규칙, 배심원 경계 지침이 모두 담긴 것이다. 《모범형법전》은 이 규칙들이 허위 강간 신고를 하는 여성에 맞서기 위한 필수 보호 장치라고 설명한다. 《모범형법전》은 확증에 관한 이례적인 요구를 뒷받침하기 위해 "확증 요건은 피고에게 유리한 방향으로 분쟁을 전환하려는 시도"라고 강조하면서 "성폭력 허위 고발을 상대로 변론을 펼치기는 어렵다"고 언급한다.[79] 또 《모범형법전》은 고발인은 사건이 일어난 지 3개월 이내에 당국에 성폭행을 신고해야 한다는 완고한 '즉각적인 신고' 규칙을 정당화하려고 "원고가 협박을 하거나 정신병을 앓고 있을 위험"뿐만 아니라 "앙심을 품은" 고발인도 언급한다.[80]

'즉각적인 신고' 규칙 자체는 변함없이 유지되었지만 이 규칙에 대한 옹호는 1980년에 개정되었다. 새로운 설명은 "원치 않는 임신이나 틀어진 관계에서 비롯한 비통함에 자발적으로 성관계를 맺은 사람이 앙심을 품어 고발인으로 탈바꿈할 수도 있다는 두려움"을 근거로 삼아 "성폭행으로 형사 고발을 하겠다고 위협하며 상대를 협박할 기회"를 제한하려면 즉각적인 신고 규칙이 필요하다고 말한다.[81] 마지막으로 성폭행 사건에서 배심원들에게 "피해자의 증언을 검토할 때 …… 각별히 주의"하도록 요구하는 지침을 합리화하는 데《모범형법전》은 "감정이 뒤섞인 증인, 그리고 사적으로 행해진 성적 행위에서 진실을 판별하기 어려움"을 이유로 언급한다.[82]

성폭행에 대한 1962년의《모범형법전》규칙들은 미국법률협회가 개정 작업●에 들어간 2012년까지 그대로 남아 있었다. 다들 알다시피 오늘날에도 형법은 강간 고발인에 대한 강한 불신을 내포하고 있다. 10여 개 주가 '즉각적인 신고' 규칙이나 확증 요건을 시행하고 있으며 소수의 주 법원과 연방 법원은 강간 사건에서 경계 지침을 허용한다.[83] 성폭행 고발인에 대한 불신은 공식적으로는 줄어들고 있으나 여전히 형법 안에 도사리고 있다.

성적 괴롭힘법(sexual harassment law)은 민권법에 속해 있는데도 형법과 마찬가지로 성폭행이나 성적 괴롭힘을 당한 여성은 즉각 그 사실을 알린다는 신화를 근거로 삼아서, 신고를 미루는 고발인은 믿을 수 없다는 관점을 내세운다. 여기서도 피해자에게 강요되는 법적 요건은 대부분의 사람들이 성폭력과 그 이후를 경험하는 방식과 동떨어져 있다. 법은 성범죄 신고를 미루는 여성은 믿을 수 없다는, 널리 퍼져 있는 오해를 악화한다.

● 개정 작업은 아직 진행 중이고 필자도 여기에 참여하고 있다.

직장에서 발생하는 대부분의 성적 괴롭힘 사건은 가해자보다 고용인의 책임에 전적으로 의지한다. 직장에서 차별을 금지하는 민권법 7조(또는 이와 유사한 숱한 주 민권법)에 따라 관리자와 동료를 개별적으로 고발할 수 없기 때문이다. 민권법 7조에 따라 피고용인은 1년(고발한 장소에 따라 300일이나 180일로 줄기도 한다) 이내에 평등고용기회위원회에 신고해야 한다. 그러지 않은 경우 신고는 시간제한에 걸린다.[84] 하지만 성적 괴롭힘을 당한 대부분의 피고용인들에게 주어지는 시간은 직장 내에서 벌어지는 다른 사건의 원고들에게 주어지는 시간보다 훨씬 짧다.

1990년대에 발생한 두 사건에서 대법원은 적대적인 노동 환경에서 괴롭힘을 당한 노동자는 이에 대응하여 "합리적으로" 행동해야 한다고 주장했다. 그러지 않을 경우 고용인은 이 "불합리한" 반응을 해당 노동자에게 불리하게 이용할 수 있다고 했다.[85] 대법원은 이 변론을 내세움으로써 초점을 고발인으로 돌렸고, 고발인이 적절한 시간 내에 신고하지 않을 경우 사건을 종결할 수 있게 만들었다. 법학자 데버라 브레이크(Deborah Brake)와 조안나 그로스먼(Joanna Grossman)은 실제로 이 변론이 "괴롭힘을 당한 피고용인에게 즉각적인 신고 규칙을 간접적으로 강요한다"고 설명한다. 이들은 "법원이 상대적으로 변명을 용납하지 않아 왔고, 바로 신고하지 않았을 때는 항상 '불합리하다'고 추정해버리는 경향이 있다 보니 신속하게 신고하지 않은 사건은 원고에게 거의 항상 치명적"이라고 설명한다.[86] 하급법원들은 한 주 정도, 경우에 따라 17일 정도 지연된 경우에 불합리하다고 간주해 왔다.[87]

즉각적인 신고를 강조하는 것은 성폭력의 현실과는 형편없이 동떨어진 고집이다. 성적 괴롭힘 피해자들이 괴롭힘이 시작될 때 문제를 제기하는 경우는 거의 없다. 수백 명에 달하는 괴롭힘 사건의 원고들과 일해본 워싱턴 D.C.의 인권 변호사 아리 윌켄펠드는 "어떤 사람이 자신에게 벌어진 일을 처리할 때 보통 거치는 단계들"을 설명한다. 윌켄펠드는 "신고의 유효 시간이 지나치게 짧다"고 지적한다.

필라델피아의 인권 변호사 로버트 밴스는 저임금 노동자에게는 즉각적인 신고 규칙이 특히 불리하다고 강조한다. 밴스는 "경제적인 측면에서 말하자면, 이들은 일자리가 필요하기 때문에 궁지에 몰릴 대로 몰리기 전까지는 신고하지 않는 경향"이 있다고 말한다. 밴스의 의뢰인 중 많은 이들이 "생활비를 해결해야 하고 먹여 살릴 식구들"이 있어서 결국 참을 수 없을 때까지 오랫동안 성폭력을 견딘다. 이 여성들이 문제를 제기하면 자기 입장을 해명해야 하는 상황에 놓이는데, 신고를 미룬 경우에는 구제받을 자격을 박탈당하기 쉽다.

로스앤젤레스 고용법 변호사 로런 튜콜스키는 내게 이렇게 말했다. "나한테 와서 '보세요. 이런 끔찍한 일이 일어났어요. 너무 겁이 나서 신고를 안 했지만 이젠 상담도 받고 훨씬 좋은 자리에 있어요. 신고할 만한 힘이 생긴 것 같아요.'라고 말하는 여자나 남자 들이 종종 있어요. 그러면 난 그 사람들한테 '알잖아요. 너무 늦었어요. 1년 전에 신고했으면 좋았을 텐데, 너무 오래 기다리셨어요.'라고 말해야 해요." 튜콜스키는 자신의 의뢰인들이 맞닥뜨리는 회의적인 태도에 대해서도 이야기한다. "성적 괴롭힘 피해자들이 바로 나서서 신고하지 않으면 거짓말하는 게 틀림없다고 생각하는 태도죠." 대단히 제한적인 상황에 한해서만 법적인 주장을 지속할 수 있게 만드는 풍토는 이런 이해를 강화한다. 통념이 지시하듯이 "진짜 피해자"는 신고를 주저하지 않는다면, 이런 이상에 못 미치는 고발인은 신뢰받을 수 없게 된다.

공판 전 증거 개시*는 불완전한 피해자(사실상 모든 피해자)는 믿을 수 없다는 감각을 강화한다. 양측은 개시 절차에 따라 재판에 관련이 있을 수 있는 증거를 수집한다. 성적 괴롭힘 사건에서 피고 변호인 측은 고발인의 신뢰성과 관련이 있다고 할 만한 광범위한 주제를 파헤칠 수 있고, 법은 고발인의 과거를 헤집고 다니려는 피고에게 폭넓은 재량을 허락한다. 아리 윌켄펠드는 "고발인은 맛이 가고 문란한 사람"이라는 변론을 펼치려고 "여성의 정신 건강, 성적 이력, 가족사를 파헤치는" 데 증거 개시가 종종 이용된다고 말한다. 클래런스 토머스를 성적 괴롭힘 혐의로 공개적으로 고발한 변호사 애니타 힐이 당시에 "살짝 맛이 가고 살짝 문란한" 사람으로 널리 알려졌다는 사실을 떠올려보라.[88] 법정 바깥의 믿음은 법정 안의 믿음에 영향을 끼치고, 그 반대도 마찬가지다.

전형적인 사건에서, 피고 측은 고발인이 사건에 합의하도록 설득하는 데 실패할 경우 고발인의 신뢰성을 무너뜨리기 위한 증거를 산더미처럼 파헤칠 수 있다. 유명 인권 변호사 조지프 셀러스(Joseph Sellers)는 자신의 의뢰인들에게 증거 개시를 어떻게 준비시키는지 설명해주었다. 셀러스는 여성들에게 "당신 사생활의 모든 부분을 샅샅이 조사한다고 생각하라"고 말한다. 심리적 이력, 임신 중단, 최초의 성경험, 과거의 성폭력 같은 것들 말이다. 소셜 미디어 기록은 손쉬운 제물이다. 많은 판사와 중재자들이 이런 침해의 범위에 제한을 두고 싶어 하지 않는다. 고발인의 과거는 조사를 위해 낱낱이 까발려지고, 거기서 나오는 건 무엇이든 고발인을 공격하는 데 이용될 수 있다. 어쩌면 에이자 뉴먼에게 성폭력을 저지른 의사를 두 번째로 고발한 여성이 자신의 과거 성폭력

공판 전 증거 개시(pretrial discovery) 변론 기일 전에 소송 당사자나 당사자가 될 사람이 상대방이나 제삼자로부터 소송에 관련되는 정보를 획득하고 보전하기 위해 서로 정보와 문서 등을 교환하는 절차.(역주)

피해 경험이 자신에게 불리하게 이용될지 모른다고 걱정했던 이유가 이 때문이리라.

증거 개시는 피고발 남성에게는 아주 다른 방식으로 작동한다. 피고발 남성들은 과거의 괴롭힘 증거가 드러나지 않게 수를 쓰는 게 일반적이기 때문이다. 대부분의 고발인들은 피고발인과 관련된 일체의 기밀유지합의를 언급하지 못한다. 성적 괴롭힘 사건에서 증거 개시는 한쪽으로 기울어진 세상을 재창조한다. 이런 세상에서 고발인들은 시작부터 피의자로 간주되고, 삶의 모든 측면이 자신의 신뢰를 깎아내리는 데 이용될 수 있다. 피고발 남성들은 자신의 악행에서 보호받고 항상 그렇듯 신뢰성에 아무런 타격을 입지 않는다.

이제까지는 무슨 일이 일어났는가에 관한 우리의 믿음에 신뢰성 구조가 어떻게 영향을 끼치는지 개괄적으로 살펴보았다. 하지만 믿음은 이보다 더 복잡한 문제다. 여기에는 고발인의 주장 중 두 번째 부분, 즉 가해자가 비난받을 행동을 했다는 내용에 대한 우리의 반응도 포함되기 때문이다. 보통은 신뢰성을 이 정도로 광범위하게 생각하지 않지만 이 부분 역시 감안해야 한다. 잘못한 쪽은 고발인이 아니라 가해자라는 믿음은 우리가 신뢰성을 판단할 때 자주 간과하지만 중요한 요소이다. 가해의 책임을 가해자에게 **기꺼이** 할당하지 않을 경우 우리는 피해 주장을 묵살하게 될 것이다. 불신이 그렇듯 책임 전가는 으레 성범죄를 정당화하는 세상을 지속시킨다.

4장

기울어진 법정

피해자는 어떻게
비난을 뒤집어쓰는가

질리언 코시는 2005년에 애리조나대학에 입학하면서 고향을 떠나기 전까지는 북부 캘리포니아를 떠난 적이 거의 없었다. 코시는 수학 수업에서 첫 대학 친구 중 한 명을 만났다. 이 젊은 남성은 코시처럼 수업 내용을 이해하느라 안간힘을 썼고, 두 사람은 별도의 스터디를 하면서 같이 어울렸다. 대학 생활을 시작한 지 한 달 정도 지났을 때 그 친구가 코시를 강간했다. 코시는 나와 이야기를 나누면서 세세한 설명은 하지 않았다. "같이 어떤 파티에 갔다가 피자를 시키려고 내 기숙사 방으로 돌아왔는데 걔가 날 성폭행했어요. 그게 다예요."

코시는 이게 성폭행이라는 데는 의심의 여지가 없다고 생각했다. 코시는 "무슨 일이 일어나고 있는지 그 일이 벌어지는 동안" 정확히 알았다. 그 강간범이 강제로 성관계하기 전에 코시는 자기에게는 남자친구가 있고 이 일에 "관심이 없다"고 말했다고 기억한다. 코시는 자신이 막 강간당했다고 즉시 기숙사 친구들에게 알렸고 기숙사 사감에게는 성폭행을 신고할 수도 있다고 언급했다. 코시는 그 대화에서 친구들이 "안 돼, 안 돼, 하지 마"라고만 했던 것을 기억한다.

코시는 자기 방으로 돌아와서 고향에 있는 남자친구에게 전화를 걸어 무슨 일이 벌어졌는지 이야기했다. 남자친구는 코시가 구타를 당했거나 손발이 묶였는지 물었고 코시는 그 질문의 핵심을 이해했다고 회상한다. 정말로 그 남자와 성관계를 할 생각이 없었으면 맞서 싸우고자 더 많은 행동을 할 수 있지 않았느냐는 의미였다. 많은 세월이 흐른 뒤 코시가 전 남자친구에게 당시의 대화를 다시 끄집어내자 그는 자신이 코시를 믿지 않았다고 인정했다. "그애가 생각한 강간이랑 달랐던 거라고 생각해요. 그건 강간이 아니었고 난 그냥 어떤 애랑 잠자리를 해놓고 후회하는 거라고 말이죠." 코시는 이렇게 설명한다. 코시는 강간 이후의 상황을 세세하게 기억하기 힘들어했다. "정말 제정신이 아닌 시간이었어요."

코시는 이후 2주 동안은 거의 침대 밖으로 나가지 않고 고등학교 친구들과 내내 수다를 떨며 위안을 찾았다. 코시의 통화 기록을 본 부모님이 코시에게 전화를 걸어 어째서 대학 생활에 적응하지 않고 옛 친구들하고 몇 시간씩 수다를 떨면서 시간을 보내냐며 코시를 몰아세웠다.

코시는 결국 "무슨 일이 있었는지를 불쑥 내뱉고" 말았다. 어째서 부모님에게 더 빨리 알리지 않았느냐고 내가 묻자 코시는 분명히 말했다. "어떤 종류의 성생활이든 그걸 부모님이 알길 바라는 사람은 없어요. 특히 그런 종류의 일은요. 그건 최악이잖아요. 엄마한테 그랬어요. '엄마 눈을 완전히 베일로 가릴 수 있으면 좋았을 텐데. 그럼 엄마가 이 일을 전혀 알 필요가 없었을 테니까. 하지만 난 그럴 능력이 없어.'"

코시의 엄마는 강간 이야기를 듣고 울부짖기 시작하더니 아빠에게 전화기를 넘겼다. 아빠는 딸이 속한 지역 경찰서에 바로 신고했다. 얼마 후 코시는 남자 경찰 두 명을 만났다. "페니스와 질처럼 아주 세세한 단어들을 써야 해서 굴욕감이 들었던 기억이 나요. 특히나 그런 분위기에서 말이에요." 코시가 말한다. 코시는 "그날 있었던 일을 시시콜콜" 늘어놓는 동안 벽에 걸린 달력을 쳐다봤다고 기억한다.

경찰은 지금 코시가 생각하기에 "상투적인 질문"을 던졌다. "뭘 입고 있었죠?" "술을 얼마나 많이 마셨죠?" 그러고는 잠시 방을 나가 통화하고 오더니 애리조나주 법에 따르면 코시에게 일어난 일은 합의한 것으로 간주된다고 말했다. 그리고 이런 말도 했다. "'미모에 알코올을 섞지 말아요.' 그러고는 끝이었죠."

이후 시간은 아주 힘들었다. 의문이 끊임없이 일었다. "내가 잘못된 신호를 준 건가? 내가 걜 유혹한 거야? 이게 내 잘못이라고?" 코시는 조심스럽게 덧붙였다. "이성적으로는 이게 내 잘못이 아니라는 걸 알았어요." 하지만 코시가 주위에 이 사실을 알렸을 때 아무런 반응도 돌아오지 않았다. 경찰, 남자친구, 수많은 친구들 모두 마찬가지였다. 이 집단적 무시는 성폭행에 관한 코시의 생각에 영향을 끼쳤다. 아무도 강간범이 비난받아 마땅하다는 듯 행동하지 않았다. 대신 코시는 과실이 있는 당사자로 취급당했다. "나를 믿고 안 믿고를 떠나서 다들 나를 불신하는 것 같은 기분"을 느꼈다.

"어느 정도 자제심을 잃었어요." 코시는 이렇게 묘사한다. 폭음하기 시작했고 "자신을 진짜 위험한 상황으로 몰아넣었다." "부분적으로는, 정말로 믿을 만하면서도 나쁜 일이라고 인식될 만한 다른 어떤 일이 나한테 일어나길 바라는 마음에 그렇게 행동했던 것 같다"고 코시는 덧붙인다.

코시는 힘들게 수학 수업으로 돌아가서 어쩔 수 없이 한 주에 세 번씩 강간범을 봐야만 했다. 코시는 할 수 있는 일을 했고, 원래 앉던 강의실 앞자리에서 뒷줄로 자리를 옮겼다.

어떤 면에서 코시는 자신이 묘사한 사건이 심각한 범죄라는 걸 알았지만, 아무도 코시가 해코지를 당했다고 생각하지 않는 것 같았다. "그런 일은 진짜 미래를 망쳐놔요." 코시는 이렇게 설명한다.

코시는 신고했던 걸 후회할 때도 있다고 내게 말했다. 강간 이후의 상황이 사건 자체보다 훨씬 힘들었다고 잘라 말한다. "성폭행을 당하고 그냥 혼자 삭히고 넘어갈 수 있었더라면 그 일을 신고하고 결과적으로 비난을 뒤집어쓰는 일을 모두 겪는 것보다는 더 나았을 거예요."

코시는 대학을 졸업하고 자기 길을 갔고 다큐멘터리 영화 제작자가 되어 수상 이력도 생겼다. 코시는 이제 성폭행의 후과는 "선반에 올려 치워 둔" "마무리된 일"이라고 설명한다. 하지만 코시는 자신이 입은 피해는 "끝없이" 생각했다. 강간범이 입힌 피해가 아니라 자신을 내동댕이친 시스템에서 입은 피해 말이다.

10년도 더 지나서 코시는 애리조나대학으로 되돌아가 자신에게 "미모에 알코올을 섞지" 말라고 경고한 경찰을 만났다. 코시가 먼저 연락해서 두 사람은 그 전 1년 동안 여러 번 메일과 통화를 주고받았는데, 코시는 이 경찰이 자신이 사건을 처리한 방식을 후회한다는 걸 알게 되었다. 이제 코시는 이 경찰을 "친절하고 힘이 되는" "멋진 사람"이라고 묘사한다. 하지만 이들이 투손에서 만나기 몇 달 전 처음으로 경찰 보고서를 봤을 때는 분노를 억누를 수 없었다. 보고서에는 "성폭행은 일어나지 않았다"고 적혀 있었다. 그리고 말미에는 "그러고 나서 그 여자애한테 이런 일이 다시 일어나지 않게 예방하는 방법을 조금 조언해줬다"고 적혀 있었다.

2016년에 코시는 자신의 경험을 다룬 짧은 다큐멘터리 영화 〈두 번째 폭력(Second Assault)〉를 만들었다. 코시는 한 기자에게 이렇게 말했다. "이 영화는 나를 내동댕이친 시스템과 우리가 살고 있는 문화, 그리고 그 문화가 이런 2차 가해를 어떻게 지탱하는지를 대면하는 나의 여정을 다룹니다. 성폭력을 신고했을 때만 2차 가해가 일어나는 건 아닙니다. 친구와 남자친구와 주변인들이 나를 믿지 않을 때도 일어납니다."[1]

코시는 피해 사실을 알림으로써 자신이 잘못된 일을 당했다고 주장했다. 하지만 얼마 안 되는 예외를 제외하면 코시가 도움을 얻고자 했던 사람들은 계속 확신하지 못했다. "아무도 믿어주지 않을 때 당신은 어디로 갈 것 같나요? 자기 머릿속에 갇히게 된답니다."

코시가 공개적으로 자기 이야기를 하기 시작한 뒤에야 변화가 일어났다. 사람들이 강간이 실제로 일어났고, 그 일이 코시의 잘못이 아니라고 믿기 시작하자 코시의 상처가 치유되기 시작했다. 과거를 돌이켜보면서 코시는 사람들이 자신을 비난한 것은 강간범을 비난하지 않기 위해서였음을 이해한다. 주변 사람들은 모두 코시를 재단함으로써 강간범에게 책임을 추궁하지 않을 수 있었다.

신뢰성 구조의 주요 기능은 피고발인의 책임을 부정하고 오히려 피해자에게 책임을 전가하는 것이다. 우리의 법과 문화는 여성이 성적 접근을 원치 않는다는 의사를 충분히 표출하지 않을 경우 그것을 자초한 것이라는 관점을 내세운다. 여성은 **그저 가만히 있는 것**만으로도 이런 식으로 책임을 전가하려는 충동을 활성화할 수 있다. 부분적으로라도 고발인에게 피해의 책임을 뒤집어씌울 때 우리는 가해자의 책임을 덜어주게 된다. 이는 집단, 그 중에서도 특히 가장 힘 있는 구성원들이 깊이 관여하는 친숙한 구조를 보존한다. 그 구조가 아무리 위계적이어도 말이다.

성폭력 피해를 제기할 때 여기에는 세 가지 주장이 들어 있음을 다시 떠올려보자. 고발인은 피해 사실을 제기할 때 그러한 악행이 일어났다고 주장하는 데 그치지 않는다. 그 일이 잘못이라는 주장도 함께 한다. 고발인은 이 두 번째 부분 때문에 피해 사실을 알린다. 신고 행위에는 그 사건이 가해자에게 책임이 있는 침해 행위라는 선언이 내포되어 있다.

신뢰할 만한 성폭력 혐의는 우리가 잘못을 가해자의 탓으로 돌리게 한다. 그리고 그 반대도 마찬가지다. 즉 가해자를 비난해야 한다는 고발인의 주장을 우리가 거부할 때 그 주장은 갈 곳을 잃는다. 고발인은 **이런 일이 일어났다**는 주장이 거부당했을 때처럼 신뢰를 얻지 못한다. 신뢰성 폄하 메커니즘이 사뭇 다르긴 해도 최종 결과는 동일하다.

고발인에게 "어느 정도의 책임"을 전가하면서 피고발인에게는 "완전하게" 책임을 돌리지 않을 때 우리는 피고발인이 곤경을 면할 수 있게 해준다.[2] 고발인이 위법을 자초했다고 판단함으로써 우리는 성폭력 신고를 묵살할 수 있다. 이런 책임 전가 경향은 잘 기록되어 있다. 강간을 묘사하는 시나리오를 받아든 연구 참여자들은 한결같이 피해자에게 과실이 있다고 여긴다. 연구마다 성폭행 피해자들은 "강간 상황에서 보였던 행동 때문에 종종 비난과 모략을 사는데, 심지어 강간의 책임을 뒤집어쓸 정도"였음을 보여준다.[3] 발생한 성범죄를 노골적으로 부정하든 은근슬쩍 정당화하든 우리는 피고발인 편에 서는 것이다.

책임 전가 충동의 뿌리에는 앞서 살펴본 완벽한 피해자라는 익숙한 원형과 그것을 둘러싼 신화가 있다. 실제로 연구자들은 강간 신화를 철석같이 믿을수록 피해자를 탓하는 경향도 커진다는 사실을 일관되게 밝혀냈다.[4] 하지만 피해자다움이라는 문화적 이상은 우리가 고발인에게 책임을 떠넘기는 이유 중 일부에 불과하다. 우리에게는 심리적 동기도 있다.

'공정한 세상 이론(just world theory)'은 우리가 피해자를 탓하는 방식을 조명한다. 1960년대 중반에 만들어져서 그 이후로 숱한 경험적 연구를 통해 뒷받침된 이 이론에 따르면 우리는 인과응보를 믿는 데서 비롯되는 안정을 갈망한다. 공명정대한 세상에서 살고 싶다는 열망이 우리로 하여금 현실이 실제로 공명정대하다고 확증하는 방향으로 사건을 해석하도록 동기를 부여한다. 심리학자 멜빈 러너(Melvin Lerner)와 데일 밀러(Dale Miller)는 한 중요한 논문에서 "다른 사람들이 부당하게 고통받을 수 있다면, 자기 역시 부당하게 고통받을 수 있다는 심란한 가능성을 인정해야 한다"고 말한다. 우리는 이 가능성을 인정하기보다는 범죄 피해자가 "성격이 '나쁘'"기 때문에, 아니면 "부주의하거나 멍청"하다고 비난받을 만한 잘못된 행동에 가담했기 때문에 비운에 처할 만하다고 결론을 내린다.[5]

착하고 품행이 방정한 사람들은 고난을 겪지 않는다고 믿는 이런 편견 때문에 우리는 피해를 입었다고 주장하며 나서는 고발인들을 손가락질한다. 2020년 초, 하비 와인스타인의 변호사 중 한 명인 도나 로투노는 성폭행을 당한 적 있느냐는 질문에 흥미로운 대답을 내놓았다. "그런 적 없어요……. 나 자신을 절대 그런 위치에 두지 않을 거거든요." 로투노는 이어서 이렇게 말했다. "대학생 때부터 줄곧 선택을 해 왔어요. 절대 과음하지 않았고, 모르는 사람하고는 절대 집에 가지 않았죠. 나는 나 자신을 그 어떤 취약한 환경에도 놔둬본 적이 없어요."[*6] 로투노에게는 이렇게 말하는 전략적인 이유가 분명 있었을 것이다. 이 인터뷰는 와인스타인 재판이 한창 진행 중일 때 이루어졌다. 하지만 로투노가 자신의 진짜 신념을 표출했을 가능성도 상당히 크다. 자신에게 강간을 피할 능력이 있다고 생각하는 사람에게 이 세상은 훨씬 안전한 장소일 것이다. 더 안전하고 더 공정한 이 세상에서, 강간당한 모든 사람은 어떤 식으로든 자초한 게 틀림없다. 그리고 잘못은 강간당한 사람에게 있으므로 가해자는 잘못이 없다.

성폭력을 당했다는 주장이 우리의 안정감을 위협할 때 피해자에게 책임을 전가하려는 유혹이 압도적일 수 있다. 연구에 따르면 우리는 강간 고발인과 동질감을 느낄 때 "강간 피해자가 될 가능성이 유발하는 인지부조화를 줄이기" 위해 우리 자신과 고발인을 "분리"할 수 있다.[8] 우리는 피해자와 거리를 둔 채, 우리와 너무 유사한 누군가와 모든 감정적 연결을 끊어서 평안을 얻는 길을 모색한다. 자신의 심리적 안녕을 보호하는 한 가지 방법은 고발인이 한 일에 초점을 맞춰서 성폭력을 고발인 탓으로 돌리는 것이다. 저 여자가 나와 다르면 나는 안전하다고 느낄 수 있다.

피해자에게 닥친 일의 책임이 그 사람 자신에게 있을 때, 피해자를 제외한 우리 모두에게 이 세상은 덜 무서워 보일 수 있다.

책임 떠안기 심리

피해자가 성폭력에 책임이 있다는 생각이 우리 문화 안에 워낙 깊이

● 이 인터뷰가 방영되자 많은 성폭행 생존자들이 이에 대응하여 트위터에서 #나는나를어디에놔뒀나(#WhereIPutMyself)를 사용했다.[7]

똬리를 틀고 있어서 많은 생존자들이 그 생각을 내면화한다. 질리언 코시가 강간당한 뒤에 어떤 식으로 자문했는지 떠올려보라. "내가 잘못된 신호를 준 건가? 내가 걔 유혹한 거야? 이게 내 잘못이라고?" 코시는 자기 잘못이 아니라는 걸 "이성적으로는 알았는데도" 의문에서 빠져나오지 못했다. 코시는 10년도 더 지난 과거를 돌아보며 자신은 강간당했을 때 "겨우 열여덟 살"이었고 그 후로 자신이 많이 바뀌었다고 강조했다.

수년간 나와 이야기를 나눈 대부분의 고발인들은 책임을 전적으로 가해자에게 돌리려고 고군분투했다. 철학자 케이트 에이브럼슨이 탐구하는 '자기 의심의 규범'이 발현된 것이다. **내가 무슨 짓을 해서 그 남자를 유혹한 거지? 그걸 막기 위해 뭐든 더 했어야 했나?** 코시와 같은 수많은 생존자들에게 자책은 다른 사람들의 비난과 떼려야 뗄 수 없는 관계다.

고발인의 외부 세계와 내면 세계에서 발생하는 책임 전가는 가해자가 책임을 지지 않도록 못 본 척 넘어가게 만들고, 이로써 잘못의 영역에서 가해자의 신뢰성은 엄청난 뒷배를 얻는다. 나와 이야기를 나눈 한 여성은 이 역학을 정확하게 짚어냈다. 이 여성은 열여섯 살이었고 처음으로 파티에서 술을 마셨다. 자칭 "영화 바보"인 이 여성은 학교 대표 풋볼 선수들 한 무리와 함께 침실에 갇혔고 이들에게 구강성교를 강요받았다. "처녀성은 빼앗지 말아 달라고 사정했어요. 그랬더니 그렇게는 안 하더라고요." 이 여성은 내게 말했다. "하지만 월요일에 학교에 갔더니 난 난데없이 '구강성교 여왕'이 되어 있었어요." 친한 친구들은 이 여성을 자리에 앉혀놓고는 앞으로는 "처신을" 잘해야 한다고 힘주어 말했다.

이제 30대가 된 이 여성은 "수치스러운 데다가 처음부터 비난을 받았어요. 그래서 어릴 때는 그게 성폭력인지 깨닫지 못했어요."라고 말한다. 이 여성은 크리스틴 블레이시 포드가 브렛 캐버노 대법관 인사 청문회에서 증언하는 모습을 시청하다가 갑자기 번뜩 깨달았다. 책임이 있는 쪽은 자기가 아니라 그 풋볼 선수들이라는 사실을 수십 년 뒤에야 **처음으로** 이해했다.

"정말 솔직히 말하면 아직도 그때 비명을 지르지 않고 발로 차지 않은 걸 자책하고 있다. 애초에 거기에 갔던 것도." 체시 프라우트는 이렇게 말한다. 프라우트는 뉴햄프셔주 세인트폴 스쿨에서 동료 학생에게 성폭행을 당했고 결국 이 학생은 여러 건의 경범죄로 기소되어 유죄 판결을 받았다. 프라우트는 "나는 사람을 너무 믿었고, 너무 순진했다"라고 말한다. "그게 다 내 잘못인 것만 같았다. 몇 년이 지난 뒤에야 이 명백한 사실을 받아들일 수 있었다. 강간은 서투른 판단을 처벌하는 게 아니라는 걸 말이다."⁹

연구에 따르면 수많은 여성들이 가해자가 아니라 자신에게 성폭력 피해의 책임이 있고 심지어 자신은 그런 일을 당할 만했다고 여긴다.¹⁰ 성폭행 피해자 관리를 전문으로 하는 심리학자 니콜 존슨은 실제 현장에서 이런 현상을 "항상" 목격한다고 내게 말했다. 존슨은 생존자들이 피해 사실을 털어놓을 때 종종 받는 첫 질문은 (여전히) "술을 얼마나 마셨나요?" 아니면 "그 남자랑 같이 집에 갔나요?"라고 말한다. 이토록 취약한 폭로의 순간에도 생존자들은 "당신이 행한 어떤 일 때문에 당신이 이런 상황에 놓인 것"이라는 말을 듣는다. 이 말을 들은 피해자들이 자신이 달리 무슨 행동을 할 수 있었을까 생각하며 시간을 보내는 건 놀라운 일이 아니다. 이런 반응은 사람들이 책임을 할당하는 방식을 완벽하게 반영한다.

존슨은 자책이 자기 보호 역할을 할 수도 있다고 덧붙인다. 피해자들은 "자기가 무슨 짓을 해서 이런 일이 일어났는지 생각해"내고 싶어 한다. 그래야 "다시는 그런 일이 일어나지 않게 막을" 수 있기 때문이다. 이런 마음가짐은 가해자가 평정심을 잃은 게 아니었다는 사실이나 믿었던 사람이 그 믿음을 저버렸다는 사실을 인정하는 것보다 덜 끔찍할 수 있다. 탐사보도 전문 기자 케이티 J. M. 베이커(Katie J. M. Baker)는 몬태나주 미줄라에서 일어난 성폭행을 폭로하는 기사에서 한 학부생이 "그런 상황에 대해 우리 '친구들'이 우리한테 이런 비슷한 짓을 할 수도 있다는 걸 믿기보다는 자책하는 편이 더 낫다"고 말했다고 전한다.[11]

치유의 관점에서 보면 이런 대응 기제에는 단점이 있다. 연구에 따르면 자책은 치유를 지연시킨다.[12] 존슨은 실제 현장에서 생존자들이 "그 보호책을 유지하면서도 비난의 화살을 책임 당사자에게 돌리도록" 도 우려 한다. 책임의 내면화는 법률적 관점에서도 해롭다. 자책은 소송에서 생존자들에게 피해를 줄 수 있기 때문이다. 한 노련한 법정 변호사는 고발인이 성폭력을 예방하지 못했다며 자책하는 상황에서 소송을 진행할 경우 나중에 "이런 진술 때문에 뒤통수를 맞는"다고 말한다.

비난은 수치심과 함께 간다. 자전적인 이야기를 담은 저서 《합의(Consent)》의 저자 도나 프레이타스는 대학원 시절 교수에게 수년에 걸쳐 성적 괴롭힘을 당하면서 자신의 인생 경로가 어떻게 바뀌었는지 연대기 순으로 풀어놓는다. 성폭력이 진행되던 기간뿐만 아니라 끝난 뒤에도 프레이타스는 스스로 희생해 가면서 가해자에게 유리한 방식으로 사건을 생각했다. 그뿐만 아니라 원치 않게 그의 관심을 받게 된 것도 자신을 탓했다. 합리적으로 생각하면 그게 자기 잘못이 아니라는 걸 안다. 그런데도 비난의 화살을 내부로 돌리는 많은 피해자들처럼 프레이타스는 자신이 계속해서 "내면을 들여다보면서" "그 일이 일어난 이유를 찾았다"고 말한다. 프레이타스는 많은 피해자들이 스스로 던지는 질문을 골똘히 생각해보았다. "내가 어디가 잘못된 거지? 어릴 때 무슨 문제라도 있었나? 내 성격에 어떤 결함이 있나? 나의 자기 이해와 분별력에 무슨 결함이 있나? 내가 무슨 일을 했길래 이 남자가 날 희생양으로 콕 짚은 거지? **내 어떤 면 때문에** 그 남자가 내 쪽으로 방향을 돌린 거지? **내 어떤 면 때문에** 나는 그렇게 오랫동안 그 역겨운 걸 참아낸 거지?"[13]

잘못된 책임 전가로 귀결되는 이런 종류의 자기비판에서 자유로운 여성은 없다. 하지만 실제로 표적이 되는 여성은 일부다.

'나쁜' 피해자

오늘날에도 여성들은 어떤 종류의 성폭력이든 스스로 사전에 방지해야 한다는 기대에 직면한다. 이건 여성들이 요구받는 최저선이다. 여성은 목표물로서 너무 매력적이어서는 안 된다. 이런 이상은 "착한 소녀"라는 해묵은 문화적 원형에서 비롯되는데, 여성이 여기서 헤어나는 건 불가능하다.[14] 우리는 성폭행과 성적 괴롭힘에 대한 남성의 욕구를 당연하게 받아들인다. 착한 소녀는 절대로 피해를 당할 정도로 술을 마시지 않는다. 착한 소녀는 너무 성적으로 보이도록 옷을 입거나 행동하지 않는다. 남성의 충동을 바로잡는 데 실패한 여성은 자신이 당한 피해의 공모자다. 본질적으로 피해자가 아닌 셈이다.

성폭행을 당하기 전에 술을 마신 여자는 이런 심판의 단골 제물이다. 한 연구팀이 "술병은 가해자를 사면해줄 수도 있다"고 표현한 것처럼 취한 강간범은 정신이 멀쩡한 강간범에 비해 자기 행동에 따른 책임이 적다고 인식된다. 피해자는 이와 정반대다. 취해 있으면 강간에 **더 큰 책임이 있다고** 인식된다.[15]

올림픽 수영 선수에서 인권 변호사로 변신한 낸시 혹스헤드-마커는 술을 마신 피해자에게 가혹한 평가를 내리는 장면을 현장에서 많이 본다고 내게 말했다. "사람들은 술을 마신 피해자는 가해자를 무너뜨릴 수밖에 없다는 식으로 바라봐요." 혹스헤드-마커가 말한다. "피해자가 술에 취한 상태에서는 정신이 말짱했다면 가능했을 방식으로 가해자를 물리치지 못하니까 말이에요."

알코올의 영향이 남아 있는 상태에서 성폭행을 당한 많은 여성들이 이 메시지를 내면화한다.[16] 지나치게 과음했다가 정신을 차리고 보니 사촌의 남자친구에게 강간을 당하고 있었던 한 스물한 살 여성의 진술이 대표적이다. 이 여성은 "술에 취해서 사촌의 집에서 정신을 잃은 건 자기 잘못"이라고 느꼈다. 이 여성은 아무에게도 피해 사실을 털어놓지 않는 쪽을 택했다.

언론인 버네사 그리고리아디스(Vanessa Grigoriadis)는 수년간 미국 전역의 대학 캠퍼스에서 섹스와 성폭행을 취재했다. 그리고리아디스는 자신의 책 《모호한 경계선(Blurred Lines)》에 이렇게 썼다. "폭행을 당한 소녀는 다른 사람들의 의심을 마음에 품고, 그 밤의 모든 세부 사항을 분석한 다음 한쪽 어깨가 드러난 원피스를 입어서 맨살을 노출한 일, 또는 다섯 번째 보드카 잔을 들이켜기로 결정한 일을 자책한다."[17]

성폭력 예방이라는 여성의 의무에는 "섹시하다"고 여겨질 만한 방식으로 옷을 입거나 행동하지 않는 것도 들어간다. 성적 매력이 있다고 간주되는 피해자는 종종 가해자를 유혹했다고 여겨져 "자업자득"이라며 입길에 오른다. 이런 믿음은 법학자 덩컨 케네디(Duncan Kennedy)가 설명한 "섹슈얼한 관계의 이데올로기"의 핵심이다. 케네디는 이렇게 말한다. "이 서사에서 여성은 도발적인 옷을 입고 성폭력을 당하는" 반면 가해자는 "**여성**이 한 행동을 근거로 삼아 무죄로 판명받거나 변명거리를 얻는다." "섹시한" 여성은 행동이나 외모를 통해 자신이 섹스나 성적 접근에 관심이 있다는 신호를 보낸 것이다. 그러므로 이 여성은 자신에게 닥친 일에 원인을 제공한 것과 같다.[18] 로즈 맥고완은 자신의 회고록에서 남자들은 "단지 손을 가만히 둘 수 없었을 뿐"이고 자신이 미모로 "남자들을 그렇게 몰아갔다"는 말을 숱하게 들었다고 말한다.[19]

여성은 어릴 때부터 남자들의 접근을 저지해야 할 문화적 의무를 부여받는다. 페기 오렌스타인(Peggy Orenstein)은 《아무도 대답해주지 않은 질문들》에서 십대 소녀들은 도발적인 옷차림을 경고하는 말을 듣고 용인할 수 없을 정도로 노출이 심하다고 평가되는 옷을 금지하는 복장 규정을 요구받는다고 설명한다. 한 고등학교 환영회에서는 전교생을 모아놓고 "여긴 너희가 짧은 바지나 탱크톱이나 크롭톱을 입을 곳이 아니"라고 훈계하기도 했다. 이 모임에 참석했던 한 학생이 오렌스타인에게 한 말에 따르면 교직원들은 소녀들의 옷차림과 성적 괴롭힘 사이에 "관계"가 있다고 생각했다. "마치 너희가 '자신을 존중'하는 방식으로 옷을 입지 않으면 괴롭힘을 당할 거라는 식으로 말했어요. 그래서 네가

• 미국 전역의 대학 캠퍼스에서 성폭력 생존자들은 "신뢰를 떨어뜨리기 위해 종종 사용되는 말, '그때 뭘 입고 있었니?' 되찾기"라는 주제로 예술 전시물을 설치했다.[20]

탱크톱을 입고 있었으면 그런 일도 다 네 잘못이라고요." 오렌스타인은 이렇게 말한다. "소녀들은 권위에 저항할 때 복장 규정을 어긴다. 기성 체제에 반항하는 '히피'들이나 엉덩이가 처진 바지를 입은 불량배들처럼 말이다. 소녀들에게 복장 규정은 성적인 문제와 관련이 있다. 수수함을 강요하는 것은 젊은 여성들의 섹슈얼리티를 보호하면서 억제하는 방편으로 여겨진다. 그리고 그 연장선에서 이들은 젊은 남성들의 섹슈얼리티를 통제할 책임을 짊어진다."[21]

흑인 소녀들은 성폭력을 피하려면 몸을 가리라는 말을 백인 소녀에 비해 더 많이 듣는다. 모니크 모리스(Monique Morris)는 《푸시아웃(Pushout)》에서 존재 자체로 성적 대상이 되는 흑인 소녀들을 향한 이중 잣대의 연대기를 살핀다. 모리스는 "한 흑인 소녀는 다른 소녀들이 질책을 듣지 않고도 입는 옷을 자신은 입어서는 안 된다고 느꼈다"고 말한다. 그러면서 자신이 이야기를 나눈 소녀들은 "흑인 여성의 몸을 문제의 일부로 여기는 대중적인 인식을 지적했다"고 덧붙인다. 한 학생은 자기 학교에 있는 어른들이 자신에게 한 말을 이런 식으로 설명했다. "넌 흑인이야. 그런 걸 입으면 안 돼. 피부가 너무 많이 드러나고, 넌 몸무게나 몸매가 다르잖아……. 하지만 그들은 다른 인종의 여자아이들은 그런 옷을 입을 수 있다고 무의식적으로 생각한다. 성적이지 않다면서 말이다."

흑인 소녀들에 대한 막무가내식 성적 대상화는 거듭되는 괴롭힘으로 변한다. "흑인 소녀가 무슨 일을 하든, 나이가 몇이든, 몸이 크든 작든, 남자들은 이들을 항상 성적으로 바라볼 것"이라고 모리스는 말한다. 흑인 소녀들은 성폭력을 사전에 방지하라는 불가능한 임무를 할당받기 때문에 많은 경우에 자신이 입은 피해의 책임을 뒤집어쓰게 된다.[22]

연구에 따르면 흑인 소녀들은 성인이 되어도 완전히 똑같은 일을 겪는다. 흑인 여성들은 옷차림에 관한 인종주의적이고 성적인 말들로 자주 괴롭힘을 당한다. 백인 여성에 비해 흑인 여성은 "더 높은 기준에 따라" 옷차림을 평가받는다.[23]

흑인 여성들은 성적 괴롭힘을 당했을 때 책임을 뒤집어쓸 위험도 더 높다. 심리학자 캐럴린 웨스트(Carolyn West)는 대학원생 시절에 겪은 개인적인 경험과 현장 연구를 근거로 삼아, 흑인 피해자들은 피해를 자초한다고 인식되는 경우가 많다고 말한다. 웨스트는 흑인 여성들은 "태생적으로 문란하고 항상 성적 접촉을 갈구한다"는 뿌리 깊은 인식 때문에 손쉽게 비난의 표적이 된다고 설명한다.

흑인 여성들을 오랫동안 억압해 온 일련의 고정 관념 중에는 성경에 나오는 희대의 요부 이세벨의 이미지가 있다. 이 이미지는 노예제 시절에서 비롯되어 "모든 흑인 여성을 성적으로 대단히 적극적인 여성의 범주로 격하하는" 역할을 했다. 이세벨은 "지나치게 성욕이 강하다"고 여겨졌는데 이 허구는 "보통 흑인 여성 노예들이 백인 남성에게 제기한 광범위한 성폭행 혐의"를 정당화하는 데 이용되었다.[24] 오늘날에도 흑인 고발인들은 피해 사실을 알렸을 때 오히려 그 피해를 자초했다는 비난에 시달릴 가능성이 특히 높다. 심리학자 록산느 도너번(Roxanne Donovan)과 미셸 윌리엄스(Michelle Williams)는 "흑인 여성들이 태생적으로 문란하다고 인식될 경우 이들은 강간을 당해도 상황에 관계없이 그에 대한 책임을 뒤집어쓸 위험이 더 높다"고 말한다.[25] 많은 흑인 생존자들이 이런 현실을 알고, 예상하며, 그에 따라 행동한다. 심리학자들은 "비난받고 이세벨 고정 관념을 강화할지도 모른다는 두려움" 때문에 흑인 여성들이 피해 사실을 알리지 못한다는 사실을 확인했다.[26]

이세벨 이미지는 흑인 생존자들이 비난의 화살을 자기 내부로 돌리게 만들 수도 있다. 버네사 그리고리아디스가 당시 웨슬리언대학 졸업반이던 카르메니프와 이야기를 나누었을 때 카르메니프는 신입생 시절 성폭행을 당했지만 수년간 그 일을 강간이라고 생각하지 못했다고 말했다. "알잖아요. 유색인종 여성들, 특히 흑인 여성이랑 라틴계 여성은 워낙 심하게 성적으로 대상화되다 보니까 강간이 성립할 수 없는 범주로 분류되곤 하는 거." 카르메니프는 이렇게 설명했다. "아마 우리가 항상 자초한다고 생각할 거예요. 그래서 유색인종 여자한테 이런 일이 일어나면 제도화된 온갖 억압적인 개똥철학이 마음속에 있다가 작동하는 거죠. '오, 네 몸이 그래서, 네가 그렇게 생겨 먹어서 그 일을 자초한 거야. 그냥 그런 거지.'라고 말이죠."[27] 카르메니프는 이후 자신이 성폭행을 당했던 건물을 비롯해서 캠퍼스 안에 있는 남학생 클럽 내부와 주변을 사진으로 찍어서 시리즈물을 만들었다. 이 시리즈물의 제목은 〈되찾기(Reclamation)〉였고 카르메니프는 그게 자신을 치유하는 데 도움을 주었다고 말한다. "나와 나의 공동체, 그밖의 온갖 곳에서 그 많은 권력을 누리는 이 공간들을 빼앗아서 그 권력을 완전히 전환해 내 어깨 위에 올려 둘 필요가 있었다"고 카르메니프는 설명했다.[28]

강간과 성적 괴롭힘은 권력, 젠더, 섹스와 밀접하게 엮여 있고 여기에는 문화적 의미가 가득하다. 가부장 사회에서 여성의 섹슈얼리티는 남다른 위협 요소다. 역사적으로 어떤 시기든 여성의 섹슈얼리티가 "훔치고, 팔고, 사고, 구타하고. 교환하는 물건"으로서[29] 어떤 식으로든 항상 남성에게 통제받았던 것은 바로 이 때문이다. 이런 통제의 메커니즘은 시간이 지나면서 부드러워졌다. 오늘날에는 과거 어느 때보다 많은 여성들이 자신의 섹슈얼리티를 쾌락과 힘의 원천으로 받아들이고 있다. 하지만 지금도 여성은 계층과 인종을 막론하고 '성적 이중 잣대(sexual double standard)'에 따라 심판받는다. 성적 이중 잣대는 사회학자들이 정의한 개념으로, 여성에게 자책과 수치심을 유발하고 여성을 향한 비난을 활성화한다.

폴라 잉글랜드(Paula England)는 수십 년간 섹슈얼리티와 젠더 규범을 연구해 온 사회학자다. 성적 이중 잣대에 관해서 손꼽히는 전문가인 잉글랜드는 이 성적 이중 잣대가 지금도 여성에게 불리하게 작용한다고 말한다. "여성의 섹슈얼리티에 창피를 주는 문화가 있다는 증거 중 하나는 성적으로 적극적인 여성을 지칭하는 부정적인 단어가 넘치게 많다는 것"이라고 잉글랜드는 설명한다. 남자의 경우는 그렇지 않다. 잉글랜드가 뉴욕대학 학부생들에게 섹슈얼한 여성을 묘사하는 단어를 적어보라고 하자 학생들은 '걸레' '창녀' '매춘부' 같은 단어들을 비롯해 온갖 멸칭을 한 무더기 만들어냈다. 반대로 섹슈얼한 남성을 지칭하는 표현을 요구하자 학생들은 보통 '선수'를 제안했다. 잉글랜드는 내게 이렇게 말한다. "그런 다음에 나는 '그래 좋아요, 창녀랑 선수를 비교해 보면 어느 쪽에 더 부정적인 함의가 있죠?'라고 물었어요." 잉글랜드와 한 동료는 대학생 집단의 대규모 데이터를 검토하면서 이중 잣대의 경험적 근거도 발견했다. 이들의 결론은 이렇다. "증거에 따르면 여성은 가벼운 성관계를 했을 때 경멸의 시선을 받을 위험이 남성에 비해 훨씬 높다."[30]

성적 이중 잣대의 아코디언 같은 성격을 드러낸 연구도 있다. 연구에 따르면 여성은 사실상 성행위를 하지 않아도 섹슈얼리티를 이유로 벌받을 수 있다. 엘리자베스 암스트롱 (Elizabeth Armstrong)이 이끄는 한 사회학자 팀은 이들이 미드웨스턴이라고 표기한 한 대학 캠퍼스에서 한 학년도 동안 "걸레 창피주기(slut shaming)"를 연구했다. 이 사회학자들에 따르면 "성적인 행위를 했다고 넘겨짚고서 여성을 비방하는 관행"은 남성들뿐만 아니라 여성들 사이에서도 마찬가지로 일반적이었다(이러한 여성들의 관행이 해당 연구의 주제였다). 이들은 "걸레 낙인은 사적인 성적 실천을 규제하기보다는 공적인 젠더 수행을 규제하는 기능을 더 많이 수행한다"고 덧붙였다.

연구 대상이었던 여자 대학생들에게 걸레 창피주기는 계급 구분을 강화하는 역할을 했다. "걸레 같다"고 부호화된 행위가 명백한 성적 행위였는지는 중요하지 않았다. 가령 "바람직하고 세련된 외모"는 "바람직하지 않고 보잘것없는 외모"와 종종 대비되었다. 여성은 잘못된 옷이나 화장 때문에 입길에 올랐다. 단순히 자신에게 "부적절한 관심"을 집중시켰다는 이유로 심판당했다. 정확히 어떤 행동을 했는지를 떠나서, 전통적이고 계급에 기반한 용납 가능한 여성성의 개념에서 벗어난 여성들은 '걸레'라는 꼬리표가 달렸다.[31]

캠퍼스 안이든 밖이든 고발인의 신뢰성을 떨어뜨리는 중요한 방법은 고발인을 '걸레'라고 부르는 것이다. 여기에 고발인이 사건에 관해 거짓말하고 있다는 의미가 반드시 들어 있는 건 아니다. 하지만 성폭행이나 성적 괴롭힘을 당할 만하다는 의미는 있다. 여성의 섹슈얼리티가 오명으로 뒤덮여 있다 보니 우리는 성범죄 고발인의 옷차림, 외모, 혹은 이 세상에 그냥 존재하는 것만으로도 피해를 자초했다고 바라보는 시선을 장착할 문화적 준비가 되어 있다.

한때 플로리다주립대학 학생이었던 에리카 킨스먼이 풋볼 선수 제이미스 윈스턴을 상대로 강간 혐의를 제기한 사건은 다큐멘터리 영화 〈더

헌팅 그라운드(The Hunting Ground)〉에도 담겼다. 윈스턴은 그 성관계가 합의된 거라고 말했고 검사는 기소를 중지했다.[32] 영화는 2016년에 윈스턴을 상대로 민사소송을 걸기로 결심한 킨스먼이 "이 사람들은 모두 개를 칭찬했어…… 그리고 나를 걸레, 창녀라고 불렀지."라고 회상하는 모습을 보여준다.[33]

이런 대우는 문화에만 한정되지 않는다. 법에서도 나타나는데, 여기서는 충분히 맞서 싸우지 않은 여성에게 잘못을 돌리는 것처럼 여러 형태로 여성에게 책임을 전가한다. 에드나 네더리를 떠올려보라. 1906년 당시 위스콘신주 대법원은 네더리가 강간범의 행위를 멈추기 위해 할 만큼 하지 않았다는 이유로 강간범에게 내려졌던 유죄 판결을 뒤집었다. 이후 백 년간 수많은 여성들이 술을 너무 많이 마셨다거나 너무 도발적으로 행동했다거나 "너무 섹시하게" 옷을 입었다는 둥 온갖 이유로 자격 미달 판정을 받고 법에 보호받기를 거부당했다. 셀 수 없이 많은 이유로 이들은 부적절한 피해자로 비쳤고, 결국에는 전혀 피해자로 인정받지 못했다.

피해자를 탓하는 법

샬럿은 그날 밤의 아주 일부만 떠올릴 수 있다. 두 아이의 어머니인 이 서른다섯 살 여성은 이모와 함께 미네소타에서 열린 한 결혼식에 참석해서 맥주 한 잔과 와인 세 잔을 마셨다. 춤을 추다가 갑자기 몸을 가누기 어려워졌던 게 기억난다. 결혼식 사진 기사를 만난 기억이 있다. 잔디밭에서 그 남자 옆에 누워 있었고 경비가 자신을 도와 일으켜 세우려던 걸 기억한다. 걸으려고 애쓰던 기억도 있다. 그날 밤의 나머지는 안개처럼 흐릿하다. 다음날 샬럿은 모텔 방에서 쓰라린 통증을 느끼며 깨어나서 병원에 갔다. 거기서 성폭행 전담 간호사가 성폭행에 해당하는 부상을 발견했다.

결혼식 사진 기사는 경찰의 신문을 받았고 주차해놓은 자기 차에서 샬럿에게 손가락을 삽입하고 구강성교를 받았다고 인정했다. 그는 모두 동의에 따른 거였다고 주장했다. 하지만 샬럿의 진술과 경비의 목격담, 결혼식장의 비디오 녹화 자료를 근거로 삼아 사진 기사는 성폭행으로 체포되어 기소당했다. 재판에서 이 남성은 '정신적으로 미약(mentally incapacitated)'하거나 '육체적으로 무력(physically helpless)'해 보이는 사람에게 성적인 삽입 행위를 했다는 가장 심각한 혐의에 따라 유죄 판결을 받았다.

이 판결은 항소심에서 뒤집혔다. 항소 법원은 2014년 판결문에서 샬럿이 법이 요구하는 수준만큼 온전치 못한 상태였다고 보기에는 증거가 불충분하다고 밝혔다(합의되지 않은 성적 접촉이라는 더 약한 혐의로는 유죄가 인정되었다). 법원은 샬럿이 "육체적으로 손상된" 상태이긴 했지만 "무력하다"고 볼 정도는 아니었다고 밝혔다. 샬럿의 상황은 '정신적으로 미약한' 상태라는 정의를 충족하지도 못했다.

술이나 다른 물질의 영향을 받은 상태에서도 이 정의에 따른 자격을 얻을 수 있긴 하다. 하지만 법은 부담스러운 단서를 단다. 술이나 해당 물질이 "그 사람의 동의 없이 투여된" 경우에만 피해자가 무력한 상태였다는 것이 인정된다. 샬럿이 술을 마신 건 자신의 선택이었으므로 그에 따른 손상은 자신의 잘못으로 간주되었다. 그리고 이것은 곧 그걸 이용한 사진 기사에게는 책임이 없다는 뜻이었다.

2020년에 미네소타주의 한 검사는 이 판결을 돌아보며 법이 술에 취한 피해자에게 어떻게 불리하게 돌아가는지 설명했다. "지금은 숱한 사건들에 불기소처분을 내려야 한다. 기본적으로 의식을 잃었던 사람은 받아주지 않기 때문이다." 검사는 이렇게 말하면서 "이런 사건을 성공적으로 기소하는 건 거의 불가능하다"고 덧붙였다. 여성이 자기 판단에 따라 술을 마셨으므로 법의 눈으로 봤을 때 성폭행의 책임이 여성에게 있는 그런 사건들의 경우에는 말이다.[34]

법이 자발적으로 취한 여성에게 책임을 떠넘기는 것은 새로운 현상이 아니다. 미국 전역의 입법자들에게 큰 영향력을 행사하는 지침서인 1962년의 《모범형법전》은 **비자발적으로** 취한 여성과 성행위를 금지한다. 하지만 이 형법전은 자발적으로 취해서 "자신의 행동을 통제하거나 살피지" 못하는 여성과 성행위를 해서는 안 된다는 의견에는 반대했다. 취한 상태에 이른 것이 해당 여성의 잘못이라면 그 결과로 발생한 모든 합의되지 않은 성행위 역시 여성의 잘못이라고 보는 것이다. 이 규칙은 "로맨스와 유혹이라는 사회적 맥락"에서 술과 약물은 "구애 행위의 일반적인 구성 요소"라는 언급에 따라 정당화된다. "긴장이 이완되어 만취와 인사불성으로 번질" 때 남성이 여성과 강제로 맺은 성관계는 양 당사자 모두가 책임을 짊어진다. 《모범형법전》은 "상호적이고 자발적인 행위 중에 진행된 일이므로 최종 결과에 따른 모든 책임을 남성에게 부과하는 것은 비현실적이고 부당"하다고 주장했다.[35]

자발적으로 취한 피해자를 대하는 기묘한 태도는 오늘날에도 법에 퍼져 있다. 절반 이상의 주에서 자발적인 취함과 비자발적인 취함을 구분한다. 이런 주에서는 가해자가 피해자 모르게 어떤 물질을 투여한 경우에만 가해자에게 책임을 추궁할 수 있다. 그렇지 않은 경우 합의되지

않은 삽입은 취한 피해자의 책임이다.[36]

노스캐롤라이나 출신 여성 오드리에게 바로 이런 일이 일어났다. 세 친구와 2005년 새해 전야를 축하하던 오드리는 그날 밤 도심의 여러 술집과 식당에서 먹고 마시다가 인사불성이 되어 어디인지도 모르는 채 세 친구 중 한 명인 킨제이라는 남자의 아파트로 가게 되었다. 오드리는 침대에서 잠이 들었고, 나중에 배심원단이 밝힌 바에 따르면 그곳에서 킨제이에게 강간을 당했다. 잠에서 깨어난 오드리는 바로 그 아파트에서 나와 건물 로비로 내려왔고, 아직 많이 취한 상태로 바닥에 널브러졌다. 신고를 받고 출동한 경찰이 오드리를 병원으로 옮겼고, 나중에 법원에서 설명한 내용에 따르면 "과도한 음주와 성행위"에서 비롯되었을 수 있는 부상을 당했다는 판정을 받았다.

킨제이는 '육체적으로 무력'하거나 '정신적으로 미약한' 피해자와 성행위를 했다는 혐의로 법령에 따라 2급 강간으로 기소되었다. 하지만 많은 주에서 그렇듯 노스캐롤라이나주 법에서는 비자발적으로 취한 피해자만이 무력하다는 인정을 받을 수 있다. 해당 재판의 판사가 실수로 배심원단에게 이 이야기를 전달하지 않았고 그 결과 킨제이의 유죄 판결은 뒤집혔다. 항소 법원은 성폭행 처벌 법령은 "자발적으로, 스스로 선택한 행위의 결과로 의식불명이나 육체적으로 무력한 상태에 못 미치는 수준으로 취한 사람"에게는 적용되지 않는다고 설명했다.

오드리가 취한 데 킨제이나 다른 누군가에게 책임이 있을 경우 강간 혐의로 유죄를 인정받을 수 있었다. 하지만 술을 마시겠다는 결정을 내린 사람이 오드리였으므로 킨제이는 유죄일 수 없었다. 오드리는 "자기 행동의 성질을 살피거나 질 성교에 저항할 능력이 실질적으로 없었"**는 데도** 강간의 피해자가 아니었다.[37]

이런 법적인 책임 전가는 취한 고발인에 대한 일반적인 선입견과 일치한다. 연구자들은 취한 여성이 정신이 멀쩡한 여성에 비해 자신이 입은 피해에 "책임이 더 크다"고 여겨진다는 사실을 일관되게 입증해 왔다.[38] 한 연구에서 모의재판 배심원에게 콘서트에서 만난 남자와 여자가 연루된 1급 강간 사건(1급은 상당한 육체적 폭력이 개입된 사건을 의미한다) 요약문을 읽도록 했다. 참여자에게 주어진 시나리오에는 피해자가 그날 밤 탄산음료 네 잔 혹은 맥주 네 잔을 마셨다는 내용이 각기 들어 있었다. 어떤 시나리오에서는 피해자가 직접 그 음료를 구입했고 다른 시나리오에서는 남성이 피해자에게 사주었다. 모의재판 요약문에는 검사의 주장, 피고의 주장, 그리고 판사의 지침이 담겼다. 고발인이 마신 술의 양과 그 술을 구입한 사람이 누구인지만 달랐다. 이후 참여자들에게 이 여성의 신뢰성을 평가해 달라고 요구했다.

예상대로 모의 배심원들은 남녀를 막론하고 취한 여성이 취하지 않은 여성보다 신뢰성이 떨어진다고 인식했다. 이 연구에서는 해당 여성이 직접 술을 구입한 경우 신뢰성이 더 급감했다는 점도 눈에 띈다. 연구자들은 피해자가 자신의 책임으로 취한 상태에 이르렀다고 인식될 때 "배심원들은 성폭행의 책임을 피해자 쪽에 더 많이 지웠고" 피고발 남성에게 유죄 판결을 내릴 가능성은 낮아졌다고 밝혔다. 이 강간 사건에서 나머지 '증거'는 동일했으므로 모의재판 결과는 피해자의 신뢰성 폄하가 단순히 믿음직하냐 아니냐보다는 책임 전가와 관계가 있음을 보여준다. 이 연구는 여성이 음주같이 "위험하다"고 간주되는 행동에 연루되었을 때 비난받을 만한 행위자로 비칠 가능성이 높아지고 피해자로 인식될 가능성은 낮아짐을 암시한다.[39] 고발인이 스스로 공격에 취약한 상태에 이르렀으므로 비난받아야 하는 건 고발인의 행동이라고

생각하는 것이다. 동시에 가해자는 면죄부를 받는다. 고발인은 비난의
표적이 되고 가해자는 책임에서 완전히 벗어난다.

충분한 저항의 기준?

멀리사 넬슨은 스무 살 때 제임스 나이트의 치과보조사로 고용되었
다. 그리고 아이오와주 포트다지에 있는 그의 진료실에서 10년 이상 일
하다가 2010년에 해고당했다.

문제는 그로부터 1년 반 전에 시작되었다. 나이트는 넬슨에게 옷이
너무 꽉 낀다며, 노출이 심하다며, "집중을 방해한다"며 수차례 불평했
다. 나이트는 가끔 넬슨에게 옷 위에 병원 가운을 입으라고 주문했다.
그의 말을 빌리면 "몸매를 강조하는 옷을 입은 넬슨을 보는 게 나한테
좋지 않다고 생각해서" 그렇게 할 필요가 있었다는 것이다. 넬슨은 자
신의 옷은 꽉 끼지 않았고 어떤 식으로든 직장에 부적절하지도 않았다
고 주장했다.

넬슨은 나이트를 친구이자 "아버지 같은 사람"으로 보았다. 두 사람
모두 아이가 있었고, 그래서 가끔 아이들의 근황과 일상적인 일에 관해
서로 문자를 주고받았다. 넬슨의 메시지는 다른 성적인 의도가 없었다.
하지만 나이트는 문자로 그리고 직접 대면했을 때도 성적인 발언을 일
방적으로 입에 올리기 시작했다. 나중에 법원은 두 사람의 관계를 이렇
게 요약했다.

나이트 박사는 한때 넬슨에게 자기 바지가 부풀어 오른 걸 보게 되면 그

건 넬슨의 옷이 노출이 심해서 그런 것으로 알라고 말했다고 인정했다. 나이트 박사는 넬슨에게 그날 입은 셔츠가 너무 꽉 낀다는 내용의 문자를 보낸 적도 있었다. 넬슨이 그건 온당하지 않은 것 같다고 대답하자 나이트 박사는 넬슨이 꽉 끼는 바지를 입지 않아서 다행이라며 그렇지 않았다면 자꾸 그게 왔다 갔다 했을 거라고 대답했다. 나이트 박사는 넬슨이 성생활이 잦지 않은 것과 관련된 말을 했다면서 '그건 마치 차고에 람보르기니가 있는데 전혀 몰지 않는 거랑 같다'고 반응했다는 것도 기억한다. 넬슨은 나이트 박사가 자신에게 오르가슴을 얼마나 자주 경험하는지 물어보는 문자를 보냈다고 기억한다. 넬슨은 이 문자에 답하지 않았다.

2010년 초 어느 날, 나이트는 전화를 걸어 넬슨을 진료실로 불러냈다. 자신이 다니는 교회 목사에게 "참관"해 달라고 부탁해놓은 상태였고, 이 목사가 있는 자리에서 나이트는 넬슨에게 해고를 통보했다. 보아하니 나이트의 부인이 넬슨을 결혼 생활의 "중대한 위협"으로 여기는 듯했다. 나이트는 준비해 온 진술서를 읽으면서 넬슨에게 "이 관계가 자신의 가정에 해를 끼쳤다"고 말했다.

넬슨의 남편은 아내의 해고 소식을 듣고 나이트에게 전화를 걸었고, 나이트는 같은 목사가 입회한 자리에서 만날 약속을 잡았다. 그날 저녁 나이트는 넬슨은 아무런 잘못도 하지 않았고 "자신이 고용했던 사람 중에 최고의 치과보조사"라고 강조했다. 하지만 그는 자기가 넬슨에게 너무 매력을 느껴서 해고하지 않으면 "넬슨과 불륜을 저지르려고" 할까 봐 걱정된다고 말했다.

넬슨은 나이트를 고소했다. 연방법과 마찬가지로 주의 차별 금지법은 고용인이 노동자의 성별을 근거로 삼아 부정적인 고용 결정을 내리지 못하게 금지하고 있다. 나이트의 변론은 억지스럽긴 해도 단도직입적이었다. 넬슨이 해고된 건 여자여서가 아니었다(그건 불법이다). 넬슨이 유혹적이어서였다. 이에 넬슨은 성적 괴롭힘은 불법이라고 지적했다. 넬슨은 소송에 성적 괴롭힘까지 넣지는 않았지만 "넬슨을 **괴롭힐까봐** 겁나서 넬슨을 해고한 일에 책임을 피하는" 나이트의 행동은 옳지 않다고 주장했다.

아이오와주 대법원은 넬슨의 주장에 동의하지 않았다. 나이트가 "넬슨을 부당하게 대했을" 수는 있지만 불법적으로 차별한 건 아니라는 것이다. 법원의 판단에 따르면 나이트의 행동은 그가 넬슨을 성적으로 괴롭히지 못하게 하는 데 필요한 조치로 정당화할 수 있었다. "아무리 해고 사유가 부당하다 해도" 넬슨이 적대적인 노동 환경에 놓이기 **전에** 해고한 것은 "정의상 불법적인 차별 환경을 조성한 건 아니"라고 2013년 법원은 밝혔다. 나이트의 진술에 비추어봤을 때도 넬슨은 아무런 잘못을 하지 않았다. 그런데도 넬슨은 자신에게 성적으로 끌린 나이트 대신 대가를 치렀다. 법은 나이트의 편이었다.[40]

여성은 남성의 성적 충동을 통제할 책임을 일상적으로 떠맡는다. 악행은 가해자가 아니라 피해자의 잘못이 된다. 법학자 린 헨더슨(Lynne Henderson)은 이를 "남자는 무죄고 여자가 유죄라는 암묵적인 법적 '규칙'"이라고 불렀다. 이 규칙에 따르면 남자들은 "통제가 어렵고 때로는 불가능하다고 인식되는 자신의 성적 충동에 따라 행동할 자격"이 주어진다. 여성들은 "성행위를 원하는 게 아니고" 성적 괴롭힘을 당하고 싶지 않다면 남자들을 "자극해선 안 된다"고 요구받는다. 이 사고방식에 따르면 한 남성의 욕망이 배출구를 찾을 때 잘못은 이 남자를 "미치게" 만든 여자에게 있다. 여성들은 아무 일도 하지 않았는데도 자기가 입은 피해에 대한 책임을 추궁당할 수 있다. **존재만으로도** 충분히 유혹적으로 보이기 때문이다.[41] 피해자들은 차에 탔다며, 달리기하는 동안 헤드폰을 썼다며, 소파에서 잠들었다며, 미소를 지었다며, 가벼운 대화에 끼어들었다며, 직장 내 성적 접근을 물리칠 방법을 찾지 않았다며, 그리고 그밖의 갖은 이유로 손가락질당한다.

성적 괴롭힘법은 피해를 자초하는 여성이라는 문화적 고정 관념을 강화한다. '달갑지 않음(unwelcomeness)'이라는 기준을 사용한 유명한 사례로는 미국 대법원이 1986년에 내린 메리터 저축은행 대 빈슨 판결이 있다.[42] 이야기는 이보다 10여 년 앞서 당시 열아홉 살이던 미셸 빈슨이 워싱턴 D.C.에 있는 한 작은 은행에 수습 수납원으로 고용되었을 때로 거슬러 올라간다. 흑인인 빈슨은 폭력적인 환경에서 가난한 성장기를 보냈다. 과거 취업 경험은 운동 클럽, 식료품점, 신발 가게에서 임시직으로 일했던 것뿐이었고, 그래서 안정된 은행 일이 훨씬 매력적으로 다가왔다.

빈슨이 은행에서 일한 지 몇 달이 지났을 무렵 매니저인 시드니 테일러가 성관계를 요구했다.[43] 빈슨은 자신이 거절하자 테일러가 위협했다고 훗날 말했다. "내가 '당신이랑 자고 싶지 않아요'라고 했더니 그 사람은 '내가 널 고용했듯 널 해고할 거야. 내가 널 그 자리에 앉혔듯 널 망가뜨릴 거야. 내가 말하는 대로 하지 않으면 널 죽여버리겠어'라고 했다. …… 그 일은 그렇게 시작됐다."[44]

이후 2년 반 동안 테일러는 "성적 관심을 반복적으로 표출"하면서 빈슨을 괴롭혔다. 여기에는 "40에서 50회"의 강제 성관계도 포함되어 있었다.[45] 빈슨은 테일러가 여러 번 너무 난폭하게 강간해서 의학적인 치료를 받기도 했다고 말했다. 또한 빈슨은 테일러가 어떻게 자신을 애무하고, 스스로 몸을 노출하고, 화장실에서 불쑥 튀어나왔는지 그리고 자신이 얼마나 반복해서 그만하라고 요청했는지도 설명했다.

빈슨은 실직의 위험을 감수할 수 없었으므로 공식적인 신고는 하지 않기로 했다. "이 남자가 날 해고할 거야. 오 하느님, 난 일자리가 필요해요."라고 생각했다고 빈슨은 회상했다.[46] 테일러의 괴롭힘과 성폭행으로 인한 스트레스로 어쩔 수 없이 병가를 내자 빈슨은 해고당했다. 남편과의 이혼 문제로 결혼 생활 전문 변호사를 만난 자리에서 빈슨은 우연히 직장에서 겪은 고충을 설명했고 고용 차별 전문 변호사를 소개받았다. 이후 빈슨은 은행과 테일러를 고발했다. 은행과 테일러 모두 혐의를 전면 부인했다.[47]

재판을 담당한 판사는 피고 측에게 빈슨이 "깊게 파인 원피스" "깊게 파인 블라우스" "심하게 꽉 끼는 바지"를 입었다는 증거를 제출하도록 허락했다. 또한 판사는 한 동료가 빈슨이 "성적인 환상이 많고" "섹스 이야기를 꽤 많이 했다"고 증언하는 것도 허락했다.[48] 판사는 빈슨의 증언과 빈슨이 반복적으로 당한 성폭력을 목격한 동료들의 증언, 그리고 이와 유사한 성범죄를 직접 겪은 동료들의 증언도 들었다. 재판을 종결하며 판사는 피고 측에게 유리한 판결을 내렸다. 빈슨과 테일러 사이의 일체의 "친밀한 또는 성적인 관계는 고용의 지속 여부와는 관계없이 원고의 자발적인 의지에 따른 것"이라고 판사는 결론지었다. 간단히 말해서 빈슨은 "성적 괴롭힘의 피해자도, 성차별의 피해자도 아니었다."[49]

어째서 빈슨은 테일러의 성적 접근과 성폭력에 피해를 입었다고 주장했을 때 신뢰를 얻지 못했을까? 재판에서 증거로 인정받은 빈슨의 옷차림과 성적 환상 이면에는 흑인 여성은 문란하다는 해묵은 믿음이 있었다. 빈슨의 변호사들은 판결에 항소하면서 "빈슨 부인 같은 흑인 여성들은 남부끄럽고 외설적인 여자라는 부당한 고정 관념에 희생되어 왔으며 잠재적인 가해자들의 표적이 되는 일도 비일비재하다"고 밝혔다.[50]

상대 측 변호사는 빈슨이 그런 피해를 당할 만한 여자로 비친 것은 "자신이 그걸 자초했고, 그 사실을 우리가 알기 때문"이며 "빈슨은 요부이고 남자들을 유혹하는 음란한 여자이기 때문"이라며 반론을 펼쳤다. 법학자 타냐 에르난데스(Tanya Hernández)는 "아프리카계 미국 여성에 대한 고정 관념이 그 결과에 일조했을 가능성이 아주 높다"고 강조한다.[51]

빈슨 사건은 결국 대법원으로 갔고, 직장의 성적 괴롭힘이 연방의 차별금지법에 위배되는가라는 문제를 제기했다. 해당 판결은 성적 접근이 '적대적인 노동 환경(hostile work environment)'을 조성할 경우 불법적인 차별에 해당한다고 처음으로 밝힌 기념비적인 사례가 되었다. 법원은 "일체의 성적 괴롭힘 혐의의 핵심은 원고가 말하는 성적 접근이 '달갑지 않은지' 여부"라고 밝혔다. 더 정확하게 표현하자면 법원이 제기한 질문은 빈슨이 "성적 접근이라 일컫는 그 행위가 달갑지 않음을 **자신의 행동으로** 드러냈는가"였다.

'달갑지 않음'이라는 기준이 만들어지면서 빈슨의 전면적인 승리를 장담하기가 힘들어졌다. 이제 초점은 빈슨에게, 그리고 피해 사실을 알린 모든 고발인들에게로 쏠릴 것이었다. 중요한 것은 빈슨이 테일러에게 그의 성적 접근이 달갑지 않음을 어떻게 알렸는가였다. 이를 위해 법원은 피해자의 행동과 외모에 관한 심리를 열었다. 빈슨의 "성적으로 도발적인 언행이나 옷차림"은 성적 접근을 달갑지 않게 여겼는지와 "분명하게 관련이 있다"는 말이 오갔다. 대법원은 빈슨의 사건에 파기환송 판결을 내려 하급법원에 돌려보내면서 '달갑지 않음'이라는 법적인 틀을

함께 보냈고 이 틀은 오늘날에도 남아 있다.[52]

이 틀은 일부 여성에게 특히 불이익을 안긴다. 흑인 여성들은 무슨 옷을 입든 복장이 직장에 "부적절하다"고 간주되기가 더 쉽다. 한 예로 한 흑인 피고용인은 갈색 바지와 헐렁한 셔츠를 입었는데 옷차림이 "너무 섹시하다"는 말을 들었다.[53] 타냐 에르난데스는 "입고 있는 사람이 흑인 여성 또는 유색인종 여성이라는 단순한 사실만으로도 그 옷은 지나치게 성적이고 불쾌하다고 규정당할 수 있다"고 결론내렸다. 이런 문화적 편향은 성적 괴롭힘법 때문에 더 악화된다. 성적 괴롭힘법은 법원이 흔히 "성적으로 도발적인 언행이나 옷차림"이라고 말하는 것과 고발인이 성적 접근을 반겼다는 견해를 분명히 연결하기 때문이다. 법원은 원고의 인종과 관계없이 "원고가 어떻게 '그 일을 자초했는지'에 대한 정형화된 생각을 조장하는 방식으로 '달갑지 않음' 요건을 반복해서 적용한다."[54]

조지프 셀러스는 대법원이 빈슨 사건에 파기환송 판결을 내렸을 때부터 빈슨이 사건을 고발한 지 13년 만인 1991년에 당사자들 간 합의에 이르기까지 빈슨을 대리한 변호사다. 이 소송 최종 단계에서는 대법원에서 새로 발표한 '달갑지 않음' 기준이 큰 영향을 끼쳤다. 셀러스는 이 기준이 빈슨과 향후 문제를 제기할 수많은 피해자들에게 부당한 부담을 지울 것임을 단박에 깨달았다. 셀러스는 이러한 부담을 잘 보여주는 사건이 하나 있다고 내게 말했다. 셀러스의 기억에 따르면 빈슨은 점심 시간에 테일러에게 인근 모텔로 '소환'당한 뒤 옷을 벗으라는 명령을 받았다. 빈슨은 이미 테일러에게 성관계를 하고 싶지 않다고 알린 상태였다. 하지만 테일러는 이런 식으로 말했다. "이봐. 난 이 업계 사람이야. 네가 나한테 협력하지 않으면 워싱턴에서 이 업계에 다시는 발붙이지 못하게 만들 수 있어."

빈슨은 젊은 "싱글맘이었고, 테일러를 실망시키거나 화나게 만들까 봐 겁이" 났다. 테일러는 막대한 통제력으로 빈슨이 생계를 이어 갈 능력에 영향을 끼칠 수 있었기 때문이다. 하지만 그 모텔 방에서 "문을 잠근 사람도 없었고 빈슨의 머리에 총을 겨눈 사람도 없었다"고 셀러스는 말한다. 그날 테일러와 성관계를 할 수밖에 없었던 빈슨에게는 이 점이 불리하게 작용했다. "문제는 그 행동이 달갑지 않다는 걸 빈슨이 보여주었는지 여부였습니다. 이를 보여주는 건 빈슨의 책임으로 인식되었죠." 빈슨이 이런 측면에서 충분히 행동하지 않았다면 책임은 빈슨의 몫이었다.

셀러스는 빈슨 사건을 맡기 전에 수십 년간 성차별 피해자를 대리했다. 그는 권력 관계 불균형이 무수히 누적된 직장에서는 '달갑지 않음'이라는 기준이 전혀 적합하지 않다고 생각한다. "내 경험상 여성의 미래를 좌우할 만큼 상당한 권력을 쥔 사람이 접근해 올 때 해당 여성이 직접적으로 '제발 그러지 말아요. 그러면 제가 불편해요.'라고 말할 가능성은 극히 낮아요. 대신 '저기, 미안해요. 오늘 밤은 바빠서요. 내일 밤은 바빠서요.'라고 핑계를 대죠."

사건이 그 정도까지 갈 경우 배심원단에게 관건은 피해자가 자신의 행동으로 "달갑지 않음을 **충분히** 분명하게 드러냈는가"라고 셀러스는 지적한다. 이런 질문은 피해자에게 책임을 전가하는 데 큰 도움이 된다. 특히 가해자와 피해자의 관계가 위계적일 때 고발인은 지위상 열세 때문에 자신이 성관계의 조력자보다는 성폭력의 피해자로 인식될 수 있을 정도로 충분히 행동하지 못할 수 있다. 셀러스의 표현을 빌리면 법원의 '달갑지 않음' 기준은 "많은 환경에서 비현실적인 행동 기준"이다. 피해자들이 특히 취약한 상황일 때는 피해자로서 그들에게 부과되는 법적인 요건을 충족하지 못할 공산이 크다. 직장에서 권력이 없는 여성들은 달갑지 않은 가해자의 행동에 정면으로 맞서기 힘들고, 그래서 무슨 일이 닥치든 주요 표적이 되기 쉽다. "그리고 그게 성적 괴롭힘의 본질"이라고 셀러스는 설명한다. "사람들은 보통 취약해 보이는 여자들에게 그런 짓을 하지, 그렇지 않은 사람에게는 하지 않아요."

고발인의 섹슈얼리티는 법적 절차에 따라 사건의 책임을 가해자가 아닌 고발인에게 전가하는 무기로 탈바꿈되곤 한다. 민사사건에서 공판 전 증거 개시 규정은 원고의 삶을 불쾌하게 들쑤시도록 허용한다. 이에 따라 고발인들은 실제로 재판에서 쓰일지 여부와 관계없이 재판 준비 과정에서 성생활에 관해 광범위한 질문을 받을 수도 있다.

2013년에 연방 법원에 접수된 한 전형적인 사건에서 어느 10대 식당 종업원은 서른다섯 살의 관리자에게 성적 괴롭힘과 강간을 당했다고 주장하면서 해당 식당 체인에 손해배상을 청구했다. 피고는 이 젊은 여성의 성적 이력을 광범위하게 탐문하고자 했다. 반대가 있었지만 법원은 피고의 요청을 받아들였고 고발인에게 아래와 같은 주문을 했다.

이제까지 맺었던 모든 데이트 관계 또는 성적인 관계(합의한 것과 합의하지 않은 것 모두)를 밝힐 것. 데이트 또는 성적 관계를 맺었던 모든 날짜와 상대의 이름, 생년월일, 주소, 전화번호를 포함한 현 연락처를 밝히고 모든 육체적 관계에 대해 그 성격을 설명할 것. 16세가 되기 전에 데이트 또는 성적인 관계를 시작하거나 지속할 목적으로 18세 이상의 개인과 소통한 적이 있는지를 밝힐 것. 만일 그렇다면 이런 소통을 했던 상대의 이름, 생년월일,

주소와 전화번호를 포함한 현 연락처, 그리고 이런 소통 하나하나의 날짜를 밝힐 것. 임신한 적이 있는지를 밝히고, 있다면 임신 날짜를 밝힐 것. 성병에 감염된 적이 있는지 밝히고, 있다면 감염된 날짜(들)과 병명(들)을 밝힐 것.[55]

형사사건에서 증언하러 나온 강간 고발인은 성적 이력을 근거 삼아 반대 심문을 당할 수 있다. 강간 재판에서 이런 식의 공격이 워낙 판쳐 서 1970년대에는 피해자를 보호하려는 의도로 강간 피해자 보호법(rape shield law)이 새로 등장했다. 하지만 해당 법의 보호는 절대적이지 않 다. 몇몇 주에서는 합의된 성관계 이력을 증거로 인정하는데, 이 이력이 판사가 생각하는 용납 가능한 여성의 섹슈얼리티 관념에 부합하지 않 을 경우 여성이 벌 받을 수도 있다. 강간 피해자 보호법이 있어도 고발 인들은 재판에서 과거의 성노동, 집단 성관계, 공공장소에서 맺은 성관 계, 일대일 관계에서 벗어나는 성관계, 빈번하다고 판단되는 성관계, 십 대 성관계, 여성이 주도하는 성관계에 관해 질문받았다.[56]

법학자 미셸 J. 앤더슨(Michelle J. Anderson)은 성적 이력을 증거로 받아들이면 "강간당한 여성을 향한 비난은 늘고 피고를 향한 비난은 줄 어든다"고 말한다. 오늘날에도 "성적으로 정숙한 여성이라는 전통적인 경계 밖으로 벗어난" 피해자는 자신에게 유리하게 사건이 해석되거나 법의 보호를 받을 가능성이 낮다.[57] 고발인들은 과거 성적 이력이 자신 에게 불리하게 이용될 때 곧 피해자로서 적절하지 않은 피해자, 적어도 부분적으로는 피해를 당할 만한 피해자로 그려진다.

고발인은 피해 사실을 공개하는 순간 성차별주의라는 현미경 아래 놓여 면밀히 관찰당하고 그나마도 아무 소득 없이 묵살당하기 일쑤다. 내가 이야기를 나눴던 한 변호사는 당시 자신이 처리하던 한 사건에서 펼쳐진 전형적인 "심하게 피해자 탓하기" 식 변론을 설명했다. 피고 측은 고발인의 섹슈얼리티를 비난하고 고발인이 판단 착오를 했다고 몰아세움으로써 문제 행위가 실제로 일어났다고 믿던 배심원들이 "피해자가 저지른 충분히 '나쁜 행동'"을 근거 삼아 고발인에게 등을 돌리게 만들었다. 다시 말해서 피고는 **그런 일은 일어나지 않았다**며 고발인을 불신하도록 만들기보다는 **그 사건의 책임은 남자에게 없다**며 여성을 비난하도록 하는 쪽에 더 무게를 실었다. 이 전략은 성폭행의 책임이 여성에게 있다는 통념과 남성에게 악행의 책임을 묻기를 꺼리는 널리 퍼진 문화를 활용하는 것이기에 효과가 있다. 질리언 코시가 "미모에 알코올을 섞지 말라"는 경고를 받은 건 그 경찰이 코시의 진술을 믿지 않았기 때문이 아니라 코시에게만 책임을 돌렸기 때문이었다.

피해자의 행위에 집착하는 법의 태도는 성적 괴롭힘 고발이 푼돈을 받고 합의로 끝나거나, 기각되거나, 애당초 무시당할 가능성을 높인다. 크리스털이라는 한 여성의 이야기는 법적 책임이 분명해 보이는 주장이 어떻게 약화될 수 있는지를 보여준다. 크리스털의 몇몇 동료들은 한 남자 동료가 크리스털을 비롯한 여자 직원들을 "꼬집고, 키스하고, 찌르고, 포옹하는" 모습을 보았다. 또한 이들은 이 가해자가 "크리스털과 다른 여성들에게 직접적이고 노골적으로 성적 제안을 하고 상스러운 말을 하는" 걸 들었다. 크리스털은 "엉덩이를 세게 맞은" 뒤 적어도 한 번은 자신의 고용주에게 문제를 알렸지만 아무런 소용이 없었다. 크리스털은 결국 일을 그만두었고 이 때문에 재정적 압박을 겪었다. 크리스털은 싱글맘이었고 아이의 양육비를 받지 못하고 있었다. 크리스털 자신의 표현에 따르면 "누군가는 사람을 이런 식으로 대하면 안 된다고 말을 해야 하므로" 법적인 조치를 취하기로 결심했다.

나중에 크리스털의 변호사는 이렇게 회상했다. "이는 통상적인 '남자의 말과 여자의 말이 다른 상황'이 아니었다. 가해자의 증언 녹취록을 보면 그는 자신이 성적인 발언이나 육체적 접촉을 한 것을 부인하지 않았다." 하지만 이런 인정만으로는 충분하지 않았다. 고용주 측은 고발의 진실성을 문제 삼는 게 아니라 크리스털이 가해자의 비행을 달갑게 받아들였다는 변론을 펼쳤다. 이 변론을 내세우려고 고용주는 해당 직장 내 성폭력과는 무관한데도 "크리스털의 행동을 낱낱이 까발렸다." 공판 전 증거 개시의 범위는 매우 넓었다. 크리스털의 두 아이는 생부가 달랐는데, 이중 한 명과는 결혼한 적이 없었다. 크리스털의 당시 남자친구는 온라인에서 만났는데 만난 지 얼마 안 돼 크리스털과 어린아이들이 살고 있는 곳으로 거처를 옮겼다. 크리스털은 자신의 사생활을 놓고 동료들과 의견을 주고받았고 남녀 관계에 관해 청하지 않은 조언을 했다. 직장에서 밸런타인데이 카드를 돌리기도 했다. "크리스털이 근무 시간 이후에 아이들을 집에 내버려 두고 얼마나 자주 외출했는지, 술을 얼마나 많이 마셨는지, 이런 환경에서 오가는 성적인 농담과 발언에 대꾸했는지" 같은 질문이 이어졌다.

변호사는 이런 대우에 크리스털이 상처받고 모욕감을 느꼈다고 기억했다. "퇴근 후에 술을 마시면서 사생활을 이야기하거나 성적인 농담을 듣고 웃는 게 직장에서 동료가 성적으로 음란하게 행동하고 어깨를 어루만지도록 부추기는 게 아니라는 걸 판사나 배심원들이 이해할지 모르겠다고 조언하자 크리스털은 겁을 먹고 화를 냈다"고 변호사는 밝혔다. "나는 크리스털의 달라붙는 청바지와 깊이 파인 상의와 염색한 머리가 도움이 되지 않을 거라는 걸 직관적으로 알았다." 이 모든 게 크리스틸 자신과 이 사건을 밀어붙이려는 크리스틸의 의지에 분명하게 영향을 끼쳤다. 변호사는 이렇게 회상한다. "크리스틸은 실업, 불안한 재정 상황, 소송, 그리고 자신이 해야 하는 이야기에 대한 반대 심문마저도 감당할 준비가 되어 있었다. 하지만 공격당하고 비웃음을 사고 잘못된 꼬리표가 달리는 것까지 감당할 의지는 없었다. 그래서 합의를 받아들였다. …… 크리스틸은 과거의 고용주가 자신의 정당한 고발을 두고 분란을 자초한 문란한 직원 이야기로 둔갑시키는 걸 비통해하면서 그 사건을 종결했다."[58]

성적 괴롭힘 피해자들이 증거 개시라는 고비를 넘기고 나면 재판에서는 피해자가 그 괴롭힘을 달갑게 여겼다는 변론이 흔히 오간다. 한 판례 분석에 따르면 "사건은 원고가 어떤 유형인지, 그리고 그런 유형이 피고가 선택한 방식으로 성관계를 제의하거나 접촉하거나 말을 거는 걸 원했는지 파고드는 것으로 마무리된다." 고발인이 진정한 피해자가 아니었음을 보여주려고 수년간 법원은 고발인의 온갖 과거 이력을 증거로 인정해 왔다. 어린 시절 성추행을 당했다는 증거, 10대에 성폭행을 당했다는 증거, 문제가 있는 결혼 생활을 한 적이 있다는 증거, 딸을 키우는 데 상당한 문제가 있다는 증거, 누드 사진을 공개하도록 허락했다는 증거, 티셔츠 아래 브래지어를 하지 않았다는 증거, 말투가 천박하다는 증거, 가해자에게 자신을 만지지 말라고 "지속적으로 요청"했고 "포옹을 피하려고 시도"하긴 했지만 이 요청이 긴박함이나 진지함, 또는 강력함을 담아서 전달되지 않았다는 증거.[59]

반대되는 증거가 없을 때 여성은 어떤 성적 접근을 당하든 자초했다는 평가를 면치 못한다. 우리의 문화와 법은 고발인에게 그 일을 달갑게 여겼다는 억측을 뒤집어보라고 요구한다. 고발인이 이 요구를 충족하지 못하면 우리는 고발인을 탓한다. 그리고 가해자는 여성의 섹슈얼리티에 휘둘린 또 하나의 가련한 피해자가 된다. 가해자는 아무런 대가를 치르지 않고 책임에서 벗어난다. 그리고 이제 살펴보겠지만 피해자는 **관심의 격차**(care gap) 사이로 추락한다.

5장

하찮아지는 말

**피해자는 어떻게
무시당하는가**

버네사 타이슨은 이 세상을 더 나은 곳으로 만드는 게 목표다. 그곳을 출발점으로 삼는 건 중요하다. 버네사는 스스로 성폭력 생존자라고 정의하는 데서 그치지 않는다. "피해 사실을 알리는 일에서 한 가지 어려운 점은 내가 이런 문제로 유명해지고 싶지 않다는 데 있다"고 버네사는 말한다. "이 일은 나한테 일어났고 분명히 나한테 영향을 끼쳤어요. 하지만 그게 내 전부는 아니에요. 전부였던 적도 없고요."

타이슨은 캘리포니아주 클레어몬트의 유명 여자 대학 스크립스 칼리지에서 정치학을 가르친다. 2004년 여름, 보스턴에서 민주당 전당대회가 열렸을 때 타이슨은 그곳에서 가까운 하버드대학에서 공부하던 스물일곱 살의 대학원생이었다. 타이슨은 전당대회 행사가 매끄럽게 돌아갈 수 있게 돕는 진행 요원으로 자원 활동을 했다. 거기서 캠페인 담당자로 대회에 참여한 저스틴 페어팩스를 만났다. 두 사람은 페어팩스가 컬럼비아대학 로스쿨에 다닐 때 절친했던 친구가 타이슨의 절친한 친구이기도 하다는 사실을 금방 알게 됐다. 타이슨은 자신과 페어팩스가 "세상이 얼마나 좁냐며, 특히 엘리트 기관에 다니는 아프리카계 미국인에게는 더 그렇다고 이야기하며 웃었다"고 기억한다. 전당대회 셋째 날에 페어팩스가 가까운 자신의 호텔 방에 있는 서류를 가지러 함께 가자고 했을 때 타이슨은 망설일 이유가 없었다. 며칠 묵은 컨벤션 호텔에서 벗어나 신선한 공기와 햇빛을 잠시나마 즐길 수 있으리라 생각했다.

두 사람이 페어팩스의 방에 도착한 후 타이슨은 그가 서류를 찾는 동안 입구에 서 있었다. 그 다음 순간 페어팩스가 타이슨에게 다가오더니 키스했고 타이슨도 이에 반응하여 그에게 키스했다. 타이슨은 이 행동이 "싫지는 않았다"고 회상한다. 하지만 타이슨은 거기서 끝냈어야 했다고 내게 말했다. 그러면서 자신은 "바지 정장을 완전히 갖춰 입은 상태였고 옷을 벗거나 성행위를 할 생각이 전혀 없었다"고 덧붙였다. 하지만 "합의에 따른 키스로 시작된 일이 난데없이 성폭력으로 돌변했다"고 타이슨은 2019년 2월에 공개한 진술서에서 밝혔다. 타이슨은 페어팩스가 어떻게 자신을 침대로 끌고 가서 손으로 자신의 목 뒤를 붙들고 강제로 머리를 그의 페니스 쪽으로 밀었는지 설명한다. 타이슨은 "완전히 충격과 공포에 휩싸였다"고 말한다. "머리를 빼려고 했지만 그 사람이 손으로 내 목을 내리누르고 있었고 힘이 훨씬 세서 불가능했어요. 내가 울면서 욕지기하는 동안 페어팩스는 물리력을 동원해서 강제로 구강성교를 했어요."[1]

상황이 끝난 뒤 타이슨은 안전한 자기 호텔 방으로 그냥 돌아가고 싶었다. "제정신이 아니었다"고 타이슨은 말한다. "어떻게 표현해야 할지 모르겠어요. 그러니까, 어쩌면 운이 좋았던 거지……. 내가 데이트했던 남자들은 대부분 육체적으로 경계를 존중하는 사람들이었거든요. 나한테 그런 식으로 육체적인 완력을 행사한 사람은 없었어요. 고개를 들려고 그렇게 애를 썼는데 안 되는 거예요."

타이슨은 남은 전당대회 기간 동안 가까스로 페어팩스를 피해 다녔고 아무에게도 그 일을 말하지 않았다. 창피하고 수치스러웠다. 타이슨은 보스턴에 있는 강간위기센터에서 자원 활동을 하며 성폭력 생존자들에게 힘을 불어넣는 일을 맡고 있었다. 게다가 "자신의 지성을 자랑스럽게 여기는 하버드 대학원생"이기도 했다. 타이슨은 자신이 "함정 속으로 걸어 들어갈 정도"로 어리석게 행동하지 말았어야 했다고 느꼈다. "누군가를 향한 '믿음'이 구강 강간이라는 벌로 돌아와서는 안 된다는 사실을 받아들이는 데 시간이 오래 걸렸어요."

타이슨은 10년 넘도록 침묵을 지켰다. 그러다가 2017년 10월, 페어팩스가 버지니아주 부지사로 출마한다는 소식을 접하고서 그때 있었던 일을 친구들에게 조용히 이야기하기 시작했다. 그 뒤 2019년 2월, 대학에서 종신 교수로 임명되고 난 뒤에야 자신이 당한 성폭력을 만천하에 알렸다. 종신 교수로 임명된 것과 페어팩스를 공개적으로 고발하겠다는 결심이 어떻게 연결되느냐고 묻자 타이슨은 분명하게 밝혔다. "담보가 생긴 거죠." 타이슨은 이렇게 설명했다. "생각해봐요. 난 어릴 때 돈이 별로 없었어요. 아버지한테 돈 한푼 못 받는 싱글맘 손에서 컸고요……. 어머니는 대학에 가본 적도 없어요. 자라면서 나한테는 기댈 게 전혀 없다는 걸 알았어요." 타이슨의 표현대로 종신 교수직은 "평생 직업"이었고 이 "특권적인 지위" 덕분에 타이슨은 성폭력을 당했다는 주장을 마침내 할 수 있었다.

페어팩스는 혐의를 부인했고 타이슨과의 성적 접촉은 합의된 것이었다고 주장했다. 그는 "타이슨은 우리의 행위가 불편하다거나 걱정된다는 표현을 한 번도 하지 않았다"고 주장했다.[2]

타이슨이 자신의 이야기를 공개한 직후 두 번째 고발인이 나타났다.

해당 고발인은 페어팩스와 자신이 듀크대학 학부생이던 시절에 그가 자신을 강간했다고 주장했다. (타이슨은 이 두 번째 고발인은 알지 못했다.) 페어팩스는 이 주장도 부인했다.

페어팩스는 또한 자신을 린치 피해자에 비유했는데, 타이슨은 이 주장이 "수치스럽고 무책임하며 기만적"이라고 밝혔다. 타이슨은 CBS 방송 〈디스 모닝〉에서 진행자 게일 킹에게 "두 흑인 여자가 흑인 남자에게 린치를 가하는 일은 절대 있을 수 없다"고 말했다. "역사만 봐도 사실 흑인 여성은 언제나 린치 반대 운동을 주도하는 역할을 했다는 사실을 알 수 있어요. 그렇잖아요. 흑인 여성들은 오히려 흑인 남성들을 보호하려다가 린치를 당했다고요."[3]

타이슨은 나와 이야기를 나누는 동안 딱 한 번 울음을 터뜨렸다. 자신의 주장이 전국적인 뉴스가 되고 난 후 몇 달간의 생활을 이야기할 때였다. "무슨 일이 일어날지 알 수 없었어요. 너무 겁이 났죠." 타이슨이 말했다. 타이슨은 자신과 자신이 사랑하는 이들의 안전을 우려했다. 페어팩스가 두렵다기보다는 그의 편에 서서 자신을 협박하는 사람들이 두려웠다. 타이슨과 두 번째 고발인 모두 각자 증언할 수 있도록 버지니아주 의회에 청문회 개최를 요청했지만 받아들여지지 않았고, 일부 민주당원이 사임을 요구했지만 페어팩스는 계속 자리를 유지했다. 항상 그렇듯 기존 질서는 보호받았다.

타이슨은 돌이켜 생각해보면 자신의 주장이 불신받았다기보다는 중

• 이후 페어팩스는 게일 킹이 타이슨과 두 번째 고발인을 인터뷰한 내용을 보도하여 자신의 명예를 훼손하고 자신에게 의도적으로 감정적 고통을 안겼다며 CBS를 고소했다. 연방 지방 법원은 이 소송을 기각했고, 2020년 버지니아 주지사 선거 출마를 발표한 페어팩스는 항소했다.[4]

요하게 여겨지지 않았다는 느낌이 든다고 한다. "성폭력에 관해 한 가지 알아차린 게 있다면, 많은 사람들이 그냥 거기서 눈을 돌리고 싶어 한다는 거예요." 타이슨은 이렇게 말했다.[5] 타이슨은 생존자들이 피해 사실을 알려서 "좋은 일이 있을지" 자문하는 이유를 이해한다. 아무 소용 없을 때가 많기 때문이다.[6]

하지만 타이슨은 페어팩스가 청문회에 소환되는 일도 없고 공직을 그대로 유지하리라는 걸 알았더라도, 자신이 페어팩스에게 성폭행당했다는 사실을 공개해도 그가 아무런 대가도 치르지 않으리라는 걸 알았더라도 똑같은 결정을 내렸을 것이다. 타이슨은 피해 사실을 알릴 힘을 준 종신 교수라는 특권적 지위 이야기로 돌아가, 예상할 수 있는 반격에 맞설 경제적 지지대가 없는 많은 생존자들을 언급한다. 이 모든 경험을 거치며 진이 빠지긴 했지만 그래도 성폭력 사실을 공개한 것은 "마땅히 할 일"이었다고 믿는다.

타이슨은 권력자들은 다른 권력자들을 보호하고, 성폭행 피해자들은 "부차적인" 존재가 된다고 말한다. 우리는 모두 생존자와 그들의 필요에 관심을 두기를 심란해한다. 우리의 삶과 거기에 질서를 부여하는 사회 구조를 흔들어놓기 때문이다. 현 상태를 유지하려면 아무리 믿을 만해도 성폭력 주장을 묵살해야 한다. 그래서 우리는 고통받는 여성들과 그들의 가치를 모른 척한다.

관심의 영역에서 신뢰성 폄하와 신뢰성 과장은 힘을 합쳐 권력자를 보호한다. 내가 말하는 '관심'은 다른 사람의 곤경을 걱정하고 배려하며, 그것이 우리에게 **중요한 문제**라고 여기는 일이다. 사실 우리의 관심은 불균등하고 예측 가능한 방식으로 분배된다. 잘못을 저지르고 그 책임을 짊어질 가해자의 고통을 피해자의 고통보다 훨씬 중요하게 생각한다. 생존자에 대한 형편없는 배려와 가해자에 대한 과도한 배려의 간극은 내가 말하는 **관심의 격차**를 반영한다.

관심의 격차는 구조적 불평등을 반영하는 동시에 은밀하게 강화한다. 이 격차는 실제로 젠더, 인종, 계급 따위의 위계질서에 따르는 숱한 불균형으로 구성된다. 다시 말해서 어떤 사람의 고통이 중요하게 여겨질 가능성은 그 사람의 특권과 지위와 상관관계가 있다. 피해자 중에서도 더 적게 관심받는 피해자가 있고 가해자 중에서도 더 많이 관심받는 가해자가 있다. 작가 리베카 트레이스터(Rebecca Traister)의 말대로 "이건 **정말** 괴이한 요인이다. 다른 사람을 인정하고 공감하게 만드는 건 다름 아닌 권력이다."[7]

관심은 권력에 따라 분배되기에 주변화된 고발인들은 가장 쉽게 묵살당한다. 미국 국립여성법률센터의 대표 패티마 고스 그레이브스(Fatima Goss Graves)는 나와 이야기를 나누면서 "미투가 번지고 수백 명이 '나도 그랬다'고 외칠 때 유명 인사들에게 온 나라의 관심이 쏠린 건 우연이 아니었다고 생각한다"고 말했다. 배우 애슐리 저드와 그와 비슷하게 대체로 상당한 사회적 자본을 지닌 백인 여성 고발인들이 운동에 시동을 걸 수 있었던 것은 그레이브스의 표현에 따르면 "우리가 권력과 영향력이 있는 사람들에게 더 많은 관심을 보이도록 길들여졌기" 때문이다.

남자들에게 권력과 영향력은 비행 혐의에 대한 완충 장치 역할을 한다. 전문직이고 사회적 위치가 높은 사람들은 큰 파문을 일으키며 책임을 지지 않고도 자신의 지위를 유지할 수 있다. 이는 존경받는 남성 엘리트들에게 오래전부터 부여된 특권이다. 이런 남자들을 지지하고 긍정하는 문화는 이들을 보호하는 쪽으로 강력한 중력을 행사한다. 〈뉴요커〉에서 지아 톨렌티노는 이렇게 말했다. "여성의 경력과 정신은 수세기 동안 남성의 착취로 짓밟혔다. 하지만 여성을 착취한 남자들이 자신이 저지른 일에 책임을 져야 하는 것은 수치인 모양이다."[8]

신뢰성을 평가할 때 우리의 관심은 마치 규칙처럼 고발인에게서 빠져나와 이들이 고발한 남자들 쪽으로 향한다. 철학자 케이트 만(Kate Manne)에 따르면 이런 식의 신뢰성 할당은 "지배 집단의 현 사회적 지위를 떠받치고, 기존의 사회적 위계에서 추락하는 것을 막아주는 기능을 한다. 가령 고발당하거나 비난받거나 유죄 판결을 받거나 잘못을 지적받거나 폄하당하는 방식으로 추락하지 않도록 말이다." 그밖에 책임을 지는 방식의 추락도 마찬가지다. 고발한 여성에게 등을 돌리고 피고발 남성의 편을 드는 "성향"은 "고발한 여성에게 부당하다기보다는 피고발 남성에게 그냥 정당하다"고 느껴질 수 있다고 만은 지적한다.[9] 이 표면상의 중립은 힘 있는 남성과 이들이 누리는 특혜가 조직적으로 보호되고 있음을 보이지 않게 한다.

성폭력 주장을 묵살하려는 문화적 경향은 끼어들지 않으려는 인간의 충동과 궤를 같이 한다. 상황이 한결같이 유지되기를 바라는 이런 일반적인 선호를 행동경제학 분야에서는 '현상 유지 편향(status quo bias)'이라고 부른다. 인지심리학의 통찰을 경제학에 통합한 공로로 노벨상을 수상한 심리학자 대니얼 카너먼(Daniel Kahneman)은 우리에게는 현 상태를 지키려는 강력한 동기가 내재해 있다고 설명한다. 손실 회피 편향이라고도 불리는 이 편향은 "현 상태에서 최소한의 변화만을 추구하는 강력하고 보수적인 힘"이라고 카너먼은 말한다. 이 분야의 연구는 대체로 재정 관련 의사 결정에 초점을 맞추고 있지만 카너먼과 여러 학자들의 지적처럼 여기에는 더 넓은 함의가 분명하게 존재한다. 여러 연구에 따르면 우리는 불안정을 야기하기보다는 안정을 지향하는 쪽으로 쏠린다.[10]

정신과 의사 주디스 루이스 허먼(Judith Lewis Herman)은 "가해자들은 구경꾼들에게 아무것도 요구하지 않는다"고 말한다. "가해자는 악을 보거나 듣거나 말하고 싶지 않은 보편적인 욕망에 호소한다. 반면에 피해자는 구경꾼에게 고통의 짐을 나눠 져 달라고 요구한다."[11] 성폭행이나 성적 괴롭힘을 당했다는 진술이 믿을 만할 때 깊은 불안이 야기된다. 허먼은 피해 사실을 알림으로써 "피해자는 행동하고 참여하고 기억할 것을 요구한다"고 말한다.[12] 만일 우리가 피해자에게 일어난 일이 큰 의미가 없다고 재구성하면 이 일을 중요하다고 판단했을 때 벌어질 불안정을 피할 수 있다. 관심은 곧 불안정이다.

관심의 격차는 타인의 고통에 선택적으로 공감하는 우리의 편향으로 인해 더 벌어진다. 심리학자 폴 블룸(Paul Bloom)은 "공감은 편향되어 있다"고 말하며 공감에 따른 결정에 지나치게 의존하지 말라고 경고한다. 공감은 종종 완전한 선으로 여겨지지만 "편견과 동일한 방식으로 도덕적인 판단을 왜곡한다."[13]

고발인이 피해 사실을 알릴 때 고발인의 진술과 피고발인의 부인에 대한 신뢰성 판단은 누구의 고통을 더 중요하게 여기는지와 밀접하게 연결되어 있다. 그리고 공감 경향에 개인차는 있지만 전반적으로 우리의 문화는 권력자의 고통 쪽으로 기울어 있다. 이런 문화는 우리가 처음부터 관심을 부당하게 배분하도록 만들 수 있다. 하지만 편견이 적은 자리에서 출발했어도 신뢰성 구조 때문에 똑같이 고발인의 진술을 묵살하는 결과로 이어지는 경우도 많다. 우리의 관심이 권력의 축을 따라 분배되어 피해자와 가해자의 격차가 두드러지게 되는 것이다.

"농담도 못 해?"

성폭력과 성적 괴롭힘은 종종 유머로 포장되다 보니 주위에 이 사실을 알려도 관심을 끌어내지 못하는 경우가 많다. 성폭력이 농담거리가 되면 우리는 관심을 둘 필요가 없고, 그래서 행동할 필요도 없다. 무해한 농담처럼 보이는 것이 실은 심각한 폭력일 수 있다.

남부 캘리포니아의 한 호텔에서 객실 관리인으로 약 20년간 일했던 레티시아 벌레이오의 사례를 살펴보자. 벌레이오가 나중에 호텔을 상대로 제기한 소송에 따르면 벌레이오는 로비 화장실을 청소하는 동안, 호텔 바를 나와서 그 화장실을 사용하는 남자들에게 언어적인 성적 괴롭힘을 당하곤 했다. 벌레이오는 경영진에게 여러 차례 문제를 제기했고 자신이 일하는 동안 사람들이 들어오지 못하도록 표지판을 마련해 달라고 요청했지만 묵살당했다고 말한다. 2017년 여름에는 화장실 청소를 하는데 취해 보이는 남자가 들어와서는 벌레이오의 가슴을 만지고 발기한 성기를 문지르면서 성행위를 해주면 50달러를 주겠다고 제안한 일도 있었다. 벌레이오는 그 자리에서 도망쳤다.

벌레이오는 이 이야기를 들은 남자 상사가 웃음으로 반응했다고 기억한다. 상사는 "100달러를 제안했어야지"라고 말했다. 벌레이오는 호텔 경영진이 자신의 문제 제기를 전혀 조사하지 않았다고 말한다. "아무런 보호 장치도 없었다. 누군가는 우리에게 귀를 기울여야 하는데도."[14]

로스앤젤레스의 고용 차별 전문 변호사이자 호텔 체인을 상대로 제기한 소송에서 벌레이오를 대리한 로런 튜콜스키는 가해자가 고객이건 동료건 상사건 "직장에서 성적으로 부적절한 행위가 발생한다는 항의가 끊임없이" 들려와도 이에 "높은 관용"을 보인다고 내게 말했다. 튜콜스키의 의뢰인들이 인사부나 상사에게 불만 사항을 털어놓을 경우 "아니, 왜 그래. 농담도 못 받아줘?" 내지는 "그냥 가볍게 넘겨. 웃자고 하는 얘기를 진지하게 받아들이는 네가 문제야." 같은 반응이 종종 돌아온다. 성적 괴롭힘을 무해한 직장 농담이나, 심지어 고마워해야 할 아첨으로 받아들일 경우 피해를 당했다는 여성의 호소는 묵살된다.

특히 취약한 주변부 노동자들을 상대로 벌어지는 성폭력은 악의 없는 농담으로 사소하게 취급되기 쉽다. 포드 자동차 회사의 시카고 공장에서 일하다 결국 회사를 고소한 서른 명의 여성 노동자 중 많은 수가 그렇듯 흑인 여성 수제트 라이트는 자신이 지속적으로 성적 괴롭힘을 당해 왔다고 말한다. 남성 동료들의 반복되는 접근과 거친 발언을 계속 무시하던 라이트는 자신이 멘토로 여기던 한 남성이 구강성교를 해주면 5달러를 주겠다고 제의하자 결국 노조 대표에게 문제를 제기했다. 노조 대표는 그 남자의 편을 들었는데, 라이트의 주장을 믿지 않아서가 아니라 그 괴롭힘이 무해하다고 생각해서였다.

나중에 라이트는 괴롭힘을 견디느라 얼마나 자신이 위축되었는지 설명했다. 라이트는 "작아지다" 못해 "껍데기만 남은" 기분이 들 정도였다. 노조 대표는 라이트의 고통을 다르게 받아들였다. 고통이 있었다고 인정해도 그건 하찮고 우스운 일이라고 생각했다. 라이트는 노조 대표가 자신에게 "수제트, 당신은 예쁜 여자야. 칭찬으로 받아들여."라고 말했다고 기억한다. 시카고 공장에서 관리자가 그의 사타구니를 자신에게 밀착시켰다고 또 다른 직원이 노조 대표에게 알렸을 때도 비슷한 말이 돌아왔다. **당신한테 잘 보이려고 그런 거야.**[15] 2000년에 포드사는 책임을 부인하면서도 여성 노동자들에게 피해 보상금 900만 달러를 지급하겠다고 합의했다.

산업계 전반에서 고발인들이 피해 사실을 알려도 시시한 농담거리로 취급당할 때가 많다. 미시간의 30대 여성 제나 라이스는 "성적 괴롭힘 문화"를 조성했다며 맥도날드를 고소했다. 라이스는 스윙 매니저가 자신의 성기 바깥 부위와 가슴과 엉덩이를 반복해서 움켜쥐었고 한번은 그의 페니스를 라이스의 손에 밀어 넣기도 했다고 주장한다. 라이스는 울면서 퇴근하는 날이 잦았다고 한다. 몸이 아프고 불안에 시달렸으며 집세와 생활비가 필요한데 일자리를 잃을까 봐 겁이 나면서도 근무 시간이 두려웠다고 말한다. 총괄 매니저에게 비슷한 성적 괴롭힘을 신고했던 다른 여성들 역시 매니저가 지속적인 성폭력을 해결하기 위해 아무런 조치도 취하지 않았다고 말한다. 대신 매니저는 해당 피고발 남성이 "그냥 장난친" 거였고 이 여성들이 "법석을 떠는" 거라고 주장했다는 게 이들의 설명이다. 이 여성들의 고통은 아무런 관심도 받지 못했다. 오히려 그 반대였다. 모든 게 재미있는 일로 둔갑했다. 라이스는 "노동자들이 그 스윙 매니저가 보안 카메라 앞에서 여성의 엉덩이를 찰싹 때렸다고 숱하게 신고했지만 총괄 매니저는 해당 영상을 보고 난 뒤에도 그 스윙 매니저와 함께 웃곤 했다"고 주장한다.[16] 이건 불신이 아니었다. 무시였다. 그 사람들은 신경 쓰지 않았다.

페기 오렌스타인은 《소년과 섹스(Boys & Sex)》에서 유머를 내세워 성폭행을 묵살해버린 유명한 사례 몇 건을 언급한다. 가령 한 비디오 영상에는 오하이오주 스튜벤빌의 한 남자 고등학생이 자기 친구들이 파티에서 의식이 없는 한 소녀를 어떻게 성폭행했는지를 두고 우스갯소리를 하는 장면이 나온다. 소년은 웃으면서 "그 여자애는 그렇게 강간당했다"고 말했다. 누군가 강간은 웃기는 일이 아니라고 말하자 소년은 "강간은 웃기지 않지. **포복절도할 일이지.**"라고 대답했다. 오렌스타인은 성폭행을 "포복절도할 일"로 보는 사람들은 그걸 묵살할 수 있다고 말한다. "그 사람들은 성폭행을 진지하게 여길 필요가 없다. 대응할 필요도 없다. 아무런 문제가 없으니까." 이는 어째서 가해자들이 때로 자신이 저지른 성폭행을 "웃긴다"고 묘사하는지 설명하는 데도 도움을 준다. 오렌스타인의 말대로 "도덕적으로 부끄러운 행위가 농담거리로 여겨지려면 가해자들은 이 행동을 무해하다고 인식해야 한다. 그리고 이들은 피해자와 동일시되는 일에 저항하고 피해자의 고통을 무시해야 한다."[17]

성폭력을 웃음거리로 삼는 것은 가해자와 그 주변인들에게는 일반적이다. 피해자의 고통에 대한 무관심이 대가를 모면한 가해자에게는 이익이 되기 때문이다. 이로써 이들이 상처를 준 사람들은 더욱 힘이 빠진다. 그런데도 이 역학 관계에서 가장 불리한 사람들은 그 제물이 되기도 쉽다.

'내가 예민한가?'

권력 있는 남성들이 문책당하지 않도록 보호하는 문화적인 힘에서 자유로운 사람은 없다. 생존자도 예외는 아니다. 피해자가 관심의 격차를 내면화할 경우, 이들은 자신에게 가해진 악행을 바로잡는 일보다 가해자의 안위를 지키는 게 더 중요하다고 여기게 된다. 나는 수년간 고발인들과 대화를 나누며 이런 역학 관계를 수차례 확인했다. 고발인들은 **자신이** 폭행이나 괴롭힘 때문에 얼마나 고통받았는지보다 피해 사실을 알렸을 때 가해자에게 어떤 피해가 돌아갈지를 더 많이 고민했다. 가해자에 비해 피해자의 가치를 깎아내리는 게 일상인 문화는 피해 고발을 원천적으로 차단한다.

자신의 가치가 타인을 돌보는 데 있다고 학습한 소녀들은 어릴 때부터 자기희생을 높게 평가한다. 소녀들은 "어릴 때부터 남자의 필요와 욕구를 자신의 필요와 욕구보다 더 진지하게 여기도록 훈련"받는다.[18] 이 훈련은 법학자 로빈 웨스트(Robin West)가 말한 '희생하는 자아(the giving self)', 즉 자신이 타인에게 제공하는 돌봄을 바탕 삼아 스스로를 규정하는 개인을 양성한다.[19]

소녀들은 자라서 친밀한 관계에서 적당한 정도보다 훨씬 많은 감정노동을 수행하고 심지어 직업 환경에서마저 "오피스 와이프" 역할을 수행할 가능성이 높다.[20] 많은 여성과 소녀 들에게 타인을 돌보는 행위는 자신의 "이익, 야망, 계획, 독립"보다 더 중요하다. 웨스트가 쓴 대로 자기에 대한 배려 부족, 즉 "자신에게 마땅히 주어야 할 관심을 주지" 못하는 것은 "해롭다."

여성들이 "희생하는 자아를 터무니없이 높게 내면화"하는 것은 우연이 아니라 종속의 핵심 특징이다.[21] 철학자 케이트 만에 따르면 "가부장제 이데올로기는 온갖 목록을 열거해서" 여성이 헌신적인 돌봄의 윤리에 집착하게 만든다. 그 목록에는 여성의 "성향과 선호"에 관한 독특한 서사가 있다. 그 목록에는 또한 "(여성이 수행한다면) 적절한 형태의 돌봄 노동은 개인적으로 보상이 따르고, 사회적으로 필요하며, 도덕적으로 가치 있고, '멋지고', '자연'스럽거나 건강하다는 식의 묘사"도 들어 있다. 케이트 만은 이런 "강화 메커니즘"을 "여성 혐오의 기능적 본질"이라고 부른다.[22]

희생하는 자아는 가해자에게 어떤 책임이 뒤따를지를 확대 해석하면서 가해자의 지속적인 성공과 안녕에 관한 책임을 짊어진다. 연구에 따르면 젠더 구분이 두드러진 환경에서 여성은 타인의 필요를 가장 중요하게 여겨야 한다는 압력을 더 많이 받는다.[23] 철학자 케이트 에이브럼슨은 전형적인 성범죄 상황에서는 젠더가 **몹시** 두드러져서 고발인은 가해자 남성에 대한 "오, 동정심을 좀 가져"라는 메시지를 훨씬 잘 받아들이게 된다고 내게 말했다.

가해자에게 이런 "과도한 배려"를 보인다는 건 아무리 미약하더라도 당연히 뒤따라야 하는 결과가 가해자에게는 받아들이기 힘들 정도로 큰 대가로 비춰진다는 의미다. 많은 여성들이 "남자의 인생을 망치고" 싶지 않아서 피해 사실을 알리기를 꺼린다. 성폭행 생존자들을 전문적으로 치료하는 심리학자 니콜 존슨은 이런 상황을 일상적으로 접한다. 존슨은 자신이 속한 여학생 클럽과 친밀한 관계인 한 남학생 클럽 회원에게 강간을 당한 의뢰인을 기억한다. 두 모임의 회원들은 피해자가 대학에 피해 사실을 알리지 못하도록 힘을 모아 압력을 가했다. 그리고 이들은 피해자에게 다들 아는 경고의 말을 날렸다. 그러면 "그애 인생을 진짜 망칠 수 있다"고 말이다.

로리 페니(Laurie Penny)는 성적, 육체적, 정서적 학대가 얽혀 있는 관계에서 살아남기에 관해 글을 써 온 작가다. "나는 남자의 고통을 우선시하지 않으려고 발버둥질해 왔기에 그런 태도에서 벗어나는 게 얼마나 어려운지 잘 안다"고 페니는 말한다. 페니는 어떻게 가해자가 "위협적으로 보이면서 동시에 약자 시늉"을 해서 "그는 거역하기에는 너무 강하고 책임을 지기에는 너무 약해서 문책에서 살아남지 못할 것"이라는 확신을 자신과 다른 피해자들에게 심어주었는지 이야기한다. 여성들은 이런 논리에 취약한데, "그 이유는 우리 대부분이 남자의 심사가 뒤틀리면 나쁜 일이 일어난다고 학습하며 자라 왔기 때문"이라고 페니는 지적한다. "남자들도 마찬가지다. 아무리 멀쩡하고 성차별 의식이 없는 남자라 해도 이런 생각, 그러니까 남자의 고통이 그냥 더 중요하다는 생각을 지닌 채로 성장한다."[24]

생존자들은 피고발인이 고통을 피하는 것을 우선시하면서 자신의 폭행 경험은 최소화하는 경향이 있다.

심리학자와 사회복지사 들은 피해자 스스로 피고발인보다 덜 중요하다는 메시지에 휘둘리는 모습을 일상적으로 목격한다. "성폭행을 경험한 너무도 많은 사람들이 그건 그렇게 큰 문제가 아니"라거나 "훨씬 나쁜 일이 일어났을 수도 있었다고 말한다"고 존슨은 말한다. 자신이 당한 일이 단호한 조치가 필요하다고 인정받을 정도로 충분히 심각하지 않다고 여겨서 신고하지 않는 사람도 많다.

비면식범 강간 패러다임은 폭력 사실을 접한 대응자가 피해자의 신뢰성을 평가하는 방식을 왜곡하듯 피해자가 자신의 경험을 평가하는 방식도 비틀어놓는다. 피해자들은 이 비면식범 강간이라는 원형을 기준으로 삼아 자신이 당한 성폭력을 평가하는 경우가 많다. 이에 비하면 자신이 당한 공격은 그렇게 나빠 보이지 않을 수 있다. 일부 생존자들은 가해자가 페니스가 아니라 손가락이나 다른 물체를 삽입했으므로 자신이 당한 폭행은 "강간이 아니"라고 생각한다. 또 어떤 생존자들은 가해자가 친구거나 친밀한 파트너였던 사실을 중요하게 여긴다. 한 생존자는 데이트하던 남성과 그만 만나려다가 강제로 삽입당했는데도 "이게 성폭행일 수 있다는 생각이 들지 않았다"고 설명했다. "이건 '가정폭력 다툼' 같은 거라고 생각했어요."

몹시 폭력적인 성폭행의 피해자도 자신이 당한 피해를 사소한 일로 치부할 수 있다. 미네소타대학에 다니던 애비 호널드는 만난 지 얼마 안 된 남자에게 강간을 당해 심각한 내상과 외상을 입었다. 호널드는 경찰에 신고하기로 한 자신의 결정을 떠올리며 이렇게 말했다. "아, 그 남자는 나를 **두 번** 강간했어요. 만약에 나를 한 번만 강간했더라면 아마 신고하지 않았을 거예요." 많은 생존자들이 적어도 처음에는 성범죄와 피해자에 대한 문화적 무관심을 그대로 되풀이하는 방식으로 자신에게 벌어진 사건에 반응한다.

물론 자신의 피해 경험을 제쳐 두는 게 불가능할 수 있다. 존슨은 끔찍한 일이 일어난 것도 아닌데 어째서 자신이 고통스러운 감정을 경험하는지 의뢰인들이 의아해한다고 설명한다. 처음에는 자신이 당한 성폭행을 축소해서 받아들이던 이들도 시간이 지나면서 그 사건이 중요하다는 것을 있는 그대로 이해한다. 하지만 이런 인식에 도달하지 못할 경우 생존자는 사건을 신고할 자격이 있다고 느끼지 못할 것이다.

언론인 E. 진 캐럴은 수십 년 전 도널드 트럼프가 고급 백화점인 버그도프 굿맨 탈의실에서 자신을 강간했다고 말한다. 그날 밤 캐럴의 친구가 경찰에 신고하라며 반복해서 제안했지만 자신이 이를 거부했다고 회상한다. 캐럴은 이렇게 말한다. "친구는 여러 차례 말했다. 'E. 진, 이건 웃긴 일이 아니야.' 그 모든 상황에서 가장 이상한 건 내가 웃음을 멈추지 못했다는 것이다."[25]

성폭력을 축소하려는 충동은 특히 직장에서 강력하다. 육체적이지 않은 많은 성적 괴롭힘 피해자들이 자신이 겪은 악행을 그냥 넘긴 이유로 이 충동을 지목한다. 성범죄를 오락거리 정도로 여기는 문화적 경향에 편승해서 자신이 당한 성폭력을 우습거나 무해한 일로 하찮게 취급하는 피해자도 있다. 유머와 성적 괴롭힘 연구에서 한 참여자는 "아무것도 개인적인 일로 받아들이지" 않는 게 제일 좋다고 설명했다. "그렇게 받아들이면 눈물을 멈출 수 없을 것"이기 때문이다. 그에게 몸에 관한 거친 농담과 그외 젠더화된 모욕을 비롯해서 직장 환경을 설명해 달라고 부탁하자 이 여성은 울기 시작했다.[26]

연구에 따르면 원치 않는 성적 접근 때문에 피해자가 불쾌함을 경험하고 이로 인해 업무나 정신 건강에 문제가 생겨도 여전히 자기가 성폭력 없는 직장에 다닐 자격이 있다고 느끼지 못할 수도 있다.[27] 많은 여성들에게 성적 괴롭힘은 **아직도** 불평하지 않고 견디며 안고 살아가야 하는 무언가다. 성적 괴롭힘이 만연할 때 피해자까지 포함해서 사람들이 용납 가능하다고 여기는 행동의 한계가 늘어난다. 자신에게 일어난 일이 관심을 쏟을 가치가 있다는 점을 이해하지 못하는 한 피고용인은 사건을 알리지 않을 것이다. 이런 이해에 도달하기는 쉽지 않다. 다른 사람들처럼 생존자들 역시 여성들이 당하는 피해를 간과하거나 사소하게 여기는 문화에 젖어 있기 때문이다. 피해자의 이익을 우선시하지 말라는 문화적 명령을 내면화한 노동자들은 자신이 입은 피해를 발설하지 않을 것이다.

성적 매력 때문에 널리 숭배의 대상이 된 인종 집단에 속한 유색인종 여성은 괴롭힘을 당해도 고발할 만한 일로 여기지 않을 가능성이 높다. 가령 라틴계 여성에 대한 정형화된 이미지는 "성적 괴롭힘 경험에 영향을 끼칠 뿐만 아니라" 신고할 가능성을 낮춘다. 많은 라틴계 여성들이 피해 사실을 알리기보다는 어쩔 수 없는 일이라며 체념한다.[28] 코미디언 애나 아카나는 인종적 고정 관념이 아시아계 미국인 여성을 상대로 만연한 성적 괴롭힘의 원인이 된다고 주장한다. 아시아계 미국인 여성들은 성적 괴롭힘을 별로 놀라운 일로 여기지 않는다. "과도한 성애화에 너무 익숙해지면 더는 기분 나쁜 일로 여기지 않게 된다."[29] 성적 괴롭힘이 정상으로 여겨질 때 그것은 존재 양식의 일부가 된다.

신뢰성 구조의 촉수는 피해자가 성폭력을 바로잡아야 할 일로 보지 못할 때 가장 멀리까지 확장된다. 다양한 일터에서 여성들이 가해자를 피하거나 사건을 잊어버리거나 축소하는 방식으로 성적 괴롭힘에 대응하는 일은 흔하다.[30]

의료 현장은 좋은 사례다. 성적 괴롭힘 비율이 높고 의사가 되려고 훈련 중인 여성들이 "혹사와 학대의 경험을 정상으로 여기고 그것을 '일상'으로 생각하고 심지어 위신 있고 고된 직업의 필수 통과 의례로 여기는 법을 배우는" 곳이기 때문이다. 한 연구에서 연구자들은 직장 내 성폭력 경험이 있는 레지던트들과 이야기를 나눴다. 한 외과 레지던트는 막 씻은 두 손을 높이 들고 "무방비" 자세로 싱크대 옆에 서 있는데 같이 일하는 마취과 의사가 엉덩이를 "토닥였다." 레지던트는 이렇게 기억한다. "처음에는 그 남자가 그냥 실수로 나한테 손을 댄 건지, 아니면 **그냥 내가 너무 예민한 건지** 고민했다. 그런데 다음번에도, 또 그 다음번에도 같은 일을 몇 번 겪고 나니 정말 불편했다. 그런데 내가 어떻게 해야 할지, 어떻게 말해야 할지 알 수 없었다." 이 레지던트는 자신이 뭐라고 하면 "그 사람들이 '와, 저 여자 진짜 미쳤네. 자의식 강하고 예민한 것 좀 봐.'"라고 할까 봐 걱정했다.

또 다른 레지던트는 다른 마취과 의사가 회복실에서 자신이 수술복 아래 입은 셔츠를 품평했다고 말했다. "셔츠 밑에 입은 섹시한 건 뭐야?" 그 의사는 이렇게 물었다. 레지던트가 용기를 내서 그 말이 부적절한 것 같다고 말하자 그는 이렇게 덧붙였다. "오, 뭐야. 칭찬으로 한 말이야. 가볍게 생각해." 이 레지던트는 마취과 의사의 언행에 관한 자신의 반응을 곱씹으며 자기가 "너무 예민한" 건지, 이 말이 연구자에게도 불쾌하게 들리는지 물었다. 레지던트는 "아, 정말 엄청나게 기분이 나빴"다고 인정하면서도 "내가 틀린 건지도 모른다"고 덧붙였다.[31]

많은 성폭력 피해자들이 자신이 당한 피해의 심각성을 축소하라는 문화적 지시를 그대로 흡수한다. 도나 프레이타스는 《합의》에서 2년 넘게 대학원 교수에게 스토킹당했던 일을 이야기한다. 프레이타스가 원하지 않았는데도 교수는 프레이타스의 메일함을 자기 편지로 가득 채우고, 매일 전화를 걸고, 프레이타스가 사는 아파트 앞에 나타나고, 프레이타스의 가족에게 환심을 사고자 했다. 이 기간 내내 프레이타스는 자신이 교수의 행동에 과민하게 반응하는 건지 고민했고 이 고민은 지금까지 계속되고 있다. "내가 과하게 난리를 치는 건가? 악의 없는 행동이었나?" 프레이타스는 이렇게 말한다. "당신은 모든 일에 대한 자신의 판단을 의심하기 시작한다. 난 그 사람을 최대한 좋게 생각하면서 내 감정이 누그러지지 않는 건 내 잘못이고, 다 내 상상일 뿐이고, 내 안에 들어와서 다시는 나를 그냥 내버려 두지 않는 이 불편함은…… 다 내가 지어낸 것들이라고 생각했다."[32]

한없이 사소한 괴롭힘

직장 내 성적 괴롭힘 피해자가 소송을 걸어도 충분히 심각하지 않다며 기각되는 경우가 많다. 많은 여성들이 소송에 실패하는 이유는 진술이 신뢰를 못 받아서가 아니라 법의 시각에서는 이들이 당한 피해가 중요하지 않기 때문이다. 성적 괴롭힘법은 조치를 취할 만하다고 여기는 수준을 극도로 높여놓고는 피해자들이 실제로 겪는 고통을 무시한다. 이런 피해자들은 법의 관심의 격차 사이로 추락하고 우리는 가해자와 고용주 들을 법적 책임에서 보호해준다.

이렇게 된 이유 중 하나는 불법행위법으로도 불리는 사적 피해에 관한 법이 전통적으로 성적 괴롭힘을 간과했기 때문이다.[33] 1980년대에 성적 괴롭힘을 성차별로 인정하는 새로운 법적 주장이 나오기 전까지만 해도 직장에서 성적 괴롭힘에 시달렸던 대부분의 여성들에게는 아무런 법적 해결책이 없었다. 그때까지 존재했던 법은 직장 안팎의 젠더 불평등을 포함하는 사회적 배경을 설명하지 못했다. 페미니스트 법학자 캐서린 A. 매키넌은 이런 답답한 상황에 자극받아 성적 괴롭힘 개념을 주창한 선구자다. 매키넌은 다른 활동가와 법학자 들과 함께 성적 괴롭힘을 법의 맥락 안에 포함하도록 법원을 설득했다. 1979년에 매키넌은 "여성을 향한 사회적 불평등을 드러내고 강화하는 관행은 성별을 근거로 한 차별의 분명한 사례"라고 선언했다.[34] 그로부터 10년이 지나지 않아서 대법원은 이 대담한 통찰을 지지하게 된다.

미셸 빈슨이 은행 관리자에게 성적 괴롭힘을 당했다며 소송을 제기한 메리터 저축은행 대 빈슨 사건에서 법원은 성적 괴롭힘은 직장에서 성차별을 금지하는 연방법인 민권법 7조 위반이라고 판결했다. 하지만 여기에는 단서가 있었다. 1986년 당시에 발표한 법원의 입장에 따르면, 성적 괴롭힘은 '심각하거나 만연한(severe or pervasive)' 수준일 때만 법적 조치를 취할 수 있다.[35] 노동자들이 자신이 처한 환경이 적대적이거나 폭력적이라고 느끼는 것만으로는 부족하다. 법이 가정하는 "합리적 인간"도 이런 식으로 인식해야 한다.[36] 법은 가해자의 행동이 법의 개입이 필요한 정도로 충분히 지독했는가에 대한 판단을 판사와 배심원에게 맡긴다. 이들이 그렇게 판단하지 않을 경우 법의 관점에서 그 사건은 중요하지 않다.

메리터 저축은행 대 빈슨 판결이 내려진 지 30년이 지난 후 이루어진 한 분석에 따르면 "사건마다 연방 법원은 해당 행위가 차별로 간주할 정도로 충분히 심각하지 않다는 판결을 내렸다." '심각하거나 만연한' 수준이라는 요건은 성적 괴롭힘의 피해를 최소화하려는 광범위한 충동을 활용하여 피해자의 주장을 파국으로 몰고 가곤 한다. "상관이나 동료가 여러 번 자신의 가슴이나 엉덩이를 만졌다고 주장할 때, 상사가 피고용인에게 상습적으로 데이트나 성적인 호의를 요구했을 때, 또는 피고용인이 원치 않는 성적인 발언과 행동의 오랜 희생양이었을 때"도 사건은 기각되었다.[37] 비교적 최근인 2002년에 법적인 기준으로 분명하게 명시했듯 해당 언행으로 인해 근무가 "여성에게 지옥 같은" 일이 되지 않는 한, 성적 괴롭힘의 피해자는 법의 관심사가 아니다.[38] "여성에게 지옥 같은"이라는 기준은 그 이후 공식적으로는 사라졌지만 법의 보호를 받으려면 피해자가 시달려야 했던 상황을 타당하게 묘사해야 한다는 관행은 여전히 남아 있다. 낡은 법적 정의가 고집스런 문화적 사고방식과 맞아떨어질 때 그 지배력은 지속된다.

법원은 아무리 그 행동이 모욕적이었어도 육체적 폭력이 없는 괴롭힘은 폄하하는 경향이 있다. 한 여성은 자신의 직장 경영자가 여성 직원의 엉덩이 크기를 품평하고, 여성 직원에게 음모에 관해 질문하고, 여성 직원의 키스 마크에 관해 발언하고, 자신은 "피부색이 어두운 여자들"을 좋아한다고 언급하고, 여성 직원에게 "부치"* 같아 보이니까 머리를 새로 잘라야겠다고 말하고, 남자가 여자보다 우월하다고 말하는 성경 구절을 인용하고, 돈을 내고 "남편에게서 빼앗아 올 수 있다"고 원고에게 제안하기도 했다고 말했다. 연방 법원은 2018년에 쓴 판결문에서 여성들이 제기한 혐의는 "성적으로 적대적인 노동 환경이라는 주장이 성립할 수 있을 정도로 충분히 심각하거나 만연한 수준에 이르지 못한다"고 판결했다.[39]

법원은 이 판결을 뒷받침하기 위해 피해자가 제기한 혐의가 조치를 취할 만한 성적 괴롭힘이었다고 판단하는 데 필요한 "수준에 한참 못 미친다"고 판결한 과거의 한 사례를 인용했다. 법원의 설명에 따르면 이 사례에서 피해 여성은 상사가 "'나 달아올랐어'라고 하면서 자신의 어깨를 만졌고, 미소를 지어 보이며 엉덩이를 자신의 엉덩이에 대고 문질렀고, 자신의 사타구니를 바라보면서 킁킁대는 소리를 냈고, 11개월간 자신을 끈질기게 따라다니면서 빤히 응시했다"고 증언했다.[40] 묘사한 행동이 충분히 심각하거나 만연하지 않다며 해당 혐의를 무시한 것이 "일종의 도미노 효과를 일으켜 이후 사건들을 모두 기각한 것"일 수

부치(butch) 동성애 관계에서 남성적 행동을 취하는 인물.(역주)

있다고 법학자 샌드라 F. 스페리노(Sandra F. Sperino)와 수자 A. 토머스(Suja A. Thomas)는 말한다. "성적 괴롭힘의 증거를 상당히 갖춘 사건인데도 한 판사가 이를 법령에 따른 성적 괴롭힘이라고 부를 정도로 충분히 심각하거나 만연하지 않다고 간주하면, 다른 판사들은 증거가 그 사건과 유사하거나 그에 못 미치는 이후의 사건들은 기각해야 한다고 믿게 된다."[41]

법 전반에 걸쳐 언어폭력은 하찮게 여겨진다. 고용주는 법원이 "불행하게도 직장에서 드물지 않은 외설적 발언, 고립된 상태에서 벌어진 사건, 놀림과 불쾌한 일"로 인정한 것에 관해서 법적 책임을 지지 않는다.[42] 언어적 괴롭힘에 대한 이런 관용은 광범위한 폭력이 가능한 환경을 조성한다. 몇 달 동안 피해자의 "엉덩이가 귀엽다"고 품평한 한 직장 상사는 사다리 아래 서서 치마 속을 올려다 볼 수 있게 피해자에게 원피스를 입으라고 요구했고, 생리 주기를 묻기도 했다.[43] 또 다른 사례에서 피해자가 있을 때 자신의 사타구니를 습관적으로 비비거나 움켜쥐던 한 상사는 피해자의 가슴을 응시하고, 피해자에게 좋은 냄새가 난다고 말하고, "가슴이 파인 블라우스와 짧은 치마를 입어야" 한다고 말하기도 했다.[44] 피해자에게 "요즘 '충분히 만족'하는지" 수차례 묻던 직장 상사가 피해자에게 "젊고 아름다워" 보인다고 말하고 성관계를 제의한 사례도 있었다.[45] 이 각각의 사례에서 피해자들이 혐의를 증명할 기회를 얻기도 전에 혐의는 관심을 둘 만하지 않다며 기각되었다.

육체적 폭력을 동반한 괴롭힘도 법적인 기준에는 못 미칠 때가 많다. 주차 시설 계산원인 한 피해자는 18개월 근무하는 동안 매니저에게 육체적, 언어적 폭력을 수차례 당했다고 설명했다. 이 여성의 진술에 따르면 매니저는 피해자의 가슴을 만지고 성적인 제안을 한 적도 있다. 또

한번은 "여러 도발적인 말을 내뱉으면서" 피해자에게 자신과 데이트하면 돈을 주겠다고 제안하기도 했다. 또 피해자에게 술을 사겠다고 하고 자신과 함께 호텔에 가면 "좋은 시간"을 보낼 수 있다고 말하며 피해자의 가슴과 엉덩이를 "톡톡 친" 일도 있었다. 이 기간 동안 매니저는 피해자의 낮은 사회경제적 지위를 언급하곤 했다고 피해자는 말했다. 하지만 이 혐의는 법적 기준을 충족하지 못했다. 법원의 판결문에 따르면 매니저가 "했다고 알려진 행동이 혐오스럽고 부적절"하긴 하지만 피해자는 "아무리 좋게 봐도 단발적이고 일회적인 괴롭힘 사건들을 진술한 것"이기 때문이었다.[46]

법원은 이번에도 이전에 기각되었던 여러 사건들을 지목했다. 전부 괴롭힘이 중요하게 여길 정도로 충분히 심각하지 않거나 충분히 만연하지 않다고 판단한 것들이었다. 직장 상사가 "2년 동안 열 번의 괴롭힘 행위를 한 것"은 적대적인 노동 환경을 조성할 정도로 "충분히 빈번하지 않았다." 직장 상사가 "피고용인의 어깨를 문지르고, 엉덩이를 움켜쥐고, 모욕적인 접촉을 한 것"은 적대적인 노동 환경을 "조성할 정도로 충분히 심각하지 않았다." 직장 상사가 "부하 직원의 팔, 손가락, 엉덩이에 달갑지 않은 방식으로 네 차례 접촉하고, 수차례 성적인 농담"을 한 것은 적대적인 노동 환경을 조성할 정도로 충분히 심각하지 않았다. 직장 상사가 "반복적으로 데이트를 요구하고 부하 직원의 동의 없이 키스하고 얼굴을 만진 것"은 적대적인 노동 환경을 조성할 정도로 충분히 심각하지 않았다. 그외에 이와 유사한 그 어떤 혐의도 법에 따른 성적 괴롭힘에 해당하지 않았다.[47]

직장 상사가 피해자의 어깨와 등을 문지르고, 피해자를 "아기 인형"이라고 부르고, 자신과 함께 침실로 가야 한다고 말한 것도 조치를 취할 정도의 괴롭힘이 아니었다.[48] 매니저가 피해자에게 "성적으로 도발적인 말들"을 퍼붓고, 음흉한 시선을 보내고, 집에 있는 피해자에게 전화를 걸어 보고 싶다고 말하고 "부적절하게" 가슴을 만진 것도 조치를 취할 정도의 괴롭힘이 아니었다.[49] 직장 상사가 피해자의 무릎을 만지고, 피해자의 허벅지에 손을 문지르고, 피해자가 밀칠 때까지 키스하고, "와락 안으려는 듯" 수풀 뒤에서 불쑥 피해자에게 "달려들어"도 조치를 취할 정도의 괴롭힘이 아니었다.[50]

성적 괴롭힘 피해자들은 멸시, 대상화, 모멸, 굴욕, 고통, 위축, 비인간화에 시달린다. 그런데도 이들의 고통은 중요하지 않다. 한 여성은 남자 직원들이 가슴을 품평하고, 몸에 생크림과 와인을 묻혀 핥게 해 달라고 하고, 데이트하자며 조르고, 원치 않는데도 어깨와 팔과 엉덩이를 만지는 일을 반복적으로 겪었다고 말했다.[51] 또 다른 여성은 직장 상사가 이 여성을 직장에 둔 것은 "우리 사무실에 치마가 하나 필요하기 때문"이라고 말하고, 호텔 방에서 같이 밤을 보내자고 요구하고, 자기를 "보내버려" 달라고 요구하고, 피해자 앞에서 바지 지퍼를 내리고, 여성들을 "창녀" "걸레" "잡년"이라고 부르는 등 지속적인 성폭력을 가했다고 말했다.[52] 한 여성은 직장 상사가 데이트를 요구하고, 사생활을 묻고, "멍청한 금발"이라고 부르고, 어깨를 반복적으로 만지고, 자리에 "사랑해"라는 팻말을 갖다놓고, 키스하려고 여러 번 시도하는 등의 성적 괴롭힘을 가했다고 설명했다.[53] 법은 이 여성들을 피해자로 인정하지 않았다.

이런 느슨한 잣대를 아직도 유지하고 있는 것은 연방의 민권법뿐만이 아니다. 주(州)의 불법행위법은 피해를 유발하는 민사상의 권리 침해를 시정하고자 마련된 것이다. 하지만 이 법은 성폭력의 피해를 협소하게, 성폭력의 현실에 부합하지 않는 방식으로 정의한다. 이런 불일치는 활동가와 학자 들이 성적 괴롭힘을 성차별의 틀로 다시 바라봐야 한다고 주장하는 큰 이유 중 하나였다. 하지만 많은 직장 내 괴롭힘 피해자들은 연방의 민권법에 의지할 수도 없다. 일정 규모의 사업장(민간 영역에서는 피고용인이 15명 이상), "피고용인"의 협소한 정의를 충족하는 노동자들만 성별과 그외 보호받는 특징에 근거한 고용 차별을 금지하는 법인 민권법 7조의 적용을 받는다. 그리고 직장 상사와 동료는 민권법 7조(또는 이와 유사한 많은 주 민권법)에 따라 개별적으로 고발할 수 없기 때문에 가해자에게 손해배상을 요구하는 피해자는 불법행위 청구를 해야 하는데, 여기에는 독특한 장애물이 있다.[54]

"고의적으로 정서적 고통이 유발"되었음을 입증하기 위해 원고는 그 범죄 행위가 "극단적이고 모욕적"이었음을 보여야 한다.[55] 이 기준은 잘못되고 해로운 행동을 간과할 뿐만 아니라 정상으로 취급한다. 오랫동안 직장에서 허용되던 행동은 판사들에게 극단적이거나 모욕적으로 보이지 않을 수 있다. 판사들은 종종 성적 괴롭힘이 '심각하거나 만연한' 수준이어야 한다는 연방법의 엄격한 정의에 부합하더라도 법의 조치가 적용될 만하지 않다고 판단하기 때문이다. 법원이 모욕의 기준을 충족하지 못한다며 청구를 기각하는 건 혐의를 믿지 않아서가 아니라 너무 사소해서 중요하지 않다고 여기기 때문이다.[56]

한 슈퍼마켓 직원은 자신이 "성적인 제안, 지독하고 추잡한 말, 상스러운 농담, 몸 더듬기, 성적으로 외설적인 사진 게재"에 시달렸다고 말했다. 이 직원의 주장은 증거가 "필수적인 모욕의 기준을 충족"하지 못했다는 이유로 기각되었다.[57] 충분히 모욕적이지 않아서 기각된 또 다른 사례에서 원고는 사장의 괴롭힘 행위에 맞서고 난 뒤 해고되었다. 피해자는 사장이 "포옹한 후 자신이 저항하는데도 풀어주지 않았고, 팔 뒤꿈치로 가슴을 반복적으로 쓰다듬었고, 성적으로 노골적인 농담과 외설적인 발언을 했다"고 말했다.[58] 한 법원은 어느 항공사 관리 팀 직원 밸러리가 수개월간 괴롭힘에 시달렸다고 주장했을 때 이 주장이 모욕의 기준에 부합하지 않는다고 판결했다. 밸러리가 자리에 없을 때 책상에 포르노 사진들이 반복해서 놓여 있었고 성적인 의도가 담긴 경멸적인 표현들이 공공장소에 게시되었는데, 이러한 표현이 밸러리 개인을 향하기도 했다. 개별 사례에서 출결 게시판에 한 동료가 "아픔 — 밸러리가 구강성교를 해주지 않아서"라는 방식으로 피해 여성을 언급하기도 했다. 법원은 이 문제 행동이 "교양 있는 행위가 아니라"고 인정하면서도 "고소장에 묘사한 행위가 필요한 모욕의 수준에 못 미친다"고 판결했다.[59]

일부 여성들은 법 안에서도 특히 관심을 둘 가치가 없는 사람 취급을 당하는데, 합의 유무와 관계없이 과거의 성적 이력으로 오점이 생긴 여성들이 특히 그렇다. 법은 '손상된 물건(damaged goods)' 추론을 수용함으로써 성적 괴롭힘 소송에서 공판 전 증거 개시의 범위를 상당히 확대한다.

법원은 가해자가 피해자에게 정신적 또는 감정적 피해를 유발하지 않았음을 보여주기 위해 피해자의 성적 이력을 조회할 수 있도록 허용했다. (불법행위 소송의 원고는 자신이 피고의 행위로 인해 피해를 입었음을 입증해야 한다.) 한 사례에서 피고는 재판 전 심문을 통해 원고가 주장하는 감옥 내 성폭행 사건 이후 수년간 맺은 합의에 따른 성관계를 파헤치려고 했다. 법원이 이를 허용한 것은 이 질문이 "이 여성이 당했다는 폭행 사건 이후 합의에 따른 성관계에서 심각한 심리적, 감정적 고통과 어려움"을 정말로 경험했는지와 관련이 있다고 보았기 때문이다.[60] 이와 비슷하게 원고가 피고에게 성적 괴롭힘이나 성폭행을 당하기 전부터 이미 손상된 상태였음을 보여주기 위해 과거의 성폭력도 종종 증거로 허용된다. 피해자가 괴롭힘을 당했다 해도 '손상된 물건' 추론은 그 괴롭힘이 피해자에게 관심을 둘 만한 이유는 아니라고 주장한다. 피해 여성의 과거 이력이 여성 자신의 명예를 더럽히는 데 쓰이고, 피해자는 마치 관심을 주장할 권리를 몰수당한 듯한 상황에 놓인다.

여성의 성적 이력의 증거가 피해 주장을 깎아내리는 데 쓰이도록 허용될 때 문제는 성폭력이 발생했는지 여부가 아니라 그 일이 중요한가 여부이다. 일부 법원은 가해자가 아닌 제3자와 합의에 따라 성관계를 맺었던 피해자의 과거 경험이 가해자의 달갑지 않은 행위를 덜 불쾌하게 만든다고 주장한다.[61] 이 이론에 입각해서 법원은 지나치게 포괄적인 증거, 즉 피해자가 동료와 맺은 혼외 관계, 피해자의 아버지가 저지른 성추행, 피해자의 "수많은 성관계가 피해자로 하여금 수치심, 죄책감, 자존감 부족을 드러내게 만들었다"는 증거까지 인정했다.[62]

미네소타에서는 한 탄광에서 일하던 여성들이 힘을 모아 미국 최초로 성적 괴롭힘 집단소송을 제기했다. 사건이 법원까지 갔을 때 여성 광부들의 증언은 생생하고 강렬했다. 한 여성은 동료에게 당한 스토킹과 여러 성폭력 사건을 진술했는데, 그중에는 바지가 칼에 찢긴 일도 있었다. 이 여성은 지속적인 괴롭힘 때문에 불안, 굴욕감, 스트레스를 겪었다고 설명했다.

반대 심문에서 피고 측 변호인에게 이 여성의 과거를 심문할 수 있는 폭넓은 재량이 주어졌다. 핵심은 괴롭힘을 부정하는 게 아니라, 이 여성이 괴롭힘 때문에 피해를 입지 않았다고 주장하는 것이었다. 이 여성은 거의 50년 전 사건의 기억을 억지로 떠올려야 했다. 이 여성은 여섯 살때 삼촌에게 성적 괴롭힘을 당했다. 나중에 결혼한 후에는 남편에게 아들과 함께 육체적 학대를 당했다. 아들은 엄마가 등을 돌리고 있을 때 스토브 위로 기어 올라가서 화상을 입었다. 남편과 헤어져서 아들을 데리고 어머니의 집에 갔을 때 이 여성의 어머니는 이들을 외면했다. 남편을 경찰에 신고했더니 그는 자기 머리에 대고 방아쇠를 당겼다. 이후 재혼한 두 번째 남편은 첫 남편보다 학대 정도가 훨씬 심했다. 그는 이 여성의 딸을 성적으로 학대했다. 심문이 이어지면서 이 여성의 끔찍하게 험한 삶이 깊이 파헤쳐졌다. 모두 이 여성이 직장에서 감내한 괴롭힘이 별일 아니었음을 보여주기 위해서였다. 증언을 마칠 즈음 해당 여성은 "증언대 위에서 강간당하는" 기분이었다고 밝혔다.[63]

법학자 마사 차멜러스(Martha Chamallas)와 제니퍼 리긴스(Jennifer Wriggins)는 "손상의 척도는 문화에 깊이 박혀 있는 가치를 말해주는 지표"라고 말한다.[64] 성적 괴롭힘 피해자를 대리하는 여러 변호사들은 내게 주관적일 수밖에 없는 피해의 가치가 편견으로 인해 어떻게 왜곡되는지 언급했다. 가난한 여성과 유색인종 여성은 평가 절하되는 일이 많아서 이들의 고통까지 평가 절하되곤 한다. 아무리 감당할 만한 경제적 능력이 없다 해도 치유를 위해 노력하지 않은 사람들은 피해를 입지 않았다고 간주된다. 인간적으로 참을 수 있을 만큼 최대한 오래 성폭력을 감내한 사람들도 피해를 당하지 않은 것으로 여겨진다. 급여 때문에 어쩔 수 없이 일터로 돌아온 사람들도 피해를 입지 않았다고 여겨진다. 이런 노동자들은 보상액이 최소한으로 깎일 가능성이 높다. 이런 피해자들이 가장 무시당한다.

법은 성적 괴롭힘의 피해 규모를 산정하기 위해 손해배상금을 제한적으로 활용하는데 이는 피해자의 가치를 더욱 깎아내린다. 연구(그리고 상식)에 따르면 직장 내 성폭력은 생산성을 감소시킬 수 있고, 이는 승진과 이직 기회를 제한한다. 하지만 이 비용은 드러나기 어려울 수 있으며 드러나더라도 측정하기 쉽지 않다. 비경제적이고 비물질적인 손실은 법의 시야에서 완전히 사라지는 경향이 있다. 괴롭힘은 직장에서 피해자의 불리한 지위를 강화할 수 있다. 피해자를 성적으로 대상화하고 고립시키고 소외시킬 수 있다. 피해자와 정체성을 공유하는 다른 노동자들과 함께 묶어 피해자를 "낙인찍고 비인간화"할 수 있다. 성적 괴롭힘의 이런 "독특한 피해"는 법의 관행적인 이해로는 쉽게 포착되지 않고 산술적 계산으로 간단히 측정되지 않는다고 마사 차멜러스는 말한다.[65]

배심원들이 이런 피해에 관심을 기울일 의지가 있다 해도 비경제적인 손상의 대가로 받을 수 있는 손해배상금의 한도는 법으로 정해져 있다. 연방법에서 정해놓은 노동자들의 성적 괴롭힘 손해배상 상한선은 사업장의 크기에 따라 5만 달러에서 30만 달러인데, 1991년 이후로 인상되지 않았다.[66] 많은 주들도 고통과 시달림 같은 비경제적인 손실에 따른 손해배상에 한도를 정해놓고 있다.[67] 이런 "가치의 위계질서" 속에서 성적 괴롭힘 피해자들이 상습적으로 겪는 피해는 보상금으로 연결될 가능성이 가장 낮다.[68]

상한선은 또한 "원고의 변호사들이 기꺼이 받아들이는 사건의 수와 종류"를 제한함으로써 "차단" 기능을 수행한다.[69] 이는 경제적 손실이 적은 노동자, 즉 급여 체계에서 가장 아래에 있고 괴롭힘에 가장 취약한 노동자들에게 불리하게 작용한다. 법이 시장 기준 손실에 특혜를 줄 때 주변화된 피해자들의 고통은 평가 절하된다.

2011년에 뉴욕의 한 법원이 프랜차이즈 샌드위치 가게에서 일하면서 성적 괴롭힘을 당한 한 젊은 여성이 지급 판정을 받은 손해배상금을 삭감했다. 캐럴랜 헤닝거라는 이름의 이 여성은 당시 고등학생이었다. 헤닝거의 상사이자 이 가게의 주인은 헤닝거에게 "너무 적나라하게" 접촉하고, 성적 의도가 담긴 말을 하고, 자신의 아파트로 찾아오라고 "계속해서 압력"을 가했다. 결국 헤닝거가 아파트로 찾아가자 이 남성은 헤닝거를 강간했다.

헤닝거는 이 사건을 신고하지 않고 직장으로 복귀했다. 겁을 먹은 데다 일자리가 필요했기 때문이었다. 가해자는 자신의 아파트로 오라며 헤닝거에게 다시 한번 명령을 내렸고 헤닝거가 이를 거부하자 "헤닝거에게 욕설을 하고, 모욕적이고 분노를 퍼붓는 문자 메시지를 연달아 보내고, 헤닝거의 거부를 일을 그만두겠다는 뜻으로 이해하겠다고 말했다."

항소심에서 법원은 "정신적 고통과 모욕감"에 대한 50만 달러의 손해배상금은 과하다고 판결을 내렸다. 법원은 "특히 고등학생과 강제로 맺은 성관계를 비롯한" 여러 행동이 "비난받을 만하다는 데는 의심의 여지가 없다"고 밝혔다. 하지만 법원이 보기에 헤닝거는 행정법 판사가 정한 만큼의 배상금이 정당할 정도로 충분히 시달린 것 같지 않았다. 법원은 헤닝거가 "유린당하고" 겁을 먹었음을 인정했다. 헤닝거는 "문제의 사건이 있은 지 1년 이상 지났는데도 여전히 다른 사람들을 믿는 데 어려움이 있다고 증언하면서 울음을 터뜨렸다." 헤닝거의 어머니는 헤닝거가 샌드위치 가게에서 일할 때 "고통과 짜증에 시달리는 것 같았고, 친구와 가족과도 거리를 두었고, 과거에 좋아하던 활동에도 흥미를 잃은 상태"였다고 증언했다. 그리고 헤닝거는 "상담뿐만 아니라 전염병에 관한 의학 검사도 받았다." 하지만 법원은 이런 정황이 50만 달러를 받을 만한 피해에 해당하는지는 자신하지 못했다. 법원은 헤닝거가 "상담을 단 두 번 받았고, 더는 의학적 또는 심리적 치료를 받을 필요가 없어 보였고, 몇 달 만에 다른 고용주가 있는 직장으로 돌아갈 수 있었다"고 말하면서 손해배상금을 5만 달러로 삭감했다.[70]

강간당할 수 없는 여자들

강간법은 오랫동안 가장 취약한 피해자들을 보호하기를 거부해 왔다. 이런 법의 부재는 비대칭적인 관심의 산물이자 그 원인이다. 흑인 여성들이 노예였던 시절, 백인 주인이든 흑인 남성이든 이들을 강간하는 것은 합법이었다. 이런 접근법에 따라 1859년 미시시피주 대법원이 한 남성 노예의 혐의를 기각했을 때 흑인 소녀를 강간하는 건 범죄가 아니라는 사실이 분명해졌다. "주인과 노예는 같은 시스템이나 법의 통치를 받을 수 없다. 이들은 지위도 권리도 의무도 다르다."라고 법원은 밝혔다. 다른 주 법원들도 동일한 결론을 내리고 피해자가 백인이 아닐 경우 고발 사건을 기각했다.

변화는 더디고 불완전했다. 1860년 미시시피주 의회는 흑인 남성의 12세 이하 흑인 소녀 강간을 범죄로 지정하면서도 여전히 백인 남성이 흑인 성인 여성과 소녀를 강간하는 것은 허용했다. 강간법은 남북 전쟁 이후에야 비로소 인종을 가리지 않게 되었다. 하지만 형사사법제도는 흑인 여성과 이들의 주장에 전과 다름없이 적대적이었다.[71] 한 판사는 1974년에 흑인 고발인에 대한 지배적인 태도가 압축된 정서를 담아 이렇게 말했다. "니그로 공동체에서는 강간이라는 용어를 재정의해야 한다. 당신들은 그들에 대해 전혀 알지 못한다."[72] 흑인 생존자들이 겪는 피해에는 법의 손길이 전혀 미치지 않았다.

우리는 무엇이 불법인지 정의함으로써 가장 중요한 피해를 지정한다. 강간법은 한 세기가 넘는 기간 동안 개정을 거쳤지만 일정한 유형의 피해는 법의 경계 밖에 두면서 계속해서 가해자 편을 든다. 강간법은 협소한 정의에 들어맞지 않는 성범죄를 무시함으로써 피해자를 배제하고 피해자에게 이루 말할 수 없는 해를 입힌다. 로빈 웨스트는 "강간이나 성폭력을 당하면 지독한 피해를 입는다. 하지만 이를 **받아들여야 한다**는 것, 이런 피해에 시정 조치를 취할 근거가 없다는 것, 이런 일이 발생해도 아무런 **권리**가 없다는 것을 확실히 알게 되었을 때는 피해가 더 극심해진다."고 말한다.[73] 자신이 입은 피해가 법의 인정을 받을 정도로 중요하지는 않다는 걸 알게 된 피해자는 자신이 얼마나 중요하지 않은 존재인지 처참한 진실을 대면하게 된다.

접객 영업사원인 제니 티슨은 10년 넘게 결혼 생활을 이어 가다가 남편이 자신에게 알리지 않고 2년 전부터 녹화한 동영상 자료를 발견했다. 한 영상에는 티슨이 옷을 벗는 모습이 나왔다. 티슨과 남편이 성관계를 하는 영상도 있었다. 이 영상을 보고 화가 난 티슨은 더 많은 영상을 찾아냈다. 티슨이 이 동영상을 발견한 직후 접수한 형사 고발 내용에 따르면 티슨이 네 살짜리 아들과 나란히 자고 있는 동안 남편은 티슨에게 강제로 어떤 물건을 삽입했다. 부부의 새해 전야 파티가 끝난지 몇 시간이 지나 막 2015년이 시작된 시점이었다. 티슨은 미동도 없이 범해지는 자신의 모습을 보고 난 뒤 이 폭행 전에 약물이 주입된 건 아닌가 의심했다.

티슨은 이 범죄를 경찰에 신고했다. 티슨은 이 사건이 확실하다고 믿을 만했다. 영상에 성폭행이 담겨 있었으니 신뢰성에 대한 우려는 할 필요가 없어 보였다. 하지만 티슨의 남편은 강간으로 기소되지 않았다. 대신 두 가지 경범죄로만 기소되었다. 하나는 5급 범죄에 해당하는 성적 행위(가중처벌 요소 없이 성적인 의도로 비동의 접촉을 했음을 뜻한다)였고 다른 하나는 사생활 침해(비동의 녹화가 근거가 되었다)였다. 검사와 합의 조건*에 따라 성범죄는 기각되었고 사생활 침해는 유죄로 인정받아 45일의 징역형을 선고받았다.

티슨은 형법 규정이 검찰의 손을 묶어놓았음을 알게 되었다. 다른 주에도 있는 법이지만, 미네소타주의 법에 따르면 피해자가 사건 발생 시점에 가해자와 결혼한 상태였기 때문에 피해자에게 일어난 일은 강간으로 볼 수 없었다. 이 범죄는 누가 봐도 확실한 증거가 있었는데도 티슨의 남편은 원하는 건 뭐든 할 수 있는 성적 자격증을 부여한 법의 보호를 받았다.**[74]

미국 역사에서 법은 언제나 남편이 아내에게 자행하는 성폭행을 정당화했다. 관습법인 '유부녀(coverture)'법에 따라 혼인 관계를 맺은 여성은 남편의 소유물이 되었다. 기혼 여성은 법적으로 존재하지 않는 사

• 미국에는 피의자가 유죄를 인정하거나 증언하는 대가로 검찰이 형량을 낮춰주기로 합의하는 사전형량조정제도(plea bargain)가 있다.(역주)
•• 티슨은 나중에 미네소타주의 면제 규정을 없애야 한다고 입법자들을 설득하는 데 힘을 쏟았다. 하지만 변화가 너무 늦게 시작되어 사건의 결과를 바꾸지는 못했다.

람이었다. 한 저명한 논문 저자는 1765년에 쓴 글에서 이렇게 설명했다. "남편과 아내는 법 안에서 한 사람이다. 즉 그 여성의 있음 또는 법적 존재 상태는 결혼 기간 동안 유예된다."[75] 역사학자 에스텔 프리드먼은 미국이 탄생했을 때부터 남편에게는 아내의 재산, 소득과 더불어 아내 자체를 통제할 자격이 주어졌다고 설명한다.[76] 남편은 아내의 정치적, 경제적, 법적 정체성을 포괄했기 때문에 아내의 신체에 대한 권리도 소유한 것으로 이해되었다. 남편은 아내를 구타할 자격이 있었다. 아내의 행동을 물리적으로 제한할 수 있었다. 그리고 아내에게 성적으로 접근할 수 있었다. 이 체제는 19세기 후반까지 쭉 이어졌다.

여성은 혼인 관계를 맺음으로써 남편에 의한 강간이 법적으로 성립되지 않는 방식으로 "스스로를 포기했다." 법은 유부녀법에 아내의 영구적인 동의 개념을 포함했다. 본질적으로 여성은 결혼을 통해 남편과 성관계를 맺어야 하는 의무적인 계약 상태에 놓였다. 1800년대에는 논평가와 판사들이 아내의 동의는 "돌이킬 수 없다"고 앵무새처럼 되뇌곤 했다. 정의상 아내는 남편과의 모든 성관계에 동의한 상태이므로 남편의 아내 강간은 성립하지 않았다. 강간법은 "인간 남성"이 "자신의 아내가 아닌 다른 모든 여성"에게 해서는 안 되는 행동을 규정한 것이었다. 이렇게 남편에게 주어진 전면적인 면책 특권은 '부부 강간 면책(marital rape exemption)'으로 알려졌다.[77]

1960년대에 이르자 혼외 성관계는 전보다 훨씬 흔해졌고 이에 대응하여 규정이 바뀌었다. 여성에게 더 많은 권리를 주는 것이 아니라 남성의 특권을 확대하여 결혼 여부와 관계없이 남편처럼 행동할 자격을 주는 방식이었다. 동거인들과 이른바 자발적인 사회적 동반자들에게까지 부부 강간 면책을 적용함으로써 법은 성범죄 면책 특권을 확대했다. 주

입법에서 청사진으로 활용되는 1962년의 《모범형법전》은 피해자가 "범죄 시점에 행위자의 자발적인 사회적 동반자"였거나 "과거에 행위자에게 성적인 자유를 허락했을" 경우 해당 강간에 부분적인 방어 수단을 제공했다.[78] 아내는 이제 성폭력이 합법으로 간주되는 유일한 여성이 아니었다. 결혼 관계가 아니라 데이트 상대거나 친밀한 관계일 때도 남성들은 보호받았다. 법학자 미셸 J. 앤더슨은 "성관계에 대한 동의가 계속 유지된다는 부적절한 추정이 당사자들의 결혼 상태와 무관하게 친밀한 사람에 의한 강간에 악영향을 끼친다"고 썼다.[79]

1970년대 중반에는 이에 반대하는 사람들이 친밀한 사람과 지인의 성폭행을 가능하게 하는 법을 공격하기 시작했다. 그 결과로 부부 강간 면책이 완화되긴 했지만 이 규정은 대신 다양한 가면을 쓰고 이어져 왔다. 이제는 모든 주에서 남편의 아내 강간이 불법이지만 대부분의 주는 오늘날에도 부부 강간을 다르게 처리하는 방법을 찾아낸다. 가령 10개 주는 성관계에 동의하지 않은 피해자가 가해자의 배우자인 경우 성범죄 기소에 특수한 장애물을 유지한다. 거의 3분의 1에 가까운 주는 피해자가 성관계에 동의할 수 없는 상태, 특히 의식이 없는 상태인 경우 배우자 면책 조항을 적용한다.[80]

면책이 적용되면 아무리 믿을 만하더라도 여성의 강간 주장은 기각되어야 한다. 법은 피해를 무시함으로써 사건이 중요하다고 말하고자 용기를 낸 피해자를 위축시킨다. 온갖 실용적인 목적 때문에 피해자의 존중받을 권리는 반려된다. 로빈 웨스트는 이렇게 말한다. "주는 대응하지 않았고 앞으로도 하지 않을 것이다. 문화는 이보다 못하다. 그건 진짜 하찮은 일이 분명하다. 그건 '아무 일도 아니었다.' 그리고 그 일이 하찮으므로 나 역시 하찮은 게 틀림없다. 그런데도 피해를 입었다고 느껐으니 말이다."[81]

미국 역사 대부분의 기간 동안 비동의 성관계는 상당한 물리적인 힘이 따르지 않은 경우 범죄로 간주되지 않았다. 그리고 수십 년 동안 개혁과 상당한 진보를 이루었는데도 여전히 이 개념은 많은 지역에서 법으로 남아 있다. 절반에 가까운 주에서 동의 없는 삽입은 물리적인 힘 또는 물리력이 개입할 거라는 급박한 위협이 없는 한 불법이 아니다.[82] 그러면 얼마나 강하게 물리력을 휘둘러야 성폭행의 법적 정의가 성립할까? 기준은 보통 상당히 높다. 캐서린 매키넌은 "보통 과도하고 비현실적인 정도의 물리력이 필요하다"고 말한다. "강제적인 성적 상호 작용보다는 두 남자가 벌이는 사투를 염두에 둔 것 같은 기준에 따라, 페니스 이외의 무기를 요구하는 경우도 많다."[83]

알다시피 무기가 동원되고 심각한 육체적 부상이 따르는 사건은 매우 드물다.[84] 임상심리학자 데이비드 리삭(David Lisak)은 강간범은 "불필요한" 폭력보다는 "수단적인" 폭력을 일상적으로 사용한다는 사실을 발견했다. 즉 "피해자에게 겁을 줘서 굴복하게 만드는 데 필요한 만큼의 폭력만을 사용한다."[85] 전형적인 면식범 강간에서는 성관계를 강제하는 데 많은 폭력이 필요하지 않다. 말로 압력을 가하거나 꼼짝 못하게 잡아 두는 것만으로도 충분하다. 하지만 이런 술책이 법적으로 충분한 물리력으로 인정받는 일은 거의 없다.[86]

물리력 요건은 법이 대부분의 성폭행에 관심을 두지 않게 만드는 효과가 있다. 미국 전역의 형법 수업에서 가르치는 1992년 사례를 살펴보자. 법원의 의견에 따라 익명으로 처리된 피해자는 로버트 버코위츠라는 강간범을 자신의 친구를 통해 알고 있었다고 증언했다. 당시 두 사람은 모두 대학 2학년생이었고 피해자는 버코위츠의 룸메이트를 만나려고 그의 기숙사 방을 찾아갔다. 버코위츠는 여러 번 성적인 제의를 했고 피해자는 거절했다. 피해자가 같이 침실로 가자는 버코위츠의 요구를 거절한 뒤, 버코위츠는 바닥에 앉아 있던 피해자에게 다가갔다.

피해자가 법원에 진술한 바에 따르면 버코위츠가 자기 몸으로 피해자를 "밀다시피" 해서 피해자 위에 "올라타고는" 키스하기 시작했다. 피해자는 남자친구를 만나야 한다고 말했지만 버코위츠는 피해자의 저항을 무시하고 셔츠와 브래지어 아래 있는 가슴을 애무했다. 피해자는 "안 돼"라고 말했다. 버코위츠는 "바지를 풀고" "피해자의 몸 위로 올라와서는" 피해자가 "안 돼"라고 말하는 순간 피해자의 입에 자신의 페니스를 넣으려 했다. 피해자는 버코위츠의 몸 아래 깔려서 움직일 수 없었다. 몇 초 뒤 버코위츠는 일어나서 문을 잠갔다. 여전히 피해자는 "안 돼" "가게 해줘"라고 말했다. 버코위츠는 피해자를 침대로 옮긴 뒤 그 위에 올라탄 상태로 바지와 속옷을 벗었다. 그는 피해자가 계속 "안 돼"라고 말하는데도 피해자에게 페니스를 삽입했고 30초 정도 뒤에 몸을 빼고 나서 피해자의 배 위에 사정했다. 피해자는 바로 경찰에 성폭행을 신고했다.

버코위츠는 재판에서 피해자와 성관계를 했다고 인정했지만 피해자가 동의했다고 주장했다. '남자의 말과 여자의 말이 다른' 사건들이 보통 어떻게 처리되는지 감안하면 배심원단이 버코위츠의 입장이 아닌 피해자의 진술을 신뢰하여 버코위츠의 강간 혐의에 유죄 평결을 내린 것은 주목할 만하다. 하지만 평결은 효과가 없었다. 버코위츠의 항소심에서 재판부는 강간법에서 요구하는 "물리력이 개입한 강요"가 없었다고 판결했다. "항소인이 성행위를 하기 전 그리고 성행위를 하는 동안 피해자 위에 올라타고 있었다는 사실을 제외하면 피해자가 원치 않았을 경우 어떤 피해나 위험을 무릅쓰지 않고 항소인의 침대에서 빠져나와 그 방에서 걸어 나올 수 없었을 거라는 증거가 전혀 없다"고 법원은 판시했다. 피해자가 계속해서 "안 돼"라는 말로 성행위를 할 의사가 없음을 드러내며 "말로 저항"한 것만으로는 물리력이 개입한 강요가 있었다고 볼 수 없다고 법원은 주장했다. 피해자의 증언이 모두 사실로 받아들여졌는데도 버코위츠는 강간으로 유죄 선고를 받지 않았다.[87]

오늘날에도 과도한 물리력이 개입되지 않은 한 성폭행 혐의로 기소되는 일은 드물다. 검사가 드물게 사건을 밀어붙여서 배심원단을 합리적인 의심 너머로 설득하는 경우에도 이 기소는 법원에서 기각되기 쉽다. 이와 비슷한 한 사례에서 가해자는 "자신의 손으로 피해자의 머리 뒤쪽을 받친" 상태에서 피해자의 입 속에 "페니스를 넣었"고 "피해자는 그 행동을 중단하려 했지만 성공하지 못했다." 항소 법원은 물리적인 강압이 없었다는 이유로 유죄 판결을 뒤집었다.[88] 또 다른 사례에서는 한 남성이 여성 지인이 두 아이와 나란히 누워서 자고 있는 집에 들어갔다. 이 여성이 잠에서 깨어보니 남성의 손가락이 자신의 몸 안에 들어와 있었다. 이 남성의 유죄 판결 역시 물리적인 강압이 없었다는 이유로 뒤집혔다.[89] 피해자가 취해 있거나 겁먹었거나 상대를 믿었거나 놀란 상태였을 때도 결과는 동일하다.[90]

성인 여성과 소녀 들을 지원하는 비영리기구인 미국 국립사법교육프로그램의 법률 책임자이자 변호사인 린 헥트 샤프랜(Lynn Hecht Schafran)은 "법은 늘 '부상'을 부러진 팔이나 자상으로 이해하기 때문에" 강간 피해자를 괴롭히는 심리적 피해는 "무시당하거나 가치를 인정받지 못한다"고 말한다.[91] 전반적으로 절반에 가까운 미국의 주에서 물리력 요건은 어떤 종류의 부상이 중요한지에 대한 아주 명확한 판단을 반영한다. 이런 주에서 비동의 성관계의 피해는 뒷전으로 밀린다.

"모든 관심이 가해자 쪽으로 갔다"

가해자를 더 중요하게 여기는 경향은 관심의 격차를 악화한다. 피해자보다 피고발 남성과 그가 책임을 짊어질 경우에 입게 될 피해를 더 걱정할 때 우리는 행동하지 않는다.

권력 있는 남성이 이런 문화적 과잉 배려에서 가장 많은 이득을 얻는다는 사실은 전혀 놀랍지 않다. 리베카 트레이스터는 이렇게 말한다. "권력을 남용하고 나서 자신이 피해자인 척 행세함으로써 자신의 권력을 보호하려는 태도는 분명 오래전부터 존재했지만 오바마 이후의 정치 시대에 특히 두드러지는 특징이 되었다. 가장 취약하지 않은 자에게 터무니없이, 몰역사적으로, 하지만 너무도 자주 설득력 있게 취약함이라는 허울을 씌우는 식의 전도는 곳곳에 만연해 있고 효과도 있다."[92]

성범죄는 이런 피해자와 가해자의 전도를 가장 완벽하게 보여주는 연구 사례다. 가장 극단적인 경우 피고발 남성은 자신의 고생을 린치에 비유해서 설명하기도 한다. 버네사 타이슨과 그 이후에 등장한 두 번째 여성이 성폭행 혐의를 주장하며 나서자 버지니아주 부지사 저스틴 페어팩스가 보인 반응이 딱 이런 경우였다. 트레이스터는 이렇게 인종 폭력의 역사를 "방패막이"로 전략적으로 활용하는 것은 "백인 여성이 성폭력을 당했다는 (대체로 허위이거나 지어낸) 주장이 흑인 남성에 대한 고문과 살해를 정당화하는 데 사용되었던 실재하는 역사"를 왜곡한다고 주장했다. 바로 이런 방식이 권력 있는 백인 여성에게 가장 큰 이익을 안겼듯, 권력 있는 남성들은 성폭력 고발에 린치라는 은유를 갖다 붙임으로써 계속해서 이익을 누린다.[93]

마녀사냥이라고 주장하는 것도 흔한 전략이다. 역사학자 미셸 브록(Michelle Brock)은 16세기와 17세기 내내 마녀사냥에서 "주변화되고 상대적으로 힘이 없는 사람들이 먹잇감이 되었다"고 설명한다. 상상 속의 범죄 때문에 처형된 사람들은 주로 여성이었다. 사실 마녀사냥은 "전적으로 성별로 판가름난 건 아니었지만 성별과 긴밀한 관계가" 있었다. 오늘날 성범죄로 기소된 남성 권력자를 마녀사냥의 피해자로 묘사할 때 이 역사적 현실이 뒤집힌다. 브록은 "오히려" 바로 그 남성들이 취약한 여성들을 "전염병 수준으로 처형하도록 부추긴 장본인들과 닮아 있다"고 주장한다.[94] 과거에 마녀사냥을 가능하게 했던 그 권력이 이제는 성폭력을 저지르면서도 책임을 회피할 수 있게 해준다.

높은 자리에 있는 특권층 남성들에게는 과도한 문화적 의미가 부여되고 이 때문에 이들의 그릇된 행실이 미칠 잠재적 영향력 역시 과도하게 부풀려진다. 운동선수, 정치인, 유명 인사, 고위 전문직 남성은 각별하게 보호받는다. 이미 가장 높은 자리에 오른 사람들과 "밝은 미래"를 누릴 자격을 인정받은 사람들은 명성, 재산, 유명세 덕분에 범죄의 책임을 면제받는다. 이런 사람들의 삶을 뒤흔들면 지나치게 큰 비용을 치르게 된다고 인식된다.

1920년 심리학자 에드워드 손다이크(Edward Thorndike)는 '후광 효과(halo effect)' 현상을 밝혀냈다. 이는 다른 사람을 향한 긍정적인 인상을 증폭하는 인지 성향을 가리킨다. 손다이크의 연구에서 남성 군 장교 참가자들은 실제로는 상관관계가 없는데도 제시된 존경할 만한 속성들 간에 상관관계가 있다며 지나치게 빨리 확신했다. 지성은 진실성과 연관되고 진취성은 정의감과 관계있다는 식이었다. 참가자들은 가령 성공한 삶을 살고 있는 사람이 동시에 충직한 사람인지를 독립적으로 평가하기보다는 "전반적으로 그 사람을 꽤 좋은 사람 혹은 꽤 열등한 사람이라고 생각하고 이런 전반적인 느낌을 바탕 삼아 각 속성을 판단할 때 윤색하는" 경향을 보였다. 어떤 사람에게 한 가지 긍정적인 속성이 있으면 그 사람은 온통 긍정적인 속성들로 채워졌다. 손다이크는 "후광이 일으키는 꾸준한 오류의 크기는 놀라울 정도로 크다"고 결론지었다.[95]

성범죄로 고발당한 저명한 남성들은 일상적으로 이 후광 효과의 덕을 본다. 콜로라도주 볼더의 성범죄 전담 검사에서 인권 변호사로 변신한 존 클룬은 유명 운동선수를 비롯해 힘 있는 남성들에게 성폭력을 당했다고 주장하는 여러 여성들을 대리했다. 클룬은 많은 사람들이 "무슨 일이 일어났든 일요일에 공을 던져서 터치다운을 다섯 번 하거나 농구 경기에서 50점을 냈으면" 고발인이 무슨 수모를 당했는지는 신경 쓰지 않는 것 같다고 내게 말했다. 일반적인 반응은 피고발 남성은 "스포츠를 할 수 있으니 위대한 인간"이라고 보는 것이다. 그리고 "위대한" 인간은 성폭행을 저질러도 뒷감당에 시달리는 일이 거의 없다.

크리스틴 블레이시 포드가 브렛 캐버노의 인사 청문회에서 그에게 성폭행을 당했다고 증언했을 때 나타난 광범위한 반응 중 하나는 무관심이었다. 상원 안팎에서는 포드의 진술이 정확하다고 인정하면서도 그렇다고 캐버노가 대법관에 오르는 데 지장이 생기지는 않을 거라고 믿는 이들이 많았다. 청문회에 참석했던 법률 논평가 달리아 리트윅은 포드가 믿을 만하다는 말과 "그 일은 조금도 중요하지 않다"는 말이 모두 포드를 향했다고 적었다. 포드는 "이 세상에서 제일 믿을 만한" 증인일 수 있었지만[96] 오래전에 만들어진 명백한 남성들의 권리가 절정에 도달하는 것을 막지는 못했다.

2016년, 스탠퍼드대학 1학년에 재학 중이던 수영 선수 브록 터너는 이른 새벽 시간에 대형 쓰레기 거치 시설 뒤에서 의식이 없는 여성을 성폭행한 혐의로 기소되었다(나중에 우리는 이 여성이 샤넬 밀러라는 사실을 알게 된다). 이런 종류의 사건은 보통 기소는 고사하고 체포로도 이어지지 않는다. 하지만 자전거를 타고 가던 두 스웨덴 대학원생이 폭행을 목격하고는 끼어들어서 터너에게 "젠장, 지금 뭐하는 짓이야? 그 여자는 의식이 없잖아." 하고 소리쳤다. 터너는 도망치려다가 이 의로운 스웨덴 학생들에게 잡혔다.[97]

이 두 사람의 증언과 법의학적인 삽입 증거, 그리고 피해자의 높은 혈중 알코올 농도라는 증거의 힘을 빌려 터너의 유죄를 배심원단에게 설득할 수 있었다.[98] 선고일에 판사 앞에 선 터너는 14년의 징역형까지 각오해야 하는 상황이었다.[99] 터너의 가족과 친구 여러 명이 촉망받는 그의 미래를 강조하는 편지를 제출했다. 누이는 이렇게 썼다. "터너가 술에 취해서 한 시간도 안 돼 내린 일련의 결정들이 그의 남은 일생을 규정할 것입니다. 전미대학체육협회 우승이여 안녕. 올림픽이여 안녕. 정형외과 의사가 되는 미래여 안녕. 이제까지 알았던 인생이여 안녕."[100] 터너의 아버지는 이렇게 썼다. "터너의 인생은 그가 꿈꿔 왔고 이루려고 그렇게 노력했던 대로 되지 못할 것입니다. 터너가 살아온 20년 남짓 되는 인생에서 20분 동안 저지른 행동으로 대가를 치르는 건 가혹합니다.”[101]

밀러는 판사에게 보낸 편지에서 성폭행이 자신의 인생에 지속적으로 끼치고 있는 영향을 상세하게 밝혔다. “나는 돌이킬 수 없는 상처를 입은 사람입니다. 내가 가치가 있는 사람인지 알아내려고 기다리는 동안 내 인생은 1년 넘게 멈춰버렸습니다. 나의 독립성, 타고난 기쁨, 상냥함, 내가 꾸준히 즐겨 온 일상은 알아볼 수 없을 정도로 뒤틀렸습니다. 나는 마음을 닫아걸었고, 화를 냈고, 모멸감을 느꼈고, 신물이 났고, 짜증이 났고, 텅 비어버렸습니다. 고립감을 참을 수 없을 때도 있습니다. 당신은 그날 밤 이전으로 내 삶을 되돌려주지 못합니다……”[102]

2019년 밀러는 그보다 더 완전한 이야기를 세상에 내놓았다. 밀러는 책 《디어 마이 네임》에서 터너가 선고받은 형을 설명한다. 터너는 횡재한 거나 마찬가지였다. 징역 6개월형을 선고받았는데 이마저도 감형되는 경우가 많아서 절반만 복역하면 되는 상황이었기 때문이다. 이보다 더 가혹한 형을 선고하면 터너의 밝은 미래를 용납할 수 없을 정도로 먹칠하는 모양이었다. 인종, 교육 수준, 운동선수로서 보여준 기량 같은 특권 덕에 누릴 수 있는 바로 그 미래 말이다. 밀러는 판사가 터너의 관점을 취하고 “내 쪽에는 나만 내버려 두고 브록은 그의 쪽에서 애지중지해서…… 결국 나는 운동장이 기울어진 기분을 느꼈다”고 말한다. “모든 관심이 그의 쪽으로 갔다.”

밀러는 자신의 우울한 통찰을 도처의 성폭행 피해자들과 나누는 상상을 한다. “시스템은 당신을 위해 존재하지 않는다.” 터너에게 선고된 형량은 피해자들이 얼마나 중요하지 않은지 적나라하게 드러냈다. “잃어버린 직업, 상처받은 고향, 얼마 안 되는 저축, 도둑맞은 즐거움. 이 모든 게 카운티 구치소 90일형으로 갈음됐다.”고 밀러는 말한다. 밀러는 자신의 고통을 있는 그대로 드러냈지만 그건 핵심과 무관했다. 밀러는 이렇게 말한다. "판사는 나에게까지 확장되지 않을 어떤 감정을 브록에게 보여주었다. 바로 공감이었다. 내 고통은 그의 잠재력보다 가치가 없었다."[103] 2년 뒤 주민투표로 이 판사가 더는 판사직을 유지할 수 없게 되었을 때 그를 해임하도록 촉구하는 캠페인을 이끌었던 법학 교수는 이렇게 말했다. "우리는 캠퍼스 성폭력을 비롯한 성폭력을 우리의 선출직 공무원과 사법제도가 진지하게 받아들여야 한다는 데 투표한 것이다."[104]

자신을 공격한 가해 남성이 보호받을 때 많은 고발인들이 이와 똑같은 방식으로 자신의 가치를 폄하당한다. 수십 명이나 되는 여성들이 부유하고 연줄이 든든한 금융가 제프리 엡스타인에게 성폭력을 당했다고 진술했지만 법 집행 기관은 2005년에 들어서야 처음으로 이 범죄에 관심을 보였다. 엡스타인이 범행을 저지른 여러 장소 중 하나인 팜비치에서 수사를 총괄한 경찰서장은 이렇게 말했다. "이건 '남자의 말과 여자의 말이 다른' 상황이 아니었다. 이 건에는 50명 정도 되는 '여자들'과 한 명의 '남자'가 있다. 그리고 '여자들'은 전부 같은 이야기를 했다." 경찰 수사관들은 엡스타인이 수년에 걸쳐서 "미성년 소녀들로 구성된 거대하고 광신적인 네트워크(이중 일부는 13세 정도로 어렸고, 많은 수가 취약 계층 가정 출신이었다)"를 구축해서 이들을 착취하고 이들에게 수차례 성행위를 강요했다는 사실을 알아냈다.[105] 수사가 플로리다주의 연방 당국으로 이첩된 뒤 FBI는 엡스타인의 주택을 수색해서 성적으로 노골적인 소녀들의 이미지 "수백 개, 어쩌면 수천 개"를 찾아냈다.[106]

하지만 미국 연방 검사장은 기소를 밀어붙이는 대신 엡스타인에게 입이 떡 벌어질 정도로 놀라운 거래를 제안했다. 노련한 전직 검사 두

명은 이를 두고 "충격적으로 관대하다"고 묘사하기도 했다. 2008년에 연방 수사는 종결되었다. 그 대가로 엡스타인은 주 법정에서 유죄를 인정하고 카운티(郡) 교도소에서 18개월을 복역하는 데 합의했다. 연방 교도소에서 꽤 긴 징역형을 살아야 한다는 통상 규범에서 한참 벗어난 결과였다. 전직 연방 검사들은 이 거래가 "온갖 종류의 적신호를 울린다"고 지적했다. 정부의 제안은 검사들의 과로나 태만 때문이 아니었다. 그보다 이 "불기소 합의"는 취약한 십대 피해자들을 희생하고 엡스타인과 그 조력자들을 방어하기 위해 계산된 결과의 반영이었다. 검사들은 "엡스타인의 평판이 나빠지는 것도, 다른 가해자들이 노출되는 것도, 피해자가 반론을 제기하는 것도 원치 않았다."[107] 엡스타인은 주(州)의 성매매 알선 혐의에 유죄를 인정한 부분을 참작받았다. 작가 모이라 도네건(Moira Donegan)은 이를 두고 "강압적으로 학대당한 아이들을 성인 성노동자와 동일시하는 것처럼 보이는 법률 논리"라고 말한다. 수감 기간 동안 엡스타인은 일주일에 엿새는 감옥에서 나와 사무실 출근을 허가받았고 헤지펀드도 계속 운영했다. 원래도 변변치 않았던 이 징역형은 5개월 일찍 끝나서 엡스타인은 2009년에 석방되었다.[108]

십대 소녀를 착취한 엡스타인을 방어해준 것은 그의 이해관계를 지켜주려는 성향의 문화와 법률 제도였다. 가해자인 엡스타인에 대한 과도한 배려는 다양한 방식으로 표출되었다. 엡스타인이 주변화된 소녀와 성인 여성 들의 절박한 상황을 이용할 수 있도록 도와준 직원들, 그의 꾸준한 약탈 행위를 알았거나 알았어야 했던 유력 인사 친구들, 그의 범죄를 폭로하지 않고 딴전을 피운 미디어,[109] 피해자들에겐 알리지 않은 채 달콤한 거래를 제안한 플로리다주의 검사들, 엡스타인을 매일 감옥에서 내보내줌으로써 그 시간 동안 그가 최소한 한 명의 젊은 여성을 성폭행했다는 혐의의 원인을 제공한 교도소장들,[110] 성범죄자 분류 가이드라인보다 낮은 형량을 권고한 뉴욕의 검사들,[111] 연줄만을 가지고 그의 행동이 정당하다고 주장한 권력 브로커들.[112] 도네건은 "이런 대접이 성폭행을 실제 피해로 처리하는 데 보이는 널리 퍼진 문화적 적대"를 드러낸다고 설명한다.[113] 또한 이는 십대 소녀들이 권력 있는 남성보다 훨씬 덜 중요하다는 것도 보여준다.

흑인 소녀와 여성은 이들의 가치가 가해자의 가치와 비교될 때 훨씬 불리하다. 전 연령의 흑인 여성들에게 꾸준히 지속되는 인종주의적 여성 혐오를 포착하고자 '흑인 여성 혐오(misogynoir)'라는 용어를 만든 페미니스트이자 비판적인 인종 연구자인 모야 베일리(Moya Bailey)는 "누구도 이들이 성폭행당하고 있다는 사실에 딱히 관심을 두지 않는다"고 말한다.[114] 동시에 흑인 소녀들은 돌봄이 필요한 어린아이보다는 완전히 성장한 성인 취급을 당할 때가 많은데 연구자들은 이를 '성인화(adultification)'라고 부른다. 흑인 소녀들은 백인 소녀들에 비해 "보호하고 보살필" 필요가 적다고 간주되므로 흑인 소녀를 상대로 자행되는 성폭력은 가장 중요하지 않은 일로 여겨지는 경향이 있다.[115]

가수 알 켈리에 관해 드러난 사실을 생각해보자. 1994년에 켈리는 합법적으로 결혼하기에는 너무 어린 당시 열다섯 살의·제자 알리야와 불법으로 결혼했다. 나중에 연방 검사들은 켈리가 공무원에게 뇌물을 주고 알리야를 열여덟 살로 위조한 신분증을 얻었다는 혐의를 제기했다.[116] 이들의 결혼 관계는 나중에 무효로 처리되었지만 켈리가 십대 소녀들을 약취한다는 진술은 꾸준히 제기되었다. 1990년 말에는 여러 명의 여성이 등장하여 자신들이 미성년자였을 때 켈리가 자신들을 성폭행했다고 주장하며 켈리를 고소했다. 가수로서 절정에 오른 2002년, 시카고의 한 신문사가 받은 익명의 비디오테이프에서 수많은 아동 포르노가 발견되면서 켈리는 기소되었다.[117] 수년간 이어진 재판에는 켈리가 그를 "아빠"라고 부르는 열네 살 소녀와 성관계를 하고 이 소녀에게 소변을 보는 모습이 담겨 있다고 알려진 동영상도 등장했다.[118] 하지만 검사들이 최선을 다했는데도 켈리는 유죄를 받지 않았다. 작가인 이다 해리스(Ida Harris)는 이 무죄 선고가 "흑인 소녀들은 일회용품이라는 메시지를 확고하게 다졌다"고 말한다.

그 이후로도 수많은 여성들이 켈리가 성폭행과 그밖에 다른 범죄를 저질렀다며 공개적으로 고발하고 나섰지만 켈리는 이 모든 혐의를 부인했다.* 해리스는 이렇게 말한다. "알 켈리가 젊은 흑인 여성들에게 성폭행을 저질렀다는 주장은 근 30년간 대체로 무시되었다. 켈리에게 우호적인 판결을 내린 법률 제도, 이 혐의들을 선정적으로 다루거나 축소한 미디어, 비도덕적인 범죄 행위를 도와주고 사주한 켈리의 조력자들, 이 악당을 지켜주고 소녀들의 가치를 폄하한 흑인 공동체 모두가 그 주범이다." 2019년 비평가들의 찬사를 받은 다큐멘터리 〈알 켈리에게서 살아남기〉는 켈리의 성폭력과 이를 해결하지 못한 집단적 실패담을 담았다. 이 다큐멘터리의 총괄 제작자 중 한 명인 드림 햄튼은 "그의 피해자들이 무시당했다는 사실은 그들이 흑인 소녀들이었다는 사실과 전적으로 관계있다"고 강조한다.[119]

음악 비평가 짐 드로가티스(Jim DeRogatis)는 2000년 〈시카고 선타임스〉에 켈리의 성폭행 혐의를 폭로했다. 이후 20년간 그는 책임을 지우겠다는 희망을 품고 켈리를 심층 조사했지만 아무런 소득이 없었다. 드

---

* 켈리를 상대로 제기된 형사 고발은 여러 사법구역에서 계류 중이다.

로가티스는 "내가 배운 제일 슬픈 사실은 우리 사회에 젊은 흑인 여성보다 더 하찮게 여겨지는 존재는 없다는 사실이다. **그 누구도.**"라고 말한다. 드로가티스는 그가 낸 책 《소울리스(Soulless)》에서 켈리에게 성폭행을 당한 피해자 48명을 보여준다. 이 여성들의 삶은 "엄청난 피해를 입었고 때로는 파멸에 이르기도 했다."

드로가티스는 "그만큼 심란한 건 그 피해를 알고 있거나 목격한 사람의 수를 추산해보니 수천에 이르렀다는 사실"이라고 말한다. 드로가티스는 그런 사람들 중에서도 레코드 스튜디오, 음반사, 라디오 방송국, 잡지사, 신문사, 호텔, 레스토랑, 고급 체육 시설, 나이트클럽의 직원들을 언급한다. 이 목록에는 켈리의 변호사, 회계사, 운전기사, 경호원, 동료 음악가들도 있다. 드로가티스는 "켈리만큼이나 역겨운 이들의 공감 능력과 도덕성 부재를 비난해야 한다"고 주장한다. "아는 사람은 많았지만 그를 중단시키기 위해 뭐라도 해본 사람은 거의 없었다."[120]

켈리의 피해자들 주변에는 자신을 도와줄 정도로 충분히 관심을 준 사람이 없었다. 이들의 안전에 대한 집단적인 무관심은 극단적인 수준이었다. 하지만 헤아릴 수 없이 많은 생존자들이 이와 유사한 실패를 겪고 성폭력 그 자체만큼이나 큰 피해를 안길 수 있는 집단적 실패를 상대한다.

6장

폭력 이후의 폭력

신뢰성 구조는 어떻게
2차 가해를 부르는가

제이니 윌리엄스는 할리우드의 언덕배기 동네에서 이민자들, 힘겹게 살아가는 예술가들로 구성된 다양성이 넘치는 공동체에서 어린 시절을 보냈다. 윌리엄스는 내게 그 지역 고등학교는 "치어리더와 운동선수, 누가 멋있고 누가 괴짜인지 같은 것에만 목을 매는 데"는 아니었다고 말했다. 대신 따뜻한 분위기에 결속력이 있었고, 창의성과 협력을 장려했다. 윌리엄스와 친구들은 대단히 이상주의적이었다. 단단하게 뭉친 이 무리가 고등학교를 졸업했을 때 윌리엄스는 "마치 이 세상을 우리 마음대로 할 수 있을 것 같은 기분이었다"고 말한다.

대학은 기대 이하였다. 학생회는 윌리엄스가 익숙했던 분위기에 비해 더 동질적이고 고루한 느낌이었다. 윌리엄스는 난생 처음으로 자신이 주변 사람들과 보조가 맞지 않는 "괴짜"라고 느꼈다. 윌리엄스는 그런 분위기에서 도망쳐 세상을 경험하기 위해 몇 학기 동안 외국에서 시간을 보내야겠다는 결정을 내렸다. 대학 시절 내내 고등학교 친구들과 끈끈한 관계를 유지했고 대학을 졸업한 뒤 이들과 다시 만날 날을 손꼽아 기다렸다. 윌리엄스는 2002년에 다시 고향인 로스앤젤레스로 돌아왔다.

예상대로 윌리엄스는 대학을 졸업하고 난 뒤 옛 친구들과 많은 시간을 보냈다. 그중에는 젊은 남성도 하나 있었는데 편의상 그를 마크라고 부르겠다. 두 사람은 과거에 잠시 연인 관계로 발전하려다가 윌리엄스가 그 관계를 중단한 뒤 친구로 지냈다. 마크는 윌리엄스가 자신의 감정에 화답하지 않았다는 사실을 절대 받아들이지 않았고, 가끔 집착처럼 보이는 행동을 했다. 그런데도 윌리엄스는 마크가 자신에게 상처를 주리라고는 생각지 못했다.

그 시기에 가장 생생하게 기억하는 그날 밤은 여느 때와 비슷하게 시작되었다. 친구들은 마크의 집에 모였다가 자동차 한 대를 타고 동네 술집에 갔다. 거기서 마크는 윌리엄스에게 술을 한 잔 샀다. 그 잔을 다 마시고 나서 윌리엄스는 이상하게 속이 메슥거렸다. 화장실에 달려가서 속을 게워냈지만 그 다음에도 "거의 일어서지 못할" 정도로 "멍하고 기운이 없었다."

윌리엄스의 차가 마크의 집에 주차되어 있었기에 마크는 자신의 집으로 윌리엄스를 데려다주었다. 집에 도착해서 마크는 윌리엄스에게 쉬라고 말했고 자신의 침대에 눕도록 도왔다. 윌리엄스는 "몸을 가눌 수 없었고 정신이 혼미했다." 어느 순간 마크는 윌리엄스를 더듬고 손가락을 삽입하기 시작했다. 윌리엄스가 여러 차례 "안 돼" "그만해"라고 말했지만 마크는 멈추지 않았다. 마크는 "우린 절대 친구가 될 수 없어"라고 반복해서 중얼거렸다. 이 상황이 "한참 계속되었다"고 윌리엄스는 기억한다. 결국 윌리엄스는 힘겹게 "그를 떠밀고" 그 아파트를 나왔다.

집으로 차를 몰고 오면서 윌리엄스는 "갑자기 정신이 상당히 맑아진 기분이었다." 윌리엄스는 그 성폭행을 처리할 준비가 되어 있지 않았다고 설명했다. "마음 깊은 곳에서 나에게 큰 후유증이 있으리라는 걸 바로 알았어요. 내가 원치 않는 방식으로, 그리고 내가 아직 준비되지 않은 방식으로 내 인생의 모든 것을 바꿔놓으리라는 걸요." 윌리엄스는 친구들이 마크와 "맺은 우정에 깊은 의미를 부여한다"는 걸 알았다. 마크가 한 짓을 이야기했을 때 친구들이 그 이야기를 무시할까 봐 두려웠다. 그런 일은 견딜 수 없었다. "걔가 나한테 그런 짓을 했다는 걸 알고도 친구들이 전부 신경 쓰지 않는다면 내가 그걸 어떻게 받아들일 수 있겠어요? 나는 그 애뿐만 아니라 가족 같은 친구들을 전부 다 잃게 되는 거예요." 그래서 윌리엄스는 침묵을 지키기로 결심했다.

겉으로 봤을 때 사건 직후의 일상은 평소대로 돌아온 것 같았다. 하지만 윌리엄스는 당연히 마크도 속해 있는 친구 무리와 어울리는 게 너무 힘들다는 걸 알게 되었다. 성폭행을 당한 직후 윌리엄스는 그날 밤에서 빠져나와 다시는 그 일을 생각하지 않으려 했다.

몇 년이 지나고 여러 번 상담을 받은 뒤 윌리엄스는 더는 "그렇게 살지는" 못하겠다고, 즉 아무 일도 없었다는 듯이 살지는 못하겠다고 결론내렸다. 윌리엄스는 마크가 자신에게 약물을 먹였는지 확실히 알 길이 없다는 것을 깨달았다. 나중에 윌리엄스가 물었을 때 마크는 부인했다. "정신이 나가서" 아파트에서 그런 행동을 했다는 것은 사과했지만 말이다. 하지만 윌리엄스는 그날의 일이 끔찍한 성폭행이라는 걸 이해하게 되었다. 윌리엄스는 피해 사실을 알리는 데 따르는 "결과와 맞서야"겠다고 결심했다.

윌리엄스는 자신이 피해 사실을 폭로해도 사람들이 신경 쓰지 않을까 봐, 아무것도 변하지 않을까 봐 줄곧 두려웠다. 그리고 윌리엄스가 옳았다. 가장 가까운 사람들에게 그날 밤의 일을 이야기했을 때 사람들은 폭행 같은 건 전혀 없었다는 듯이 행동했다. 윌리엄스에게 대놓고 거짓말쟁이라고 하는 사람은 없었다. 하지만 이들은 윌리엄스의 말을 곧이곧대로 믿지도 않았다. 나중에 한 친구는 윌리엄스에게 "난 네가 **너의 진실**을 말하고 있는 것 같다"고 이야기했다. 윌리엄스가 "악의를 품고 거짓말하고 있다는 소리"가 아니었다. 그보다는 그 폭행을 오해하고 있다는 말이었다. 이 표현은 그 사건에 관한 마크의 입장이었다. 윌리엄스가 어째선지 그날의 일을 오해하고 있다는 뜻이었다.

물론 윌리엄스의 설명에는 다른 해석의 여지가 전혀 없었다. 나중에 윌리엄스가 친구에게 짚어주었듯 "여자아이가 전혀 움직일 수도 없고, 제 앞가림도 할 수 없는 상태에서 '안 돼, 그만해'라고 말하는 동안 성추행을 당했다는 말의 어떤 부분에서…… 넌 어떻게 그 남자애가 오해가 있었다고 생각할 수 있다는 거니?" 그런데도 윌리엄스가 친구에게 "넌 내가 한 말이 사실이라고 믿었어?"라고 단도직입적으로 묻자 친구는 "나는 네가 자신이 믿는 걸 믿을 권리가 있다고 믿었어"라고 아리송하게 대답했다.

그 사건에 관한 마크의 이야기가 친구들에게 더 설득력 있었던 것은 친구들이 그 일이 마크가 말한 대로였기를 바랐기 때문이라고 윌리엄스는 말한다. 그들 무리 중 한 사람, 도무지 성적 약탈자로는 생각할 수 없는 한 사람이 어떻게 그렇게 끔찍한 일을 저지를 수 있는지에 대해 태도를 정하지 않고 그 문제를 해결하려고 씨름하지 않는 게 더 쉬웠던 것이다. 마크와 대립한다는 건 "드라마" 같은 일이었다. 그러려면 "그들의 삶을 다른 방식으로 바꿔야" 했으리라. 어쩌면 마크와 맺었던 우정에 종지부를 찍어야 하는지도 모른다.

윌리엄스는 피해 사실을 공개하면서 친구들에게 행동해야 한다는 짐을 안겼다. 친구들은 그 짐을 기꺼이 짊어질 생각이 없었기에 이 일을 "파묻어버렸다." 친구들은 마크의 "편을 들기"보다는 윌리엄스가 이야기를 공개한 방식을 문제 삼았다. 한 친구는 사적으로 다루어야 할 이야기를 "너무 공개적으로" 페이스북에 올렸다며 윌리엄스를 비난했다. 다른 친구는 사건을 공개하기로 한 결정이 "이기적"이라고 표현했다. 윌리엄스는 친구들의 반응이 "전통적인 피해자 탓하기보다는 덜 노골적"이긴 했지만 자신을 향한 심판은 그와 똑같았다고 설명한다. 윌리엄스가 두려워했던 그대로 친구들은 "그를 용서하고 넘어가고자" 했다.

이런 반응은 굉장히 파괴적이었고 실제 폭행에서 힘겹게 벗어난 지 한참이 지난 뒤에도 그 충격이 오래 지속되었다고 윌리엄스는 말한다. "깊은 배신감"을 느꼈다. 성인이 되고서도 줄곧 다른 사람들을 믿기 어려웠고 심지어 자신이 가치 있는 사람이라는 걸 믿기도 힘들었다. 자신의 말로는 충분하지 않았다. 아무도 자신이 당한 성폭행에 신경 쓰지 않았다. 그 일은 "뭐라 말할 수 없는 상처였다"고 윌리엄스는 회상한다.

세월이 흐른 뒤 윌리엄스는 자신의 경험을 이야기하는 팟캐스트를 만들었는데, 이는 윌리엄스가 자신의 상처를 더 잘 이해하는 데 도움이 되었다. 윌리엄스는 자신이 가해자보다 친구들에게 더 크게 상처받았음을 깨달았다. 그들이 가해자의 폭력을 "괜찮다"고 인정해주었기 때문이었다. 윌리엄스는 "나쁜 짓"을 한 사람은 "주변에 있는 모든 사람들이 그 나쁜 짓을 한 사람을 편들 때 돌아오기 훨씬 쉽다"고 말한다. 그러면 당신은 "나쁜 상황에 포위되어서 그 안에 갇힌 기분"이 든다.

윌리엄스는 친구들이 "나쁜 사람들은 아니"라고 강조하며 그들을 "양심 있는 사람들, 나를 사랑하는 사람들"로 묘사한다. 이 때문에 친구들의 무시가 훨씬 나쁜 영향을 끼쳤다. 윌리엄스는 이렇게 설명한다.

"우리는 이 세상에서 뭐가 이치에 맞는지, 뭐가 옳고 그른지 판단하는데 다른 사람들을 기준으로 삼아요. 그래서 당신 안에서 **이건 정말 잘못되었고 나쁜** 일이라는 목소리가 들리는데 주변의 모든 사람들이 **그건 나쁜 일이고 네가 잘못한 거**라고 말하면 치유 능력은 아주 강력한 영향을 받죠. 그러니까 기본적으로 치유가 불가능해지는 거예요."

경찰에 신고할까도 생각했지만 윌리엄스는 그렇게 하지 않기로 재빨리 결정을 내렸다. "친구들이 그 남자한테 책임을 묻고 싶지 않아 한다고 느끼는데 어떻게 다른 사람은 다를 거라고 생각할 수 있겠어요? 친구들은 나를 제일 아끼는 사람들이에요. 그런 친구들이 남자한테 책임을 묻기를 선택하지 않았다면 다른 어떤 사람이 그런 선택을 할 수 있겠어요?" 다들 마크의 편을 들고 공식적으로 보상받을 가능성이 거의 없는 상황에서 윌리엄스는 철저하게 외로움을 느꼈다. 윌리엄스의 설명대로 "이 세상에 그 사건이 들어설 공간이나 장소가 전무"할 때 "자신의 내면에는 온통 그 일만 남게 된다." 윌리엄스는 마크가 자신이 한 일에 대해 "아주 사소한 방식으로라도" 책임을 지기를 바랐다. 하지만 "모두가 그 일을 바로 다시 덮어버렸다"고 윌리엄스는 회상한다.

그날 밤으로부터 16년이 지난 뒤 윌리엄스는 자신의 어린 아기가 잠자고 있는 곁에서 당시 자신은 "성폭행에서 벗어나 스스로 치유하는 과정을 지나고 있었다"고 내게 말했다. "하지만 내 친구들의 반응은 내가 아직도 겪고 있는 새로운 트라우마의 시작이었어요." 마침내 윌리엄스는 그 원인을 밝힐 수 있었다. "당신에게 일어난 일이 중요하지 않을 때, 당신 자신도 중요하지 않은 사람이 되는 거"였다.[1]

많은 생존자들이 성폭력 이후의 상황을 '두 번째 강간(second rape)'

또는 '2차 가해(secondary victimization)'라고 부른다.[2] 윌리엄스처럼 피해 사실을 공개했다가 무시만 당한 고발인들은 그 후유증이 성폭력만큼 또는 성폭력보다 훨씬 힘들다고 이야기하곤 한다. 나는 불신에 직면한 여성들, 비난받은 여성들, **그리고** 무시당한 여성들에게 이 이야기를 들었다. 이들의 고발이 어떤 이유로 묵살당하든, 신뢰성 폄하는 막대한 희생을 불러온다. 그 묵살의 장본인이 사랑하는 사람이든, 믿었던 기관이든, 국가의 대리인이든 이 사실에는 변함이 없다. 하지만 묵살의 주체가 누구인지에 따라 '두 번째 강간'은 다른 의미를 띠게 된다. 이제는 이 각각의 피해를 살펴보겠다.

가까운 사람에게 배신당할 때

우리를 믿고 피해 사실을 털어놓을 때 고발인은 스스로 취약한 상황에 자신을 놓는다. 처음부터 쭉 이야기했듯 신뢰성 판단은 막강한 권력이다. 우리의 신뢰성 판단은 생존자들을 인정하고 이들에게 권력을 부여할 수도 있지만 오래 지속될 피해를 입힐 수도 있다.

각종 연구는 생존자들이 피해 사실을 드러냈을 때 무관심을 뜻하는 무반응을 포함해서 부정적인 반응이 돌아오면 이로 인해 광범위한 정신적, 육체적, 감정적 증상에 시달릴 가능성이 높음을 일관되게 보여준다.[3] '배신 트라우마 이론(betrayal trauma theory)' 연구로 성범죄 피해자들이 사랑하는 사람들에게 피해 사실을 알렸을 때 어째서 종종 또 다른 상처를 입는지 설명하는 데 도움을 준 심리학자 제니퍼 프리드(Jennifer Freyd)는 "배신, 특히 신뢰하던 가까운 사람의 배신은 장기적인 피해를

입힐 수 있다"고 말한다.[4]

피해 사실을 드러내는 데는 그 진술을 사실로 받아들이고, 비난할 만한 행위를 설명하는 것으로 여기고, **또** 관심을 보일 이유가 충분한 사건으로 여기도록 반응을 촉발하려는 의도가 있다. 우리가 어떤 진술을 신뢰한다는 건 이 고발 안에 담긴 세 가지 주장을 모두 수용한다는 뜻이다. 반면 그 고발을 거짓으로, 고발인의 책임으로, 또는 중요하지 않은 문제로 묵살할 경우 몹시 취약한 순간에 놓인 피해자는 위축된다.[5]

나와 대화를 나눈 고발인들은 대부분 상처를 받는 데서 그치지 않고 내부 집단에 있는 누군가의 반응 때문에 놀랐다고 언급했다. 이런 여성들은 자신이 신뢰하는 이들에게 그 이상을 기대했던 것이다. 이는 친구, 가족, 연인 들과 같은 "피해자 지원 네트워크의 강도"가 고발인이 피해 사실을 드러냈을 때 부정적인 반응이 되돌아올지 여부를 알아내는 데 별로 도움이 되는 지표가 아니라는 연구 결과와 일맥상통한다.[6] 나와 이야기를 나눴던 여성들은 종종 자신이 사랑하는 사람들이 좋은 사람들이라고 강조했다. 이들 때문에 받은 고통이 분명 전혀 의도된 게 아니라는 의미였다.

많은 고발인들이 일종의 부드러운 무시를 설명했다. 고발을 거짓말이 아닌 실수라는 틀에 넣고 상냥한 표현으로 불신을 전달했다는 것이다. 비난은 그 성폭력을 피하기 위해 이런 일을 할 수 있지 않았냐는 언뜻 유익해 보이는 질문들로 포장되어 교묘하게 날아왔다. 무시는 괜한 소란을 일으키지 않고 넘기려는 온갖 노력의 하나로 "그 일은 잊어버리"라거나 "넘어가라" 같은 충고로 둔갑했다. 어떤 폄하 메커니즘이 전개되든 간에, 그것이 아무리 상냥하고 순진한 방식이더라도, 생존자들은 현 상태를 어지럽히기 싫어하는 이런 태도를 자신의 가치를 보여주는 척도로 해석했다. 그리고 이런 태도를 보인 사람들이 신뢰하던 가족이나 친구였으므로 이 척도는 더욱 중요했다.

우리와 가장 가까운 사람들은 우리가 말하는 사실들을 믿어주고 우리가 상처받았을 때 보듬어줄 가능성이 **가장** 높아야 한다. 사랑하는 사람이 피해 주장을 무시할 때 이미 낮았던 피해자의 공식적인 신고 가능성은 더 떨어진다. 나는 믿었던 누군가에게 피해 사실을 털어놓았다가 형편없는 반응이 돌아오자 경찰서나 캠퍼스 당국이나 인사부에 찾아가지 않기로 선택한 많은 여성들에게 이 이야기를 들었다. 이 내용은 연구를 통해서도 확인되었다. 생존자들은 친구들이 무시하는 반응을 보일 경우 개인적인 관계가 없는 다른 사람들에게도 이런 반응이 확대되리라고 예상한다.[7] 이는 앞서 말한 '예상되는 신뢰성 폄하'로, 어째서 공식적으로 고발하는 사람이 상대적으로 드문지 설명하는 데 도움을 준다. 또한 피해자들은 친구와 가족들의 든든한 지원 없이는 공식적으로 책임을 묻는 여정에 오르기가 너무 힘들다는 사실 역시 강조한다.

결론적으로 고발인이 가장 가까운 사람들에게 당하는 개인적인 배신은 그들이 의도하지 않았고 심지어 깨닫지도 못했을 방식으로 고발인의 앞길을 결정할 수 있다.

머리사 로스는 와인 에디터이자 작가로 남편과 고양이, 개 여러 마리와 함께 로스앤젤레스에 거주한다. 2019년 말 로스는 저명한 소믈리에 앤서니 케일런을 상대로 전국적인 규모로 성적 괴롭힘 혐의가 제기된 일에서 도화선에 불을 댕기는 역할을 했다.[8] 로스는 케일런의 피해자가 아니었다. 하지만 와인업계 여성들 사이에서 케일런과 관련된 '미투' 소문이 오르내리는 걸 들었다. 로스는 자신의 인기 인스타그램 계정에 이 혐의를 완곡하게 언급하는 글을 올렸고, 곧 수십 명의 피해담이 로스에게 모여들기 시작했다. 그래서 이들을 〈뉴욕타임스〉의 한 기자와 연결해주었다.

로스는 자신의 플랫폼을 이용해서 고발인들이 이야기를 더 자세히 풀어낼 수 있도록 돕기로 결정한 데는 자신이 직접 겪은 성폭력과 결정적으로는 성폭력 이후 벌어진 상황의 영향이 컸다고 내게 말했다. 열여섯 살 때 한 무리의 십대 남자아이들이 로스에게 강제로 구강성교를 시켰다. 로스가 친구들에게 털어놓자 친구들은 과음한 로스를 나무랐다. 몇 년 뒤 남자친구가 로스를 폭력적으로 강간했다. 남자친구와 헤어지고 한참 뒤에 그에게 이 문제를 따져 묻자 그는 "나는 술에 취해서 기억이 안 나. 그리고 넌 내 여자친구였잖아."라고 말했다. 20대에는 어떤 파티에서 동료에게 공격당했다. 동료가 로스를 방에 가두고 바지를 벗기려 했던 것이다. 로스가 상사와 동료들에게 이를 알리자 이들은 "웃어넘겼고" 그 남자랑 거리를 두지 않은 로스의 탓이라는 듯이 이야기했다.

최근에는 여러 친구들과 밤에 술을 마시고 있는데 한 친구가 화장실에서 로스를 와락 붙들더니 키스하고 벽에 밀쳤다. 다른 사람들이 들어와 로스는 겨우 벗어날 수 있었다. 다음날 아침, 그 남성은 로스에게 그 사건을 발설하면 친구들 모임이 "박살날 거"라며 으름장을 놓았다. 로스는 6개월 정도 침묵을 지키다가 지금은 남편이 된 남자친구와 친구들에게 털어놓았다. "그 일로 친구 모임이 갈라졌어요. 그리고 그 짓을 했던 놈은 남편한테 편지를 써서 자기 행동을 해명하고 다들 내가 '관심에 굶주린 창녀'라는 걸 안다고 했죠. 내가 자기한테 추파를 던졌다고 했어요. 증인이 있었는데도 말이에요. 모멸감이 들었어요. 그놈이 남편한테 그게 다 내 잘못이라는 듯이 변명하다니 말이에요."

사회생활 내내 로스에게 무분별한 성폭력은 흔한 일이었다. 로스는 직장에서 성적 괴롭힘은 거의 피할 수 없는 일이라고 설명한다. 로스는 "물론 나도 누가 엉덩이를 만지거나 사람들에게 온갖 말도 안 되는 헛소리를 듣는 일을 겪었다"고 말하면서 불과 몇 달 전에는 어떤 천연 와인 페스티벌에서 정상급 와인 양조업자가 로스의 가슴을 움켜쥐더니 로스가 "주말 내내 자신을 고문"했다고 이야기한 일도 있었다고 언급했다. 로스는 원래는 그 일을 아무에게도 이야기할 생각이 없었지만 6개월 뒤 가해자와 같이 일하는 수입업자에게 이메일을 쓰기로 결심했다. 업계 내 다른 여성들에게 이야기하고 난 뒤 이게 그 와인 양조업자의 "행동 패턴"임을 알게 된 것이다. 로스는 "그 사람이 여성들을 성적으로 괴롭히고 부적절하게 만질 수 있었던 와인 행사에서 계속 주인 행세를 하게 해서는 안 된다"는 결론을 내렸다.

로스는 성폭력을 폭로하는 일이 얼마나 "끔찍한지" 과거의 모든 경험을 통해 직접 알고 있었기에 이 와인 양조업자를 공식적으로 신고하기를 주저했다. "내가 사람들에게 이야기할 때마다 사람들은 나를 비난하거나 믿지 않았다"고 로스는 말한다. "내 주변 사람들조차 나를 믿지 않는데 어째서 나를 알지도 못하는 사람들한테 가서 이런 이야기를 하고 그런 일을 다시 겪으려 하겠어요?"

제이니 윌리엄스와 셀 수 없이 많은 다른 여성들처럼 로스는 가장 가까운 사람들의 실망스러운 반응을, 피해 사실을 공식적으로 밝히는 게 소용없으리라는 확실한 신호로 여겼다. 자신을 가장 아끼는 사람들이 자신의 신뢰성을 폄하하는 일은 과거에 있었던 여러 사건에서 이미 겪어서 다른 사람들에게 그 이상의 반응을 전혀 기대할 수 없었던 것이다.

2016년 대통령 선거 기간 중에 드러난 악명 높은 영상 〈액세스 할리우드(Access Hollywood)〉는 로스의 결심을 바꿔놓았다. 과거의 피해 경험을 공개하기로 결심한 것이다. "(트럼프가) '걔들 보지를 움켜쥐어'라고 하는 소리를 들었을 때 그냥 트럼프 목소리만 들린 게 아니라 나한테 상처를 입힌 모든 남자들 목소리가 들렸어요. 고등학생 때 만났던 그 남자애들, 전 남자친구, 그밖에 모든 남자들 말이죠. 내가 생각하기에 다른 많은 생존자들도 마찬가지일 것 같은데요, 나한테 그건 단순히 트럼프의 말이 아니었어요. 나한테 폭력을 저지른 모든 사람들의 말이었어요."

로스는 피해 사실을 폭로하는 데 값비싼 대가가 따라온다는 사실을 알고 있다. 그 와인 양조업자 사건을 수입업자에게 알리기로 한 결정이 자신의 경력에 어떤 피해를 줄지도 곰곰이 생각한다. 사람들이 이제 자신을 행사에 연사로 초대하지 않는 건 아닐지, 와인업계의 많은 권력자들과 성공과 이해관계에서 밀접하게 얽혀 있는 사람의 과오를 폭로했다며 자신이 손가락질당하지는 않을지 고민한다. 로스는 와인업계에서 권력이 있는데도 이런 우려는 현실적이다. 경제적 자본과 인적 자본이 적은 여성은 더 힘들다고 로스는 주장한다.

로스는 고발인이 피해 사실을 폭로할 때 무언가를 얻는다고 사람들이 생각한다며 분노를 참지 못한다. "장난하나, 싶다니까요. 우린 끌려 나오는 거예요. 그냥 끌려 나오는 거라고요."

믿었던 기관이 좌절감을 안길 때

공식 기관들은 신뢰성 구조의 작동에 핵심적이다. 고발인들이 피해 사실을 공식적으로 신고하기로 했을 때 이런 기관들에 실망하는 일은 일상적이다. 심리학자 제니퍼 프리드는 이를 **기관의 배신**이라고 부른다. 내가 어째서 기관들이 입히는 피해를 연구하게 되었는지 묻자 프리드는 당시 군 복무원들이 피해 사실을 고발했지만 신뢰받지 못한 일이 있었다고 언급했다. 그리고 이들 중 많은 생존자들이 제이니 윌리엄스처럼 성폭행 자체보다 피해 사실을 알린 이후의 경험으로 더 큰 상처를 입었다고 설명했다. "사람들이 기관에서 받은 대우가 강간보다 훨씬 나쁘다고 말할 때는 멈춰 서서 관심을 기울일 필요가 있다고 생각해요. 그건 상당히 강력한 진술이거든요." 프리드는 이렇게 말한다.

프리드와 다른 심리학자들은 **개인적인** 배신을 감내한 피해자들이 그렇듯, 신고한 기관의 형편없는 대응을 겪은 피해자들은 기관에서 제대로 대응받은 피해자에 비해 심리적, 육체적 증상으로 더 크게 고통받는 경향이 있음을 20여 년에 걸친 연구를 통해 보여주었다.[9] 이어지는 일련의 연구들은 기관의 부실 대응이 최초의 피해보다 더 큰 영향을 끼칠 수 있음을 보여준다.[10]

심리학자들은 우리의 정체성은 학교, 직장, 종교 기관같이 우리가 속한 기관과 맺은 관계 속에서 형성될 때가 많다고 설명한다. 우리는 스스로 기관과 연결 지으면서 점점 기관에 애착을 품고 의지하게 된다. 이런 기관들이 우리를 좌절시킬 때 느끼는 배신감은 사랑하는 사람에게 배신당했을 때만큼 클 수 있다. 이런 배신은 하필이면 성폭력 생존자들에게 공동체의 지원이 절실하게 필요할 때 찾아온다.

트라우마는 피해자를 극도로 취약한 곳에 방치하고 불안에 떨게 만든다. 심리학자 주디스 루이스 허먼은 "트라우마를 입은 사람들은 완전히 내쫓긴 기분, 완전히 혼자라는 기분, 삶을 지탱하는 인간과 신의 돌봄과 보호 시스템 밖으로 쫓겨난 기분을 느낀다"고 말한다. 인간 발달에는 "아끼는 사람들과 안전하게 연결되어 있다는 감각"이 본질적이기에 트라우마의 피해자는 이런 연결이 "산산조각" 날 때 "자신의 기본적인 자아 감각을 상실"한다. 허먼은 성폭행 직후에는 "최소한의 신뢰를 재구축하는 것이 가장 시급한 과제"라고 말한다. 그런데 생존자를 돕기 위해 존재하는 기관들은 으레 그와 정반대로 행동한다. 신뢰를 박살내고 이미 위축된 피해자의 자아 감각을 더 위축시킨다. 단절되고 죄지은 기분, 열등한 존재라는 느낌은 트라우마 피해자들에게는 "사실상 보편적인" 감정이다.[11] 공동체의 대표가 자신의 고발을 무시했을 때 생존자들은 이런 감정을 다시 느끼거나 때로는 훨씬 강하게 경험한다.

철학자 로런 레이든-하디는 우리가 서로 맺는 관계와 기관과 맺는 관계가 이 세상을 파악하는 데 어떤 식으로 도움을 주는지 설명한다. 레이든-하디는 내게 이렇게 말했다. "우리는 근본적으로 사회적인 존재예요……. 그리고 우리 삶의 모든 측면은 기관들에 큰 영향을 받아 형성되지요. 우리는 우리 삶에 체계를 세우기 위해 기관 안에서 활동하고, 여러 기관을 오가며, 기관에 의지합니다." 레이든-하디는 기관이 우리를 배신할 때 우리는 "그걸 큰 신호로 경험한다"고 말한다. 그 신호는 우리의 현실과 성폭력이라는 피해자의 현실이 기관의 현실과 어긋난다고 말한다. 현실이 "뒤집힌 상태로 존재한다는 감각"은 혼란과 심지어 "공포"를 야기한다는 게 레이든-하디의 설명이다.

레이든-하디는 기관의 배신은 생존자에게 이들이 어디에도 속하지 않는다는 신호도 보낸다고 덧붙인다. 기관이 고발인의 반대편에 설 때 이는 고발인에 대한 가치 평가처럼 보일 수 있다. 공동체를 대표해서 대응하는 사람들이 고발인의 가치를 너무 낮잡으면 사실상 고발인은 폐기 처분 대상이 되고 반대로 가해자는 가치를 인정받고 보호받는다. 성폭력을 통해 자신의 가치를 짓밟힌 피해자는 잘못된 일을 바로잡아주리라 믿었던 사람들에 의해 더 심하게 위축된다.

이런 가치 폄하는 신뢰성 폄하가 워낙 만연해서 고발인들의 피해를 더 키우는 대학 캠퍼스에서 특히 두드러진다.[12]

옥시덴털 칼리지에서 비판 이론과 사회 정의를 가르치는 캐럴라인 헬드먼(Caroline Heldman)은 전국적 생존자 옹호 단체 '캠퍼스 강간을 끝내자'의 공동 설립자이기도 하다. 이 단체는 대학의 성폭행 접근법을 바꾸려는 거대한 노력의 하나로 2013년에 만들어졌다. 헬드먼은 내게 "우리가 제도적으로 어떤 벽에 직면했는지 깨닫기 시작했기에 전국적인 운동이 필요했다"고 말했다. "그냥 몇몇 '썩은 사과'* 같은 총장들이나 '나쁜 사과' 같은 민권법 9조(교육계 성차별을 금지한 법률) 담당자의 문제가 아니었어요. 시스템 측면의 문제였죠."

헬드먼은 이 전국적 운동의 초기 활동가들이 대학의 성폭력 대응 방식을 조사하면서 특정 패턴을 발견했다고 회상한다. 그중 하나는 오리엔테이션 기간에 학생들이 캠퍼스 성폭행에 관해 교육받지 않았고, 이 때문에 폭력적인 비면식범 강간만이 성폭행이라는 믿음이 강화되면서 전통적 패러다임이 더욱 굳건해진다는 점이었다. 캠퍼스 성폭행 피해자

썩은 사과(bad apple) 부정적인 언행으로 집단 전체에 악영향을 끼치는 사람.(역주)

가 해당 사건을 신고할 수 있다는 사실을 나중에 알게 되더라도 교직원에게 어떻게 신고해야 하는지 학교로부터 안내받았을 가능성은 매우 적었다.

힘들게 피해 사실을 알린 대부분의 피해자들은 매 진행 단계마다 저항에 직면했다. 메시지는 분명했다. 고발인의 신고가 아무리 정확해도 그 사건은 대학 당국이 개입할 정도로 충분히 심각한 문제는 아니라는 것이었다. 헬드먼은 피해자들이 공통적으로 "그게 성폭행인지 확신이 안 서는데?" 또는 "그게 우리 학칙을 위반하는 건지 잘 모르겠네" 또는 "너한테 정말 힘든 일이 될 거야. 정말 이런 일을 감당하고 싶은 거니? 친구들이 너한테 등을 돌릴 거고, 넌 사법에 준하는 환경(캠퍼스 징계 위원회)에서 그 사람하고 대면해야 할 거야."라는 말을 들었다고 말한다. 이런 식으로 기를 죽이는 언행은 고발인이 해당 기관에 중요하지 않은 존재라는 의미였다. 캠퍼스 관계자들은 피해자의 주장을 무시함으로써 피해자의 가치를 깎아내렸다.

관계자들이 수사와 판결을 진행하기로 결정했더라도 그 과정에서 피해자들은 한결같이 홀대받았다. 헬드먼은 생존자들이 이 시련을 견딘 후 피고발 남성에게 책임이 있다고 확인되어도 그에게는 "아무런 일도 일어나지 않을 때가 많다"고 말한다. 결국 캠퍼스에서 폭행을 당한 학생들은 공동체 안에서 자신의 위치가 어딘지 쓰라린 교훈을 얻을 때가 많다.

수년간 학생 생존자 수백 명에게 조언을 해 온 헬드먼은 학교의 무시가 핵심이 될 수 있다고 말한다. "생존자들이 이런 기관들을 진심으로 신뢰하다 보니 그런 일은 이들의 세계관을 산산조각 내버려요. 이들은 세상이 실제보다 더 낫다고 생각하고, 자기 같은 많은 사람들이 절망을 느끼는 건 전문가들이 주는 좌절감 때문이라고 생각해요." 사건 자체에서 받은 트라우마를 넘어서 이런 극심한 절망은 "이들의 삶을 바꿔놓는" 경향이 있다.

도나 프레이타스는 대학원생 시절 성적 괴롭힘을 당한 경험을 털어놓은 회고록에서 자신의 신고에 제대로 조치를 취하지 않은 대학 당국이 남긴 지속적인 영향을 이야기한다. 프레이타스는 이 문제를 여러 차례 신고했는데도 사과는커녕 괴롭힘을 인정하는 말조차 단 한 번도 듣지 못했다고 말한다. "나에게 돌아온 유일한 반응은 이런 일이 전혀 일어나지 않은 척하면서 이 일을 다시는 발설하지 말라는 요구였고, 그 영향으로 나는 중요한 일이 일어나기는 한 건지 의심하는 지경이 되었다"고 프레이타스는 설명한다.

이런 반응은 보통이라는 게 프레이타스의 말이다. "이제 막 자기 길에 들어서서 자신의 직업 생활을 막 시작한 젊은 여성에게 이런 잔혹 행위가 저질러졌다. 이 일은 그 후로 수십 년간 이 여성에게 장애물이 될 것이다. 그리고 이 여성은 자신이 겪은 모든 일이 전혀 일어난 적 없었다는 듯 행동하도록 강요받을 것이다."[13]

실제로 대학이라는 환경에서 신뢰성 구조는 생존자에게 끔찍한 상흔을 남길 수 있다. 한 연구에 따르면 고발인이 피해 사실을 드러냈을 때 이들의 지도교수, 교수, 기숙사 사감, 학생회장, 학장, 캠퍼스 경찰, 그리고 민권법 9조 담당자들이 "이들을 나무랐고, 침묵을 지켰고, 지원책을 마련하지 않았고, 그외 다른 방식으로 뒤통수를 쳤다." 이런 대응 때문에 생존자들은 "의기소침해졌고, 홀대당하고 외로운" 기분을 느꼈다.[14]

"저성취" 학군 출신의 1세대 대학생인 린은 대학 생활을 시작한 첫 학기에 성폭행을 당했다. 린이 수업 수강 신청 철회를 요청하자 지도 교수는 아마 "너는 대학 생활을 감당하지 못할 것"이라고 말했다. 린은 훗날 이렇게 말했다. 대학에 들어오려고 갖은 노력을 했고 "너는 일류 대학에 들어갈 정도로 훌륭하지 않다는 말을 반복해서 들었던 나 같은 학생에게 그보다 자신감에 더 나쁜 영향을 끼칠 수 있는 건 없었다. …… 그 이후 나는 무너져 내렸다."[15]

이런 측면에서 린은 혼자가 아니었다. 성폭력 피해자들 중 레즈비언, 게이, 양성애자 들은 기관의 배신을 겪었다고 밝힌 비율이 더 높고(이들이 더 높은 빈도로 성폭행을 당한다는 사실을 감안해도) 그 결과 더 심한 심리적 영향에 시달린다.[16] 또 다른 연구 역시 성소수자들이 기관의 배신을 겪을 위험과 그로 인해 가장 해로운 영향에 시달릴 가능성이 높다는 연구 결과를 지지한다.[17] 트라우마의 여파로 캠퍼스에서 자신의 자리를 의심하게 된 학생들은 특히 자신이 아무 곳에도 속해 있지 않다는 메시지에 상처받는다.

2013년에 '캠퍼스 강간을 끝내자' 운동이 시작된 이후 달라진 풍경이 있는지 묻자 캐럴라인 헬드먼은 전국적인 진전이 있었다고 강조했다. 대체로 대학 행정가들은 성폭행을 중요하지 않은 일로 치부하는 경향이 줄었고, 과거에 공공연히 시시한 일로 여겼던 신고를 해결하려는 노력을 더 보이고 있다.

물론 아직도 일부 기관들은 헬드먼의 표현에 따르면 "생존자가 거짓말하고 있다고 자동적으로 가정"하거나 생존자가 진실을 말하지 않는다는 관념을 "기본값"으로 놓은 채 그 문제에 관해 "입에 발린 말"만 늘어놓는다. 고발인의 신뢰성은 아직도 바닥 신세를 면치 못하고 있지만 폄하의 전형적인 형태는 노골적인 무시에서 강한 회의로 바뀌었다.

캠퍼스 징계 위원회에 적용되는 설득의 기준은 형사 법정보다 낮다. 대부분의 학교들이 '증거의 우위'를 요구하고 일부는 '분명하고 납득할 만한' 증거를 요구한다. 하지만 캠퍼스 바깥에서 그렇듯 학생 생존자들은 종종 '남자의 말과 여자의 말이 다른 상황'에서 패배한다. 심지어 충분한 확증으로 고발을 뒷받침할 경우에도 패배할 수 있다.

애나는 **무슨 일이 일어났는지**에 관한 자신의 진술이 옳다고 캠퍼스 관계자에게 확신을 심어주지 못한 수많은 고발인 중 한 명이다. 애나는 호바트앤윌리엄스미스 칼리지 신입생으로 입학한 지 2주가 흘렀을 때 세 명의 학생에게 성폭행을 당했다. 셋은 모두 풋볼 선수들이었다. 이 사건은 결국 캠퍼스 징계 위원회로 올라갔고 애나는 하룻밤 동안 여러 차례 당한 폭행에 관해 진술했다. 진술에 따르면 4학년생이 먼저 남학생 클럽 건물에서 애나를 강간했고 두 번째 학생은 구강성교를 강요했으며 그동안 세 번째 학생은 애나를 제압하고 있었다. 같은 날 밤, 시간이 조금 더 지났을 때 같은 학생들이 이번에는 댄스홀에서 다시 애나를 강간했다.

애나의 진술은 다른 증거들과도 일치했다. 그날 밤에 오간 문자 메시지들, 성폭행이 벌어지는 동안과 그 직후 친구들의 의견, 첫 성폭행 당시 애나의 혈중 알코올 농도가 법적 한계치의 두 배였음을 보여주는 검사 결과가 그 증거였다. 또 애나의 법의학 검사 결과를 통해 발견된 내부의 찰과상과 심한 염증 같은 물리적 증거는 강압적인 성폭행을 암시했다.

피고발 남성들은 폭행을 전면 부인했다. 4학년생은 구강성교가 애나와 합의한 행위였으며 자신은 풋볼 경기를 한 데다 "너무 오래 버스를 탔더니" 피곤해서 발기가 되지 않았다고 주장했다. 나중에 그는 애나가 자신의 바지를 벗겼고 자신의 "늘어진 페니스로 애나의 질 근처를 문지르다가" 문득 자신의 행동이 "부적절"하다는 걸 깨닫고 바지를 올렸다고 주장했다. 두 번째 풋볼 선수는 같은 팀원이 방에 있는 동안 애나가 자신에게 구강성교를 했지만 자신은 이에 동의하지 않아서 그만두라고 말했다고 진술했다. 세 번째 선수는 일체의 성적 접촉이 일어나기 전에 그 방을 나왔다고 말했다. 〈뉴욕타임스〉의 한 탐사보도에 따르면 "여러 기록들은 애나의 고발에 관해 처음 물었을 때 첫 두 선수가 캠퍼스 관계자들에게 거짓말했음을 보여준다." 그런데도 징계 위원회는 이런 불일치를 계속 파고들지 않기로 선택했다. 징계 위원회가 열리고 나서 몇 시간 뒤 패널들은 증거가 '증거의 우위' 기준에 미치지 못한다는 결론을 내렸고 세 남성은 모든 혐의에서 벗어났다.

많은 피해자들이 그렇듯 애나는 캠퍼스 관계자들에게 신고한 것을 후회하게 되었다. 애나는 징계 위원회에서 고발을 무시당했을 뿐만 아니라, 그 풋볼 선수들 편에 서서 뭉쳐서 위협하고 외설적인 말로 욕하고 배척하는 방식으로 자신을 괴롭히는 학생들에게 시달렸다. 이 모든 일로 애나의 자아 감각은 무너져 내렸다. 애나는 대학이 자신에게 새로운 집이자 자신이 속할 수 있는 공동체가 되어줄 줄만 알았다. 예비 학생으로 처음 학교를 찾았을 때 애나는 단박에 그 캠퍼스를 사랑하게 되었다. 애나는 당시에 "천국이 이런 모습이겠구나" 하고 생각했고, 그래서 대학의 실망스러운 대처로 비할 데 없는 상처를 받고 소외감을 느꼈다. 그 이후 애나는 "나는 나 자신을 인정하지 않고 혐오하게 되었다"고 말했다. "그곳은 너무나도 유독한 환경이어서 나는 집에서 지내면서 나 자신을 되찾으려 노력해야 했다."[18]

책임 전가는 대학 캠퍼스에서 예삿일이다. 피고발 남성은 책임에서 면제되는 반면 폭행을 신고한 여성은 비난을 뒤집어쓴다.[19] 성폭력 혐의를 제기한 학생들이 알코올, 마약, 혼전 성관계를 금지하는 학칙을 위반했다며 처벌받는 일도 드물지 않다.[20] 캠퍼스 관계자들은 공식적으로든 비공식적으로든 고발인에게 불이익을 줄 수 있다. 가령 한 운동선수는 피해 사실을 고발한 뒤 하키 팀에서 잘렸다고 주장했다. 학교는 이 선수의 소송을 합의로 마무리 지었지만 잘못된 일은 하지 않았다고 부인했다.[21] 대학 당국이 생존자가 성폭행을 자초했다거나 그걸 막지 못했다는 따위의 이유로 생존자들에게 잘못을 뒤집어씌울 때 책임 전가가 일어난다.

노스캐롤라이나대학을 졸업하고 캐럴라인 헬드먼 등과 함께 '캠퍼스 강간을 끝내자'를 공동 설립한 활동가 애니 E. 클라크는 몇 년 전 성폭행 신고 절차를 물었더니 대학 담당자로부터 "강간은 풋볼 경기 같은 거야, 애니. 게임을 되돌아보는데 네가 쿼터백이고 책임을 질 줄 아는 사람이라면 그 상황에서 네가 달리 할 수 있을 만한 일이 있겠니?"라는 대답이 돌아왔다고 말한다.[22]

클라크와 다른 네 여성들은 성차별적인 대응을 문제 삼아 대학을 상대로 성공적인 소송을 이어 갔다. 클라크는 2018년에 소송이 자신에게 유리한 방향으로 타결되었을 때 "모든 학생들이 어디에서든 안전하다고 느끼면 좋겠지만 특히 학교에서는 더 그랬으면 한다"고 말했다.[23] '캠퍼스 강간을 끝내자'의 공동 설립자이자 이 사건의 또 다른 원고는 이렇게 말했다. "강간보다 더 나쁜 건 배신밖에 없다. 나는 대학 때문에 그 감정을 반복해서 느꼈다."[24]

전국에 있는 대부분의 초등학교와 중학교는 성폭행에 대응할 만한 여건이 고등 교육 기관보다 훨씬 미흡하다. 성폭행 대응을 제대로 하지 못하는 학교의 학생들을 대리하는 조직인 '퍼블릭 저스티스'의 변호사 아델 P. 키멀(Adele P. Kimmel)은 "마치 황야의 무법자가 판치던 서부 시대 같다"고 말한다.[25] 의뢰인인 한 고등학교 2학년생은 동료 학생에게 구강성교를 강요당했다는 사실을 폭로한 뒤 정학 처분을 받았다. 이 학생은 자신의 신고에 대한 학교의 대응을 문제 삼아 이 교외 학군에 소송을 제기했다. 이 소송에 따르면 학교 전담 경찰은 그 여학생이 무엇을 입었는지, 그리고 어째서 "그의 페니스를 깨물지" 않았는지 물었다. 나중에 열린 징계 위원회에서 이 학군의 담당 변호사는 고발인이 "그 일이 진행되는 동안 더 크게 비명을 지르지 않기로 선택"했으므로 그 접촉은 합의에 따른 일이라고 결론을 지었다고 전해졌다. 피해 여학생은 교내에서 성적인 행위에 "참여"했다는 이유로 학교의 성 비행 정책을 위반했다는 판정을 받고 정학을 당했다.[26]

정학은 기관의 배신을 적나라하게 드러내는 궁극적 행위의 예시일 수 있지만 그렇게 드문 일도 아니다. 고등학생들은 성폭행을 신고하고 나서 종종 학교에서 쫓겨난다.[27] 연구에 따르면 특히 흑인 여학생들은 이런 처우에 가장 취약하다. 이들의 반대편에 서기로 한 학교의 결정, 말 그대로 이들을 공동체에서 쫓아내겠다는 학교의 결정은 이들이 얼마나 중요하지 않은 존재인지를 보여주는 증거다.

새크라멘토의 고등학생인 버지니아는 2016년 한 파티에서 반 친구

두 명에게 약물을 주입당한 뒤 강간을 당한 것으로 추정된다. 버지니아가 바지를 벗은 채 침대에서 정신을 잃은 영상을 여러 학생이 보았고 누군가가 학교 당국에 그 강간 사건을 신고했다. 버지니아는 학교의 전담 경찰관에게 불려 간 자리에서, 그 사건이 있기 전에 처녀였는지를 비롯한 여러 질문을 받았다고 말한다. 이 질문은 버지니아를 "아주 비참하게" 만들었다. 강간당한 일이 "별로 큰일이 아니라는 식"이었기 때문이다.[28]

버지니아는 심문이 끝난 뒤 학교 행정관들이 자신에게 그해 남은 기간 동안 학교로 돌아오지 말라고 명령했다고 말한다. 2018년 말에 이 학군을 상대로 제기했다가 1년 뒤 합의에 이른 소송 내용에 따르면, 버지니아와 가족들은 "모든 학생이 주말에 일어난 그 사건에 관해 떠들고" 있으므로 학교에 버지니아가 오면 "주의가 산만해질 것"이라는 충고를 들었다. 버지니아를 강간한 것으로 추정되는 남자 고등학생들과 그 영상을 돌려 본 학생들에 관해서는 일언반구도 없었다. 오늘날까지 버지니아는 조사가 진행되기는 했는지 자신도 모르겠다고 말한다. 버지니아는 다음 학기에 학교로 돌아갔을 때 어떻게 "강간범과 그 친구들이 계속해서 자신을 괴롭히고 골탕을 먹였는지" 설명한다.[29]

버지니아는 학교의 권력자들이 자신을 홀대하면서 강간 트라우마가 악화되었다고 말한다. 그 사건 이후 버지니아는 자살을 시도했고 외상후스트레스장애와 우울증을 진단받고 입원했다. 마침내 학교로 돌아왔을 때는 대체로 B였던 점수가 D와 F로 떨어졌다. 가족의 생계에 도움이 되었던 식당 일도 그만둬야 했다. 수면 습관과 위생 상태가 나빠졌고 살이 빠졌다.

학교 당국이 자신에게 일어난 일을 신경 쓰는 것처럼 보이지 않았으므로 버지니아는 **자신에게** 뭔가 문제가 있는 건 아닐지 고민했다. 학군을 상대로 제기한 소송이 해결되었을 때 버지니아는 자신과 마찬가지로 "온 세상이 등을 돌렸다고" 느끼는 생존자들을 돕고 싶다고 밝혔다.[30]

스탠퍼드 교정에서 그 학교 소속 수영 선수인 브록 터너에게 폭행을 당한 젊은 여성 샤넬 밀러는 스탠퍼드대학의 학생이 아니었다. 하지만 밀러는 학교 근처에서 어린 시절을 보냈고 스탠퍼드를 아주 친밀하게 느꼈다. 밀러는 자신의 회고록에서 이렇게 말한다. "스탠퍼드는 내 뒷마당이자 공동체였고 우리 부모님이 수년간 고용했던 저렴한 개인 교사들의 산실이었다. 나는 그 캠퍼스에서 성장했고 캠퍼스의 잔디밭 위에 텐트를 친 여름 캠프에 다녔고 주머니가 불룩해지도록 치킨 너겟을 담은 채 식당에서 몰래 빠져나가기도 했으며 좋은 친구의 부모님이기도 한 교수들과 저녁 식사도 함께했다." 밀러가 스탠퍼드와 맺어 온 관계는 이 학교가 밀러를 올바르게 대우하리라고 믿을 만한 남다른 이유를 제공했다.

밀러가 캠퍼스에서 폭행을 당하고 터너가 체포되면서 세간이 떠들썩해진 지 일주일이 넘도록 대학 관계자는 밀러에게 연락을 해 오지 않았다. 밀러는 스탠퍼드 학생은 아니었지만 "그 중대한 시기에 학교 측에서 연락이 오리라 희망을 품었다." 밀러는 이렇게 덧붙인다. "내가 하려는 말은 내게 어느 정도 관심을 표현하고, 어느 정도 자원을 쏟고, 그날 일어난 일을 어느 정도 인정하기를 바랐다는 것이다." 터너는 대학을 그만두었고 더는 캠퍼스에 발을 들일 수 없었다. 시간이 지날수록 밀러는 계속 무시당하고 있다는 기분이 들었다. 학교 측은 사과하지도 않았고, 어떤 명백한 성찰도 없었으며 자신의 폭행 사건은 "등장했다가 사라졌다." 재판이 끝난 뒤 스탠퍼드의 공식 성명서는 "미안한 기색도 없었고 거의 자부심으로 차 있었다"고 밀러는 말한다. 꼭 "상처에 소금을 뿌리는" 꼴이었다.

밀러는 이렇게 말한다. "그 폭행은 내게 육체적인 피해를 입혔지만 그보다 더 큰 것들도 무너져버렸다. 기관을 향한 신뢰가 무너졌고 나를 보호할 거라고 생각했던 장소를 향한 믿음도 무너졌다." 밀러의 폭행 사건과 그 이후 상황은 일반적인 패턴과 딱 맞아떨어지는 듯하다. 그리고 밀러는 수많은 실패를 지목하며 스탠퍼드가 이 패턴을 시정하기를 거부했다고 말한다. 스탠퍼드는 시스템 차원의 절차를 검토하지도 않았고, 피해자 서비스가 즉각 가동하도록 만들지도 않았으며, 교내 안전을 재평가하지도 않았다. 요컨대 밀러는 이렇게 설명한다. "그들은 **그 일, 당신에게 일어난 그 일은 중요한 문제였다**고 말했어야 했다."[31]

심리학자들은 기관의 배신을 잘 보여주는 예로 군대 내 성폭력에 대한 군의 대응을 지목해 왔다.[32] "성적 괴롭힘이나 성폭력 신고를 조사하거나 기소하는 것보다 군부대의 화합을 더 중시할 때" 생존자들은 또 다른, 종종 더 극심한 상처에 시달린다.[33] 군대는 "믿음과 충성심, 전우애가 기본"이므로 고발인의 신뢰성을 폄하하는 반응은 특히 해롭다.[34] 연구자들은 군대 내 성폭행 이후에 발생하는 기관의 배신은 상당한 우울증과 외상후스트레스장애 증상과 관련이 있음을 보여주었다.[35]

여성 군인은 남성 군인에 비해 더 높은 비율로 괴롭힘과 폭행을 당하지만[36] 상관에게 배신을 당하는 남성들도 많다.[37] 저스틴 로즈의 사례를 살펴보자. 그는 자신이 잠들어 있는 동안 동료 해군이 자신을 성폭행했을 때 믿을 수가 없었다고 말한다. 상관들의 반응은 이런 자기 의심에 쐐기를 박았다. "안 그래도 제정신이 아니었는데 상관들에게 사건을 보고한 후 지휘 계통에서 받은 첫 질문이 '네가 지어낸 이야기가 아니라는 게 확실한 거야?'였을 때는 정신이 더 혼미해졌다."

로즈의 신뢰성을 향한 공격은 군사 재판이 진행되는 내내 이어졌고, 군판사는 결국 피고발 남성에게 무죄 판결을 내렸다. 로즈는 이렇게 말한다. "다 끝날 때까지 해병대는 나한테 세 번에 걸쳐 실망을 안겼다. 처음에는 내 주장을 진지하게 받아들이지 않았다. 그 다음에는 가해자를 피해자로 만들고 나는 범죄자로 둔갑시켰다. 마지막에는 폭행이 일어난 이후에 적절한 지원과 자원을 제공하지 않았다(성폭행 상담을 할 수 있게 연결해주는 방식이든 이야기를 믿어주는 단순한 행위든)." 로즈는 불신받았고, 비난받았고, **또** 무시당했다.

이런 신뢰성 폄하는 심각하고 장기적인 피해를 입혔다. 로즈는 수년 동안 "나에게 가장 오래 영향을 끼친 건 그 폭행 자체가 아니라는 걸 깨달았다. 한 남자가 다른 남자를 폭행했다는 사실을 믿지 않으려는 사람들의 태도, 내가 믿었던 지도자들의 조롱, 그리고 만일 그 일이 실제로 일어났다면 내가 그 일을 자초한 게 틀림없다는 암시가 가장 견디기 힘들었다."고 말한다. 로즈는 군대의 배신을 "첫 번째 트라우마보다 더 심한" "두 번째 트라우마"라고 표현했다.[38]

국제 인권 단체 휴먼라이츠워치가 2015년에 발표한 보고서에는 군대 내에서 고발인들이 성폭행 이후에 어떤 시련을 겪는지 보여주는 암울한 요약본이 담겨 있다. "침을 뱉음. 음식을 받지 못함. '창녀' '정액받이' '걸레' '호모' 같은 외설적인 말과 욕설로 공격당함. 배치 중에 '아군의 발포'로 죽이겠다고 위협받음. 비하. 좌천. 징계. 비위를 이유로 전역당함."[39] 상관에게 성폭행 신고를 저지당한 한 군사 정보 전문가는 "이 사람들은 내 가족이나 마찬가지였다"고 말하면서 "나는 배신당했다"고 덧붙였다.[40]

군대를 비롯한 여러 직장 환경에서 자신의 주장이 묵살당할 때 피해 자들은 자신이 고용인에게 얼마나 하찮은 존재인지 절감한다. 이런 깨 달음은 파국을 초래할 수 있다. 자신의 정체성이 직업과 긴밀한 관계에 놓여 있는 피해자에게는 특히 더 그렇다. 이런 2차 피해는 생존자가 원 래의 성폭력에서 벗어나고도 한참 뒤까지 이어질 때가 많은데, 국가의 대리자가 가하는 이런 피해는 또 다른 의미를 지닌다.

법에 홀대당하는 피해자들

사법제도 내에서 신뢰성이 폄하당한 성폭행 피해자는 독특한 피해를 경험한다. 경찰과 검사 같은 법 집행 책임자들이 그 혐의는 더 진행할 가치가 없다고 판단할 때 이 배신은 피해자의 가치에 대한 강력한 진술 이기도 하다. 법 집행관들은 고발인이 아닌 가해자를 보호함으로써 생 존자들에게 당신들이 당한 일은 중요하지 않다는 신호를 보낸다. 국가 의 공식적인 허락에 따른 이런 무시는 한 사람이 사회에서 부차적인 지 위에 있음을 강력하게 드러낸다. 불신받든 비난받든 무시당하든 생존 자가 입는 고통은 이루 말할 수 없고 이런 일은 화가 날 정도로 자주 벌 어진다.[41]

우리는 경찰과 검사 들이 재판이나 유죄 인정 같은 형사소송 마지 막 단계에 가기도 전에 대다수의 고발을 묵살한다는 사실을 알고 있다. 이를 '사건 축소(case attrition)'라고 한다. 범죄학자 멀리사 모라비토 (Melissa Morabito)와 동료들은 2019년 한 연구에서 전국적으로 경찰과 검사 들이 놀랍도록 높은 비율로 성폭행 고발을 묵살한다는 사실을 발견했다. 성폭력 사건의 경우 사건 축소가 비일비재하다. 대부분의 피해자들은 자신의 사건이 해결되는 것이 아니라 묵살당하는 장면을 목격한다.[42]

많은 생존자들이 경찰을 처음 만나고는 고발을 진행하지 말라는 설득에 넘어간다. 경찰의 성폭력 대응을 주로 연구하는 사회학자 레이철 러벌은 피해자가 법 집행관과 처음 마주했을 때의 경험이 특히 중요하다고 내게 강조했다. "피해자들은 아주 내밀한 이야기를 털어놓으므로 자신이 취약한 상태라고 느끼고 트라우마도 있는 상태"라고 러벌은 설명한다. 이 순간 생존자들은 세 가지 주장이 받아들여지고 있는지 확인하거나 이중 어떤 것이든 상대가 믿지 않는다는 신호가 나타나는지 살피는 경향이 있다. "그래서 이 첫 만남이 피해자가 수사와 고발을 계속 진행할지 결정하는 데 아주 중요하다"고 러벌은 말한다. 러벌의 연구는 첫 만남 이후 피해자들이 사건을 접는 일이 눈에 띌 정도로 많다는 점을 보여준다. 무시당한다고 느끼는 생존자는 고발을 계속 진행하지 않을 것이기 때문이다.

경찰이 상습적으로 대부분의 강간 고발을 조기 종결하기 때문에 피해자에게는 선택의 여지가 없을 때가 많다. 이는 성폭력이 발생한 이후에 겪는 2차 피해이고, 오래도록 상처를 남길 수 있다. 이런 이유로 여성들은 성폭행 사건을 왜곡된 방식으로 처리했다며 경찰국을 고발하기도 한다.[43]

헤더 말로가 이런 경우다. 2010년 5월, 말로와 친구들은 샌프란시스코에서 열린 '베이 투 브레이커스'라는 달리기 대회에 참가했다. 달리기를 하는 동안 말로는 빨간 플라스틱 컵에 담긴 맥주를 건네받았다. 그걸 마신 직후 이상할 정도로 심하게 취기가 돌기 시작했다. 말로는 중간에 일어난 일을 전혀 기억하지 못하는 상태로, 낯선 집에서 멍하고 어리둥절한 기분으로 의식을 되찾았다. 침대에 같이 앉아 있던 남자에게 그간 무슨 일이 있었냐고 묻자 남자는 말로에게 "우리가 섹스를 했다"고 말했다. 이 순간 말로는 약물을 탄 술에 취해 강간당했음을 깨달았다. 말로는 바로 제일 가까운 응급실에 갔고 간호사에게 강간 키트로 검사를 받았다.

말로에 따르면 그 다음 주에 샌프란시스코 경찰국의 수사관은 말로에게 그 강간범이라는 남자에게 연락한 다음, 자백을 받아내도록 "그 남자에게 알랑대고" 그 남자를 알아볼 수 있다는 걸 증명하기 위해 "데이트 약속을 잡으라"고 지시했다. 말로는 만일 이 지시를 받아들이지 않으면 경찰은 말로의 강간 사건을 수사하지 않을 거라는 말을 들었다고 전한다.

말로는 자신이 이 사건을 계속 진행하지 못하도록 해당 수사관이 "강하게 기를 꺾어놓았다"고 주장한다. 말로에 따르면 이 수사관은 "샌프란시스코 경찰국이 알코올이 개입된 강간 사건을 수사하고 추진하기에는 너무 일이 많다"는 입장을 은근하게 들이밀었다. 하지만 말로는 설득에 넘어가지 않았다. 결국 말로는 용의자의 DNA 샘플을 검출했고 강간 키트 검사 결과가 곧 나온다는 이야기를 들었다.

이후 2년간 말로는 경찰에게 자신의 강간 키트 결과를 확인했냐는 질문을 되풀이했고 제대로 된 답변을 듣지 못했다. 한번은 경찰들로부터 "당신은 '여자'고 '남자보다 중요하지 않고' '생리를' 하니까" 그 사건이 있던 날 "파티를 즐기러 나가지 말았어야 했다"는 충고를 듣기도 했다. 마침내 강간 키트를 확인한 직후, 말로는 자신이 접한 태도가 비일비재하다는 사실을 알게 되었다. 2014년에 샌프란시스코 경찰국이 2003년부터 지금까지 처리하지 않은 강간 키트가 "수천 건"에 이른다는 사실을 인정한 것이다.[44]

말로는 처리되지 않은 수천 건의 강간 키트를 근거로 삼아 샌프란시스코 경찰국이 성폭력 혐의를 불성실하게 수사하는 관행에 젖어 있다고 주장하며 여러 고위 경찰들과 샌프란시스코를 상대로 소송을 제기했다. 말로는 이 사건을 계속 밀고 갈 수가 없었다. 제소 기한과 위헌적인 차별을 주장하는 원고들 앞에 놓인 법적 장애물 때문에 소송이 각하된 것이다.[45] 하지만 다른 경찰국과 주를 상대로 제기한 유사한 고발들은 이미 해결되었고 일부는 아직 진행 중이다.[46]

2015년 말로와 메건 이보스는 '강간법 집행을 지지하는 사람들'을 결성했다. 이보스는 테네시주의 멤피스 경찰국이 자신의 강간 키트를 처리하기까지 9년을 기다렸다. 그동안 강간범은 다른 성인 여성 다섯 명과 열두 살 난 소녀를 성폭행했다.[47] 말로와 이보스는 이렇게 말한다. "강간 사건을 수사하고 해결하려면 경찰이 정말로 일을 해야 한다. 형사들은 목격자를 찾아 면담하고, 피해자와 면담하고, 증거를 추적하고, 피해자와 목격자 모두에게 사건 진술을 확인하고, 사건의 세부 사항들과 미제 사건들 사이에 유사한 패턴이 있는지 비교하면서 확인해야 한다. 하지만 경찰은 다리품을 팔면서 필요한 일을 하는 대신 강간 사건을 파헤치지 않고 폄하하고 '사라지게' 만든다."[48]

비면식범 강간 패러다임과 '완벽한 피해자' 원형으로 다시 돌아가서 생각해보자. 법 집행관들은 종종 "올바른 피해자"를 입에 올린다. 이는 비면식범에게 당한 여성, 가해자와 맞서 싸운 여성, 과거에 오점이 없는 여성을 의미한다. 한 형사는 범죄학자 카시아 스폰에게 "올바른 피해자가 있으면 나는 최선을 다해서 용의자를 체포할 것"이라고 말한 뒤 "하지만 내가 담당한 피해자의 대부분은 그래 보이지 않는다"고 덧붙였다. 성폭력에 관한 사법제도의 대응을 전문으로 연구하는 스폰은 이런 말이 전형적이라고 지적한다.[49]

법 집행 기관이 성폭력을 다루는 방식에 관심을 두는 심리학자 리베카 캠벨은 연구 과정에서 이와 똑같은 태도를 늘 접한다. 캠벨은 "사법제도는 사회에서 중요하게 받아들여지지 않는 구성원들이 당한 폭력과 피해에 관심을 기울이지 않을 것"이라고 말한다. 이런 홀대는 법 집행 자원이 부족해서 더 악화된다. 캠벨의 연구는 여성들이 "교차되는 정체성을 지닐 경우에는 시스템에 의해 특히 형편없는 대우를 받는다"는 점을 보여준다. 이건 마치 "두 번째 강간"을 당하는 기분일 수 있다고 캠벨은 말한다.

2004년 여름, 미들베리 칼리지에서 막 3학년을 마친 루시아 에번스는 맨해튼의 한 고급 클럽에서 하비 와인스타인을 우연히 만났다. 에번스는 배우가 되는 게 꿈이었다. 그래서 와인스타인이 전화번호를 물었을 때 행운으로 여겼다. 이후 며칠 만에 와인스타인은 에번스에게 전화를 걸어 미라맥스 사무실에서 보자고 했고 에번스는 거기에 응했다.

에번스는 이 만남에서 와인스타인이 자신을 성폭행했다고 말한다. 이후 10년이 지나 에번스는 언론인 로넌 패로에게 자신은 "반복해서 '하기 싫어요. 그만, 싫어요.'"라고 했지만 와인스타인은 자신에게 구강성교를 강요했다고 말했다. 에번스는 거기서 벗어나려고 했지만 "와인스타인을 발로 차거나 그와 싸우고 싶지 않았다"고 술회한다. 나중에는 성폭행을 막을 수 있는 행동을 충분히 했는지 스스로 의심하기도 했다. "그게 제일 끔찍한 부분이다⋯⋯. 사람들은 포기를 하니까. 그리고 그게 자기 잘못이라고 느낀다." 에번스는 수치심 "역시 내가 입을 열지 못하게 만들었다"고 말한다. 와인스타인은 에번스를 성폭행했다는 혐의를 부인한다.

에번스는 몇몇 친구에게 사건의 아주 일부만 털어놓았고 성폭행에 관해서는 대체로 침묵했다고 기억한다. 자기 파괴적인 행동에 손대기 시작했고 인간관계와 학업에 어려움을 겪었다. "그 사람을 막지 못한 게 항상 내 잘못"인 것 같다고 느꼈다. "난 내가 역겨웠다."[50]

2017년 10월 〈뉴요커〉에 에번스의 증언을 내세운 패로의 기사가 실린 직후, 뉴욕 경찰국의 형사들은 에번스에게 와인스타인을 고소하라고 종용했다.[51] 에번스는 형사들과의 이 만남이 "초현실적"이었다고 말한다. 이 거물의 성폭력을 공개적으로 고발한 다른 여성들과는 달리 에번스는 배우가 아니었다. 와인스타인과 만난 뒤 에번스는 꿈을 접고 마케팅 컨설턴트가 되었다. 그래서 집중 조명을 받는 게 익숙하지 않았다. "나한테는 그게 무서웠다"고 에번스는 말한다. "언론 때문에 이런 일을 벌인 건 분명히 아니었다. 명성이나 일확천금을 노린 것도 아니었다."

에번스는 이 일이 가족에게 끼칠 영향이 두려웠다. 피고 측이 어떻게 자신의 신뢰성을 망가뜨리려 들지 불안했다. "소송 절차가 어떻게 진행될 수 있는지는 안다." 에번스는 이렇게 설명한다. "영화도 많이 봤고 법률 프로그램도 많이 봤다. 그래서 이 일이 어떻게 진행될 수 있는지 안다. 그리고 내 생각에 이야기는 항상 피해자들이 증언대에서 난도질 당하는 식이었다. 그러니 어떻게 자기한테 그런 짓을 할 수 있겠는가?

무엇 때문에 자기 자신이나 가족들이 그런 일을 겪게 만들겠는가?"⁵²

형사들은 에번스가 살던 집에서 계속 지내면 위험해질 수 있다고 겁을 주더니 이사를 제안했다. 에번스와 남편은 워싱턴 D.C.를 떠나 임시로 뉴욕 인근 주택으로 이사했다.⁵³ 에번스가 경찰에 협력할지를 놓고 고심하면서 변호사들, 가족, 친구들과 상의했을 때 이들은 모두 비슷하게 조언했다. 협력하지 말라고 말이다. "그 사람들은 너와 같이 일한 적 있는 모든 사람들과 네가 관계를 맺은 적 있는 모든 사람들한테 가서 네 신뢰성에 흠집낼 만한 것이라면 뭐든 찾아내려고 할 거"라는 경고가 에번스에게 날아왔다. "그 사람들은 네 쓰레기까지 뒤져서 네가 과거에 했던 걸 낱낱이 찾아낸 다음 부풀려서 너를 욕보이고 네 삶을 망쳐놓을 거야. 기본적으로."

결정을 내릴 때가 되자 에번스는 어려운 선택을 해야 하는 많은 이들이 으레 하는 일을 했다. 목록을 만든 것이다. 와인스타인 고발에 참여하지 않을 이유는 넘쳤다. "내 안전을 둘러싼 두려움, 내 가족, 내 명성, 내 경력, 모든 것을 둘러싼 두려움. 이 모든 것들이 다 망가질 것이다." 목록의 반대편에 있는 이유는 단 하나였다. "그게 옳다고 느껴지니까."⁵⁴ 에번스는 검사들에게 협조하기로 했고 2018년 5월 이들은 와인스타인을 에번스 성폭행 혐의로 기소했다. 에번스는 주(州)의 증인이 되었고 재판을 준비하는 지난한 과정에 들어갔다.

몇 달 뒤 에번스는 자신이 제기한 혐의는 불기소처분이 내려졌다는 걸 알게 되었다. "뒤통수를 맞은 거다." 에번스가 말한다. "지난 한 해 동안 내 삶을 집어삼킨 일이자 내 결혼 생활과 가족과 경력에 피해를 안긴 일이 그냥 끝난 거다. 완전히 버려진 기분이었다. 배신감도 들었다."⁵⁵ 검사들은 상충되는 증인 진술이 있다는 걸 알게 되었다고 발표했다. 사건 직후 에번스가 그 구강성교는 합의에 따른 것이라고 표현했다고 에번스의 친구 한 명이 수사관에게 전했다는 것이다.[56]

에번스는 이 주장을 반박한다.[57] 하지만 언론은 에번스를 거짓말쟁이로 몰아세웠고 와인스타인의 법률 팀도 에번스를 조롱하면서 형사와 그 형사가 사건 전체에 들인 노력의 진정성까지 걸고넘어졌다. 에번스의 고생을 계속 추적한 패로에 따르면 "지방검찰청의 정보원들은 에번스는 믿을 만했지만 기본적으로 다른 여성들이 관련된 기소를 보호하는 문제에 대해 극도로 보수적이다 보니 에번스 사건을 불기소한 것이라고 사적으로 이야기했다."[58]

에번스는 성폭행 이후 "내가 괜찮고, 아직 좋은 사람이라는 약간의 인정만 있으면 된다"고 생각했다고 회상한다. "그게 아직도 내 잘못 같았다. 누가 봐도 그렇지 않은데도 말이다."[59] 사건이 있은 지 10여 년의 시간이 흐른 지금, 기소가 진행되고 와인스타인이 에번스를 성폭행한 일에 책임을 졌더라면 에번스는 필요한 인정을 받을 수 있었을 것이다.

하지만 에번스는 버려지고 배신당한 기분을 느꼈다고 표현한다. 법 집행 기관에 협력하기로 합의했을 때 두려워했던 많은 것들이 그대로 실현되었다. 에번스는 처음부터 자신이 "다른 사람의 목적을 위해 이용당하는 도구일 뿐"일까 봐 걱정했다. 결국 이 우려는 사실로 확인되었다. "난 노리개였다. 한번 쓰고 버려지는." 고발이 불기소로 끝나고 1년이 지난 시점에도 에번스는 아직 그 경험이 자신에게 입힌 피해를 감당하는 중이었다. "솔직히 말하면 이 일을 완전히 처리하지 못했다. 아직 힘든 싸움을 하고 있다."[60]

이 싸움은 너무나도 익숙하다. 신뢰성 구조 때문에 고생하는 생존자들이 곳곳에 있기 때문이다. 이걸 바꾸는 건 우리 모두의 몫이다.

7장

불신을 넘어

생존자는 어떻게
치유의 길에 이르는가

앨리슨 터코스는 자신이 당한 강간을 수차례 이야기했다. 그런데도 여전히 그 일을 떠올리기 힘들다. 다른 사람들이 그 이야기에 귀 기울이는 걸 힘들어하듯 말이다. "내 이야기를 듣는 게 아주 힘들다는 건 나도 이해해요." 터코스는 내게 이렇게 말했다. "나도 거기서 살아남아야 했기 때문에 그걸 이해하는 거예요."

2017년 가을 어느 날, 당시 20대 후반이던 터코스는 친구들과 술을 마시려고 밤에 외출했다가 집에 가려고 승차 서비스에 연락했다. 하지만 터코스는 "리프트(Lyft) 기사가 총을 들이대고 나를 납치해서는 최소 두 명의 다른 남자들과 같이 주 경계선 너머로 차를 몰았고" 공원에서 기다리던 남자들 "패거리가 나를 강간했다"고 말한다. 이 리프트 기사는 나중에 다시 터코스를 집까지 태워다주었다. 브루클린 자치구 안에서 15분이면 끝났을 승차는 "80분짜리 생생한 악몽"으로 바뀌었다.

리프트 앱은 기록된 추가 이동 시간을 더해 20달러도 안 나와야 하는 이용료에 107.95달러를 청구했다. 사건이 있은 지 하루도 안 지나서 터코스는 자신이 리프트로 납치당했다며 온라인으로 신고했다. 리프트는

"불편을 끼쳐드려서 죄송하다"며 우회하지 않고 집으로 바로 갔더라면 지불했을 12달러를 제외하고 요금을 환불해주겠다고 답변했다.[1]

터코스는 가까운 친구에게 이 이야기를 털어놓았고 친구는 전혀 의심하지 않고 함께 가까운 병원까지 걸어갔다. 터코스는 거기서 강간 키트로 검사받았고 한 의사의 설득에 힘입어 뉴욕 경찰국에 신고하기로 결심했다. 나중에 자신의 강간 키트의 관리 권한을 신고에 응대한 경찰들에게 인계한다는 서명을 하면서 터코스는 모든 서류를 저장하고 심지어 강간 키트 사진까지 찍었다. 자신의 고발이 제대로 처리되지 않을 거라고 충분히 예상했기 때문이다. 터코스는 수년간 너무 많은 고발인들이 묵살당하는 걸 봐 와서 신뢰성 구조의 작동을 알고 있었다.

터코스가 경찰에 성폭행 신고를 한 건 처음이었지만 성폭행을 당한 건 처음이 아니었다. 터코스는 열여섯 살 때 친구의 졸업 파티에서 자기보다 나이 많은 남자에게 강간을 당했다. "그냥 부끄럽고, 부끄럽고, 부끄러웠죠." 터코스는 이렇게 회상한다. 그리고 아무에게도 그 일을 말하지 않았다. 대학에 입학한 첫 주에 두 번째로 강간을 당했다. 이번에도 터코스는 경찰이나 학교 당국에 성폭력을 신고하지 않았다.

터코스는 리프트 기사에게 납치당한 이 세 번째 강간 이후에야 경찰에 신고해야겠다고 결심했다. 과거에 당했던 폭행들과는 달리 이번 사건은 무기를 든 비면식범의 소행이었다. 이는 혐의가 신뢰를 얻을 가능성을 높이는 비면식범 강간 패러다임과 유사했다. 그리고 터코스에게는 디지털 이동 경로와 강간 키트 같은 증거가 있었다. (나중에 이 키트는 확인을 거쳐 두 남자와 그밖에 더 많은 남자들의 정액을 밝혀냈다.)

터코스는 이 사건을 배당받은 형사에게 거의 아무런 연락을 받지 못했다. 6개월 뒤 자신의 신고를 처리하는 방식에 공식적으로 문제를 제기한 뒤 결국 새로운 형사를 배당받았다. 그러다 경찰의 수사가 FBI로 이관되었다. 그 리프트 기사가 주 경계를 넘었기 때문이다. 수사가 지연되는 것도 문제였지만 이 사건에는 여러 가지 문제가 더 있었다. 터코스는 연방 요원에게 "그 당시의 비디오 증거를 입수하지 못하고 리프트 기사의 신문을 망치는 등 뉴욕 경찰국이 처음에 수사를 진행한 방식에 결함이 있어서" 그 사건 수사에 심하게 힘이 빠졌다는 이야기를 들었다고 말한다.[2]

터코스는 자신이 공식적으로 고발을 접수한 뒤에도 해당 기사가 계속 차량을 운행할 수 있도록 리프트가 허용하고 있다는 사실도 알게 되었다. "나는 사회가 항상 '해야 한다'고 말하는 일을 했어요." 터코스는 이렇게 말한다. "경찰에 신고했고, 리트프에 있는 '신뢰와 안전' 팀에도 신고했어요. 트라우마를 계속 되새겼고, 나의 고통을 나눴고, 그 사람들이 나를 도울 수 있도록 내가 할 수 있는 건 다 했어요. 그런 온갖 일을 다 했는데 그 사람들은 굳이 시간을 들여서 간단한 이메일 답장조차 쓰지 않았어요. 그 사람들은 나를 무시하고, 하찮게 여기고, 묵살했어요."[3]

그 사건이 있고 거의 2년이 지나서 터코스는 리프트가 그 납치범의 고용을 기꺼이 유지함으로써 다른 잠재적인 피해자의 안전을 "냉담하게 무시"하는 태도를 보였다고 주장하면서 리프트를 고소했다.[4] 법원 기록물에 대부분 익명으로 처리된 다른 몇몇 여성들도 리프트가 자신들이 당한 폭행을 예방하기 위해 합리적인 조치를 취하지 않았고, 자신들의 신고에 성의 없이 대응했다고 주장하면서 리프트를 고소했다.[5]

터코스는 의도치 않게 생존자들의 대변인 같은 존재가 되었다. "리프트가 조직적으로 우리의 트라우마를 지우고 있고 피해자인 나도 지우고 있다"고 터코스는 말한다. "그들의 대응에는 일관되게 피해자에 대한 절대적인 혐오감이 배어 있었어요."[6] 터코스는 이렇게 설명한다. "나는 진지하게 받아들여지고 사람들이 내 이야기를 경청하고 믿게 만들고 싶어서 내 얼굴, 이름, 평판을 모두 걸었어요."[7]

터코스는 성폭행 피해자를 보호하는 데 실패했다는 이유로 뉴욕 경찰국도 고소했다.[8] 이 고소는 "성범죄가 어떻게 발생하고 그로 인해 어떻게 인생을 바꿔놓을 정도로 지독한 피해가 발생하는지에 관한" 경찰의 "근본적인 무관심"을 드러낸다. 성폭행을 당했다고 신고하는 여성들은 일상적으로 조롱받고 홀대당하며, 사건은 "아무런 관심도 얻지 못하거나 너무 형편없이 다뤄져서" 이후 수사가 이루어져도 "심각한 장애 속에" 진행된다. 그리고 결국 가해자들이 아무런 대가도 치르지 않고 빠져나가는 동안 피해자는 또다시 상처받는다.

터코스는 뉴욕 경찰국과 리프트를 고소할 수 있는 위치에 있어서 운이 좋다고 느낀다. 자신의 특권 때문에 법원과 공적 영역에서 신뢰성을 얻을 수 있다는 것이다. 터코스는 자신이 백인이고, "퀴어지만 이성애자로 통하고" "변호사를 고용할 정도의 돈을 벌고 있다"고 설명한다. 그리고 자신이 미국 시민이라는 점도 강조한다. 자신보다 더 주변적인 처지에 놓인 생존자들은 시스템 변화를 요구하기 훨씬 어려울 거라고 터코스는 강조한다. "나는 소송을 걸고 '당신에게 책임을 물을 거예요. 더 투명해지세요.'라고 말할 수 있어요. 이게 내가 할 수 있는 일들이에요. 내 특권인 거죠. 이게 내가 지닌 특권을 사용하는 방식이고요."

터코스는 사람들이 자신을 믿어주는 것은 출발점에 불과하다는 사실을 분명히 한다. 더 큰 목표는 정의다. 정의가 어떤 모습인지 구체적으로 설명하는 편이 무엇이 정의가 아닌지 밝히는 편보다 훨씬 어렵지만 말이다. "내가 보기에 정의는 아주 다양하게 규정될 수 있어요. 그래서 정의에 이르는 길도 아주 많고요." 터코스는 이렇게 말한다. "사법제도가 날 구해줄 거라거나 모든 걸 해결해줄 거라고는 기대하지 않아요. 하지만 스스로 그렇게 생각한다는 건 아주 슬픈 일이지요. 우린 시스템에 의지할 수 있어야 하잖아요. 특히 아주 취약한 사람들, 주변화된 공동체에 속한 사람들은요. 시스템은 그런 사람들을 위해 존재하는 것인데 우리를 실망시켜요. 우리를 자꾸만 실망시키죠."

터코스에게 소송은 제도 변화를 이끄는 하나의 방법이다. 터코스는 자신의 신뢰성을 심판하는 위치에 있지만 기대에 못 미친 **모든** 사람들을 생각한다. 그리고 이는 "나쁜 행위자 한 명"의 문제가 아니고, 자신의 사건을 담당한 첫 번째 형사만의 문제도 아니었음을 깨닫는다. 오히려 터코스의 주장은 "많은 진입 지점"에서 누군가에게 전달되었다. 사건 이후 줄곧 터코스의 이야기를 들어준 친구들 사이에서도 반응의 질에 편차가 있었다. 성폭력 검사를 했던 간호사, 여러 달에 걸쳐 만났던 수많은 경찰들, 리프트 직원, FBI 요원들도 모두 그런 진입 지점이었다. "이건 시스템의 문제"라고 터코스는 말한다. 그리고 "이런 일은 뉴욕뿐만 아니라 곳곳에서 일어난다." 그 공원에 있던 남자들만의 문제가 아니라 "시스템의 문제"였다.

이상적인 상황이었다면 자신을 성폭행한 남자들이 어떻게 처리되었어야 했는가에 관해 터코스는 양면적인 태도를 취한다. 터코스는 감옥이 끔찍한 장소이고 일반적으로는 투옥에 반대한다고 말하며 특히 회복적 정의를 언급한다. 그러면서도 자신의 사건에서 형사제도의 대안을 상상하기는 힘들다고 말한다. "나를 성폭행하고 강간했던 남자들 중에 누구하고도 같은 방 안에 앉아서 '당신의 사과가 필요해요. 당신이 6개월 동안 상담을 받았으면 좋겠어요.'라고 말할 자신은 도저히 없어요. 아직 그 정도는 아니에요."

3년 정도 시간이 흘렀지만 터코스는 아직 어떤 날은 자신이 "피해자"로 느껴진다고 말한다. 자신이 어떻게 "이런 일이 일어나게 만들었는지" 곱씹을 때도 있다. "내가 어떻게 낯선 사람하고 같은 차에 탔지? 맞아, 내가 술을 마셨지. 그렇지만 필름이 끊길 정도는 아니었어. 내가 무슨 짓을 했길래 나한테 이런 일이 일어난 거지?" 또 다른 날, 사실 대부분의 날에는 자신이 "난폭한 생존자"이며 신뢰성 구조에 맞서 열렬히 싸우는 투사임을 안다.

믿을 만한 고발은 의미 있는 방식으로 현 상태를 교란한다. 그렇다면 무엇이 의미 있는 교란일까? 타라나 버크의 적절한 표현을 빌리면 그건 해당 폭력이 "젠더 기반 폭력의 스펙트럼" 가운데 어디에 놓이는지에 따라 다르다. 현 상태를 교란하는 정도는 해당 폭력이 얼마나 심각한지에 달려 있다.

2017년 10월에 미투 운동이 폭발한 직후, 버크는 자신이 10년 앞서 기초를 닦은 이 운동을 돌아보면서 자신의 고향 앨라배마주 몽고메리에 있는 제일 좋아하는 한 식당을 떠올렸다. 이 식당에서는 대부분이 흑인 여성인 종업원들이 마치 통과 의례처럼 주 요리사에게 성적 괴롭힘을 당했다. 버크는 "알아주는 사람도 없고 아무런 보상도 없는데 약 25년 전에 자기 자신과 법대 교수라는 경력을 스스로 위태롭게 만든 애니타 힐"과 이 여성들을 연결했다. 그리고 버크는 자신의 표현에 따르면 "10년이 넘도록 흑인 소녀들을 괴롭힌 가수 알 켈리 같은 유명 가해자들에게 괴성을 질러댔지만 아무런 소득이 없었던" 여성들도 이 종업

원들과 연결했다. 그리고 버크는 이 모든 여성들을 이제 막 자기 이야기를 털어놓기 시작한 "일상의" 생존자들과도 연결했다.[9] 그 식당의 피해자들, 애니타 힐, 알 켈리의 고발인, 그리고 모든 일상의 생존자들에게 현 상태의 의미 있는 교란—고발이 **신뢰**를 얻기 위해 필요한 것—은 각자 다른 모습이다.

고발이 어떤 환경에서 제기되는가는 가능한 대응의 범위에 영향을 끼치므로 이 역시 중요하다. 가령 피해자를 지원하는 범위에 영향을 줄 수 있다. 대학 행정 직원은 중요한 교내 숙소를 제공할 수 있고 직장의 인사부는 피해자가 바라는 대로 부서를 이동시켜줄 수 있으며 친구는 감정적인 지원을 할 수 있다. 하지만 현 상태를 의미 있게 교란하려면 피해자를 지원하는 데서 나아가 가해자가 대가를 치르게 해야 한다. 대학 행정 직원은 처벌 조치를 이행할 수 있고 인사부 직원은 정직 처분을 내리거나 고용을 종결할 수 있고 친구는 관계를 끝낼 수 있다.

전반적으로 현 상태를 의미 있게 교란하는 작업—진정한 신뢰성의 발견—은 가해자가 생존자에게서 **빼앗아** 간 것 가운데 많은 부분을 복원할 수 있다. 생존자의 권력, 안전감, 통제감, 타인을 신뢰하는 능력, 존엄, 공동체의 동등한 성원으로서 지니는 가치. 고발인이 성폭행을 폭로할 때마다 이 모든 것들이 위태로워진다. 우리는 고발을 신뢰함으로써 생존자의 정당한 몫을 다시 채운다.

트라우마의 신경생물학을 연구하는 심리학자 케빈 베커는 친밀하고 확대된 공동체 구성원들의 긍정적인 반응은 치유에 중요한 통제감과 안전감을 복원하는 데 도움을 줄 수 있다고 말한다. 심리학자 주디스 루이스 허먼도 이와 비슷하게 피해자의 주변인들은 "트라우마의 궁극적인 해결에 강력한 영향력"을 행사한다고 강조한다.

어떻게 도움을 줄 수 있을까? 허먼은 "질서와 정의에 관한 생존자의 감각을 복원"하려면 생존자가 속한 공동체 구성원들이 트라우마를 유발한 그 사건을 공식적으로 인정하고 그 피해에 책임을 지우고 "상처를 복원"하기 위한 조치를 취해야 한다고 말한다.[10] 허먼은 성폭력과 가정 폭력 피해자들이 자신이 겪은 폭력을 어떤 식으로 이해하는지, 그리고 "상황을 바로잡"기 위해서 무엇이 필요한지 연구하면서 생존자들이 주로 **인정**, 즉 그 폭력이 일어났고 그것이 피해를 끼쳤다고 인정받기를 원한다는 사실을 확인했다. 허먼은 "많은 생존자들이 가해자가 자백하면 좋겠다는 바람을 드러냈다. 그 이유는 주로 자백이 가족이나 공동체가 사건을 믿어줄 유일한 증거라고 믿기 때문"이라고 말한다. 일부 생존자들은 가장 가까운 사람들의 인정에 가장 신경 썼고, 다른 생존자들은 "더 큰 공동체의 대표자나 공식적인 사법 당국"의 인정에 관심을 보였다.

생존자들이 **지지**를 갈구할 때도 많았다. "이들은 자신의 공동체가 분명하게 범죄 행위를 비난하는 입장을 취하기를 원했다." 폭력에 대한 공격을 피해자를 향한 연대의 표현으로 인식한 것이다. 그리고 이것을 성폭력을 교정하는 데 필요한 조치로 이해했다. "생존자들은 그 범죄가 자신들의 명예를 더럽히고 고립시키려는 의도를 담고 있다는 것을 날카롭게 인식했다"고 허먼은 말한다. "그래서 이들은 명예를 회복하고 공동체와의 관계 재구축을 원했다." 동시에 가해자를 비난하는 행위는 "불명예라는 짐을 피해자에게서 가해자 쪽으로 옮기는" 일이다.[11]

여러분은 성폭력 피해자들을 대리하는 변호사이자 전직 올림픽 금메달리스트이면서 듀크대학 2학년 시절 강간을 당했던 낸시 혹스헤드-마커를 기억할 것이다. 그리고 혹스헤드-마커가 성폭행을 당한 이후의

상황이 피해 당사자가 바란 것과 정확히 일치했다는 사실도 기억할 것이다. 사람들은 혹스헤드–마커를 믿었다. 혹스헤드–마커를 탓하지 않았다. 그리고 공동체는 혹스헤드–마커에게 취하는 조치에 크게 신경쓰고 있음을 보여주었다. 이런 관심의 표현이 있었기에 혹스헤드–마커는 앞으로 나아갈 수 있었다. 가해자를 체포하지는 못했지만 그건 혹스헤드–마커를 불신하거나 비난하거나 무시해서가 아니었다. 집단적 반응이 혹스헤드–마커를 인정하고 지지했고, 그래서 이 여성은 치유가 가능했다.

인정, 지지, 연대

2017년 말에 미투 운동이 과거의 성폭력에 관한 새로운 대화에 불을 지폈을 때, 코미디 작가인 메건 갠즈는 과거의 상사인 댄 하먼에게 수년 전 두 사람이 같이 일할 때 그가 자신에게 저지른 일을 사과할 것을 요구했다. 그 직후 하먼은 팟캐스트에서 갠즈가 자신의 접근을 거부하자 자신이 어떻게 갠즈를 괴롭혔는지 길고 정확하게 설명했다. 그는 자신의 행동이 잘못되었음을 안다고 인정했다. 하먼은 이렇게 말했다. "다시는 그런 일을 하지 않을 겁니다. 그렇지만 내가 여성을 조금이라도 존중했다면 분명히 그런 일을 할 수 없었을 테죠."[12]

그 팟캐스트가 방송된 뒤 갠즈는 트위터에 이런 글을 남겼다. "그걸 한번 들어봐요. 겨우 7분짜리지만 사과하는 법의 훌륭한 교본이에요. 그 사람은 합리화하거나 정당화하거나 변명하지 않아요. 과거에 저지른 어떤 두루뭉술한 잘못을 모호하게 인정하지도 않아요. 제대로 설명해요." 그리고 이건 "절대 복수 같은 게 아니"라고 갠즈는 덧붙였다. "여기서 중요한 건 지지입니다."[13] 갠즈에게 이 지지 발언은 다른 사람들만큼이나 자기 자신을 향한 말이었다.

당시 갠즈는 하먼의 접근이 달갑지 않았던 데다가 자신이 남성 작가들과 다르게 대우받고 있다고 느꼈다. 이에 갠즈는 하먼에게 따졌지만 당시 하먼은 이 모든 걸 완전히 부정했다. 따라서 이후 그의 사과는 갠즈가 주장했던 내용이 사실임을 확인해준 것이었다. "무슨 일이 있었는지는 우리 둘 다 알지만, 이건 그 사람만이 나를 위해 확인해줄 수 있는 이야기였다"고 갠즈는 말한다. 하먼의 사과는 갠즈가 끈질긴 자책에서 벗어나는 데도 도움을 주었다. 갠즈는 이렇게 설명한다. "내가 그 일을 친구들한테 이야기할 때마다 친구들은 '그건 네 잘못이 아니었어. 넌 잘못한 거 아무것도 없어.'라고 당연히 말하곤 했다. 그리고 나도 그게 맞다는 걸 안다. 하지만 내 안의 어떤 작은 부분은 항상 '너희는 거기 없었잖아'라고 생각하곤 했다. 아이러니하게도 내 머릿속에서 이런 의심을 없앨 수 있는 유일한 사람은 댄이었다."[14]

많은 생존자들이 진심 어린 사과를 값진 보상으로 여긴다.[15] 잡아떼거나 조금도 자기중심적이지 않은 진실한 사과는 흔치 않다. 하지만 진정한 사과는 대부분의 생존자들이 성폭행 이후 바라는 것과 정확하게 같은 기능을 한다. 철학자 닉 스미스(Nick Smith)는 적절한 사과가 무슨 일을 할 수 있는지 설명한다. 사과하는 사람은 그 행위로 피해의 책임을 받아들이고 어째서 그 행동이 잘못되었는지를 설명한다. 이렇게 함으로써 "피해자의 믿음을 인정한다." 또한 사과에는 피해자가 평등하고 인간적인 삶을 누릴 수 있도록 노력하겠다는 의지가 담긴다. 사과하는

이는 피해자를 자신의 이익을 가로막는 "장애물"로 보는 대신 "존엄한 인간"으로 대한다. 그리고 사과에 같은 행동을 되풀이하지 않겠다는 약속이 포함될 경우 피해자는 가해자가 다시는 자신이나 다른 누구에게 상처를 입히지 않으리라는 사실을 알고 더 마음을 놓을 수 있다.[16]

사과는 회복적 정의라고 알려져 있는 분쟁 해결 모델의 중요한 요소다. 회복적 정의는 많은 피해자들이 전통적인 법적 책임의 매력적인 대안으로 여기는 치유 경로를 제공한다. 나는 다들 잘 아는 결함 때문에 기존 절차에 심한 불안을 느끼는 고발인들에게 이 이야기를 여러 차례 들었다.

변호사인 수사사 발리거는 회복적 정의를 위해 기울인 노력으로 맥아더 "천재" 상을 받았다.[17] 발리거의 표현에 따르면 회복적 정의는 "가해자와 피해자, 그리고 그 영향을 받은 가족과 공동체를 피해를 회복하고 관계를 복원하는 과정으로 이끈다." 회복적 정의의 목적은 가해자를 처벌하는 것보다는 생존자를 비롯한 모든 관련자들을 치유하는 것이다. 이 과정은 적대적이지 않기에 고발인과 피고발인은 협력한다.

발리거는 성폭력 사건의 경우 대부분의 생존자들이 가해자가 책임을 받아들이기를 원한다고 말한다. 많은 생존자들은 가해자가 책임을 인정하는 자리에 자신의 가족과 친구들이 함께 있기를 원한다. 많은 이들이 가해자가 **그 일이 잘못되었다**는 사실을 이해하고 다시는 그런 행위를 반복하지 않겠다고 진실하게 약속하기를 원한다. 일부 생존자들은 가해자를 다시 만나야 하는 상황을 피하고 싶어 한다. 그래도 시간이 지나면 양쪽 당사자, 그리고 이상적으로는 이들과 가까운 사람들이 함께 모여 그 사건이 초래한 피해를 어떻게 복구할지 의논할 수 있다. 발리거는 "이 과정이 끝날 때면 생존자가 스스로 밝힌 요구 사항을 충족하기 위해 입회한 모든 사람의 동의에 따라 계획이 마련된다. 가해의 책임이 있는 사람은 피해자에게 올바르게 대응하기 위해 가족과 공동체의 지원을 받는다."고 설명한다.

회복적 정의에는 중요한 장점이 있다. 이 접근법은 생존자를 그 사람의 경험과 고통의 깊이에 관한 믿을 만한 정보원으로 대한다. 생존자의 가치는 절대 의심받지 않으며, 생존자는 여기서 자신에게 필요한 인정을 받을 수 있다.

법학자 레슬리 웩슬러(Lesley Wexler), 제니퍼 K. 로빈놀트(Jennifer K. Robbennolt), 콜린 머피(Colleen Murphy)는 회복적 정의에서 중요한 몇 가지 핵심 원칙을 설명했다. 첫 번째는 인정이다. 대부분의 회복적 정의 프로그램은 가해자가 잘못된 행동을 인정하는 것을 참여 조건으로 둔다. 피해자가 그 사건을 설명하고 믿음을 얻을 때 피해자는 가해자뿐만 아니라 공동체의 가까운 구성원들로부터 중요한 인정을 받는다. 피해자가 주장하는 내용은 사실로 인정받는다. 이는 피해자가 사건을 정확하게 해석했고, 그건 피해자의 탓이 아니라는 인정이다.

가해자가 진심 어린 사과와 함께 책임을 짊어지는 것이 회복적 정의의 두 번째 핵심 측면이다. 이 두 번째 측면이 많은 피해자들이 가해자에게 책임을 추궁하는 본질적인 이유다. 변명과 정당화는 용인되지 않는다. 일부 피해자에게는 가해자가 성폭력 자체뿐만 아니라 그 이후 대응에서 상처를 악화한 일에도 책임을 지는 것이 중요하다. 여기에는 "부인, 기만 또는 보복"에 대한 책임이 포함될 수도 있다. 생존자들은 그 사건이나 그 이후 발생한 피해에 공모한 사람들에게 책임 있는 태도

를 원할 수도 있다.[18]

회복적 정의는 인정과 책임 있는 태도 외에도, 그 사건이 야기한 피해가 아물도록 가해자가 노력해야 한다는 생각을 전제로 삼는다. 데즈먼드 투투 대주교는 "당신이 내 펜을 가져간 다음 미안하다고 말하면서도 그 펜을 돌려주지 않으면 아무 일도 일어나지 않은 것이나 마찬가지다"라고 말한 적이 있다.[19] 성폭력 피해자의 경우도 마찬가지다. 회복적 정의 모델에서는 가해자가 보상할 수 있는 방법을 생존자에게 정해 달라고 요구한다. 금전적인 보상은 잘못을 인정한다는 상징일 뿐만 아니라 성폭력에서 비롯된 현실적인 경제적 비용을 보충하는 방편으로도 유용할 수 있다. 피해자는 가해자에게 지역 봉사 활동, 특히 비슷한 피해를 당한 다른 사람들을 위해 정의를 신장하는 활동에 참여하라고 요구할 수도 있다. 이 과정은 사건이 일어나기 전에 있던 자리로 생존자를 되돌리는 것이 목적이므로 피해를 복구하는 데 필요한 것들은 개인에 맞춰서 정한다.

회복적 정의의 마지막 측면은 범죄가 되풀이되지 않도록 예방하는 것이다. 법학자 웩슬러, 로빈놀트, 머피는 "피해자의 존엄과 지위를 긍정하는 방법 중 하나는 미래에 유사한 잘못이 자행되지 않도록 조치를 취하는 것"이라고 말한다. 이들은 많은 생존자들이 "미래에 다른 사람들에게 유사한 피해가 일어나지 않았으면 하는 바람에서 가해자를 억제하는 조치를 취하고, 자신들이 지속적인 괴롭힘에서 안전하다는 감각을 다시 얻도록 동기를 부여받는다"고 지적한다. 더는 잘못된 행동을 하지 않겠다고 약속한 가해자는 이 방향으로 나아갈 가능성이 높지만 정말 중요한 것은 이 약속을 지키는 것이다. 가해자는 시간이 지남에 따라 갱생하려는 현실적인 노력을 기울여야 한다. 가해자가 다시는 해

를 끼치지 않으리라는 생각은 생존자들에게 가장 큰 치유의 근원일 수 있다.[20]

열다섯 살 소녀였던 소피아는 같은 학교에 다니는 열여덟 살 남학생 마이클에게 성폭행을 당했다. 이 성폭행 이후 마이클의 친구들은 소피아가 사건에 관해 거짓말을 한다며 소셜 미디어에 떠들어댔다. 목격자가 없었으므로 마이클의 부인을 믿는 사람이 많았다.

결국 마이클은 체포되었다. 지방 검사는 이 사건을 기소하는 대신 회복적 정의 실행에 숙달된 비영리기구로 보냈다. 마이클은 여기에 협조하면 무슨 말을 하든 학교 징계 절차나 청소년 사법제도에서 자신에게 불리하게 사용될 일은 없을 거라는 약속을 받았다. 이는 검사가 보장해준 핵심 사항이었고 마이클은 이에 선뜻 동의했다. 그 다음으로 소피아와 가족에게 연락이 갔고, 이들 역시 이 과정에 참여하겠다고 동의했다.

발리거와 동료는 소피아, 마이클, 그리고 이들의 지지자들을 따로따로 만났다. 두 십대를 모두 만나고 난 뒤 두 어머니와 마이클의 누나가 최종 모임에 합류하는 게 좋겠다는 판단을 내렸다. 준비 과정에서 조력자들은 마이클이 한 행동이 미친 영향과 그 행동의 원인일 가능성이 있는 것들에 관해 마이클과 이야기를 나누었다. 소피아와는 그 폭행과 그 폭행이 자신에게 미친 영향에 관해 마이클에게 어떤 말이 하고 싶은지 이야기를 나누었다. 소피아는 마이클을 직접 대면하기는 너무 힘들 것 같으니 자신을 대신해서 이야기해 달라고 어머니에게 부탁했다. 하지만 전체 모임 날짜가 다가오자 소피아는 계획을 변경했다. 발리거의 기억에 따르면 "소피아의 소심하던 태도가 순식간에 대담해졌고, 그 폭행이 소피아의 인생과 가족에게 끼친 영향에 관해 힘 있는 대화가 이어졌다."

그 폭행 이후 소피아는 체중이 줄었다. 악몽을 꾸었고 어머니의 침대에서 잠을 잤다. 관심받고 싶어서 강간에 관해 거짓말했다는 소문 때문에 학교에 가지 않았다. 소피아의 이야기를 듣고 난 뒤 마이클은 **그 일을 하면서 무슨 생각을 했냐**는 소피아의 질문에 대답했다. 마이클은 "네가 착한 여자애라는 걸 알아. 그리고 착한 여자애들과는 전부 처음에는 조금 싸워야 한다고 생각했어."라고 답했다. 발리거는 마이클의 누나가 "헉하는 소리를 냈고 방이 한동안 조용해졌다"고 회상한다.

발리거는 이어서 말한다. "그 말이 마이클의 입에서 나오는 순간에 우리는 모두 마이클이 이게 얼마나 잘못된 일이었는지 깨닫고 있다는 걸 알아볼 수 있었다. 마이클은 몸을 숙이고 두 손으로 얼굴을 감싸고 있다가 고개를 들었고, 소피아의 어머니는 믿을 수 없다는 듯 고개를 저으며 마이클을 곁눈질했다. 영원처럼 느껴지는 순간이 지나고, 마이클의 어머니가 마침내 침묵을 깨며 자기 딸에게 '봤어? 네 동생처럼 착한 남자애도 이런 생각을 하고 이런 짓을 할 수 있다는 걸 네가 알아 두었으면 해서 널 여기 데려왔단다.'라고 말했다. 마이클의 어머니가 소피아의 '편'을 드는 말을 하는 순간 소피아와 소피아의 어머니 모두 눈물이 터져 나왔고 마이클의 어머니는 일어나서 이들을 끌어안았다. 그러고 난 뒤 다시 자리에 앉아서 부드럽게 아들의 팔에 손을 올리고 자기 가족들이 과거에 견뎌낸 성폭행 이야기를 들려주었다."

대화하는 동안 마이클은 동의라는 개념에 혼란을 드러냈다. 마이클은 미디어의 모호한 묘사와 친구들이 각자 성경험을 풀어놓는 방식을 이야기했다. 그러고 난 뒤 자신이 한 일은 "소피아가 자신에게 관심을 표현했다고 느꼈으므로 괜찮다"고 믿었다고 말했다. 소피아는 "마이클의 눈을 똑바로 쳐다보고는 싫다고 말했는데도 자신을 성폭행하겠다고 선택한 것은 그것과 아무런 관계가 없다고 말했다." 마이클은 이 말을 받아들이는 것 같았다. 그리고 동의를 새롭게 이해하게 된 것 같았다. 이는 마이클이 다시 성폭행을 저지를 가능성을 줄일 것이었다. 그리고 소피아는 자신의 힘을 되찾았다.

그 다음으로 이 모임은 소피아의 피해를 바로잡는 계획으로 넘어갔다. 마이클은 소셜 미디어에 "소피아는 거짓말하지 않았다"는 말을 포함해서 사과문을 게재하겠다고 자청했다. 친구들 사이에서 손상된 소피아의 명예를 회복하려는 노력의 일환이었다. 소피아는 학교에서 자신의 "공간"을 확보할 수 있도록 마이클이 한 달 동안 집에서 지내면 좋겠다고 요구했고 마이클은 이에 동의했다.

회복적 정의 과정은 소피아가 자신의 삶을 계속 이어 갈 수 있도록 도움을 주었다. 이 모임을 하고 몇 주 지나서 소피아의 어머니는 소피아가 "성폭행을 당하기 전보다 훨씬 자신감이 커졌다"고 알려 왔다. 소피아는 자기 몸에 어울리는 옷을 다시 입기 시작했다. 다시 자기 침실로 돌아갔고, 자신의 의견과 감정을 긍정하려는 의지가 그 어느 때보다 커졌다. 남자 가족과 함께 있을 때도 마찬가지였다. 성폭행으로 망가진 것 가운데 많은 부분이 회복되었다. 소피아는 마이클을 피하지 않고 그가 자기 행동을 전적으로 책임지게 압박할 수 있었다. 자신의 가족과 마이클의 가족 양쪽의 지지를 받았다. 마이클이 자기 행동의 결과를 감당하고 있다는 걸 알았다. 마침내 마이클이 책임을 짊어지게 되었다. 이 모든 일은 소피아가 중요한 사람으로 여겨졌기 때문에 가능했다. 자신이 가치 있는 존재로 여겨진다는 걸 알게 된 덕분에 소피아는 단단하고 평등한 땅으로 되돌아갈 수 있었다.[21]

회복적 정의가 의도대로 작동할 때 생존자들은 신뢰를 얻는다. 사람

들은 생존자의 이야기를 믿고 생존자의 부상을 최우선에 놓고 치유를 궁극의 목적으로 삼는다. 생존자는 전적으로 관심을 쏟을 가치가 있는 존재로 간주된다.

캠퍼스 내 성폭력 사건 생존자들은 회복적 정의 접근법을 접할 가능성이 가장 높다. 교육과 공동체 구축이 대학 기관의 핵심 사명이기 때문이다.[22] 대학 캠퍼스는 다른 목표를 최우선으로 여기는 사법제도 같은 여타의 환경과는 다르다.[23] 많은 생존자들이 캠퍼스에서 회복적 정의라는 선택지를 반긴다. 대학 공동체라는 작고 밀접한 환경, 그리고 전통적인 고발을 진행할 때 발생하는 문제 때문에 적대적인 접근법이 특히 별로 매력적이지 않을 수 있다. 한 대학 캠퍼스에서 일어난 성폭력을 포괄적으로 다룬 연구에 따르면 성폭행 이후 생존자들은 "친구를 잃는 것" "현재 또는 과거 연인의 평판이 나빠지는 것" "'그 여자애' 또는 '그 놈'이라는 식으로 비춰지는 것"을 우려했다.[24] 협상, 중재, 회복적 정의 같은 대안적인 분쟁 해결 방식들은 이런 우려에 부응할 수 있었다.

하지만 고등 교육 기관에서 회복적 정의에 의지하는 것은 비교적 최근의 일이다. 수십 년간 연방의 지침은 성폭력 사건을 다룰 때 공식적인 징계 절차 대신 대안적인 분쟁 해결 모델을 사용하는 걸 탐탁지 않아 했다.•

고등 교육 기관들이 회복적 정의에 의지하게 된 이유 중 하나는 대학

• 트럼프 행정부는 비공식적인 해결 절차의 역할 증대를 지지하면서도 고발인에게 전보다 더 부담스러운 방향으로 전통적인 과정을 개정하는 지침을 발표했다. 2021년 3월 바이든 대통령은 교육부에 이 지침을 포괄적으로 재검토하라는 명령을 내렸고 이로써 일부가 개정될 가능성이 높아졌다.[25]

의 입장에서는 고발인을 비공식적인 해결 방식으로 유도하는 편이 유리하기 때문이다. 수사와 심리를 포함하는 민권법 9조에 따른 절차에 비하면 비공식적인 대응은 일반적으로 홍보와 소송의 관점에서 비용이 적게 든다. 가해자와 다른 학생들 역시 고발인에게 비공식적인 경로로 문제를 해결하면 좋겠다고 압력을 가한다고 알려져 있다. 비공식적인 경로에서는 피고발인이 감수해야 하는 위험 부담이 상대적으로 적다.

기존 캠퍼스 분쟁 해결 모델의 대안에 참여할 수밖에 없다고 느낀 생존자들, 심지어는 자유롭게 이 방법을 선택한 생존자들마저도 결과는 실망스러울 수 있다. 한 민권법 9조 전문가의 표현처럼 회복적 정의가 가해자에게 요구하는 뒷감당의 수위는 "훨씬 따뜻하고 모호하고 친절하고 온화"하므로 생존자들은 자신이 제기한 문제의 심각성이 축소되었다고 인식할 수 있다. 이 전문가는 피해 여성들에게 자기가 당한 성폭력을 더 심각하게 처리하지 않은 걸 지금은 후회한다는 말을 종종 듣는다. 생존자들을 대리하는 한 변호사는 "대안 모델이 제대로 작동하는 경우는 거의 없다. 가해자의 사과는 전혀 진지하지 않다. 피해자가 안전하다고 느끼는 일은 절대 없고 친구들은 피해자 괴롭히기를 절대 중단하지 못한다."고 말한다.[26]

생존자들이 자신이 속한 기관이 의미 있는 변화에 힘을 쏟는다고 믿지 못할 때 성폭력에 대한 비징벌적 접근법은 의심스러워 보일 수 있다. 가령 북부 캘리포니아의 버클리 고등학교는 역사적으로 성적 괴롭힘과 성폭행을 제대로 해결하지 못해 말썽이 끊이지 않았다. 지난 10년간 이 학군은 숱한 소송과 연방 조사의 표적이었다. 2010년 2월에 "조심해야 할 남학생 4인"의 명단이 여학생 화장실에 적히는 일이 일어난 뒤 학생 활동가들은 성폭력이 가능한 환경을 방관하고 피해자에게는 침묵을 강

요하는 학교 문화에 저항하는 흐름을 조직했다. 이 학생들의 설명에 따르면 중요한 문제 중 하나는 교직원들이 성폭행이 일어났을 때 실질적으로 대처할 의지가 없다는 것이었다. "아주 오래전부터 우린 자신들이 뭘 할 수 없는지 교직원들이 하는 말만 들었다." 한 2학년생은 이렇게 성토했다. 학교 당국이 "회복적 정의 모임"을 진행할 계획이라는 이야기가 전해지자 학생 활동가들은 이 대응이 부적절하다는 생각에 격분했다. 한 학생 활동가는 "우린 그 사람들이 '일어난 일은 일어난 일이고 이제 여기 작은 **감정 교류 모임**을 보렴'이라고 말하는 건 공정하지 않다고 생각한다"고 말했다. "우린 진짜 처벌을 원한다. 우리가 얼마나 상처받았는지 이야기하는 모임을 바라는 게 아니다."[27]

이보다 더 큰 우려도 있다. 회복적 정의 실천은 성폭력에 대한 더 큰 문화적 용인과 결합할 위험이 있다. 회복적 정의 실천은 가족과 친구들의 참여에 크게 의지하므로 이보다 더 큰 공동체를 물들인 것과 동일한 선입견에 취약하다. 아무리 좋은 의도를 지닌 참여자라 해도 누구의 고통은 중요하고 누구의 고통은 중요하지 않은지 사회적으로 널리 공유하는 관점을 자기도 모르게 강화할 수 있다. 수년간 캠퍼스 내 성폭력을 연구한 제니퍼 허시(Jennifer Hirsch)와 샤머스 칸(Shamus Khan)은 따라서 회복적 정의가 "남자들은 성관계를 원하고 여자들은 남자들의 접근을 승인한다"는 식의 믿음을 비롯해서 섹슈얼리티와 젠더 역할에 관한 지배적인 관념을 그대로 남겨 둘 수 있다고 말한다.[28] 회복적 정의 실천은 성폭력을 야기하는 문화적 규범은 의도적으로 공략하지 않기 때문에 이런 규범들과 이를 지탱하는 불평등을 재생산할 수 있다.

법학자 세라 디어 역시 많은 회복적 정의 실천의 기초가 된 전통적인 북미 원주민 방식의 정의 접근법인 '평화 유지'에 비슷한 우려의 목소리를 내 왔다. 디어에 따르면 이런 모델은 갖가지 분쟁을 해결하는 데는 적합하지만 성폭력과 관련된 분쟁을 해결하는 데는 그다지 적합하지 않다. 디어는 회복적 정의의 잠재적 약점 중 하나는 "당사자들이 어느 정도 평등한 관계였다는 전제가 있어야 한다는 점"이라고 말한다. "그런데 분명 강간 생존자와 가해자는 불평등한 위치에 서 있다."[29] 간과되는 불평등은 재생산되어 피해자에게 해를 입히기 쉽다.

이런 위험이 있지만 회복적 정의는 생존자들이 원하던 그 인정을 마련해줄 수 있다. 가령 회복적 정의를 가장 중요하게 여기는 뉴저지 칼리지에서는 성폭행을 신고하는 학생들의 약 절반이 회복적 정의 절차를 선택한다. 이 학교는 공식적으로 고발을 진행하고 싶지는 않지만 그래도 "이 사람이 자기가 잘못을 저질렀다는 사실을 깨달았으면 좋겠다"고 말하는 학생들의 이야기를 수차례 듣고 난 뒤 이 대안 모델을 개발하는 데 영감을 얻었다.

가해자에게 책임 묻기

2015년 와인스타인 컴퍼니의 도서 스카우트 담당자 로런 오코너는 이 회사의 인사부에 와인스타인에 대한 불만을 접수했다. 이 불만 신고서에는 오코너가 "여성에게 유해한 회사의 환경"이라고 표현한 것에 대한 설명과 함께 자신이 직접 겪은 언어적 괴롭힘이 상세하게 담겨 있었다. 오코너는 와인스타인 밑에서 일하는 여성들은 "본질적으로 와인스타인에게 일을 얻고 싶어 하는 취약한 여성들을 상대로 그가 매우 쉽게 성적 정복 활동을 벌이는 데 이용당한다"고 내부 신고서에 밝혔다. 오

코너는 인사부에 불만을 제기했지만 허사였다고 말했다. 육체적인 폭력이 없으면 아무것도 할 수 없다는 조언이 돌아왔다.

오코너의 신고서는 이후 〈뉴욕타임스〉의 와인스타인 탐사보도에 핵심 증거가 되었다. 신고서를 쓰면서 오코너는 자신이 취약하다는 걸 뼈저리게 깨달았다. 오코너는 "나는 생계를 꾸리고 경력을 만들어 가는 28세 여성이다. 하비 와인스타인은 세계적으로 유명한 64세 남성이고 여기는 그의 회사다. 권력의 균형을 따지자면 내가 0이고 하비 와인스타인은 10이다."라고 지적했다. 하지만 문제를 제기할 경우 분명한 위험이 따르는데도 오코너는 더는 침묵을 지킬 수 없었다. 오코너는 전문 직업인이 되려고 노력했다. "그 대신 나는 성적 대상이 되고 폄하당했다."[30]

권력 불균형에 대한 오코너의 평가가 정확했음이 입증되었다. 오코너의 신고를 통해 와인스타인의 혐의를 알게 되었는데도 회사 이사진은 수사를 진행할 필요가 없다는 설득에 넘어갔다. 오코너는 폐기 가능한 일회용품이었고 와인스타인은 범접할 수 없는 권력자였다. 오코너는 와인스타인과 합의를 했는데, 여기에는 기밀유지 조항도 있었다. 오코너는 "신고를 철회했고 자신에게 경력을 쌓을 기회를 준 와인스타인에게 고마워했다."[31]

와인스타인이 뉴욕에서 재판을 기다리던 2019년 1월에 오코너는 "권력은 다양한 층위에서 작동한다"고 말했다. "권력은 직업 위계 안에서 작동한다. 그렇지 않은가? 하급직원, 상급직원, 대표, 최고경영자, 최고운영자가 존재한다. 권력은 미디어 전반에서 작동한다. 당신에게 플랫폼이 있는가, 없는가? 발언권이 있는가, 없는가? 권력은 재정 전반에서 작동한다. 당신에게 돈이 있는가, 없는가? 그리고 권력은 젠더 전반에서 작동한다. 하비 와인스타인은 10점이고 나는 0점이라고 말할 때 이런 것들이 그 척도다."[32]

오코너가 내부 신고를 접수한 지 5년이 지난 뒤에야 와인스타인은 뉴욕 배심원들에게 유죄 평결을 받았다. 그 다음날 오코너와 다른 고발인 몇 사람이 모여서 와인스타인이 형사 책임을 진다는 것이 어떤 의미인지 이야기하는 시간을 보냈다. 그 자리에 모인 모든 여성들에게 와인스타인의 유죄 평결은 그가 끊임없이 활용하던 권력 동학의 뒤늦은 전복을 뜻했다. 오코너는 "어제 정의의 저울이 권력의 균형을 복원했다. 저울은 폭행과 직장 내 불평등의 생존자에게 유리한 쪽으로 기울었다."고 선언했다. "권력 균형은 이제 생존자와 침묵을 깨는 자들이 10점이고, 가해자와 약탈자들이 0점이다."

다른 고발인들도 비슷한 감정을 드러냈다. 유죄 선고는 "곳곳에 존재하는 생존자들의 승리"였다. "기념비적 순간"이었고 "모든 성폭력 피해자를 지지하는 조치"였다. 와인스타인에게 내려진 유죄 선고는 책임을 다시 할당함으로써 그를 고발한 사람들에게 힘을 실어주었다. 라리사 고메스는 "더는 나 자신이 부끄럽지 않다. 그 부끄러움은 그의 몫이기 때문이다."라고 말했다. 또 다른 고발인 제시카 바스는 유죄 선고, 즉 가해자의 잘못이라는 집단의 판단은 피해자들이 "부끄러움과 비난의 화살을 가해자에게 돌리고 자신에게서는 벗겨내게 해"준다고 말했다.

또 다른 고발인인 루이즈 갓볼드에게 이 유죄 선고는 전 세계의 생존자들이 중요한 존재라는 의미였다. "이건 결코 하비에 관한 문제가 아니었다"고 갓볼드는 설명했다. "이건 우리 사회가 무엇을 용인할 것인가의 문제였다. …… 메시지는 분명하다. 다른 사람들을 해치면 대가를 치러야 한다."[33]

가해자에게 책임을 지우는 일은 생존자에게 거의 보편적으로 중요하다. 하지만 책임의 기능은 일반적인 기대와 다를 수 있다. 많은 사람들에게 가해자가 **고통**을 겪는 것은 핵심이 아니다. 처벌도 그렇게 중요하지 않다. 피해자들은 가해자에게 자유를 박탈하기보다는 주디스 루이스 허먼이 말하는 "분에 넘치는 명예나 지위"를 박탈하고 싶어 할 때가 많다. 허먼의 피해자 연구는 사법제도에 의지하는 사람들의 동기는 대부분 가해자를 공개적으로 폭로하고자 하는 바람이었음을 보여준다. 불필요한 굴욕감을 안기기 위해서가 아니라 "분에 넘치는 존경과 특권"을 박탈하기 위해서였다. 그 다음에는 "가족과 공동체 내에서 자신의 위치"가 가해자에 비해 상승하기를 바랐다. 허먼에 따르면 "폭로의 주된 목적은 가해자에게 고통을 안김으로써 앙갚음하는 것이 아니었다. 그보다 피해자들은 가해자가 자신의 권리와 존엄을 멸시한 일로 질책받음으로써 자신이 공동체에서 지지받고자 했다."[34]

법 이론가들은 이를 처벌의 표현적 기능이라고 부른다. 그중 철학자 진 햄튼(Jean Hampton)은 가해자를 처벌함으로써 피해자의 사회적 지위가 가해자와 동등해질 수 있다고 주장했다. 한 사람이 유린당할 때 그 사람의 지위는 위축된다. 가해자가 피해자를 자신보다 가치가 떨어지는 사람으로 대했기 때문인데, 이는 피해자에게 부당하다. 가해자 처벌은 그 일이 잘못임을 전달하면서 가해자와 반대되는 메시지를 승인한다. 즉 피해자는 가해자보다 덜 중요하지 않으며 가치 있고 존중받고 보호받아야 하는 존재라는 뜻이다. 햄튼은 "범죄는 피해자가 악행을 저지른 사람에 비해 위신이 떨어졌음을 뜻한다. 그런데 처벌은 그 메시지를 '되돌린다.'"고 말한다.[35]

법학자 켄워디 빌즈(Kenworthey Bilz)가 처벌이 사회적 지위에 끼치는 영향을 검증하기 위해 고안한 여러 실험은 이 처벌의 표현적 기능 이론을 지지한다. 연구 참여자들에게 1983년 매사추세츠주 뉴베드퍼드에서 일어난 집단 강간 사건을 모티브로 삼아서 만든 영화 〈피고인〉의 일부를 보여주었다. 이 영화를 본 참가자들에게 두 가지 결과 중 하나를 제시했다. 처벌받은 결과에서는 가해자들 ─ 연구에서는 "남자 대학생" 한 명과 "마을 사람" 두 명으로 표현했다 ─ 이 강간에 대해 유죄 선고를 받았다. 처벌받지 않는 결과에서는 가해 남성들이 유죄를 인정한 다음에 상대적으로 가벼운 성적이지 않은 공격에 대해 재판받았다. 그 다음에는 이 결과들이 사회적 지위에 미치는 영향을 측정하고자 참가자들에게 공동체 성원들이 "존중" "소중히 여김" "존경" 등 여러 측면에서 피해자와 가해자들을 어떻게 평가할지 생각해보라고 요청했다.

빌즈는 처벌받은 결과에서는 가해자들이 사회적 지위를 잃고 피해자가 사회적 지위를 얻는다는 사실을 발견했다. 강간범들을 처벌하지 않을 경우에는 정반대의 효과가 나타났다. 피해자가 사회적 지위를 잃고 가해자들이 사회적 지위를 얻었다. 처벌받지 않은 "남자 대학생"은 "마을 사람"에 비해 이런 식의 사회적 지위 향상이 훨씬 두드러졌다. "남자 대학생"의 사회적 지위는 오히려 처음보다 더 높게 인식되었다. 빌즈는 처벌이 "피해자와 가해자의 사회적 지위를 표현하고 심지어는 변경하기도 하는" 소통 수단이라고 결론내렸다.

브렌다 애덤스는 많은 캠퍼스 성폭행 피해자를 대리해 온 변호사다. 애덤스는 현장에서 이 처벌의 표현적 기능 이론과 완전히 맞아떨어지는 일들을 목격한다. 의뢰인들은 가해자가 의미 있는 책임을 짊어지기를 원할 때가 많다. 복수를 위해서가 아니라 해당 사건으로 훼손된 권력 균형을 바로잡기 위해서다. 애덤스는 내게 말했다. "이 단 한 번의 사건이 생존자의 인생을 완전히, 영원토록 바꿔놓은 거예요. 다시는 전과 같을 수 없을 거예요. 그래서 그들에게 그런 짓을 한 사람의 인생이 어떻게든 변하지 않으리라는 걸 그들은 절대 납득할 수 없어요." 어떤 처벌로도 이미 입은 피해를 없던 일로 돌리지 못한다. 하지만 가해자의 인생에 영향을 끼치는 집단적인 판단은 생존자를 공동체 내에서 정당한 자리로 되돌려놓는 데 도움을 줄 수 있다.

빌즈의 연구에 참여한 사람들은 이 강간범들이 실제로 징역형을 받았는지는 전혀 알지 못했다. 하지만 참가자들은 강간범들의 유죄 판결을 **그 자체로** 피해자의 사회적 지위를 회복시키는 처벌로 간주했다. 처벌에 반드시 "가혹한 대우"가 따를 필요는 없다. 빌즈에 따르면 "입법 기관들은 그릇된 행동을 하는 구성원들을 '질책'할 수 있다. 국가는 인권을 짓밟았다며 비난받을 수 있고, 초범이나 청소년 범법자는 벌금이나 구금 대신 '경고'를 받을 수 있으며, 다양한 고용주, 종교 기관, 부모들은 실제적이고 물질적으로 거칠게 대우하기보다는 잘못된 행실을 공식적으로 꾸짖는 쪽을 택할 수 있다." 표현적 기능을 수행하려면 관련 청중들이 이런 결과를 처벌이라고 **인식**해야 하지만 이 인식은 항상 주관적일 수밖에 없다.[36]

법이 피해자를 존중할 때

나와 수년간 이야기를 나눠본 고발인들은 모두 가해자에게 어떤 식으로든 책임을 지우는 것이 중요하다고 강조했다. 모두 자신이 당한 일로 어떤 결과가 촉발되기를, 즉 현 상태가 의미 있게 교란되기를 원했다. 차이는 바라는 결과의 성격이었다.

법 집행 기관의 성폭력 대응을 연구하는 심리학자 리베카 캠벨이 고발인들이 바라는 결과의 범위를 관찰한 내용도 이와 비슷했다. 캠벨은 모든 생존자들이 경찰과 검사에게 의지하는 것은 아니라고 조심스럽게 지적한다. 많은 사람들이 수감 제도가 비인도적이며 "그 자체로 인종과 계급과 성을 차별하는 시스템"이라고 생각한다. 사법제도에 의지하는 피해자 중에는 구금을 책임의 올바른 척도로 여기지 않는 사람이 있는 반면 자신이 당한 사건의 심각성을 드러내는 유일한 방법을 투옥으로 여기는 사람도 있다. 캠벨에 따르면 "사법제도에 발을 들일지 여부와 정의의 의미는 생존자마다 다르다."[37]

형사상의 유죄 판결은 그 자체로 책임의 한 형태로 여겨질 수 있다. 알 켈리를 상대로 제기된 시카고 사건의 담당 검사 제니퍼 곤잘레스(Jennifer Gonzalez)는 성범죄 피해자들은 어느 정도의 징역형이 따라붙든 관계없이 형사상의 유죄 판결이 의미 있다고 생각하는 경우가 많다고 내게 말했다. 많은 생존자들에게 유죄 판결은 그 자체로 가해자에게 사건의 "무게를 지우는" 효과가 있다. "누군가 책임을 짊어지지 않을 경우 피해자는 남은 일생 동안 오롯이 그 무게를 짊어지게 된다"고 곤잘레스는 말한다. 비슷한 맥락에서 브록 터너 사건의 담당 검사였던 얼레일라 키아너시는 유죄 평결이 우리가 피해자를 믿는다는 확신을 심어줌으로써 피해자에게 안도감을 준다고 내게 말했다. 양형 심리는 국가의 든든한 지원 속에서 자신이 겪고 있는 고통의 깊이를 드러낼 출구를 제공한다는 점에서 피해자에게 또 다른 치유의 수단을 제공한다. 키아너시는 생존자들에게 "당신은 마침내 권력을 되찾을 것"이라고 말한다.

사법제도의 지지를 받는다는 것은 무슨 뜻일까? 한 생존자는 자신의 주장이 그저 계류 중인 여러 혐의 중 하나가 되기보다는 공식적인 기소로 귀결되기를 바랐을 뿐이라고 내게 말했다. 가해자가 추가로 징역형을 사는 것을 의미하지는 않더라도 그 사람이 **자신을** 폭행한 혐의로 기소되는 것이 중요했다. 또 다른 생존자는 가해자가 자신에게 저지른 행동으로 **어느 정도** 징역형을 선고받아야 한다고 주장했다. 형의 기간은 전혀 중요하지 않았다. 하루 더 연장되는 것도 괜찮다고 이 생존자는 말했다. 하지만 이 생존자는 가해 남성이 자신과 다른 피해자에게 저지른 폭행을 섞어서 형기를 받아 복역하는 건 반대했다. 많은 생존자들이 감옥에서 보내는 시간의 길이에 의미를 부여한다. 복역 자체를 피해자의 상처와 이 상처의 중요도를 반영하는 것으로 인식할 수 있다.

래리 나사르가 저지른 성폭행을 공개적으로 고발한 첫 번째 여성인 레이첼 덴홀랜더는 선고 판사에게 보내는 편지에서 "오늘 판사님에게 가능한 최대치의 징역형을 선고해 달라고 부탁하려고 이 편지를 쓴다"고 말했다. 이 편지에서 덴홀랜더는 자신이 겪은 성폭력과 지겹게 이어지는 후유증을 설명했다. 나사르에게 성폭력을 당한 피해자의 수가 충격적으로 많다는 점에도 주목했다. 그리고 자신이 가장 중요하다고 생각하는 질문을 던졌다. "어린 소녀 한 명의 가치는 얼마나 되나요?"

덴홀랜더에게 투옥이라는 말은 피해자의 가치를 구체적으로 표현한 것이었다. 덴홀랜더는 "이 귀한 아이들을 짓밟은 행동은 법이 제공할 수 있는 모든 정의의 조치를 취할 수 있을 정도로 충분히 중요한 문제인지" 묻고는 "판사님이 내리는 형이 이 질문들에 답이 될 것"이라고 덧붙였다. 덴홀랜더가 생각하기에 최고 형량보다 적은 형기는 피해자에게 그들의 가치를 완전하게 인정하기 힘들다고 말하는 것과 마찬가지였다. 반대로 나사르에게 최고 형량이 선고될 경우 이는 피해 여성들의 삶이 "모든 것"에 상응하는 가치를 지닌다는 사실을 덴홀랜더에게 확인해 주는 일이었다.[38]

징역형은 분명 불완전한 정의의 척도다. 하지만 많은 생존자들은 가해자가 상대적으로 가벼운 형기를 받거나 아예 징역형을 받지 않을 때 이를 자신들이 가해자에 비해 얼마나 하찮게 여겨지는지를 보여주는 증거라고 생각한다. 가령 한 여성 군인은 자신의 강간범이 두 달 징역형을 살고 특전에는 아무런 불이익 없이 은퇴했다고 고백하며 이렇게 말했다. "나는 결코 공군의 일원이 아니었다. 내 강간범은 그랬지만."[39] 한 고발인은 자신은 "징역형으로 이 범죄의 무게가 드러나기를 원할 뿐"이며 "내가 그 폭행범을 안다는 이유로 그걸 다른 것보다 덜 중요하게 여겨서는 안 된다"고 내게 말했다. 이 고발인은 판사에게 이 점을 설명했지만 판사는 강간범에게 징역형을 선고하지 않았다.

2018년 말, 과거 베일러대학 학생이자 남학생 클럽 회장이었던 성폭행 피고발인이 더 수위가 낮은 혐의인 불법 감금 혐의에 아무런 이의를 제기하지 않음으로써 사건이 종결되었다. 이 사건은 남학생 클럽 파티에서 일어났다. 피해자는 춤을 추는 동안 내버려 둔 컵에 든 음료를 마신 직후 진정제를 맞은 듯한 기분을 느꼈다. 피해자는 정신을 잃기 전에 피고가 자신을 강간한 것을 기억한다.

가해자의 전과는 형량 협상을 통해 깨끗하게 말소되었다. 가해자는 앞으로 전과 없는 사람일 것이었다. 가해자가 3년의 보호관찰을 마치고 400달러의 벌금을 내고 마약 치료, 알코올 치료, 심리 치료를 이수하면 징역형은 면제받을 수 있었다.

피해자 측 변호사는 40년간 일하면서 "이런 솜방망이 처벌은 한 번도 본 적이 없다"고 말하며 "지독한 악취가 난다"고 덧붙였다.[40] 피해자도 격노했다. "나는 지옥까지 갔다 왔고 내 인생은 영원히 거꾸러졌다"고 회상했다. "이 남자는 나를 수차례 폭력적으로 강간했고, 내 목을 졸랐고, 내가 의식을 잃자 내 얼굴을 땅바닥에 처박고는 내가 죽게 내버려 두었다."

담당 검사가 피해자와 변호사에게 보낸 편지에는 양형 거래가 언론에 보도되기 전에 이에 관해 언질을 주지 않은 것을 사과하는 내용이 담겨 있었다. 이 거래는 "우리가 바랐던 결과도 아니었고, 내가 원래 제안한 것도 아니었다"고 검사는 인정했다. 하지만 검사는 "아주 비슷한 사건"에서 했던 시도들이 실패해 왔기 때문에 이 건을 재판으로 가져갈 수 있을지 우려한 것이었다. 검사에 따르면 앞선 사건에서 배심원들은 "무고해 보이는 젊은 피고가 유죄가 아니라는 증거만 찾고 있었다." 피해자가 한 명뿐이었을 때는 특히 더 그랬다.

베일러대학 남학생 클럽 사건의 피해자는 이런 이유로 가해자가 징역을 살지 않는 쪽으로 합의한 것이 정당화되는지 확신하지 못했다. "이건 마치 유죄 판결을 내리기에는 너무 착하게 생겼다거나 여자애 하나를 강간했을 뿐이니 그냥 내보내주자고 검사가 배심원들과 합의했다는 소리로 들린다"고 피해자는 말했다. 피해자는 이 양형 거래를 받아들인 판사에게 자신이 "비탄에 빠졌다"고 말했다. 그리고 강간범들이 "여자에 대한 자신의 권력, 그리고 정의와 법의 심판에서 빠져나갈 수 있는 능력을 깨닫고 대담해질 것"이라는 경고를 덧붙였다.[41]

생존자들은 투옥을 가해자의 재범을 예방하는 방법으로 여길 수도 있다. 범행의 수가 많거나 "쓸데없는 가학 행위"가 결합된 사건의 피해자들은 종종 이 목표가 공정한 결과의 핵심이라고 언급한다.[42] 많은 사람들이 보기에 이들의 주장이 중요하다면 피해자와 미래의 잠재적 피해자들을 보호하는 방향으로 반응이 촉발되어야 한다.

풋볼 경기가 진행되던 도중 파티에서 동료 학생에게 난폭하게 성폭행당한 미네소타대학 학생 애비 호널드 사례로 돌아가보자. 가해 남성은 호널드와 또 다른 여성을 성폭행한 혐의를 인정한 뒤 6년 이상의 징역형을 선고받았다.[43] 호널드는 자신에게 일어난 일이 중요한 무언가로 이어졌음을 알고 있다. 결국 다른 여성들을 연쇄 강간범으로부터 안전하게 지켰기 때문이다. "최소한 몇 년 동안은 그 사람이 다른 사람들을 해치지 못한다는 게 행복해요. 내가 바라던 결과는 이거였어요." 호널드는 내게 말했다. "당장은 그 사람한테 아무도 피해를 입지 않을 거라는 걸 알아요. 그리고 그걸 걱정할 필요가 없다는 것도 알고요. 그게 내 책임은 아닌데도 말이에요. 하지만 결국에는 많은 피해자들이 이런 책임감을 아주 깊게 느끼는 거 같아요. 저를 포함해서요."

호널드는 사건의 해결 방식이 자신의 치유에도 도움이 되었다고 말한다. 유죄 선고와 징역형은 "이 일이 일어났다는 공동체의 인정"일 뿐만 아니라 공동체가 "아주 유감이에요. 당신은 그런 일을 당해서는 안되었는데 말이에요."라고 말하는 하나의 방법이라는 게 호널드의 설명이다. 경찰과 검사와 엮였던 경험이 대체로 부정적이었던 호널드에게 이는 국가가 보인 아주 중요한 표현, 즉 연대의 표현이었다.

공동체의 비난은 성폭력을 용납하지 않겠다는 의지를 전달한다. 이는 성폭력을 용이하게 만드는 환경을 바꿔놓고 생존자들에게 지지를 보낸다. 신망받는 기관들이 가해자를 비난하지 않을 때 여론 법정과 실제 법정이 이 기관들에게 책임을 물을 수 있다. 많은 생존자들에게 이런 종류의 책임은 필수적이다.

머리사 호츠스테터는 임신 기간 동안 자신을 성폭행한 뉴욕의 산과 의사가 단 두 명의 환자만 성폭행했다며 유죄를 인정하지 않고 징역형을 피하도록 해서는 절대 안 될 일이었다고 내게 말했다.[44] 호츠스테터는 검사가 자신과 다른 여성 수십 명의 고발에 불기소 처분을 내렸을 때 자신의 피해가 더 악화되었다고 말한다. 호츠스테터는 성폭행 기소에 대한 더 나은 접근법을 지지하는 활동가가 되었다.[45] 하지만 책임에는 사법 정의 이상의 것이 필요하다는 점 역시 인정한다.

호츠스테터는 피해자를 냉담하게 무시하는 수년간의 태도 때문에 가해자가 자신의 행동에 대가를 치르지 않고 계속해서 자신이 맡은 환자들에게 피해를 입힐 수 있었다고 주장한다. 호츠스테터와 77명의 여성들은 해든의 범죄 행위를 통보받고도 이 의사가 근 20년간 성폭력을 저지를 수 있게 방치했다는 이유로 뉴욕 장로교 병원을 상대로 소송을 진행 중이다.[•46] 이 여성들의 요구 사항 중에는 성폭행을 저지르는 의사로부터 다른 여성들을 보호할 수 있는 개선 조치들이 포함되어 있다. "우리가 뭘 해야 다른 환자들을 안전하게 지킬 수 있을까요?" 호츠스테터는 이렇게 묻는다. "이런 연쇄 범죄자들을 계속 비정상적인 사람, 혹은 일탈하는 사람이라고 부르면 이런 일이 우리의 바람보다 더 흔하고 만

• 2022년 10월, 언론 보도에 따르면 뉴욕 장로교 병원을 포함한 컬럼비아대학 산하의 두 병원은 로버트 해든의 피해자들에게 1억 6천 5백만 달러의 손해배상금을 지급하기로 했다. 피해자는 과거 환자 79명을 포함해서 총 147명으로, 호츠스테터는 이 합의에 참가하지 않았다.(역주)

연하다는 사실에서 눈을 돌리게 되잖아요." 이를 위해서 호츠스테터는 성폭력 혐의가 제기되었을 때 향후에 비슷한 사건이 벌어지지 않도록 예방하기 위한 진정한 제도적 변화가 있어야 한다고 주장한다.

직장의 내부 수사 역시 성적 괴롭힘 피해자들에게 비슷한 역할을 할 수 있다. 피해자를 믿는다면 경영진과 지도부를 비롯한 직장 공동체 구성원들은 가해자와 그 가해에 공모한 사람들이 책임을 지는 데 필요한 방편을 마련하는 방식으로 대응해야 한다. 이런 종류의 집단적 대응이 없다면 피해자를 향한 지지를 거부하는 것이나 다름없다.

2017년 말에는 전직 법률사무원, 법학 교수, 법학도 등 열 명이 넘는 여성들이 30년 넘게 캘리포니아주 제9순회 항소 법원에서 연방 판사로 재직한 알렉스 코진스키의 성적 괴롭힘 혐의를 공론화했다. 코진스키는 자신은 잘못된 행동을 하지 않았다며 부인하면서도 판사직에서 물러났는데 이후 그를 조사하던 사법 위원회는 더는 조사를 진행할 권한이 없다고 주장하면서 심리를 종결했다. 고발인 중 최소 세 사람, 레아 리트먼, 에밀리 머피, 캐서린 쿠는 이 결과에 대단히 실망했다. 이 세 여성들은 모두 변호사고 자신들의 주장은 세심한 확증이 뒷받침된 상태였다고 지적한다. 하지만 결국 "이제 우리는 무슨 일이 있었는지 입증과 동의를 거쳐 단단한 진실을 확립할 수 있는 공식적인 수사 결과를 활용할 수 없다"고 그들은 말한다.

코진스키는 사임한 지 몇 달 만에 공직 생활로 되돌아갔다. 고발인들은 코진스키가 자신들의 주장에는 일언반구도 없이 "실망스러울 정도로 손쉽게" 공식 석상에 모습을 드러냈다고 말한다. 이 침묵은 공모 문화를 강화하고 나아가 성폭력을 일상화한다. 리트먼, 머피, 쿠는 "공적 절차의 부재는 그를 상대로 제기된 혐의를 폄하하는 공허하고도 간단한 방법을 제공한다"고 말한다. 권력 있는 남성들이 가족, 친구, 또는 일반 대중 앞에서 잠시 망신당하는 것으로 그칠 때 성폭력 주장에 아무리 확증이나 가해자의 시인이 있다고 해도 낙인은 잠깐의 소나기처럼 지나가버릴 때가 많다.[47]

코진스키를 고발한 이 세 사람은 공식적인 조사 결과가 없더라도 피고발인의 영향권에 있는 사람들이 그를 상대로 제기된 혐의를 인정하는 건 가능하다고 주장한다.[48] 이는 문제를 제기한 여성들에게 최소한 **어느 정도**의 지지가 될 수 있다.

많은 생존자들은 특히 형사제도가 제대로 진행되지 않을 때 지지를 확보할 수 있는 가장 좋은 수단이 민사소송이라는 사실을 깨닫는다. 성범죄 전담 검사였다가 지금은 볼더에서 인권 변호사로 일하는 존 클룬은 의뢰인들이 가해자가 형사 책임을 지기를 바라는 마음에 처음에는 법 집행 기관에 의지한다고 말한다. 클룬은 내게 "경찰이 사건을 놓고 아무런 조치도 취하지 않는 걸 당해본 뒤에야 의뢰인들은 다른 선택지를 알아보기 시작한다"고 말했다. "그때가 되면 최소한의 작은 통제력이라도 되찾으려는" 노력에서 "민사소송 같은 다른 해결책을 찾으려고 변호사를 알아보기 시작한다"는 게 클룬의 설명이다.

민사소송은 특별한 종류의 책임을 제시한다. 승소한 피해자는 가해자나 고용인, 또는 둘 다에게 자신이 입은 피해에 대한 **비용**을 치르게 한다는 데서 만족을 얻을 수 있다. 생존자들의 고통에 보상한다는 의미와는 별개로 손해배상은 "가해자가 유죄임을 공적으로 알리는 상징으로서 훨씬 더 중요"할 수도 있다.[49] 현 상태가 의미 있는 방식으로 교란된 것이다.

많은 저임금 노동자들을 대리하는 필라델피아의 변호사 로버트 밴스는 의뢰인들이 경제적으로 안도할 수 있다는 데 고마워하긴 해도, 이들에게는 사람들이 자신을 믿고 지지했다는 기분도 그만큼 중요하다고 말한다. 대부분의 합의에는 돈을 지불한다고 해서 책임을 인정하는 건 아니라는 내용의 조항이 들어 있다. 하지만 의뢰인들은 다르게 생각한다고 밴스는 내게 말했다. "합의가 성사되었다는 건 그 사람들이 했던 말을 인정했다는 소리예요. 왜냐하면 의뢰인들은 자연스럽게 '잘못이 하나도 없었고 당신이 아무 짓도 안 했다면, 나한테 한 짓 때문에 돈을 줄 리가 없잖아'라는 관점을 취하거든요." 합의는 정당성을 부여해준다. 감내해 온 모든 것의 증표다. 자신은 더 나은 대접을 받을 자격이 있다고 주장하는 피해자들을 향한 오랜 멸시의 전복이다. 밴스는 "이 과정의 끝에서" 이들은 "더 많은 권력을 지닌 사람"이 되었다고 말한다.

생존자들에게 그들이 바라고 누려 마땅한 지지와 인정을 건넬 때 우리는 그들의 주장을 침몰시키는 힘을 약화한다. 앞서 확인했듯 신뢰성 구조에는 상당한 지속력이 있다. 하지만 그것은 조금씩 해체될 **수 있다.**

　　하비 와인스타인이 성폭행으로 유죄 선고를 받기 약 10년 전인 2011
년 5월, 기니 출신의 흑인 여성 나피사투 디알로는 맨해튼 미드타운에
있는 고급 호텔 소피텔에서 객실 청소 담당으로 일하고 있었다.[1] 디알
로는 8년 전에 망명 자격을 얻어 어린 딸과 함께 뉴욕에 왔고 그때 당시
에는 어떤 언어로도 읽거나 쓸 수 없는 상태였다. 디알로는 돈을 벌기
위해 머리카락을 땋았고 친구의 가게에서 일을 돕다가 2008년에 이 호
텔에 일자리를 얻었다. 디알로는 하루에 객실 열네 개를 청소하고 시간
당 25달러를 받았다. 관리자들에 따르면 디알로는 모범 직원이었다.

　　어느 토요일 정오경, 디알로는 방이 비었다고 생각하고 호텔 프레지
덴셜 스위트룸 2806호실에 들어갔다. 디알로는 방에 들어가자마자 백
발의 알몸 남자를 맞닥뜨렸다고 말한다. 이 남자는 당시 IMF 총재이자
프랑스의 유력 대선 후보 도미니크 스트로스칸이었다. 디알로는 자신
이 "손님, 이러지 마세요. 저는 일자리를 잃고 싶지 않아요."라고 강하
게 주장하는데도 스트로스칸이 자신을 끌고 침실로 가면서 "당신은 아
름답군"이라고 말했다고 회상한다. 나중에 디알로는 "너무 무서웠다"고

밝혔다.

디알로의 설명에 따르면 성폭행은 순식간에 벌어졌다. 스트로스칸이 디알로를 끌고 침대로 가서 자신의 페니스를 디알로의 입에 집어넣으려고 했지만 디알로는 입술을 굳게 다물고 고개를 돌렸다. 스트로스칸을 떠밀고 그에게 겁을 주려고 상사가 근처에 있다고 언급하기도 했다. 스트로스칸은 디알로를 화장실로 데려가서 유니폼을 허벅지까지 끌어 올린 후 당시 두 겹으로 입고 있던 디알로의 스타킹을 찢었고 속옷 아래로 손을 가져가 생식기 부위 바깥쪽을 강제로 움켜쥐었다. 그리고 디알로가 벽을 등진 상태로 무릎을 꿇도록 거칠게 떠민 뒤 머리 양쪽을 잡고 강제로 구강성교를 시켰다. 디알로는 일어나서 침을 뱉고 복도로 달렸다고 기억한다. "너무 외로웠어요. 너무 무서웠고요."

카드 키 기록을 통해 알 수 있듯 이 모든 사건은 몇 분 만에 끝났다. 상사는 복도에서 눈에 보일 정도로 떨고 있는 디알로를 곧 발견하고는 무슨 일이 있느냐고 물었고 디알로는 "누가 이 일을 하는 당신을 강간하려고 했다면 당신은 어떻게 할 것이냐"고 대답했다. 이 상사의 반응은 지난한 시련 끝에 디알로에게 어느 정도 정의를 가져다줄 일련의 사건들을 촉발하게 된다. 상사는 디알로가 문제 삼는 남자가 "VIP 고객"이긴 하지만 "나는 그런 건 상관 안 한다"고 덧붙였다. 약 한 시간 뒤 또 다른 상사와 호텔 보안 직원 둘이 머리를 맞대고 난 뒤 호텔은 911에 신고했다. 그동안 스트로스칸은 방에 휴대 전화를 남겨 둔 채 체크아웃을 하고 호텔을 빠져나와 공항으로 향했다.

경찰은 디알로를 병원으로 데려갔고, 거기서 부인과 검사를 실시한 간호사가 붉은 반점을 발견했다.* 디알로의 유니폼에 묻은 얼룩이 정액이라는 사실은 즉시 밝혀졌고, 이후 이 정액이 스트로스칸의 DNA와 일치한다는 사실이 드러났다. 디알로의 스타킹에서 발견된 DNA도 마찬가지였다. 호텔이 911에 신고한 지 몇 시간도 안 되어 스트로스칸은 공항에서 연행되었다. 그의 변호사들은 처음에는 그가 문제의 순간에 그 방에 있지도 않았다고 주장하면서 알리바이를 꾸며냈다. 하지만 변론은 얼마 안 가 그 성행위가 합의에 따른 것이었다는 주장으로 둔갑했다. 스트로스칸을 체포하고 나서 며칠 뒤 지방검찰청은 이 사건을 맨해튼의 대배심으로 보냈고, 스트로스칸은 강제 구강성교를 포함해서 다양한 성범죄로 기소되었다.

디알로가 혐의를 제기한 순간부터 여론 법정에서는 디알로와 디알로의 신뢰성을 향해 사나운 공세가 이어졌다. 일부 언론과 논평가들은 온갖 추측을 남발했다. 스트로스칸의 돈 때문에 나섰다, 그의 대통령 경선을 좌초시키려는 세력에게 놀아나는 노리개다, "전문 협잡꾼" "사기꾼" "병적인 거짓말쟁이" "치욕을 당한 메이드" "창녀" "악명 높은 소피텔의 메이드이자 매춘부" 같은 말들이 쏟아졌다.

스트로스칸이 체포되고 3개월이 지났을 때 지방검찰청은 모든 혐의를 기각할 것을 권고했다. 검사들은 법원에 보내는 서한에서 "소배심이 피고에게 유죄 평결을 내리려면 합리적인 의심을 넘어서는 수준으로 고발인의 신뢰성을 확신할 수 있어야 한다는 건 부정할 수 없다. …… 우리가 고발인을 합리적인 의심을 넘어서는 수준으로 신뢰하지 않을 경우

• 의료 기록에 따르면 디알로는 왼쪽 어깨에 통증이 있다고 했지만 — 여성, 특히 흑인 여성이 의학적 증상을 묘사할 때 자주 겪듯이 — 이 호소는 묻혀버렸다. 엑스레이 검사를 진행하지도 않고 진통제를 주거나 처방하지도 않았던 것이다. 첫 병원에 방문하고 6주 정도 지나서 한 정형외과 의사는 MRI의 힘을 빌려 디알로의 왼쪽 어깨 연골이 파열되었다고 진단했다.[2]

배심에게 그렇게 하도록 요구할 수 없다."고 밝혔다.

어쩌다가 자신감이 흔들린 걸까? 검사들은 수사 과정에서 그 사건 직후에 일어난 일에 관한 디알로의 진술이 바뀌었다고 말했다. 그들의 말에 따르면 디알로는 스트로스칸의 스위트룸에서 도망친 뒤 가까운 방을 잠시 청소하기 시작했는지를 두고 진술이 오락가락했다. 검사들은 또한 저소득층 주택 보조에 필요한 자격 요건 제출 그리고 기니에서 군인들에게 집단 강간을 당했다는 주장을 비롯해서 본 사건과 무관한 디알로의 "거짓말"을 지적했다. 집단 강간을 당했다는 주장은 디알로가 이후 철회한 것이었다. 검사들은 문제의 사건에 관한 디알로의 진술 외에도 "물리력과 동의 부재라는, 논쟁의 여지가 있는 문제와 관련이 있을 만한 모든 증거가 결정적이지 않다"고 설명했다. 팬티스타킹이 찢어진 것은 강제적인 성적 접촉의 요건에 부합했지만 검사들은 합의된 성관계에서도 가능한 일이라고 지적했다. 마찬가지로 이용할 수 있는 물리적 증거와 법의학 증거로는 스트로스칸이 물리력을 썼는지 증명할 수 없었다.

또 다른 고발인이 존재한다는 사실마저도 이런 결론을 바꿔놓지 못했다. 수사가 진행되는 동안 프랑스의 한 언론인 역시 스트로스칸을 상대로 성폭행 혐의를 제기했다. 이 언론인은 빈 아파트에서 스트로스칸을 인터뷰하는 동안 그가 자신을 강간하려 했다고 말했다. 하지만 검사들은 "기소되지 않은 범죄"의 증거 제출을 제한하는 판례법을 근거로 삼아 재판에서 이 언론인의 증언을 듣는 것이 허용될 가능성이 낮다고 판단했다. 전체적으로 검사들은 "고발인의 신뢰성에 중대한 우려"가 있어서 "피고의 호텔 스위트룸에서 정확히 무슨 일이 있었는가라는 문제를 풀기가 불가능"하다고 주장했다.

디알로의 변호사들은 이 기각을 두고 정의를 부정하는 행위이자 디알로와 미래의 모든 성폭행 피해자를 내동댕이치는 해로운 처사라며 규탄했다.

하지만 이야기는 거기서 끝나지 않았다. 2011년 8월, 형사사건이 기각되고 나서 며칠 뒤 디알로는 성폭력 때문에 심신에 피해를 입었고 자신의 평판에 영구적인 손상이 갔다는 주장을 담아 스트로스칸을 상대로 민사소송을 제기했다. 디알로는 "자신의 권리를 주장하기 위해, 여성으로서 존엄을 확고히 하기 위해, 도미니크 스트로스칸이 2806호실에서 자신에게 자행한 폭력적이고 개탄스러운 행동에 책임을 묻기 위해, 어린 딸에게 어떤 남성도—그가 부, 권력, 영향력을 얼마나 많이 지녔는지와 상관없이—자신의 몸을 침범하도록 두어서는 안 된다고 가르치기 위해, 그리고 전 세계에서 강간이나 성폭행이나 성폭력을 당하고도 무서워서 말하지 못하는 모든 여성들을 지지하기 위해" 소송을 제기했다고 말했다.

신뢰성 구조를 떠올려보면 디알로에게 일어난 많은 일이 전형적인 신뢰성 폄하이고, 스트로스칸이 받은 대우는 강한 신뢰성 과장임을 알 수 있다. 병원에서 시작해서 사법제도, 여론 법정까지 디알로가 사건을 폭로한 뒤 받은 수모는 이 책에 등장하는 많은 여성들의 경험과 꼭 닮아 있다. 디알로는 호사가들에게 다양한 방식으로 불신받고 비난받고 무시당했으며, 그 다음에는 합리적인 의심을 넘어서 유죄를 입증해야 한다는 자신들의 무거운 부담을 들먹이는 검사들에게 묵살당했다. 물리적 증거는 디알로의 이야기를 뒷받침했지만 검사들은 배심원들이 디알로에게 어떻게 반응할지 우려했고 지레 불안해했다. 증거는 심각한 신체적 부상, 찾아낸 무기, 일면식도 없는 낯선 사람과 일치하는 DNA같이 오랜 세월 사람들이 기대해 온 명백한 증거의 기준에 못 미쳤다. 디알로의 신뢰성이 깎여 나갔으므로 합의에 따른 성관계였다는 스트로스칸의 변론은 아무리 설득력이 떨어져도 승기를 잡게 된다. 배심원들은 그 주장을 들어볼 새도 없었다. 사건을 지켜보던 모든 사람들은 또 다른 고발인까지 무시했다. 이미 의심의 늪에 빠진 사람들은 여자들이 강간을 당했다며 거짓으로 울부짖는다는 관념이 옳다는 걸 다시 한번 확인받았다.

이 사건은 처음부터 끝까지 권력으로 뒤범벅되어 있었다. 2020년 11월, 디알로의 변호사 더글러스 위그더는 내게 "디알로가 아프리카 출신 이민자가 아니었다면 완전히 다른 대접을 받았으리라고 전혀 의심하지 않는다"고 말했다. 스트로스칸이 세계에서 손꼽히는 권력자이고 백인이라는 사실은 디알로를 더욱 궁지로 몰아넣었다. 신뢰성 구조는 늘 그렇듯 현 상태를 공고히 하기 위해 작동했다.

한 가닥 희망도 있었다. 형사사건이 기각되기까지 몇몇 중요한 국면에서 사람들은 디알로를 **믿었다**. 디알로의 주장이 불신받지도 비난받지도 무시당하지도 않은 것이다. 디알로의 상사는 스트로스칸이 VIP라고 해서 행동에 따른 책임에서 자유로워서는 안 된다는 입장을 분명히 했다. 경찰은 스트로스칸을 체포하고, 검사들이 이 사건을 대배심으로 넘기고, 대배심이 기소하기에 충분할 만큼 증거를 모았다. 흑인 시민사회 지도자들과 일부 여성 인권 단체들은 디알로를 지지하는 집회를 열었고 스트로스칸에게 책임을 물을 것을 요구했다. 이 순간들은 디알로의 주장이 중요하고, 디알로는 **중요한 사람**임을 분명히 드러냈다. 디알로의 신뢰성을 폄하하지 않은 사람들은 디알로에게 힘을 불어넣었고 디알로는 경찰이 범죄 수사 과정에서 수집한 증거로 민사소송을 밀고 갈 수 있었다.

2012년 12월에 민사소송이 해결되었다. 스트로스칸은 결국 액수를 밝히지 않은 금액으로 디알로와 합의하는 데 동의했다. 위그더는 성명을 발표했다. "스트로스칸과 관련된 디알로 씨의 청구를 해결하기로 한 이 합의는 1년 반에 걸친 지난하고 힘겨운 시간의 마지막 장이지만, 이 문제에 합의하기로 한 결정은 디알로 씨와 딸이 앞으로 인생을 살아가고 치유 과정을 시작할 수 있는 새로운 출발점을 마련할 것이다."

2020년 2월 말 어느 아침에 나는 뉴욕 법정에 앉아 하비 와인스타인 평결을 기다리며 나피사투 디알로를 생각했다. 디알로 사건이 오늘날 벌어졌다면 결말이 달랐을까. 두 사건은 놀라울 정도로 유사했다. 담당 검찰청이 동일했고, 혐의가 유사했고, 피고 측은 합의된 성관계였다는 변론을 내세웠고, 피고발인은 권력 있는 남성이었다. 그런데 이번에는 권력자 남성에게 막 책임을 물으려 하고 있었고, 이는 완전히 새로운 상황이었다. 하지만 디알로가 그랬듯 홀로 고발에 나선 여성에 대한 사법 정의는 여전히 전망이 불투명하다. 특히 여성이 유색인종일 때는 더하다. 디알로가 사법제도 안팎에서 맞닥뜨린 장애물은 여전히 남아 있다. 수많은 고발인들이 그 장애물을 마주한다. 와인스타인 사건의 배심원들이 평결을 발표할 때 나는 정말로 흐름을 바꿔놓으려면 뭐가 필요할지 곰곰이 생각했다.

진정한 변화를 바란다면 우리는 신뢰성 구조를 해체해야 한다. 그리고 신뢰와 책임과 관심이 더는 권력의 축을 따라 할당되지 않도록 법과 문화를 바꿔야 한다.

우리가 일상에서 주고받는 상호 작용이야말로 변화의 출발점으로 삼기에 완벽하다. 성폭행과 성적 괴롭힘 생존자들의 대부분이 처음에는 가까운 누군가에게 피해 사실을 털어놓는다. 친구, 가족, 동료, 멘토는 일종의 "최초 대응자"가 된다. 심리학자 킴벌리 론스웨이는 최초의 폭로 순간을 "갈림길"이라고 부른다. 신뢰하는 내부 집단 구성원들이 피해 이후 생존자의 경로를 결정하기 때문이다.[3] 우리가 바로 이 신뢰받는 사람들이다. 그리고 우리는 진정으로 더 낫게 대처할 수 있다.

아래 지침이 도움을 줄 것이다.

첫째, 스스로 선택하는 확실성의 수준을 적절하게 조정하면 성폭행 주장에 공정하게 반응할 확률이 높아진다. 믿음에 이르기 위한 적절한 신뢰 수준을 설정할 때 맥락을 유념해야 한다. 피고발인이 잃을 게 상대적으로 많지 않은 경우, 그러니까 자유, 교육 기회, 직장을 잃을 위험이 없는 경우에는 우리 개인의 설득 기준이 법정에서 요구하는 기준보다 훨씬 낮아야 한다. 사법 절차 밖에서 합리적인 의심을 넘어서는 증거를 요구할 이유는 전혀 없다. 반면에 가령 피고발인의 일자리가 위태롭다든지 하는 다른 상황에서는 가장 까다로운 증명 기준보다는 낮지만 사적인 삶에서 대응하는 데 필요한 수준보다는 높은 확실함을 요구해야 한다.

둘째, 비면식범 강간 패러다임과 거기서 파생된 완벽한 피해자 원형 **그리고** 짐승 가해자 원형을 폐기함으로써 우리는 혐의와 부인을 추론하는 과정을 개선할 수 있다. 그 신화들이 아직도 위력적인 이유는 우리가 그 영향력을 보지 못하기 때문이다. 이를 한번 알아차리면 그 영향력이 흩어지면서 과학과 심리학, 그리고 성폭력을 가능하게 만드는 위계질서와 성폭력 자체를 정확하게 이해할 수 있는 공간이 열린다.

셋째, 피해 여성이 선입견이 작동할 가능성이 높은 방식으로 행동할 때 우리는 책임 전가의 유혹을 떨치려고 노력해야 한다. 여성이 술을 마셨거나, 옷차림과 행동이 지나치게 "섹시"하거나, 충분히 크게 비명을 지르지 않았거나, 충분히 맞서 싸우지 않았거나, 충분히 빨리 도망치지 않았거나, 가해자와 모든 연을 끊지 않았을 때 말이다. 그리고 우리가 오랫동안 남성에게 책임을 지우기를 내켜하지 않았음을 의식해야 한다.

마지막으로, 관심의 격차를 줄이도록 노력해야 한다. 나와 이야기를 나눈 여성들은 피해 사실을 털어놓은 친구들과 가족에게 많은 걸 바라지 않았다. 그런데도 사랑하는 이들은 어떻게든 실망을 안겼다. 한 고발인은 내게 자기가 바라는 건 "내가 듣고 있어, 난 널 믿어, 너를 지지해"라는 말이 전부였다고 말했다. 어쩌면 누군가와 감정적인 짐을 나누고 싶었으리라. 경찰에 신고하기로 했다면 같이 가주는 사람에게 고마움을 느꼈으리라. 친구들이 가해자와 연을 끊기를 원했을 수도 있다. 아마 상대가 이런 방법을 제안하기만 해도 도움이 되었을 것이다. 어떤 방식이든 가족과 친구들의 지원은 피해자가 당한 일이 부당하고 그게 피해자에게 해를 입혔다는 걸 그들이 이해하고 있음을 보여주었을 것이다. 그리고 피해자가 그들에게 중요한 사람임을 알려주었을 것이다. 이것만으로도 이 세상에 엄청난 변화가 일어났을 것이다.

성폭행 피해자에 대한 신뢰는 개인에게서 출발한다. 하지만 거기서 끝나서는 안 된다. 문화적 진전은 법적 변화를 촉발한다. 중대한 개혁이 많이 필요하지만 그중에서도 특히 신뢰성 폄하를 고착하는 규정들을 점검해야 한다. 법 원칙상에 불신, 비난, 무시가 표출되는 곳은 어디든 개혁이 시급하다.

불신을 심는 규정들을 뿌리 뽑으려면 고발을 진행할 수 있는 기간 범위, 즉 직장 괴롭힘을 신고할 수 있는 시한과 민형사사건을 접수하는 데 적용되는 과도하게 엄격한 제소기한 규정 들을 개정해야 한다. 이런 요건들은 성폭력과 이후 상황의 실상들을 제대로 감안해야 한다. 소송 전 증거 개시 단계에서 더는 피해자의 과거를 쓸데없이 헤집으면서 피고의 폭행 유형을 방어할 수 있게 허용해서는 안 된다.

책임을 피해자에게 떠넘기는 규정을 바꾸려면 피해자가 자발적으로 취한 상태였다는 사실을 피고를 변호하는 데 이용할 수 있도록 인정하는 강간법을 개정하고 언어적인 저항이 없으면 합의로 보는 관점 역시 수정해야 한다. 그리고 민사에서는 괴롭힘 행동을 상대가 달갑게 여긴다는 가정을 제거하고 이와 반대로, 괴롭힘 행동이 전혀 달갑지 **않다**는 가정을 공식화해야 한다.

생존자들의 괴로움을 무시하는 규정을 제거하려면 물리력 사용 요건과 아직도 남아 있는 부부 강간 면책 조항의 잔재들을 폐기해야 한다. 성적 괴롭힘법에서는 '심각하거나 만연한' 수준이라는 기준을 폐기하고, 손해배상 한도를 늘리고, 가사노동자, 농장노동자, 독립계약자, 인턴, 자원활동가 등 취약한 노동자들을 위한 보호 조치를 확대해야 한다.

일부 주에서는 내가 개괄한 많은 변화들이 진행 중이다.[4] 하지만 사법제도는 법 개혁만으로는 교정하기 어려운 여러 방식으로 신뢰성을 깎아내린다. 행위자들이 재량을 발휘하거나 판단을 내릴 때면 민형사사건을 통틀어서 어디든 문화적 편견이 끼어든다. 경찰들은 수사 방법과 체포 여부를 선택한다. 검사들은 기소한다면 어떤 혐의를 적용할지, 재판까지 가기 전에 합의를 제안할지 판단한다. 판사들은 증거에 관한 결정을 공표하고 양형을 결정하며 법에 따라 판결을 내린다. 배심원들은 신뢰성을 평가하고 증거를 저울질하며 민사사건의 경우에는 피해액을 추정한다.

밑바닥부터 꼭대기까지, 그리고 처음부터 끝까지 법을 적용하는 주체는 **인간**이다. 그러니까 우리가 상대하는 건 결국 인간이다. 그렇다고 해서 법 개혁이 의미 없다는 말이 아니다. 그 한계가 분명하다는 뜻이다. 법이 집행되는 방식을 유의미하게 바꾸려면 문화 그 자체가 진화해야 한다. 신뢰성 폄하와 신뢰성 과장을 끝내야 한다. 이건 엄청난 도전이다. 하지만 각자에게 이 일을 할 수 있는 힘이 있다. 한 건의 성폭력 주장에 공정하게 반응하는 순간 문화적 변혁의 물꼬가 트일 것이다.

| 감사의 말 |

신뢰성에 관한 책을 쓰겠다고 생각했을 때 나는 생존자들의 이야기가 그 책을 이끌고 가야 하리라는 걸 알았다. 나를 믿고 기꺼이 이야기를 들려준 생존자들의 의지는 이들이 참아낸 모든 것을 꾸준히 상기시켰고 내게 영감을 제공했다. 이들의 허심탄회함에 말할 수 없이 고마움을 느꼈고 마찬가지로 이들의 용기에 형언할 수 없는 자극을 얻었다. 그래서 이들의 경험에 경의를 표하려고 나름의 최선을 다했다. 책을 써야겠다고 생각하기도 전에 이미 수십 년 동안 하고많은 여성들이 내게 자신의 이야기를 들려주었다. 이름을 밝히지는 않았지만 이들 역시 이 책 안에 있다.

나와 이야기를 나눈 변호사, 심리학자, 사회학자, 철학자, 활동가, 법집행관, 언론인 들에게도 고마움을 전한다. 이들 중에는 자신이 직접 겪은 성폭력을 전해준 이들도 있었다. 전문가들의 식견은 이 책을 이루 말할 수 없이 풍부하게 만들었다.

이 사람들에게 깊은 고마움을 전한다. 케이트 에이브럼슨, 브렌다 애덤스, 케이티 베이커, 케빈 베커, 스콧 버코위츠, 리베카 캠벨, 이브 세

르반테즈, 존 클룬, 질리언 코시, 세라 디어, 폴라 잉글랜드, 데버라 엡스타인, 제니퍼 프리드, 테리 프롬슨, 제니퍼 곤잘레스, 패티마 고스 그레이브스, 클로에 그레이스 하트, 벤케일라 헤인스, 캐럴라인 헬드먼, 머리사 호츠스테터, 낸시 혹스헤드-마커, 애비 호널드, 짐 호퍼, 니콜 존슨, 데브라 카츠, 얼레일라 키아너시, 제니퍼 랭힌릭센-롤링, 로런 레이든-하디, 제니퍼 룽, 킴벌리 론스웨이, 레이철 러벌, 제임스 마키, 로즈 맥고완, 톰 맥데빗, 에이자 뉴먼, 제니퍼 라이시, 머리사 로스, 린 헥트 샤프랜, 조지프 셀러스, 레이철 스틸링, 섀린 테자니, 로런 튜콜스키, 캐럴 트레이시, 앨리슨 터코스, 버네사 타이슨, 로버트 밴스, 어밀리아 왜거너, 캐럴린 웨스트, 더글러스 위그더, 아리 윌켄펠드, 제이니 윌리엄스.

많은 생존자들이 이 책의 중요성을 믿어주었다. 이 책이 할 수 있는 일에 관해 그들이 보인 낙관은 강력한 동기로 작용했다. 그중 특히 인상적인 만남이 있었다. 나는 이 책이 아직 초기 단계였을 때 타라나 버크를 만나는 즐거움을 누렸고, 그때의 대화는 이 책을 쓰는 동안 계속 머릿속에 맴돌았다.

처음부터 나의 대리인 제니퍼 게이츠는 이 책이 시급하게 필요하다는 걸 알아보았다. 게이츠가 없었더라면 이 책은 빛을 보지 못했을 것이다. 게이츠의 놀라운 관점, 창의성, 명민함은 이 책에 힘 있는 아이디어와 성폭력 대응을 뒤엎을 만한 잠재력이 있다는 게이츠의 뚝심 있는 믿음과 함께 이 책의 연료로 작용했다.

나의 출판 담당자이자 편집자인 불굴의 캐런 리널디는 이 책이 왜 중요한지를 단박에 이해하고 여기까지 오는 데 무엇이 필요한지 정확하게 꿰뚫은 능력자다. 캐런은 궁지에 몰렸을 때 가장 필요한 사람이다. 캐런의 지혜는 비할 데가 없다. 하퍼 웨이브의 경이로운 팀, 소피아 라우리엘로, 페니 매크러스, 옐레나 네즈빗, 브라이언 페린, 리베카 래스킨에게도 고마움을 전한다.

어맨다 문은 이 책이 어떤 모습일지 완벽할 정도로 정확히 알았다. 문의 반짝이는 편집 능력은 내 주장을 벼리고, 내 목소리에 힘을 더하고, 뒤퉁스러운 생각들을 길들여 다듬었다. 문과 함께 일하는 내내 즐거웠다.

내털리 미드는 모든 사실을 정확하게 확인했고 훨씬 더 나아간 제안을 해주었다.

2019년에는 노스웨스턴대학의 '도로시 앤과 클래런스 L. 스티그 우수 연구상'을 수상하는 영광을 누렸다. 너그러운 성품으로 이 책을 진정으로 반겨준 존 스티그와 제인 스티그에게 고마움을 전한다.

노스웨스턴의 프리츠커 로스쿨에서는 많은 사람들이 지원을 아끼지 않았다. 톰 게일로드는 내 연구가 어김없이 시의성과 포괄성을 갖추도록 확인하는 걸 자신의 사명으로 삼았다. 몰리 헤일러와 세라 슈메이커는 최고의 행정 지원을 제공했다. 라일리 클래프턴, 에밀리 존스, 아나스타샤 로바체바, 이자벨 맷슨 등 막강한 학생 팀은 열정과 지성으로 초반의 몇 장을 거들었다. 전 현직 학장인 제임스 스페타, 대니얼 로드리게스, 킴벌리 유라코는 변함없는 응원을 보냈다. 훌륭한 동료들도 정말 중요한 방식으로 나를 도와주었다. 이 책을 쓰는 동안 함께 대화를 나눠준 아래 동료들에게 각별한 감사의 마음을 전한다. 섀넌 바틀릿, 데이비드 다나, 에린 딜레이니, 조슬린 프랑쾨르, 폴 가우더, 토니야 자코비, 에밀리 캐덴스, 하이디 키트로서, 제이 쾰러, 제니퍼 래키, 캔디리, 브루스 마켈, 지디 엔젤리브, 제임스 판더, 데이비드 슈워츠, 줄리엣

소런슨. 피터 디콜라, 세라 로스키, 재니스 내들러 또한 초고를 읽고 날카로운 의견을 주었고 과정 전반에 걸쳐 훌륭한 조언을 아끼지 않았다.

최고의 친구들이 주위에 있는 걸 보면 나는 과분할 정도로 운이 좋다. 친구들은 수년 동안 한 번도 이 책의 진행 과정과 내용 전반에 걸쳐 관심의 끈을 놓지 않았다. 그리고 누구도 기대하기 힘든 응원을 선사해주었다. 그리고 몇 번은 원고를 읽어주기도 했다. 이 친구들에게 절절한 감사의 마음을 전한다. 제프 버먼, 줄리 본스타인, 수잔 갤런, 앤드루 골드, 케이트 마서, 몰리 머서, 젠 니컬슨 파스쿠스, 카아리 라이어슨, 머우라 셰이, 세라 실런스, 피터 슬레빈, 마크 스핀들먼, J. D. 트라우트, 킴벌리 와서먼, 리사 와이스, 니콜 윌리엄스, 그리고 다리아 위트. 모든 시시콜콜한 내용을 듣고 싶어 했던 바비 콸에게 별도로 감사의 말을 전한다.

나의 형제 앨런은 끝 모르는 낙천성과 훌륭한 유머로 팬데믹 기간 동안 책을 쓰는 부담을 눈에 띄게 덜어주었다.

나의 부모님 바버라와 프랭크는 모든 영역에서 나의 본보기였고, 당연히 나는 두 분에게 모든 걸 빚졌다.

딜런이 긴 감사 인사를 원하지는 않을 것이다. 딜런에게 한없이 고마움을 느낀다.

나의 십대 아이들, 맥스와 레오는 무한한 자부심과 행복의 원천이다. 이들은 이 책이 세상에 나오는 과정을 매우 가까이에서 지켜보았고 희생하고 뛰어다니면서 불가능했을 수도 있는 상황이 바뀌도록 도와줬다. 이 점 때문에 나는 맥스와 레오 각각에게 가장 크게 고마움을 느낀다. 내 영원한 존경, 사랑, 추앙, 그리고 더 정의로운 사회를 위해 항상 열심히 노력하겠다는 변함없는 약속은 모두 그들의 몫이다.

　20대 초중반에 입사한 회사에서 30대 초반에 직장 내 성적 괴롭힘 피해를 입었다. 이 사실을 회사와 사법 기관에 알리고 수년을 다퉈야 했다. 이후 로스쿨에 진학했고 변호사로 살면서 주로 피해자를 대리해 여러 성폭력 사건들을 다루게 되었다. 가해자와 회사를 상대로 싸우던 날들로부터 십수 년이 지났지만 아직도 그때 피해자로서 겪은 경험을 유용하게 쓰고 있고 수사 기관이나 법원이 사건을 바라보는 시선이나 판단에 매일같이 놀라며 살고 있다. 처음엔 이 책을 변호사의 눈으로 읽기 시작했는데, 중반부에 오기도 전에 피해자의 입장에서 읽게 되었다. 과거에 피해를 입고 그 피해를 말하기까지 품었던 두려움과 걱정이 떠올랐고, 실제로 피해를 말하고 나서 맞닥뜨렸던 좌절이나 의문들에 대해 공감받는 기분이 들었고, 이후 변호사가 되고 받은 세상의 관심과 격려에 고개가 숙여졌다. 성폭력 피해자를 신뢰하지 않고 피해자가 자책하게 만드는 문화에서 나 역시 자유롭지 않았다. 이런 문화가 국경 너머에서도 비슷하구나 싶어 공감되었고, 미안해서 불편했다.

변호사가 된 후 10년간 맡은 사건의 90퍼센트가 성폭력 사건이었다. 대부분 피해자를 조력하는 입장이었는데, 일하면서 가장 화나고 고민되는 지점은 수사 기관이나 법원이 피해자의 언어를 제대로 이해하지 못한다는 것이었다. 피해자들이 주변에, 수사 기관에, 법원에 말한 이야기는 현실의 다툼에서 왜곡되기 일쑤다. 그래서 상당히 많은 피해자들이 변호사와 상담하는 것조차 망설인다. 그 망설임은 자기한테 잘못이 있는 게 아닐까 하는 자책, 듣는 사람이 자기를 믿지 않거나 탓할 것이라는 걱정, 사실을 말하면 더 많은 피해를 입게 될지 모른다는 두려움이 뒤엉켜 만들어진 결과물이다.

피해자는 말 그대로 피해를 입은 사람이다. 직접적인 피해를 입은 순간부터, 또 그 피해에 어떻게 대처할지를 고민하면서 피해자는 내내 불안정한 상태에 놓인다. 대부분의 피해자들은 주변인이나 사법 기관에 피해 사실을 말할 때 준비가 되어 있지 않다. 작정하거나 예견하고 피해를 당하는 것이 아니니 용어를 정확하게 사용하는 일이 드물다. 더구나 주변인과 사법 기관은 전혀 다른 상대다. 주변인은 피해자가 일상적인 언어로 말해도 그 뜻을 이해한다. 하지만 수사 기관이나 법원은 그렇지 않다. 피해자가 자신이 겪은 상황을 어떻게 표현해야 있는 그대로 전달할 수 있을지 고민하고 주의를 기울이지 않으면 자칫 전혀 다른 의미로 왜곡될 수 있다. 그래서 피해자와 상담할 때는 피해자가 전하고자 하는 이야기가 무엇인지, 다르게 해석될 만한 표현이 있는지 찾아내는 일에 가장 주의를 기울인다.

이 일을 시작하고 처음에는 말을 정확하게 하지 못하는 피해자들이 답답하기도 했다. 하지만 시간이 흐르면서 의문이 들기 시작했다. 왜 피해자는 있는 그대로의 사실을 수사 기관이나 법원에 전할 때 언어까지 신경 써야 하는 것일까? 나는 무슨 의미인지 알아듣겠는데 왜 수사 기관이나 법원에는 외국어 통번역을 하듯 설명하고 설득해야 하는 것일까? 피해자의 직업, 성경험, 성적 취향이 왜 사건의 유무죄에 영향을 주는 것일까? 실상은 법과 제도가 오랫동안 남성 위주로 만들어지고 운영되면서 빚어진 촌극일 뿐, 객관이나 합리와는 거리가 멀지 않나? 이런 결론에 이르렀지만 실제 개별 사건에서 수사 기관이나 법원에다 당신들한테 문제가 있으니 피해자의 언어를 이해해보라고 할 수는 없다. 그래서 나는 아직도 매일 피해자들을 붙잡고 앉아 지금처럼 말하면 사법 기관이 잘못 이해할 수 있다고 설명한다. 앞으로도 꽤 긴 시간 그럴 것 같다.

이 책은 피해자들이 서 있는 기울어진 현실의 실체를 적나라하게 그러나 정제된 언어로 말해준다. 법이 즐겨 쓰는 공정, 엄정, 객관, 합리와 같은 말들이 성폭력 사건에서만큼은 그렇지 못함을 알려준다. 지금 한국 사회에서는 젠더 관련 이슈가 나올 때마다 '피해자라고 말하면 무조건 신뢰받고 그 말이 증거가 돼서 남성이 성범죄자가 된다'는 이야기가 돌림노래처럼 등장한다. 최근 비동의간음죄 입법을 둘러싸고 정치권에서조차 회자됐다. 그러나 피해자는 피해 사실을 말하기까지, 수사 기관에서 사건이 기소되기까지, 법원에서 가해자에게 유죄를 선고하기까지 수많은 벽에 부딪힌다. 피해자는 아무리 열심히 말해도 쉽게 신뢰받지 못한다. 피해자가 제출한 많은 증거와 상식이 가해자가 '사실이 아닐 수도 있다'며 제출한 증거 하나둘에도 쉽게 와르르 무너진다. 더욱이 피해자가 과거 어떤 일에 종사했는지, 사회가 보호할 가치가 있는 성생활을 하며 살아왔는지, 가해자가 조금이라도 오해하지 않도록 철벽을 치며 제대로 행동했는지 같은 문제가 사건을 압도한다. 피해자의 자격(피해자다움)을 따지고 가해자에게 이입하는 편향된 사고가 사법 기관 안에 공고하게 자리 잡고 있는 데다가, 피해자가 말하는 성폭력이 가해자 입장에서도 성폭력인지 이중 삼중으로 고려하는 것이 당연한 법리인 양 여겨지기 때문이다. 이 책에서 저자는 많은 성폭력 사건들의 실제 이야기를 바탕 삼아 피해자들이 어떤 토대 위에서 말하고 판단받게 되는지 알려준다.

자기 검열과 자책에 빠져 있을지 모르는 피해자에게, 법원이 피해자와 가해자 모두에게 공정하다고 쉽게 말하는 법조인들에게, 피해자의 말이 곧 유죄 선고가 되는 역차별의 시대라고 외쳐대는 사람들에게 이 책의 일독을 권한다. 미국과 한국의 문화와 현실적 여건은 다르지만, 피해자가 마주한 현실의 난관은 다르지 않다.

이은의(변호사, 이은의 법률사무소)

저자의 말

1. Donna Freitas, Consent: A Memoir of Unwanted Attention (New York: Little, Brown and Company, 2019), 289.

2. Michele C. Black et al., "The National Intimate Partner and Sexual Violence Survey: 2010 Summary Report," National Center for Injury Prevention and Control, Centers for Disease Control and Prevention (2011): 18–19, 24, https://www.cdc.gov/violenceprevention/pdf/NISVS_Report2010-a.pdf.

머리말

1. Kimberly A. Lonsway and Joanne Archambault, "The 'Justice Gap' for Sexual Assault Cases: Future Directions for Research and Reform," Violence Against Women 18, no. 2 (2012): 149–50.

2. "The Criminal Justice System: Statistics," RAINN, accessed January 2, 2021, https://www.rainn.org/statistics/criminal-justice-system.

3. Anna Madigan, "Rape Cases in Virginia Often Go Unsolved," NBC 12, December 9, 2019, https://www.nbc12.com/2019/12/10/rape-cases-virginia-often-go-unsolved/; Jim Mustian and Michael R. Sisak, "Despite #MeToo, 'Clearance Rate' for Rape Cases at Lowest Point Since the 1960s," USA Today, December 27, 2018, https://www.usatoday.com/story/news/nation/2018/12/27/rape-cases-clearance-rate-hits-low-despite-metoo/2421259002.

4. Abby Ohlheiser, "The Woman Behind 'Me Too' Knew the Power of the Phrase When She Created It — Ten Years Ago," Washington Post, October 19, 2017, https://www.washingtonpost.com/news/the-intersect/wp/2017/10/19/the-woman-behind-me-too.

5. Andrea Johnson et al., "Progress in Advancing Me Too Workplace Reforms

in #20StatesBy2020," National Women's Law Center (July 2019): https://
nwlc−ciw49tixgw5lbab.stackpathdns.com/wp−content /uploads/2019/07/
final_2020States_Report−9.4.19−v.pdf.

6. Adam Kuper, Culture: The Anthropologists' Account (Cambridge, MA: Harvard
University Press, 1999), 227.

7. Richard Johnson, "What Is Cultural Studies Anyway?" Social Text, no. 16 (1986):
39.

8. Kimin Eom and Heejung S. Kim, "Cultural Psychology Theory," in Theory
and Explanation in Social Psychology, eds. Bertram Gawronski and Galen V.
Bodenhausen (New York: Guilford Publications, 2014), 328; Alan Page Fiske
et al., "The Cultural Matrix of Social Psychology," in The Handbook of Social
Psychology, 4th ed., eds. Daniel T. Gilbert, Susan T. Fiske, and Gardner Lindzey
(New York: McGraw−Hill, 1998), 915.

9. Naomi Mezey, "Law as Culture," Yale Journal of Law & the Humanities 13, no. 1
(2001): 48.

10. Susan S. Silbey, "Making a Place for a Cultural Analysis of Law," Law and Social
Inquiry 17, no. 1 (1992): 41; Austin Sarat and Thomas R. Kearns, "The Cultural
Lives of Law," in Law in the Domains of Culture (Ann Arbor: University of
Michigan Press, 2000).

1장 문제는 권력이다

1. Liz Calvario, "Rose McGowan Reveals She Was Raped by a Hollywood
Executive," Indie− Wire, October 14, 2016, https://www.indiewire.com/2016/10/
rose −mcgowan−tweets−raped−by−hollywood−executive−1201736965.

2. Jodi Kantor and Megan Twohey, "Harvey Weinstein Paid Off Sexual Harassment
Accusers for Decades," New York Times, October 5, 2017, https://www.
nytimes.com/2017/10/05 /us/harvey−weinstein−harassment−allegations.html;
Ronan Farrow, "From Aggressive Overtures to Sexual Assault: Harvey Weinstein'
s Accusers Tell Their Stories," New Yorker, October 10, 2017, https:// www.
newyorker.com/news/news−desk/from−aggressive−overtures−to −sexual−
assault−harvey−weinsteins−accusers−tell−their−stories.

3. Rose McGowan, Brave (New York: HarperCollins Publishers, 2018), 122.

4. McGowan, Brave, 126 - 27.

5. Jodi Kantor and Megan Twohey, She Said: Breaking the Sexual Harassment

Story That Helped Ignite A Movement (New York: Penguin Press, 2019), 101.

6. Rose McGowan, "Rose McGowan On Lisa Bloom Memo In New Book, 'She Said,'" interview by Michael Martin, All Things Considered, NPR, September 14, 2019, https://www.npr.org/2019/09/14/760876409/rose-mcgowan-on-lisa-bloom-memo-in-new-book-she-said.

7. McGowan, Brave, 128-29.

8. Trina Grillo, "Anti-Essentialism and Intersectionality: Tools to Dismantle the Master's House," Berkeley Women's Law Journal 10, no. 1 (1995): 19.

9. Estelle B. Freedman, Redefining Rape: Sexual Violence in the Era of Suffrage and Segregation (Cambridge, MA: Harvard University Press, 2013), 27.

10. Grillo, "Anti- Essentialism and Intersectionality," 19.

11. Venkayla Haynes, "Black Women Who Are Raped Don't Matter," Medium, June 13, 2019, https://medium.com/@VenkaylaHaynes/black-women-who-are-raped-dont-matter-b5fc0791a642.

12. Angela P. Harris, "Race and Essentialism in Feminist Legal Theory," Stanford Law Review 42, no. 3 (1990): 595.

13. Shaquita Tillman et al., "Shattering Silence: Exploring Barriers to Disclosure for African American Sexual Assault Survivors," Trauma, Violence, & Abuse 11, no. 2 (2010): 65.

14. Jane Mayer, "What Joe Biden Hasn't Owned Up To About Anita Hill," New Yorker, April 27, 2019, https://www.newyorker.com/news/news-desk/what-joe-biden -hasnt-owned-up-to-about-anita-hill.

15. Jane Mayer and Jill Abramson, Strange Justice: The Selling of Clarence Thomas (New York: Houghton Mifflin Harcourt, 1994), 114-15.

16. Anita Hill, Speaking Truth to Power (New York: Anchor Books, 1997), 281.

17. Hill, Speaking Truth to Power, 279, 277.

18. LaDonna Long and Sarah E. Ullman, "The Impact of Multiple Traumatic Victimization on Disclosure and Coping Mechanisms for Black Women," Feminist Criminology 8, no. 4 (2013): 301-4.

19. Tillman et al., "Shattering Silence," 64-65.

20. André B. Rosay, "Violence Against American Indian and Alaska Native Women and Men," National Institute of Justice Journal 277 (2016): 4; Rachel E. Morgan, "Race and Hispanic Origin of Victims and Offenders, 2012-2015," Bureau of Justice Statistics (2017): 15, https://www.bjs.gov/content/pub/pdf/rhovo1215.

pdf.

21. Salamishah Tillet, "Why Harvey Weinstein's Guilt Matters to Black Women," New York Times, February 26, 2020, https://www.nytimes.com/2020/02 /26/opinion/ harvey-weinstein-black-women.html?action=click &module=Opinion&pgtype =Homepage.

22. Hill, Speaking Truth to Power, 277.

23. Sandra E. Garcia, "The Woman Who Created #MeToo Long Before Hashtags," New York Times, October 20, 2017, https://www.nytimes.com/2017/10/20 /us/ me-too-movement-tarana-burke.html.

24. Ben Sisario and Nicole Sperling, "Pressured by Simmons over Exposé, Oprah Winfrey Faced a Big Decision," New York Times, January 17, 2020, https:// www.nytimes.com/2020/01/17/movies/oprah-winfrey -russell-simmons- movie.html.

25. Jamil Smith, "She Can't Breathe," in Believe Me: How Trusting Women Can Change the World, eds. Jessica Valenti and Jaclyn Friedman (New York: Seal Press, 2020), 216.

26. Kimberlé Crenshaw, "Mapping the Margins: Intersectionality, Identity Politics, and Violence Against Women of Color," Stanford Law Review 43, no. 6 (1991): 1250.

27. Rosay, "Violence Against American Indian and Alaska Native Women and Men," 40.

28. Timothy Williams, "For Native American Women, Scourge of Rape, Rare Justice," New York Times, May 22, 2012, https://www.nytimes.com/2012/05/23/us/native -americans-struggle-with-high-rate-of-rape.html.

29. Rosay, "Violence Against American Indian and Alaska Native Women and Men," 41.

30. Victoria McKenzie and Wong Maye-E, "In Nome, Alaska, Review of Rape 'Cold Cases' Hits a Wall," Associated Press, December 20, 2019, https://apnews.com / b6d9f5f6fd71d2b75e3b77ad9a5c0e76.

31. Williams, "For Native American Women, Scourge of Rape, Rare Justice."

32. Sarah McBride, "Why I'm Not Staying Silent About Being A Trans Woman Who Was Sexually Assaulted," BuzzFeed, October 20, 2017, https://www.buzzfeed. com /sarahemcbride/why-its-so-hard-for-trans-women-to-talk-about -sexual-assault?utm_term=.yqEVXwqo6#.wcORNxZj3.

33. Barbara Bradley Hagerty, "The Campus Rapist Hiding in Plain Sight," Atlantic, July 15, 2019, https://www.theatlantic.com/education/archive/2019/07/why−dont −more−college−rape−victims−come−forward/593875.

34. Hagerty, "The Campus Rapist Hiding in Plain Sight."

35. Sofi Sinozich and Lynn Langton, "Special Report: Rape and Sexual Assault Among College−Age Females, 1995 − 2013," Bureau of Justice Statistics (December 2014): 1, https://www.bjs.gov/content/pub/pdf /rsavcaf9513.pdf.

36. Sinozich and Langton, "Special Report," 1.

37. Bonnie S. Fisher, Francis T. Cullen, and Michael G. Turner, "The Sexual Victimization of College Women," Bureau of Justice Statistics (December 2000): 23, https://www.ncjrs.gov/pdffiles1/nij/182369.pdf.

38. Colleen Murphy, "Another Challenge on Campus Sexual Assault: Getting Minority Students to Report It," Chronicle of Higher Education, June 18, 2015, https://www.chronicle.com/article/Another−Challenge−on−Campus/230977; Jennifer C. Nash, "Black Women and Rape: A Review of the Literature," Brandeis University Feminist Sexual Ethics Project, (June 12, 2009): 4 − 5, https://www.brandeis.edu/projects/fse /slavery/united−states/slav−us−articles/nash2009.pdf.

39. "Black Women and Sexual Assault," The National Center on Violence Against Women in the Black Community (October 2018): 1, https:// ujimacommunity.org/wp−content/uploads/2018/12/Ujima−Womens −Violence−Stats−v7.4−1.pdf.

40. Bonnie S. Fisher et al., "Reporting Sexual Victimization to the Police and Others: Results from a National−Level Study of College Women," Criminal Justice and Behavior 30, no. 1 (2003): 30 − 31.

41. Michael Planty et al., "Female Victims of Sexual Violence, 1994 − 2010," Bureau of Justice Statistics (May 2016): 4, https://www.bjs.gov/content/pub /pdf/fvsv9410.pdf.

42. Planty et al., "Female Victims of Sexual Violence," 5.

43. Thema Bryant−Davis et al., "Struggling to Survive: Sexual Assault, Poverty, and Mental Health Outcomes of African American Women," American Journal of Orthopsychiatry 80, no. 1 (2010): 64.

44. Kevin Lalor and Rosaleen McElvaney, "Child Sexual Abuse, Links to Later Sexual Exploitation/High−Risk Sexual Behavior, and Prevention/Treatment Programs," Trauma, Violence, & Abuse 11, no. 4 (2010): 159 − 77.

45. Courtney E. Ahrens, "Being Silenced: The Impact of Negative Social Reactions

on the Disclosure of Rape," American Journal of Community Psychology 28 (2006): 270–73; Debra Patterson, Megan Greeson, and Rebecca Campbell, "Understanding Rape Survivors' Decisions Not to Seek Help from Formal Social Systems," Health & Social Work 34, no. 2 (2009): 130–33.

46. Manon Ceelen et al., "Characteristics and Post−Decision Attitudes of Non−Reporting Sexual Violence Victims," Journal of Interpersonal Violence 34, no. 9 (2019): 1969; Marjorie R. Sable and Denise L. Mauzy, "Barriers to Reporting Sexual Assault for Women and Men: Perspectives of College Students," Journal of American College Health 55, no. 3 (2006): 159; Kaitlin Walsh Carson et al., "Why Women Are Not Talking About It: Reasons for Nondisclosure of Sexual Victimization and Associated Symptoms of Posttraumatic Stress Disorder and Depression," Violence Against Women 26, no. 3−4 (2019): 273, 275; Amy Grubb and Emily Turner, "Attribution of Blame in Rape Cases: A Review of the Impact of Rape Myth Acceptance, Gender Role Conformity and Substance Use on Victim Blaming," Aggression and Violent Behavior 17, no. 5 (2012): 444.

47. Chai R. Feldblum and Victoria A. Lipnic, "Select Task Force on the Study of Harassment in the Workplace: Report of Co−Chairs Chai R. Feldblum & Victoria A. Lipnic," U.S. Equal Employment Opportunity Commission (June 2016): 16, https://www.eeoc.gov/sites/default /files/migrated_files/eeoc/task_force/harassment/report.pdf.

48. Lin Farley, Sexual Shakedown: The Sexual Harassment of Women on the Job (New York: Warner Books, 1980), 11–12.

49. Catharine A. MacKinnon, "Where #MeToo Came From, and Where It's Going," Atlantic, March 24, 2019, https://www.theatlantic.com/ideas/archive/2019/03/catharine −mackinnon−what−metoo−has−changed/585313.

50. Reva B. Siegel, "Introduction: A Short History of Sexual Harassment," in Directions in Sexual Harassment Law, eds. Catharine A. MacKinnon and Reva B. Siegel (New Haven: Yale University Press, 2004), 2.

51. Complaint at 9, 10–11, Sanchez v. ABM Industries, Case No. 19CECG00566 (Superior Court, Fresno County, California February 13, 2019).

52. Yesenia Amaro, "'I Spent Many Years Suffering,' Women in Fresno Allege Sexual Harassment at Janitorial Company," Fresno Bee, February 13, 2019, https://www.fresnobee.com/news/local/article226219730.html.

53. Diana Vellos, "Immigrant Latina Domestic Workers and Sexual Harassment,"

American University Journal of Gender and the Law 5, no. 2 (1997): 425 – 26 (citing Carla Marinucci, "Despair Drove Her to Come Forward," San Francisco Examiner, January 10, 1993, at A11).

54. Maria Ontiveros, "Three Perspectives on Workplace Harassment of Women of Color," Golden Gate University Law Review 23, no. 3 (1993): 818.

55. Kantor and Twohey, She Said, 63 – 68.

56. Rowena Chiu, "Harvey Weinstein Told Me He Liked Chinese Girls," New York Times, October 5, 2019, https://www.nytimes.com/2019/10/05 /opinion/sunday/ harvey-weinstein-rowena-chiu.html. 이 절의 나머지 부분은 추의 에세이와 캔터와 투히의 저작 《그녀가 말했다》 247 – 61을 근거로 삼았다.

2장 순결한 피해자와 짐승 같은 가해자

1. Black et al., "The National Intimate Partner and Sexual Violence Survey: 2010 Summary Report," 21, https://www.cdc.gov/violenceprevention/pdf /nisvs_ report2010-a.pdf.

2. Kimberly A. Lonsway and Joanne Archambault, "Dynamics of Sexual Assault: What Does Sexual Assault Really Look Like?" (2019): 7 – 8, 13, https:// pdfs. semanticscholar.org/cd1c/ccb807f8e341ae164610125007d4dd2 7742e.pdf.

3. Martha R. Burt, "Cultural Myths and Supports for Rape," Journal of Personality and Social Psychology 38, no. 2 (1980): 217.

4. Kimberly A. Lonsway and Louise F. Fitzgerald, "Rape Myths: In Review," Psychology of Women Quarterly 18, no. 2 (1994): 133.

5. Rebecca Solnit, Men Explain Things to Me (Chicago: Haymarket Books, 2014), 131.

6. Solnit, Men Explain Things to Me, 131.

7. Kimberly A. Lonsway, Lilia M. Cortina, and Vicki J. Magley, "Sexual Harassment Mythology: Definition, Conceptualization, and Measurement," Sex Roles 58, no. 9 (2008): 604; Jin X. Goh et al., "Narrow Prototypes and Neglected Victims: Understanding Perceptions of Sexual Harassment," Journal of Personality and Social Psychology (forthcoming, January 2022), https://doi.org/10.1037/ pspi0000260.

8. Ryan Leigh Dostie, "She Didn't Act Like a Rape Victim," New York Times, July 22, 2019, https://www.nytimes.com/2019/07/22/opinion/armed-forces -rape. html.

9. Jennifer M. Heidt, Brian P. Marx, and John P. Forsyth, "Tonic Immobility and Childhood Sexual Abuse: A Preliminary Report Evaluating the Sequela of Rape-Induced Paralysis," Behavior Research and Therapy 43, no. 9 (September 2005): 1167.

10. Jim Hopper, "Freezing During Sexual Assault and Harassment," Psychology Today, April 3, 2018, https://www.psychologytoday.com/us/blog/sexual-assault-and-the-brain/201804/freezing-during-sexual-assault-and-harassment.

11. Michelle J. Anderson, "Reviving Resistance in Rape Law," University of Illinois Law Review 1998, no. 4 (1998): 957.

12. Brown v. State, 106 N.W. 536, 536-38 (Wis. 1906).

13. State v. Powell, 438 So.2d 1306, 1307, 1308 (La. Ct. App. 1983).

14. Anderson, "Reviving Resistance," 962.

15. Model Penal Code § 213.1 Reporters' Note (American Law Institute, Tentative Draft No. 3, 2017).

16. Joshua Dressler, Understanding Criminal Law, 8th ed. (Durham, NC: Carolina Academic Press, 2018), 555.

17. Deborah Tuerkheimer, "Affirmative Consent," Ohio State Journal of Criminal Law 13, no. 2 (2016): 448.

18. N.Y. Penal Law § 130.05(2)(d) (McKinney, 2013).

19. Kimberly A. Lonsway and Joanne Archambault, "Victim Impact: How Victims Are Affected by Sexual Assault and How Law Enforcement Can Respond," End Violence Against Women International (2019): 19, https://www.evawintl.org/Library/DocumentLibraryHandler.ashx?id=656.

20. Faye T. Nitschke, Blake M. McKimmie, and Eric J. Vanman, "A Meta-Analysis of the Emotional Victim Effect for Female Adult Rape Complainants: Does Complainant Distress Influence Credibility?," Psychological Bulletin 145, no. 10 (2019): 953.

21. T. Christian Miller and Ken Armstrong, A False Report: A True Story of Rape in America (New York: Crown, 2018), 105-7, 111. (본문에서 언급된 미니 시리즈는 처음에 〈프로퍼블리카〉와 〈더마셜프로젝트〉가 발표했다가 나중에 이 책으로 출간된 보고서를 발판으로 삼고 있다.)

22. Nitschke, McKimmie, and Vanman, "A Meta-Analysis of the Emotional Victim Effect," 953, 955, 973.

23. Lisa Appignanesi, Mad, Bad and Sad: Women and the Mind Doctors (New York: W.W. Norton & Company, 2008), 142.

24. Patrick Ryan and Maria Puente, "Rosie Perez Testifies at Harvey Weinstein Trial: Annabella Sciorra Said 'I Think It Was Rape.'" USA Today, January 24, 2020, https://www.usatoday.com/story/entertainment /celebrities/2020/01/24/ weinstein—trial—prosecution—calls—rape—trauma —expert—testify/4556867002.

25. Jennifer S. Hirsch and Shamus Khan, Sexual Citizens: A Landmark Study of Sex, Power, and Assault on Campus (New York: W. W. Norton & Company, 2020), 157.

26. Barbara Bowman, "Bill Cosby Raped Me. Why Did It Take 30 Years for People to Believe My Story?," Washington Post, November 13, 2014, https://www. washington post.com/posteverything/wp/2014/11/13/bill—cosby—raped—me— why —did—it—take—30—years—for—people—to—believe—my—story.

27. Graham Bowley and Sydney Ember, "Andrea Constand was the 'Linchpin' of the Bill Cosby Case," New York Times, May 17, 2017, https://www.nytimes. com/2017/05/17/arts /television/bill—cosby—andrea—constand.html.

28. Matthias Gafni, "After a Rape Mistrial in the #MeToo Era, Accusations Fly. What Happened in the Jury Room?," San Francisco Chronicle, November 10, 2019, https://www.sfchronicle.com/bayarea/article/After—a—rape—mistrial —in—the— MeToo—era—14823146.php.

29. Megan Garber, "Les Moonves and the Familiarity Fallacy," Atlantic, July 30, 2018, https://www.theatlantic.com/entertainment /archive/2018/07/les—moonves— and—the—familiarity—fallacy/566315.

3장 믿을 수 없는 이야기

1. Lisa Miller, "One Night at Mount Sinai," The Cut, October 15, 2019, https:// www.thecut.com/2019/10 /mount—sinai—david—newman.html.

2. Miller, "One Night at Mount Sinai."

3. Miller, "One Night at Mount Sinai."

4. Yanan Wang, "Prominent Manhattan E.R. Doctor, Author, TED—talker Charged with Sexually Abusing Patients," Washington Post, January 20, 2016, https:// www.washingtonpost.com/news/morning—mix /wp/2016/01/20/prominent— manhattan—e—r—doctor—author—ted—talker —charged—with—sexually—abusing— patients.

5. Anna Merlan, "Doctor Accused of Ejaculating on Unconscious Patient Will Reportedly Be Charged With Sexual Abuse," Jezebel, January 19, 2016, https://jezebel.com/doctor−accused−of−ejaculating−on−unconscious −patient−wi−1753772879.

6. Miller, "One Night at Mount Sinai."

7. Miller, "One Night at Mount Sinai."

8. Karen Jones, "The Politics of Credibility," in A Mind of One's Own: Feminist Essays on Reason and Objectivity, 2nd ed., eds. Louise M. Antony and Charlotte E. Witt (New York: Routledge, 2018), 155.

9. Franz Huber, "Belief and Degrees of Belief," in Degrees of Belief, eds. Franz Huber and Christoph Schmidt−Peri (Dordrecht: Springer Netherlands, 2009), 1.

10. Amy Dellinger Page, "Gateway to Reform? Policy Implications of Police Officers' Attitudes Toward Rape," American Journal of Criminal Justice 33, no. 1 (2008): 54, 55.

11. Martin D. Schwartz, "National Institute of Justice Visiting Fellowship: Police Investigation Of Rape—Roadblocks And Solutions," National Institute of Justice (2010): 28, https://www.ncjrs.gov/pdffiles1/nij/grants/232667.pdf.

12. Rachel M. Venema, "Police Officer Schema of Sexual Assault Reports: Real Rape, Ambiguous Cases, and False Reports," Journal of Interpersonal Violence 31, no. 5 (2016): 879.

13. Danielle Paquette, "The Rape Myth That Lives on in Idaho," Washington Post, March 18, 2016, https://www.washingtonpost.com/news/wonk/wp/2016/03/18/idaho−sheriff−said−most−rape−victims−hes−worked−with−are−lying −the−numbers−disagree.

14. Jennifer L. Eberhardt, Biased: Uncovering the Hidden Prejudice That Shapes What We See, Think, and Do (New York: Penguin Publishing Group, 2019), 33.

15. Kimberly A. Lonsway, Joanne Archambault, and David Lisak, "False Reports: Moving Beyond the Issue to Successfully Investigate and Prosecute Non−Stranger Sexual Assault," End Violence Against Women International (2009): 2, https://www.nsvrc.org/publications /articles/false−reports−moving−beyond−issue−successfully−investigate−and−prosecute−non−s.

16. Claire E. Ferguson and John M. Malouff, "Assessing Police Classifications of Sexual Assault Reports: A Meta−Analysis of False Reporting Rates," Archives of Sexual Behavior 45, no. 5 (2016): 1185.

17. Kimberly Lonsway, "Trying to Move the Elephant in the Living Room: Responding to the Challenge of False Rape Reports," Violence Against Women 16, no. 12 (2010): 1361; Dara Lind, "What We Know About False Rape Allegations," Vox, June 1, 2015, https://www.vox.com/2015/6/1/8687479 /lie-rape-statistics.

18. "Lonsway, "Trying to Move the Elephant in the Living Room," 1361.

19. Sandra Newman, "What Kind of Person Makes False Rape Accusations?," Quartz, May 11, 2017, https://qz.com/980766/the-truth-about-false-rape-accusations.

20. Alex Marshall, "Plácido Domingo Walks Back Apology on Harassment Claims," New York Times, February 27, 2020, https://www.nytimes.com/2020/02/27/arts /music/placido-domingo-apology.html.

21. Jocelyn Gecker, "Women Accuse Opera Legend Domingo of Sexual Harassment," Associated Press, August 13, 2019, https://apnews.com/c2d51d690 d004992b8cfba3bad827ae9.

22. Jocelyn Gecker and Jocelyn Noveck, "11 More Women Accuse Opera Singer Placido Domingo of Sexual Harassment, Inappropriate Behavior," USA Today, September 5, 2019, https://www.usatoday.com/story/entertainment /celebrities/2019/09/05/placido-domingo-accused-sexual-harassment -11-more-women/2218067001.

23. Anastasia Tsioulcas, "Met Opera Chief: 20 Women's Accusations Against Plácido Domingo 'Not Corroborated,'" NPR, September 23, 2019, https://www .npr. org/2019/09/23/763542627/met-opera-chief-20-womens -accusations- against-pl-cido-domingo-not-corroborated.

24. Michael Cooper, "Plácido Domingo Leaves Met Opera Amid Sexual Harassment Inquiry," New York Times, September 24, 2019, https://www.nytimes. com/2019/09 /24/arts/music/placido-domingo-met-opera-harassment.html.

25. Maya Salam, "Brock Turner Is Appealing His Sexual Assault Conviction," New York Times, December 2, 2017, https://www.nytimes.com/2017/12/02/us/ brock-turner-appeal .html.

26. Barry Levine and Monique El-Faizy, All the President's Women: Donald Trump and the Making of a Predator (New York: Hachette Books, 2019), 213.

27. Jennifer Williams and Alexia Underwood, "Read: Trump's Bizarre, Rambling Solo Press Conference on Kavanaugh, Rosenstein, and More," Vox, September 26, 2018, https://www.vox.com/2018/9/26/17907608/trump-kavanaugh

—rosenstein—press—conference—un—nafta—full—text—transcript; Jeremy Diamond, "Trump Says It's 'a Very Scary Time for Young Men in America,'" CNN, October 2, 2018, https://www.cnn.com/2018/10/02 /politics/trump—scary—time—for—young—men—metoo/index.html.

28. Sandra E. Garcia, "A Mom's #HimToo Tweet Ignites a Viral Meme, and Her Embarrassed Son Clarifies," New York Times, October 9, 2018, https://www.nytimes.com/2018/10/09/us/him—too—tweet—hashtag.html.

29. Natalie Hope McDonald, "Opening Statements in Cosby Trial Focus on Andrea Con— stand's Seven—Figure Settlement," Vulture, April 10, 2018, https:// www.vulture.com/2018/04/cosby—trial—defense—tries—paint—constand —as—gold—digger.html.

30. Francine Banner, "Honest Victim Scripting in the Twitterverse," William & Mary Journal of Women and the Law 22, no. 3 (2016): 510.

31. Nicole L. Johnson and MaryBeth Grove, "Why Us? Toward an Understanding of Bisexual Women's Vulnerability for and Negative Consequences of Sexual Violence," Journal of Bisexuality 17, no. 4 (2017): 443.

32. Lonsway and Fitzgerald, "Rape Myths: In Review," 135.

33. Duff Wilson, "Former Duke Players Cleared of All Charges," New York Times, April 11, 2007, https://www.nytimes .com/2007/04/11/us/12dukecnd.html.

34. Sydney Ember, "Rolling Stone to Pay $1.65 Million to Fraternity Over Discredited Rape Story," New York Times, June 13, 2017, https://www.nytimes.com/2017/06/13/business/media/rape—uva —rolling—stone—f rat.html.

35. Jia Tolentino, Trick Mirror: Reflections on Self—Delusion (New York: Random House, 2019), 250.

36. Alana Semuels, "Low—Wage Workers Aren't Getting Justice for Sexual Harassment," Atlantic, December 27, 2017, https://www.theatlantic.com/business/archive /2017/12/low—wage—workers—sexual—harassment/549158.

37. Semuels, "Low—Wage Workers Aren't Getting Justice for Sexual Harassment."

38. Deborah L. Rhode, The Beauty Bias: The Injustice of Appearance in Life and Law (New York: Oxford University Press, 2010).

39. Bessel A. van der Kolk, The Body Keeps the Score: Brain, Mind, and Body in the Healing of Trauma (New York: Penguin Books, 2014), 195.

40. Jim Hopper, "Why Can't Christine Blasey Ford Remember How She Got Home?," Scientific American, October 5, 2018, https://blogs.scientificamerican.

com/observations /why-cant-christine-blasey-ford-remember-how-she-got-home.

41. "Kavanaugh hearing: Transcript," Washington Post, September 27, 2018, https://www .washingtonpost.com/news/national/wp/2018/09/27/kavanaugh -hearing-transcript.

42. Dahlia Lithwick, "The Room Where It Happened," in Believe Me: How Trusting Women Can Change the World, eds. Jessica Valenti and Jaclyn Friedman (New York: Seal Press, 2020), 27-28.

43. "NPR/PBS NewsHour/Marist Poll Results October 2018," NPR/PBS NewsHour/ Marist (2018): 19, http://maristpoll.marist.edu/wp-content/uploads/2018/10/NPR _PBS-NewsHour_Marist-Poll_USA-NOS-and-Tables_1810021305 .pdf#page=3.

44. Rachel Mitchell to All Republican Senators, "Analysis of Dr. Christine Blasey Ford' s Allegations," Memorandum, Nominations Investigative Counsel United States Senate Committee for the Judiciary, September 30, 2018, 2-3, https://apps. washingtonpost.com/g/documents/politics/rachel -mitchells-analysis/3221.

45. Hopper, "Why Can't Christine Blasey Ford Remember How She Got Home?"

46. Jim Hopper, "How Reliable Are the Memories of Sexual Assault Victims?," Scientific American, September 27, 2018, https://blogs.scientificamerican.com / observations/how-reliable-are-the-memories-of-sexual-assault- victims.

47. Misty Luminais, Rachel Lovell, and Daniel Flannery, "Perceptions of Why the Sexual Assault Kit Backlog Exists in Cuyahoga County, Ohio and Recommendations for Improving Practice," Begun Center for Violence Prevention Research and Education (2017): 1, https://digital.case.edu/islandora / object/ksl:2006061457.

48. Rebecca Campbell et al., "The Detroit Sexual Assault Kit Action Research Project Final Report," Michigan State University (2015): 109, https:// www.ncjrs.gov/ pdffiles1/nij/grants/248680.pdf.

49. Emma Sleath and Ray Bull, "Police Perceptions of Rape Victims and the Impact on Case Decision Making: A Systematic Review," Aggression and Violent Behavior 34 (2017): 108.

50. 시스템 측면에서 강간 사건을 제대로 다루지 못한 기록이 있는 경찰국으로는 로스앤젤 레스, 워싱턴 D.C., 볼티모어, 세인트루이스, 필라델피아, 뉴올리언스, 뉴욕, 미주리, 몬 태나 등이 있다. Corey Rayburn Yung, "How to Lie with Rape Statistics: America' s Hidden Rape Crisis," Iowa Law Review 99, no. 3 (2014): 1218-19; Joseph

Goldstein, "New York Examines Over 800 Rape Cases for Possible Mishandling of Evidence," New York Times, January 10, 2013, https://www.nytimes .com/2013/01/11/nyregion/new-york-reviewing-over-800-rape -cases-for-possible-mishandling-of-dna-evidence.html; Jon Krakauer, Missoula: Rape and the Justice System in a College Town (New York: Anchor Books, 2016), 367-70.

51. Yung, "How to Lie with Rape Statistics: America's Hidden Rape Crisis."

52. Lucy Perkins, "Pittsburgh Police Dismiss Nearly One-Third Of Rape Cases As 'Unfounded,'" WESA, May 15, 2019, https://www.wesa.fm/post/pittsburgh-police -dismiss-nearly-one-third-rape-cases-unfounded#stream/0.

53. Bernice Yeung et al., "When It Comes to Rape, Just Because a Case Is Cleared Doesn't Mean It's Solved," ProPublica, November 15, 2018, https://www. propublica.org/article/when-it-comes-to-rape-just -because-a-case-is-cleared-does-not-mean-solved.

54. Alex Campbell and Katie J. M. Baker, "This Police Department Tosses Aside Rape Reports When a Victim Doesn't Resist 'To the Best of Her Ability,'" BuzzFeed News, September 8, 2016, https://www .buzzfeednews.com/article/alexcampbell/unfounded.

55. Ferguson and Malouff, "Assessing Police Classifications of Sexual Assault Reports: A Meta- Analysis of False Reporting Rates," 1185.

56. Lena V. Groeger et al., "Could Your Police Department Be Inflating Rape Clearance Rates?," ProPublica, November 15, 2018, https://projects .propublica. org/graphics/rape_clearance.

57. Melissa S. Morabito et al., U.S. Department of Justice, "Decision Making in Sexual Assault Cases: Replication Research on Sexual Violence Case Attrition in the U.S." (February 2019): VI, https://www .ncjrs.gov/pdffiles1/nij/grants/252689.pdf.

58. Katie J. M. Baker, "The Police Told Her to Report Her Rape, Then Arrested Her for Lying," BuzzFeed News, September 27, 2015, https://www .buzzfeednews. com/article/katiejmbaker/the-police-told-her-to -report-her-rape-then-arrested-her-for.

59. "Where the Backlog Exists and What's Happening to End It," End The Backlog, accessed April 19, 2019, http://www.endthebacklog.org/backlog /where-backlog-exists-and-whats-happening-end-it.

60. Campbell et al., "The Detroit Sexual Assault Kit Action Research Project Final

Report," 105.

61. Irin Carmon, "The Woman Who Taped Harvey Weinstein," The Cut, February 18, 2020, https://www .thecut.com/2020/02/ambra−battilana−gutierrez−on− the−harvey −weinstein−trial.html.

62. Carmon, "The Woman Who Taped Harvey Weinstein."

63. Ronan Farrow, Catch and Kill (New York: Little, Brown and Company, 2019), 68.

64. James C. McKinley Jr., "Harvey Weinstein Won't Face Charges After Groping Report," New York Times, April 10, 2015, https://www.nytimes .com/2015/04/11/nyregion/harvey−weinstein−wont−face−charges −after− groping−report−manhattan−prosecutor−says.html.

65. Carmon, "The Woman Who Taped Harvey Weinstein."

66. Megan Twohey et al., "For Weinstein, a Brush With the Police, Then No Charges," New York Times, October 15, 2017, https://www.nytimes. com/2017/10/15 /nyregion/harvey−weinstein−new−york−sex−assault− investigation.html.

67. Rajini Vaidyanathan, "Larry Nassar Case: The 156 Women Who Confronted a Predator," BBC News, January 25, 2018, https://www.bbc.com/news/world−us −canada−42725339.

68. Kenneth Ouellette, "Independent Investigation for Brianne Randall and Meridian Township, Michigan," Meridian Township, Michigan (2019): http://www. meridian .mi.us/home/showdocument?id=17575.

69. Richard Gonzales, "Michigan Officer Says He Botched Investigation, Believed Larry Nassar's 'Lies,'" NPR, March 26, 2019, https://www.npr.org/2019/03/26/7070 48511/michigan−officer−says−he−botched−investigation−believed −larry− nassars−lies.

70. Kerry Howley, "Everyone Believed Larry Nassar," The Cut, November 19, 2018, https://www.thecut.com/2018/11/how−did−larry−nassar−deceive −so−many− for−so−long.html.

71. Jean Casarez et al., "She Filed a Complaint Against Larry Nassar in 2014. Nothing Happened," CNN, February 1, 2018, http://www.cnn.com/2018/02/01 /us/msu− amanda−thomashow−complaint−larry−nassar/index.html.

72. Kate Abramson, "Turning Up the Lights on Gaslighting," Philosophical Perspectives 28 (2014): 2.

73. Graham Kates, "Dozens of Women Have Accused Doctor of Sexual Assault Following Evelyn Yang Interview, Lawyer Says," CBS News, February 17, 2020, https://www.cbsnews.com/news/dr-robert-hadden -dozens-more-women- accuse-doctor-sexual-assault-since-evelyn-yang -interview-lawyer-says.

74. Complaint, Jane Doe 16 v. Columbia Univ., Case No. 1:20-cv-01791 (S.D.N.Y. February 28, 2020).

75. People v. Yannucci, 15 N.Y.S.2d 865, 866 (App. Div.2d Dep't 1939), rev'd on other grounds, 238 N.Y. 546 (1940).

76. Davis v. State, 48 S.E. 180, 181-82 (Ga. 1904).

77. State v. Neel, 60 P. 510, 511 (Utah 1900).

78. People v. Rincon-Pineda, 538 P.2d 247, 252 (Cal. 1975).

79. Model Penal Code § 213.6 cmt. at 428 (American Law Institute, Official Draft and Revised Comments 1980).

80. Model Penal Code § 207.4 cmt. at 265 (American Law Institute, Tentative Draft No. 4 1955). 《모범형법전》의 1962년 공식 초고는 '즉각적인 신고' 규칙과 관련된 언급으로 Tentative Draft No. 4를 언급한다. Model Penal Code § 213.6 at 151 (American Law Institute, Proposed Official Draft 1962).

81. Model Penal Code § 213.6 cmt. at 421 (American Law Institute, Official Draft and Revised Comments 1980).

82. Model Penal Code § 213.6(5) (American Law Institute, Official Draft and Revised Comments 1980).

83. 《모범형법전》 개정안 초고에는 즉각적인 신고 규칙, 확증 요건, 그리고 주(州)법의 배심원 경계 지침에 대한 유용한 개요가 담겨있다. American Law Institute, Model Penal Code: Sexual Assault and Related Offense, Preliminary Draft No. 5 184-89 (September 8, 2015).

84. 42 U.S.C. § 2000e-5(e)1 (2000).

85. Faragher v. City of Boca Raton, 524 U.S. 775 (1998); Burlington Indus. v. Ellerth, 524 U.S. 742 (1998).

86. Deborah L. Brake and Joanna L. Grossman, "The Failure of Title VII as a Rights-Claiming System," North Carolina Law Review 86, no. 4 (2008): 879, 881.

87. Conatzer v. Med. Prof'l Building Servs., 255 F.Supp.2d 1259, 1270 (N.D. Okla. 2003); Marsicano v. Am. Soc'y of Safety Eng'rs, No. 97 C 7819, 1998 WL 603128, at *7 (N.D. Ill. 1998).

88. 법학자 수전 에스트리치는 1991년 클래런스 토머스의 지지자들이 인사 청문회 기

간 동안 애니타 힐의 신뢰성을 어떻게 흠집냈는지 설명하기 위해 이 용어를 만들었다. Alessandra Stanley, "The Curious Case of Susan Estrich," New York Times, September 9, 2016, https://www.nytimes.com/2016/09/11/style/susan-estrich-feminist-roger-ailes-fox-news.html.

4장 기울어진 법정

1. Alanna Vagianos, "10 Years Later, She Confronted the Cop Who Said Her Rape Was 'Consensual,'" Huffington Post, October 25, 2017, https://www.huffpost.com/entry /second-assault-jillian-corsie-rape-amy-rosner_n_5d31d6d7e4b020c d9942b934.

2. Gloria J. Fischer, "Effects of Drinking by the Victim or Offender in a Simulated Trial of an Acquaintance Rape," Psychological Reports 77 (1995): 579-86.

3. Grubb and Turner, "Attribution of Blame in Rape Cases," 444.

4. Grubb and Turner, "Attribution of Blame in Rape Cases," 445; Antonia Abbey, Pam McCauslan, and Lisa Thomson Ross, "Sexual Assault Perpetration by College Men: The Role of Alcohol, Misperception of Sexual Intent, and Sexual Beliefs and Experiences," Journal of Social & Clinical Psychology 17, no. 2 (1998): 169-70, 184; Alan J. Lambert and Katherine Raichle, "The Role of Political Ideology in Mediating Judgments of Blame in Rape Victims and Their Assailants: A Test of the Just World, Personal Responsibility and Legitimization Hypothesis," Personality and Social Psychology Bulletin 26, no. 7 (2000): 854, 858, 860-61; Clifford R. Mynatt and Elizabeth Rice Allgeier, "Risk Factors, Self-Attributions, and Adjustments Problems Among Victims of Sexual Coercion," Journal of Applied Social Psychology 20, no. 2 (1990): 142, 146-53.

5. Melvin J. Lerner and Dale T. Miller, "Just World Research and the Attribution Process: Looking Back and Ahead," Psychological Bulletin 85, no. 5 (1978): 1031.

6. Michael Barbaro, host, "The Woman Defending Harvey Weinstein," The Daily (podcast), February 7, 2020, transcript, https://www.nytimes.com/2020/02/07/podcasts/the-daily/weinstein -trial.html.

7. Megan Twohey, "A Question That Almost Went Unasked," New York Times, February 14, 2020, https://www.nytimes.com/2020/02/14 /podcasts/daily-newsletter-weinstein-trial-coronavirus.html/.

8. Grubb and Turner, "Attribution of Blame in Rape Cases," 446.

9. Chessy Prout with Jenny Abelson, I Have the Right To: A High School Survivor'

s Story of Sexual Assault, Justice, and Hope (New York: Margaret K. McElderry Books, 2018), 139, 157.

10. Karen G. Weiss, "Too Ashamed to Report: Deconstructing the Shame of Sexual Victimization," Feminist Criminology 5, no. 3 (2010): 294.

11. Katie J. M. Baker, "My Weekend in America's So-Called 'Rape Capital,'" Jezebel, May 10, 2012, https://jezebel.com/my-weekend-in-americas-so-called-rape -capital-5908472.

12. Sarah E. Ullman, Talking About Sexual Assault: Society's Response to Survivors (Washington, D.C.: American Psychological Association, 2010), 79.

13. Freitas, Consent, 288.

14. Grubb and Turner, "Attribution of Blame in Rape Cases," 447.

15. Grubb and Turner, "Attribution of Blame in Rape Cases," 449; Deborah Richardson and Jennifer L. Campbell, "Alcohol and Rape: The Effect of Alcohol on Attributions of Blame for Rape," Personality and Social Psychology Bulletin 8, no. 3 (1982): 472; Calvin M. Simms, Nora E. Noel, and Stephen A. Maisto, "Rape Blame as a Function of Alcohol Presence and Resistant Type," Addictive Behaviors 32, no. 12 (2007): 2773 – 74; T. Cameron Wild, Kathryn Graham, and Jürgen Rehm, "Blame and Punishment for Intoxicated Aggression: When Is the Perpetrator Culpable?" Addiction 93, no. 5 (1998): 681 – 82; "The bottle may grant a pardon to the perpetrator" from Karla J. Stormo et al., "Attributions About Acquaintance Rape: The Role of Alcohol and Individual Differences," Journal of Applied Social Psychology 27, no. 4 (1997): 299.

16. Heather D. Flowe and John Maltby, "An Experimental Examination of Alcohol Consumption, Alcohol Expectancy, and Self-Blame on Willingness to Report a Hypothetical Rape," Aggressive Behavior 44, no. 3 (2018): 230.

17. Vanessa Grigoriadis, Blurred Lines: Rethinking Sex, Power, and Consent on Campus (New York: Houghton Mifflin Harcourt, 2017), 93.

18. Duncan Kennedy, Sexy Dressing Etc.: Essays on the Power and Politics of Cultural Identity (Cambridge, MA: Harvard University Press, 1995), 171 – 72.

19. McGowan, Brave, 235 – 36.

20. Isabella Gomez, Mercedes Leguizamon, and Christina Zdanowicz, "Sexual Assault Survivors Are Reclaiming the Words Used to Discredit Them: 'What Were You Wearing?'" CNN, April 16, 2018, https://www.cnn .com/2018/04/16/health/ what-were-you-wearing-exhibit-trnd/index .html.

21. Peggy Orenstein, Girls & Sex: Navigating the Complicated New Landscape (New York: HarperCollins Publishers, 2016), 7-9.

22. Monique W. Morris, Pushout: The Criminalization of Black Girls in Schools (New York: The New Press, 2015), 125, 127-28, 129-30.

23. Nicole Therese Buchanan, "Examining the Impact of Racial Harassment on Sexually Harassed African-American Women," (PhD diss., University of Illinois, Urbana-Champaign, 2002), 23-24, https://www.ideals.illinois.edu/handle/2142/82025.

24. Patricia Hill Collins, Black Feminist Thought: Knowledge, Consciousness, and the Politics of Empowerment, 2nd ed. (New York: Routledge, 2000), 81.

25. Roxanne Donovan and Michelle Williams, "Living at the Intersection: The Effects of Racism and Sexism on Black Rape Survivors," in Violence in the Lives of Black Women: Battered, Black, and Blue, ed. Carolyn M. West (New York: Routledge, 2013), 98.

26. Donovan and Williams, "Living at the Intersection," 98.

27. Grigoriadis, Blurred Lines, 98.

28. Marie Solis, "Meet the Sexual Assault Survivor Who Rewrote Her Experience in a Powerful Photo Series," Mic, February 29, 2016, https:// www.mic.com/articles/136394/meet-the-sexual-assault-survivor -who-rewrote-her-experience-in-a-powerful-photo-series.

29. Catharine A. MacKinnon, Toward a Feminist Theory of the State (Cambridge: Harvard University Press, 1989), 172.

30. Paula England and Jonathan Bearak, "The Sexual Double Standard and Gender Differences in Attitudes Toward Casual Sex Among U.S. University Students," Demographic Research 30 (2014): 1336.

31. Elizabeth A. Armstrong et al., "'Good Girls': Gender, Social Class, and Slut Discourse on Campus," Social Psychology Quarterly 77, no. 2 (2014): 100, 102, 111, 112.

32. Walt Bogdanich, "A Star Player Accused, and a Flawed Rape Investigation," New York Times, April 16, 2014, https://www.nytimes.com/interactive/2014/04/16/sports /errors-in-inquiry-on-rape-allegations-against-fsu-jameis-winston .html.

33. The Hunting Ground, directed by Kirby Dick, Los Angeles: Chain Camera Pictures, 2015.

34. State v. Finley, No. A13-0803 (Minn. Ct. App. April 28, 2014).

35. Model Penal Code § 213.1 cmt. 5 at 315 (American Law Institute, Official Draft and Revised Comments 1980).

36. Allison C. Nichols, "Out of the Haze: A Clearer Path for Prosecution of Alcohol-Facilitated Sexual Assault," New York University Annual Survey of American Law 71, no. 2 (2016): 222.

37. State v. Haddock, 664 S.E.2d 339, 475-76, 483 (N.C. Ct. App. 2008).

38. Georgina S. Hammock and Deborah R. Richardson, "Perceptions of Rape: The Influence of Closeness of Relationship, Intoxication and Sex of Participant," Violence and Victims 12, no. 3 (1997): 238; Kellie Rose Lynch et al., "Who Bought the Drinks? Juror Perceptions of Intoxication in a Rape Trial," Journal of Interpersonal Violence 28, no. 16 (2013): 3207; Richardson and Campbell, "Alcohol and Rape," 469; Regina A. Schuller and Anne-Marie Wall, "The Effects of Defendant and Complainant Intoxication on Mock Jurors' Judgments of Sexual Assault," Psychology of Women Quarterly 22, no. 4 (1998): 557, 565.

39. Lynch et al., "Who Bought the Drinks?," 3207-8, 3217.

40. Nelson v. Knight, 834 N.W. 2d 64, 65-67, 70, 72, 73 (Iowa 2013).

41. Lynne Henderson, "Rape and Responsibility," Law and Philosophy 11, no. 1 (1992): 130-31.

42. Meritor Sav. Bank v. Vinson, 477 U.S. 57 (1986).

43. Tanya Kateri Hernández, "'What Not to Wear'—Race and Unwelcomeness in Sexual Harassment Law: The Story of Meritor Savings Bank v. Vinson," in Women and the Law: Stories, eds. Elizabeth M. Schneider and Stephanie M. Wildman (New York: Foundation Press, 2011), 281-83.

44. DeNeen L. Brown, "She said her boss raped her in a bank vault. Her sexual harassment case would make legal history," Washington Post, October 13, 2017, https://www .washingtonpost.com/news/retropolis/wp/2017/10/13/she-said-her -boss-raped-her-in-a-bank-vault-her-sexual-harassment-case-would -make-legal-history.

45. Brief of Respondent Mechelle Vinson at 4, Meritor, 477 U.S. 57 (No. 84-1979).

46. Hernández, "'What Not to Wear,'" 283, 284.

47. Hernández, "'What Not to Wear,'" 284-85.

48. The case was tried . . . "about sex": Hernández, "'What Not to Wear,'"286.

49. Vinson v. Taylor, Civ. Action No. 78-1793 (D.D.C. February 26, 1980).

50. Brief of Respondent Mechelle Vinson at 45, Meritor, 477 U.S. 57 (no. 84–1979).

51. Hernández, "'What not to Wear,'" 301.

52. Meritor, 477 U.S. at 68, 69 (강조는 저자가 추가함).

53. Buchanan, "Examining the Impact of Racial Harassment on Sexually Harassed African-American Women."

54. Hernández, "'What Not to Wear,'" 303–6.

55. Kroontje v. CKE Rests., No. Civ. 13–4066–KES, 2014 WL 1513895, at *5–6 (D.S.D. April 16, 2014).

56. Deborah Tuerkheimer, "Judging Sex," Cornell Law Review 97, no. 6 (2012): 1490.

57. Michelle J. Anderson, "From Chastity Requirement to Sexuality License: Sexual Consent and a New Rape Shield Law," George Washington Law Review 70, no. 1 (2002): 107.

58. Margaret Moore Jackson, "Confronting 'Unwelcomeness' From the Outside: Using Case Theory to Tell the Story of Sexually- Harassed Women," Cardozo Journal of Law and Gender 14, no. 1 (2007): 75–76.

59. Janine Benedet, "Hostile Environment Sexual Harassment Claims and the Unwelcome Influence of Rape Law," Michigan Journal of Gender and Law 3, no 1 (1996): 139, 136, 142, 143, 150.

5장 하찮아지는 말

1. "Vanessa Tyson's Full Statement on Justin Fairfax," New York Times, February 6, 2019, https://www.nytimes.com/2019/02/06/us/politics/vanessa-tyson-statement.html.

2. Tara Law, "Professor Comes Forward With Graphic Details of Alleged Sexual Assault by Virginia Lt. Governor," Time, February 6, 2019, https://time.com/5523274/vanessa-tyson-virginia-sexual-assault.

3. "Justin Fairfax Accuser Vanessa Tyson Describes Alleged Sexual Assault: 'I Couldn't Feel My Neck,'" CBS News, April 1, 2019, https://www.cbsnews.com/news/justin-fairfax-accuser-vanessa-tyson-speaks-out-sexual-assault.

4. Laura Vozzella, "Judge Dismisses Lt. Gov. Fairfax's Defamation Suit over CBS Interviews on Sexual Assault Claims," Washington Post, February 11, 2020, https:// www.washingtonpost.com/local/virginia-politics/judge-dismisses-lt -gov-fairfaxs-defamation-suit-over-cbs-interviews-on-sexual-assault

  —claims/2020/02/11/d76e6a42—4d15—11ea—9b5c—eac5b16dafaa_story .html;
  Fairfax v. CBS Broadcasting, Inc., No. 1:19—cv—01176—AJT—MSN, at *29 – 30
  (E.D. Va. February 11, 2020); Dan Packel, "Justin Fairfax Swaps Lawyers as
  Appeal in CBS Defamation Case Moves Forward," National Law Journal, May
  27, 2020, https://www.law.com/national lawjournal/2020/05/27/justin—fairfax—
  swaps—lawyers—as—appeal—in —cbs—defamation—case—moves—forward/?slretu
  rn=20200526163659.

5. Associated Press, "Vanessa Tyson, Who Accused Virginia Lt. Gov. Justin Fairfax
  of Sexual Assault, Talks Women Reporting Abuse," USA Today, February 13,
  2019, https://www.usatoday.com/story/news/nation/2019/02/13 /justin—fairfax—
  accuser—vanessa—tyson—talks—women—reporting—abuse /2857038002.

6. Vanessa Tyson, "Understanding the Personal Impact of Sexual Violence and
  Assault," Journal of Women, Politics & Policy 40, no. 1 (2019): 176.

7. Rebecca Traister, "Why Donald Trump—and Other Powerful Men— Love to Cast
  Themselves as Victims," Intelligencer, New York Mag— azine, October 24, 2019,
  https://nymag.com/intelligencer/2019/10 /why—donald—trump—loves—to—cast—
  himself—as—a—victim.html.

8. Jia Tolentino, "Jian Ghomeshi, John Hockenberry, and the Laws of Patriarchal
  Physics," New Yorker, September 17, 2018, https://www.newyorker.com/culture
  /cultural—comment/jian—ghomeshi—john—hockenberry—and—the—laws —of—
  patriarchal—physics.

9. Kate Manne, Down Girl: The Logic of Misogyny (New York: Oxford University
  Press, 2018), 194, 218 – 19.

10. Daniel Kahneman, Thinking, Fast and Slow (New York: Farrar, Straus and
  Giroux, 2011), 304 – 9.

11. Judith Herman, Trauma and Recovery: The Aftermath of Violence—From
  Domestic Abuse to Political Terror (New York: Basic Books, 1992), 7.

12. Herman, Trauma and Recovery, 7 – 8.

13. Paul Bloom, Against Empathy: The Case for Rational Compassion (New York:
  Ecco, 2016), 31.

14. Rebecca Greenfield, "Marriot Sued by Housekeeper Over Guest Sexual
  Misconduct," Bloomberg, January 28, 2019, https://www.bloomberg.com/
  news/articles/2019—01—28/marriott—sued—over—guest—sexual—misconduct —as—
  metoo—expands; Complaint, Vallejo v. Marriott Hotel Services, Inc., Case No.

30 – 2019 – 01046612–CU–OE–CJC (Superior Court, Orange County, California January 28, 2019).

15. Susan Chira and Catrin Einhorn, "How Tough Is It to Change a Culture of Harassment? Ask Women at Ford," New York Times, December 19, 2017, https://www.nytimes.com/interactive/2017/12/19/us/ford–chicago –sexual–harassment.html.

16. Complaint at 8, 9, 13, 15, Ries v. McDonald's USA, Case No. 19 – 829–CD (Mich. Ingham Cty. Circuit Ct. November 12, 2019), https://www.aclu.org/sites/default/files /field_document/1_complaint_filed.pdf.

17. Peggy Orenstein, Boys & Sex: Young Men on Hookups, Love, Porn, Consent, and Navigating the New Masculinity (New York: HarperCollins Publishers, 2020), 176.

18. Orenstein, Boys & Sex, 176.

19. Robin West, Caring for Justice (New York: New York University Press, 1997), 114.

20. Laura A. Rosenbury, "Work Wives," Harvard Journal of Law & Gender 36, no. 2 (2013): 346.

21. West, Caring for Justice, 79, 82.

22. Manne, Down Girl, 46 – 47.

23. Cordelia Fine, Delusions of Gender: How Our Minds, Society, and Neurosexism Create Difference (New York: W. W. Norton & Company, 2010), 24 – 26.

24. Laurie Penny, "Gaming's #MeToo Moment and the Tyranny of Male Fragility," Wired, September 6, 2019, https://www.wired.com/story/video games–industry–metoo–moment–male–fragility.

25. E. Jean Carroll, What Do We Need Men For? A Modest Proposal (New York: St. Martin's Press, 2019), 242.

26. Beth A. Quinn, "The Paradox of Complaining: Law, Humor, and Harassment in the Everyday Work World," Law and Social Inquiry 25, no. 4 (2000): 1167.

27. Vicki Magley et al., "Outcomes of Self–Labeling Sexual Harassment," Journal of Applied Psychology 84, no. 3 (1999): 390.

28. Waleska Suero, "'We Don't Think of It as Sexual Harassment': The Intersection of Gender & Ethnicity on Latinas' Workplace Sexual Harassment Claims," Chicanx Latinx Law Review 33, no. 1 (2015): 146.

29. Susan Cheng, "Asian–American Women in Hollywood Say It's Twice as Hard

for Them to Say #MeToo," BuzzFeed News, February 24, 2018, https:// www. buzzfeednews.com/article/susancheng/what-metoo-means-for -asian- american-women-in-hollywood.

30. Feldblum and Lipnic, "Select Task Force on the Study of Harassment in the Workplace," v.

31. Susan W. Hinze, "'Am I Being Over-Sensitive?' Women's Experience of Sexual Harassment During Medical Training," health 8, no. 1 (2004): 103, 109-10.

32. Freitas, Consent, 76-77.

33. Catharine A. MacKinnon, Sexual Harassment of Working Women (New Haven and London: Yale University Press: 1979), 164-74.

34. MacKinnon, Sexual Harassment of Working Women, 174.

35. Meritor Sav. Bank, FSB v. Vinson, 477 U.S. 57, 67 (1986).

36. Harris v. Forklift Sys., Inc., 510 U.S. 17, 21 (1993).

37. Sandra F. Sperino and Suja A. Thomas, Unequal: How America's Courts Undermine Dis- crimination Law (New York: Oxford University Press, 2017), 31.

38. Anderson v. G.D.C., Inc., 281 F.3d 452, 459 (4th Cir. 2002); Hathaway v. Runyon, 132 F.3d 1214, 1223 (8th Cir. 1997); Baskerville v. Culligan Int'l Co., 50 F.3d 428, 430 (7th Cir. 1995).

39. Cockrell v. Greene Cty. Hosp. Bd., No. 7:17-cv-00333-LSC, 2018 WL 1627811, at *4-5 (N.D. Ala. April 4, 2018).

40. Cockrell, 2018 WL 1627811, at *5 (citing Mendoza v. Borden, Inc., 195 F.3d 1238, 1247-48 [11th Cir. 1999]).

41. Sperino and Thomas, Unequal, 37.

42. Swyear v. Fare Foods Corp., 911 F.3d 874, 881 (7th Cir. 2018) (citing Passananti v. Cook Cty., 689 F.3d 655, 667 [7th Cir. 2012]).

43. Little v. CRSA, 744 F. App'x 679, 680-81 (11th Cir. 2018).

44. Berger v. Rollins, Inc., No. CV 15-4102, 2017 WL 1361789, at *3 (E.D. La. April 12, 2017).

45. Ogletree v. Necco, No. 1:16-cv-1858-WSD, 2016 WL 7010869, at *1 (N.D. Ga. November 30, 2016).

46. Saidu-Kamara v. Parkway Corp., 155 F. Supp. 2d 436, 439-40 (E.D. Pa. 2001).

47. Saidu-Kamara, 155 F. Supp. 2d at 440.

48. Anderson v. Family Dollar Stores of Ark., Inc., 579 F.3d 858, 862 (8th Cir. 2009).

49. Stacy v. Shoney's, Inc., 142 F.3d 436, 436 (6th Cir. 1998).

50. Saxton v. American Tel. & Tel., Co., 10 F.3d 526, 528 (7th Cir. 1993).

51. Landers v. CHLN, Inc., No. CIV.A. 07-75-EBA, 2009 WL 803777, at *1 (E.D. Ky. March 25, 2009).

52. Baldwin v. Blue Cross/Blue Shield of Alabama, 480 F.3d 1287, 1294-95 (11th Cir. 2007).

53. Weiss v. Coca-Cola Bottling Co., 990 F.2d 333, 337 (7th Cir. 1993).

54. Martha Chamallas, "Will Tort Law Have Its #MeToo Moment?," Journal of Tort Law 11, no. 1 (2018): 57-58.

55. Martha Chamallas, "Discrimination and Outrage: The Migration from Civil Rights to Tort Law," William & Mary Law Review 48, no. 6 (2007): 2124-31.

56. Kalley R. Aman, "No Remedy for Hostile Environment Sexual Harassment? Balancing a Plaintiff's Right to Relief Against Protection of Small Business Employers," Journal of Small and Emerging Business Law 4, no. 2 (2000). 이 절에서 논의된 사례들은 이 논문에 등장한다.

57. Hoy v. Angelone, 691 A.2d 476, 479, 483 (Pa. Super. Ct. 1997).

58. Blount v. Sterling Healthcare Grp., Inc., 934 F. Supp. 1365, 1368 (S.D. Fla. 1996).

59. Pucci v. US-Air, 940 F. Supp. 305, 307, 309 (M.D. Fla. 1996).

60. Jacquez v. Duran, No. CV 00-1185 JP/JHG, 2001 WL 37124997, at *1 (D.N.M. July 26, 2001).

61. Patrick J. Hines, "Bracing the Armor: Extending Rape Shield Protections to Civil Proceedings," Notre Dame Law Review 86, no. 2 (2011): 899.

62. Ten Broeck DuPont, Inc. v. Brooks, 283 S.W.3d 705, 712 (Ky. 2009).

63. Clara Bingham and Laura Leedy Gansler, Class Action: The Landmark Case that Changed Sexual Harassment Law (New York: Doubleday, 2002), 321-23.

64. Martha Chamallas and Jennifer B. Wriggins, The Measure of Injury: Race, Gender, and Tort Law (New York: New York University Press, 2010), 190.

65. Chamallas, "Discrimination and Outrage," 2147-50.

66. 42 U.S.C. § 1981a(b) (3) (2012).

67. "Caps on Compensatory Damages: A State Law Summary," Center for Justice & Democracy at New York Law School, June 2019, https://centerjd.org /content/fact-sheet-caps-compensatory-damages-state-law-summary.

68. Chamallas and Wriggins, The Measure of Injury, 171.

69. Chamallas and Wriggins, The Measure of Injury, 175.

70. New York State Div. of Human Rights v. Young Legends, LLC, 934 N.Y.S.2d 628,

630, 632–33 (N.Y. App. Div. 2011).

71. Jennifer Wriggins, "Rape, Racism and the Law," Harvard Journal of Law and Gender 6, no. 1 (1983): 106, 188 & n.93.

72. Carol Bohmer, "Judicial Attitudes Toward Rape Victims," Judicature 57, no. 7 (1974): 303.

73. West, Caring for Justice, 146.

74. Karen Zraick, "Inside One Woman's Fight to Rewrite the Law on Marital Rape," New York Times, April 13, 2019, https://www.nytimes.com/2019/04/13/us/marital-rape-law-minnesota.html.

75. William Blackstone, Commentaries on the Laws of England, vol. 1 (Oxford: Clarendon Press, 1765), 442.

76. Freedman, Redefining Rape, 7.

77. Jill Elaine Hasday, "Contest and Consent: A Legal History of Marital Rape," California Law Review 88, no. 5 (2000): 1389–92, 1397.

78. Model Penal Code § 213.1 (American Law Institute, Official Draft and Revised Comments 1980).

79. Michelle J. Anderson, "Diminishing the Legal Impact of Negative Social Attitudes Toward Acquaintance Rape Victims," New Criminal Law Review 13, no. 4 (2010): 663.

80. "Marital Rape and Sexual Assault," AEquitas (April 2020): 1–6, available by request at https://aequitasresource.org/resources.

81. West, Caring for Justice, 146.

82. Stephen J. Schulhofer, "Reforming the Law of Rape," Law & Inequality 35, no. 2 (2017): 342–43.

83. "Catharine A. MacKinnon, "Rape Redefined," Harvard Law & Policy Review 10, no. 2 (2016): 465.

84. Black et al., "National Intimate Partner and Sexual Violence Survey: 2010 Summary Report," 44–45, 54–55; Michael Planty et al., "Female Victims of Sexual Violence, 1994–2010," U.S. Department of Justice (2016): 5, https://www.bjs.gov/content/pub/pdf/fvsv9410.pdf; Patricia Tjaden and Nancy Thoennes, "Full Report of the Prevalence, Incidence, and Consequences of Violence Against Women," U.S. Department of Justice (2000): 49–50, https://www.ncjrs.gov/pdffiles1/nij/183781.pdf.

85. David Lisak, "Understanding the Predatory Nature of Sexual Violence," Sexual

Assault Report 14, no. 4 (2011): 56, https://web.archive.org/web/20180918030047
/http://www.davidlisak.com/wp-content/uploads/pdf/SARUnder standingPreda
toryNatureSexualViolence.pdf.

86. Anderson, "Diminishing the Legal Impact of Negative Social Attitudes," 646.

87. Commonwealth v. Berkowitz, 609 A.2d 1338, 1340, 1344-47 (Pa. Super. Ct.
1992), order aff'd in part, vacated in part on other grounds, 641 A.2d 1161 (Pa.
1994).

88. State v. Mirabal, 278 A.D.2d 526, 527 (N.Y. App. Div. 2000).

89. State v. Elias, 337 P.3d 670, 672, 676 (Idaho 2014).

90. Deborah Tuerkheimer, "Rape On and Off Campus," Emory Law Journal 65, no.
1 (2015): 24-38.

91. Lynn Hecht Schafran, "Barriers to Credibility: Understanding and Countering
Rape Myths," Legal Momentum (n.d.): 9, https://www.webpages.uidaho.edu /
gbabcock/PDFs/Rape%20Barriers_to_Credibility%20myths.pdf.

92. Traister, "Why Donald Trump—and Other Powerful Men—Love to Cast
Themselves as Victims."

93. Traister, "Why Donald Trump—and Other Powerful Men—Love to Cast
Themselves as Victims."

94. Michelle D. Brock, "No, There Is No Witch Hunt Against Powerful Men,"
Washington Post, October 18, 2017, https://www .washingtonpost.com/news/
made-by-history/wp/2017/10/18/no-there-is-no-witch-hunt-against-
powerful-men.

95. Edward L. Thorndike, "A Constant Error in Psychological Ratings," Journal of
Applied Psychology 4, no. 1 (1920): 25, 29. 후광 효과에 대한 후속 연구는 다음
자료에서 확인할 수 있다. Kahneman, Thinking, Fast and Slow, 4, 82-85, 114,
199-200.

96. Lithwick, "The Room Where It Happened," 30.

97. Claudia Koerner, "Brock Turner Has Lost His Appeal and Remains Guilty of
Sexual Assault," BuzzFeed News, August 8, 2018, https://www.buzzfeed news.
com/article/claudiakoerner/brock-turner-has-lost-his-appeal -and-remains-
guilty-of.

98. Elena Kadvany, "Brock Turner Juror to Judge: 'Shame on You,'" Palo Alto
Weekly, June 13, 2016, https:// www.paloaltoonline.com/news/2016/06/13/
brock-turner-juror-to -judge-shame-on-you.

99. Liam Stack, "Light Sentence for Brock Turner in Stanford Rape Case Draws Outrage," New York Times, June 6, 2016, https://www.nytimes.com/2016/06/07/us /outrage-in-stanford-rape-case-over-dueling-statements-of-victim -and-attackers-father.html.

100. Lindsey Bever, "What the Stanford Sex Offender's Loved Ones Said to Keep Him out of Prison," Washington Post, June 8, 2016, https://www.washingtonpost .com/news/grade-point/wp/2016/06/08/what-the-stanford-sex -offenders-loved-ones-said-to-keep-him-out-of-prison.

101. Tyler Kingkade, "Brock Turner's Dad Gave Tone-Deaf Plea for Lenient Sentence in Son's Sexual Assault Case," Huffington Post, June 5, 2016, https://www. huff post.com/entry/brock-turner-dad-action-stanford-sexual-assault_ n _57548e2fe4b0c3752dcdf574?ir=College&section=us_college&utm _hp_ ref=college#document/p3/a300156.

102. Katie J. M. Baker, "Here's the Powerful Letter the Stanford Victim Read to Her Attacker," Buzz- Feed News, June 3, 2016, https://www.buzzfeednews.com/ article /katiejmbaker/heres-the-powerful-letter-the-stanford-victim-read -to-her-ra#.xf2YDd8Xv.

103. Chanel Miller, Know My Name: A Memoir (New York: Viking Press, 2019), 233-41.

104. Maggie Astor, "California Voters Remove Judge Aaron Persky, Who Gave a 6-Month Sentence for Sexual Assault," New York Times, June 6, 2018, https:// www.nytimes.com/2018/06/06/us/politics/judge-persky-brock -turner-recall. html.

105. Julie K. Brown, "How a Future Trump Cabinet Member Gave a Serial Sex Abuser the Deal of a Lifetime," Miami Herald, November 28, 2018, https://www.miami herald.com/news/local/article220097825.html.

106. Matt Stieb, "Everything We Know About Jeffrey Epstein's Upper East Side Mansion," Intelligencer, New York Magazine, July 9, 2019, https://nymag.com/ intelligencer/2019/07/everything-we-know-about-jeffrey-epsteins-new- york-mansion.html?utm_source=nym&utm_medium=f1&utm _campaign=feed- part.

107. Mimi Rocah and Berit Berger, "Jeffrey Epstein's Deal with Federal Prosecutors Wasn't Normal. The Men Who Arranged It Need to Face the Mu- sic," NBC News, February 23, 2019, https://www.nbcnews.com/think /opinion/jeff rey-

epstein—s—deal—federal—prosectors—wasn—t—normal —men—ncna974911.

108. Moira Donegan, "Too Many Men Think Teenage Girls Are Fair Game. That Gave Jeffrey Epstein Cover," Guardian, July 10, 2019, https://www.theguardian .com/ commentisfree/2019/jul/10/teenage—girls—jeffrey—epstein—fair —game.

109. Ed Pilkington, "Jeffrey Epstein: How US Media—with One Star Exception— Whitewashed the Story," Guardian, July 13, 2019, https://www.theguardian. com/us —news/2019/jul/13/jeffrey—epstein—alex—acosta—miami—herald—media.

110. David Ovalle, "Jeffrey Epstein Lawsuits Offer Sordid Details, Including Sex While on Work Release," Miami Herald, August 20, 2019, https://www. miamiherald .com/news/state/florida/article234189557.html; Lori Rozsa, "For 'Client' Jeffrey Epstein, an Unlocked Cell in a Florida Jail," Washington Post, July 19, 2019, https://www.washingtonpost.com/investigations /captain—at—jail— where—epstein—served—time—in—2008—ordered—that —his—cell—door—be—left— unlocked/2019/07/19/93e38934—a972—11e9—8 6dd—d7f0e60391e9_story.html.

111. Jan Ransom, "Cyrus Vance's Office Sought Reduced Sex— Offender Status for Epstein," New York Times, July 9, 2019, https:// www.nytimes.com/2019/07/09/ nyregion/cyrus—vance—epstein.html.

112. Tiffany Hsu et al., "Jeffrey Epstein Gave $850,000 to M.I.T., and Administrators Knew," New York Times, January 15, 2020, https://www.nytimes .com/2020/01/10/business/mit—jeff rey—epstein—joi—ito.html.

113. Donegan, "Too Many Men Think Teenage Girls Are Fair Game."

114. Moya Bailey, "'Surviving R. Kelly' Serves Up a Toxic Cocktail of Misogynoir and Masculinity," bitchmedia, January 22, 2019, https://www .bitchmedia.org/article/ surviving—rkelly—moya—bailey—misogynoir.

115. Rebecca Epstein et al., "Girlhood Interrupted: The Erasure of Black Girls' Childhood," Center on Poverty and Inequality, Georgetown Law (2017): 2, 8, https://www .law.georgetown.edu/poverty—inequality—center/wp—content/ uploads /sites/14/2017/08/girlhood—interrupted.pdf.

116. Nicole Hong, "R. Kelly Used Bribe to Marry Aaliyah When She Was 15, Charges Say," New York Times, December 5, 2019, https://www.nytimes. com/2019/12/05/nyregion /rkelly—aaliyah.html.

117. Ida Harris, "R. Kelly's Victims Were Ignored for 30 Years. It Has 'Everything to Do With the Fact That They Are Black Women,'" Elle, January 5, 2019, https:// www.elle.com/culture/movies—tv/a25756816/r—kelly—lifetime —documentary—

dream-hampton-interview.

118. Jim DeRogatis and Abdon M. Pallasch, "City Police Investigate R&B Singer R. Kelly in Sex Tape," Chicago Sun-Times, February 8, 2002, http://web.archive.org/web/20020212 051418/http://www.suntimes.com/output/news/cst-nws-kelly08.html.

119. Harris, "R. Kelly's Victims Were Ignored for 30 Years."

120. Jim DeRogatis, Soulless: The Case Against R. Kelly (New York: Abrams Press, 2019), 237, 263-64.

6장 폭력 이후의 폭력

1. Janey Williams, host, "You Don't Matter," This Happened (podcast), October 3, 2013.

2. Rebecca Campbell, "Rape Survivors' Experiences with the Legal and Medical Systems: Do Rape Victim Advocates Make a Difference?," Violence Against Women 12, no. 1 (2006): 1-2.

3. Heather L. Littleton, "The Impact of Social Support and Negative Disclosure Reactions on Sexual Assault Victims: A Cross-Sectional and Longitudinal Investigation," Journal of Trauma & Dissociation 11, no. 2 (2010): 212.

4. Jennifer J. Freyd and Pamela J. Birrell, Blind to Betrayal: Why We Fool Ourselves We Aren't Being Fooled (Hoboken, NJ: John Wiley & Sons, Inc., 2013), 23; Rachel E. Goldsmith et al., "Betrayal Trauma: Associations with Psychological and Physical Symptoms in Young Adults," Journal of Interpersonal Violence 27, no. 3 (2012): 557.

5. Ullman, Talking About Sexual Assault, 59-82.

6. Littleton, "The Impact of Social Support and Negative Disclosure Reactions on Sexual Assault Victims," 223.

7. Ahrens, "Being Silenced," 266-71; Kimberly A. Lonsway, "Improving Responses to Sexual Assault Disclosures: Both Informal and Formal Support Providers," End Violence Against Women International (March 2020): 7, 9, https://evawintl.org/wp-content/uploads/2019-6 _TB_Improving-Responses-to-SA-Disclosures.pdf.

8. Julia Moskin, "A Celebrity Sommelier Is Accused of Sexual Assault," New York Times, November 1, 2019, https://www.nytimes.com/2019/11/01/dining/drinks/anthony-cailan-sexual-assault.html.

9. Carly Parnitzke Smith and Jennifer J. Freyd, "Dangerous Safe Havens: Institutional Betrayal Exacerbates Sexual Trauma," Journal of Traumatic Stress 26, no. 1 (2013): 120.

10. Lindsey L. Monteith et al., "Perceptions of Institutional Betrayal Predict Suicidal Self-Directed Violence Among Veterans Exposed to Military Sexual Trauma," Journal of Clinical Psychology 72, no. 7 (2016): 751; Carly P. Smith and Jennifer J. Freyd, "Insult, Then Injury: Interpersonal and Institutional Betrayal Linked to Health and Dissociation," Journal of Aggression, Maltreatment & Trauma 26, no. 10 (2017).

11. Herman, Trauma and Recovery, 52-53, 61.

12. Carly Parnitzke Smith and Jennifer J. Freyd, "Institutional Betrayal," American Psychologist 69, no. 6 (2014): 585.

13. Freitas, Consent, 314.

14. Chris Linder and Jess S. Myers, "Institutional Betrayal as a Motivator for Campus Sexual Assault Activism," NASPA Journal About Women in Higher Education 11, no. 1 (2018): 6.

15. Linder and Myers, "Institutional Betrayal," 6.

16. Carly P. Smith et al., "Sexual Violence, Institutional Betrayal, and Psychological Outcomes for LGB College Students," Translational Issues in Psychological Science 2, no. 4 (2016): 355-56.

17. Alec M. Smidt et al., "Out and in Harm's Way: Sexual Minority Students' Psychological and Physical Health after Institutional Betrayal and Sexual Assault," Journal of Child Sexual Abuse 1 (2019): 41-55.

18. Walt Bogdanich, "Reporting Rape, and Wishing She Hadn't," New York Times, July 12, 2014, https://www.nytimes.com/2014/07/13/us/how-one -college-handled-a-sexual-assault-complaint.html.

19. Kiera Feldman, "Sexual Assault at God's Harvard," New Republic, February 17, 2014, https://newrepublic.com/article/116623/sexual-assault-patrick-henry -college-gods-harvard; Smith and Freyd, "Institutional Betrayal," 575.

20. Emma Sarran Webster, "Baylor University Punished Sexual Assault Victims for Drinking," Teen Vogue, August 1, 2016, https://www.teenvogue .com/story/ baylor-university-silenced-rape-sexual-assault-victims.

21. Tatiana Schlossberg, "UConn to Pay $1.3 Million to End Suit on Rape Cases," New York Times, July 18, 2014, https://www.nytimes.com/2014/07/19 /

nyregion/uconn-to-pay-1-3-million-to-end-suit-on-rape-cases.html.

22. Caitlin McCabe, "5 Submit Complaint Against UNC over Sexual Assault," Daily Tar Heel, January 16, 2013, https://www.dailytarheel.com/article/2013/01/5-submit -complaint-against-unc-over-sexual-assault.

23. Jane Stancill, "UNC Found in Violation of Federal Law in Its Handling of Sex Assault and Discrimination," News and Observer, June 26, 2018, https:// www.newsobserver.com/news/local/article213838729.html.

24. Caitlin McCabe, "Group Files Sexual Assault Complaint Against UNC," Daily Tar Heel, January 16, 2013, https://www.dailytarheel.com/article/2013 /01/group-files-sexual-assault-complaint-against-unc_0116.

25. Erica L. Green, "'It's Like the Wild West': Sexual Assault Victims Struggle in K-12 Schools," New York Times, May 11, 2019, https://www.nytimes.com/2019/05/11/us/politics/sexual-assault-school.html.

26. Complaint at 2, 3, 9, Doe v. Gwinnett Cty. Pub. Sch., No. 1:18-cv-05278-CAP (N.D. Ga. November 16, 2018), https://www.publicjustice.net/wp-content/uploads /2019/04/2018.11.16-Doc.-1-Complaint.pdf.

27. Aviva Stahl, "'This Is an Epidemic': How NYC Public Schools Punish Girls for Being Raped," Vice, June 8, 2016, https://www.vice.com/en_us/article /59mz3x/this-is-an-epidemic-how-nyc-public-schools-punish-girls -for-being-raped.

28. Diana Lambert, "Former McClatchy High Student Says She Was Gang Raped by Classmates. She Plans to Sue District," Sacramento Bee, March 18, 2018, https:// www.sacbee.com/news/local/education/article204442509 .html.

29. Complaint at 6, 9, Virginia M. v. Sacramento City Unified Sch. Dist., Case No. 34-2018-00226922 (Cal. Super. Ct. Sacramento County December 21, 2018).

30. Equal Rights Advocates, "ERA Client Wins in Settlement with Sacramento School District; Spurs New Policies for 49,000 Students," press release, September 24, 2019, https://www .equalrights.org/news/era-client-wins-in-settlement-with-sacramento -school-district-spurs-new-policies-for-49000-students.

31. Miller, Know My Name, 3, 296-97.

32. Kristen M. Reinhardt et al., "Came to Serve, Left Betrayed: Military Sexual Trauma and the Trauma of Betrayal," in Treating Military Sexual Trauma, ed. Lori S. Katz (New York: Springer Publishing Company, 2016), 61-78.

33. Smith and Freyd, "Institutional Betrayal," 581 (citing Rebecca Campbell and

Sheela Raja, "The Sexual Assault and Secondary Victimization of Female Veterans: Help-Seeking Experiences with Military and Civilian Social Systems," Psychology of Women Quarterly 29, no. 1 [2005]: 97-106).

34. Felicia J. Andresen et al., "Institutional Betrayal Following Military Sexual Trauma Is Associated with More Severe Depression and Specific Posttraumatic Stress Disorder Symptom Clusters," Journal of Clinical Psychology 75, no. 7 (2019): 1306.

35. Andresen et al., "Institutional Betrayal Following Military Sexual Trauma."

36. "Department of Defense Annual Report on Sexual Assault in the Military," Department of Defense (2018): 9, https://int.nyt.com/data / documenthelper/800-dod-annual-report-on-sexual-as/d659d6d0 126ad2b19c18/optimized/full.pdf#page=1; Lindsay Rosenthal and Lawrence Korb, "Twice Betrayed: Bringing Justice to the U.S. Military's Sexual Assault Problem,"Center for American Progress (November 2013): 2, https://www.americanprogress.org/wp-content/uploads /2013/11/MilitarySexualAssaultsReport.pdf.

37. Ibid.

38. Justin Rose, "I Was Sexually Assaulted by Another Marine. The Corps Didn't Believe Me," New York Times Magazine, September 7, 2018, https://www.nytimes.com/2018/09/07/magazine/sexual-assault-marine-corps .html.

39. "Embattled: Retaliation Against Sexual Assault Survivors in the US Military," Human Rights Watch (May 2015): 3, https://www .hrw.org/report/2015/05/18/ embattled/retaliation-against-sexual -assault-survivors-us-military.

40. Amy Herdy and Miles Moffeit, "For Crime Victims, Punishment," Denver Post, May 13, 2005, https://extras.denverpost.com/justice/tdp _betrayal.pdf.

41. Debra Patterson, "The Linkage Between Secondary Victimization by Law Enforcement and Rape Case Outcomes," Journal of Interpersonal Violence 26, no. 2 (2011): 329.

42. Morabito et al., "Decision Making in Sexual Assault Cases," VI.

43. Valeriya Safronova and Rebecca Halleck, "These Rape Victims Had to Sue to Get the Police to Investigate," New York Times, May 23, 2019, https://www.nytimes .com/2019/05/23/us/rape-victims-kits-police-departments.html.

44. Complaint at 3-7, Marlowe v. City & Cty. of San Francisco, No. 3:16-cv-00076-MMC (N.D. Cal. October 21, 2016).

45. Marlowe v. City and Cty. of San Francisco, Case No. 16—cv— 00076—MMC (N.D. Cal. September 27, 2016), aff 'd 753 F. App'x 479, cert denied 140 S. Ct. 244.

46. Smith v. City of Austin, No. 1:18—cv—00505—LY (W.D. Tex. February 10, 2020); Borkowski v. Baltimore Cty., No. 1:18—cv—2809—DKC (D. Md. September 10, 2018); Doe v. Town of Greenwich, 3:18—cv—01322—KAD (D. Conn. August 9, 2018); Doe v. City of Memphis, No. 2:13—cv—03002—JTF—cgc (W.D. Tenn. December 20, 2013); Safronova and Halleck, "These Rape Victims Had to Sue to Get the Police to Investigate" (describing undisclosed settlement paid by Village of Robins, IL, to victim).

47. Barbara Bradley Hagerty, "An Epidemic of Disbelief," Atlantic, July 22, 2019, https:// www.theatlantic.com/magazine/archive/2019/08/an—epidemic—of —disbelief/592807.

48. Meaghan Ybos and Heather Marlowe, "Five Ways the Media—Driven Rape Kit 'Backlog' Narrative Gets It Wrong," The Appeal, March 5, 2018, https:// theappeal.org/five—ways—the—media—driven—rape—kit —backlog—narrative—gets—it—wrong—99a02956df06.

49. Hagerty, "An Epidemic of Disbelief."

50. Ronan Farrow, "From Aggressive Overtures to Sexual Assault: Harvey Weinstein' s Accusers Tell Their Stories," New Yorker, October 10, 2017, https://www. newyorker.com/news/news—desk/from —aggressive—overtures—to—sexual—assault—harvey—weinsteins—accusers —tell—their—stories.

51. Ronan Farrow, "Behind the Scenes of Harvey Weinstein's Arrest," New Yorker, May 25, 2018, https://www.newyorker.com/news/news—desk/behind—the —scenes—of—harvey—weinsteins—impending—arrest.

52. Michael Barbaro, host, "The Harvey Weinstein Case, Part 1," The Daily (podcast), January 9, 2020, transcript, https://www.nytimes.com/2020/01/09 /podcasts/the—daily/harvey—weinstein—trial.html.

53. Farrow, "Behind the Scenes of Harvey Weinstein's Arrest."

54. Barbaro, "The Harvey Weinstein Case, Part 1."

55. Mackenzie Nichols, "Harvey Weinstein Accuser Lucia Evans Breaks Silence After D.A. Dropped Charge," Variety, September 18, 2019, https://variety.com/2019/film /news/harvey—weinstein—lucia—evans—breaks—silence—1203340104.

56. Michael R. Sisak and Tom Hays, "Manhattan DA Drops Part of Harvey Weinstein Case," Associated Press, October 12, 2018, https:// apnews.com/472366b4c7c741

78bde962f85416fac6.

57. Barbaro, "The Harvey Weinstein Case, Part 1."

58. David Remnick, "Ronan Farrow on What the Harvey Weinstein Trial Could Mean for the #MeToo Movement," New Yorker, January 13, 2020, https://www.newyorker.com/news/q-and-a/ronan-farrow-on-what -the-harvey-weinstein-trial-could-mean-for-the-metoo-movement.

59. Riley Board, "Lucia Evans '05 on Midd, #MeToo," Middlebury Campus, February 13, 2020, https://middleburycampus.com/48206/news/48206.

60. Lucia Evans, "Own Your Truth," video, September 24, 2019, https://www.youtube .com/watch?v=vQZgZWE5urI&feature=youtu.be.

7장 불신을 넘어

1. Alison Turkos, "Why I'm Suing Lyft," Medium, September 17, 2019, https://medium.com /@alturkos/why-im-suing-lyft-6a409e316d1f.

2. Complaint at 26 - 29, Welch Demski v. City of New York, No. 150089/2019 (N.Y. Sup. Ct. January 31, 2019).

3. Turkos, "Why I'm Suing Lyft."

4. Complaint at 14, Turkos v. Lyft, Inc., No. CGC-19-579280 (Cal. Super. Ct. September 17, 2019).

5. Maria Cramer, "19 Women Sue Lyft as Sexual Assault Allegations Mount," New York Times, December 5, 2019, https://www.nytimes.com/2019/12/05 /business/lyft-sexual-assault-lawsuit.html.

6. Lauren Kaori Gurley, "Lyft Allegedly Kept a Driver on the Platform Who Held a Passenger at Gunpoint While Two Other Men Raped Her," Vice, September 17, 2019, https://www.vice.com/en_us/article/vb57w8/lyft -allegedly-kept-a-driver-on-the-platform-who-held-a-passenger-at -gunpoint-while-two-other-men-raped-her.

7. "Turkos, "Why I'm Suing Lyft."

8. Complaint at 1, Welch Demski v. City of New York.

9. "Tarana Burke, "#MeToo Was Started for Black and Brown Women and Girls. They're Still Being Ignored," Washington Post, November 9, 2017, https://www.washingtonpost.com/news/post-nation /wp/2017/11/09/the-waitress-who-works-in-the-diner-needs-to -know-that-the-issue-of-sexual-harassment-is-about-her-too.

10. Herman, Trauma and Recovery, 70.

11. Judith Lewis Herman, "Justice from the Victim's Perspective," Violence Against Women 11, no. 5 (2005): 579, 585.

12. Dan Harmon, host, "Don't Let Him Wipe or Flush," Harmontown (podcast), January 1, 2018, https://www.harmontown.com/2018/01/episode-dont-let-him-wipe-or-flush.

13. Michael Nordine, "Dan Harmon Delivers a 'Masterclass in How to Apologize,' and the Woman He Wronged Wants You to Listen," IndieWire, January 11, 2018, https://www.indiewire.com/2018/01 /dan-harmon-megan-ganz-apology-1201916560.

14. Jonah Engel Bromwich, "Megan Ganz on Dan Harmon's Apology: 'I Felt Vindicated,'" New York Times, January 13, 2018, https:// www.nytimes. com/2018/01/13/arts/dan-harmon-megan-ganz .html.

15. Herman, "Justice from the Victim's Perspective," 586.

16. Nick Smith, I Was Wrong: The Meanings of Apologies (New York: Cambridge University Press, 2008), 10.

17. Jennifer Schuessler, "MacArthur 'Genius' Grant Winners for 2019: The Full List," New York Times, September 25, 2019, https://www.nytimes.com/2019/09/25 / arts/macarthur-genius-grant-winners-list.html.

18. Lesley Wexler et al., "#Me- Too, Time's Up, and Theories of Justice," University of Illinois Law Review 2019, no. 1 (2019): 69 - 91.

19. Lesley Wexler et al., "#MeToo, Time's Up, and Theories of Justice," 78 (citing Nancy Berlinger, After Harm: Medical Error and the Ethics of Forgiveness [Baltimore: Johns Hopkins University Press, 2005], 61).

20. Lesley Wexler et al., "#MeToo, Time's Up, and Theories of Justice," 77 - 82.

21. sujatha baliga, "A Different Path for Confronting Sexual Assault," Vox, October 10, 2018, https://www.vox.com/first-person/2018/10/10/17953016 /what-is-restorative-justice-definition-questions-circle.

22. Katherine Mangan,"Why More Colleges Are Trying Restorative Justice in Sex-Assault Cases," Chronicle of Higher Education, September 17, 2018, https://www. chronicle.com /article/Why-More-Colleges-Are-Trying/244542?cid=at&utm _ source=naicu.

23. Margo Kaplan, "Restorative Justice and Campus Sexual Misconduct," Temple Law Review 89 (2017): 717 - 18.

24. Hirsch and Khan, Sexual Citizens, 211.

25. Katie Rogers and Erica L. Green, "Biden Will Revisit Trump Rules on Sexual Assault," New York Times, March 8, 2021, https:// www.nytimes.com/2021/03/08/us/politics/joe-biden-title-ix.html.

26. Mangan, "Why More Colleges Are Trying Restorative Justice."

27. Tracy Clark-Flory, "How Berkeley High's Whisper Network Sparked a Movement," Jezebel, March 17, 2020, https://jezebel.com/how-berkeley-highs-whisper-network-sparked-a-movement-1841601179.

28. Hirsch and Khan, Sexual Citizens, 127.

29. Sarah Deer, The Beginning and End of Rape: Confronting Sexual Violence in Native America (Minneapolis: University of Minnesota Press, 2015), 124-25.

30. Kantor and Twohey, She Said, 135.

31. Kantor and Twohey, "Harvey Weinstein Paid Off Sexual Harassment Accusers for Decades."

32. Lauren O'Connor, "Ex-Harvey Weinstein Employee Breaks Silence on Her Memo That Helped Take Down Movie Mogul," video, 55:02, January 29, 2019, https://www.democracynow.org/2019/1/29 /exclusive_ex_harvey_weinstein_employee_breaks.

33. "'Silence Breakers' Speak Out on Weinstein Verdict," NowThis News, video, February 25, 2020, https://www.youtube.com /watch?v=7Xlj2mcK3x4.

34. Herman, "Justice from the Victim's Perspective," 589-90, 593-94, 597.

35. Jean Hampton, "An Expressive Theory of Retribution," in Retributivism and Its Critics, ed. Wesley Cragg (Stuttgart: Franz Steiner Verlag, 1992), 13.

36. Kenworthey Bilz, "Testing the Expressive Theory of Punishment," Journal of Empirical Legal Studies 13, no. 2 (2016): 364-90.

37. Rebecca Campbell and Giannina Fehler-Cabral, "Why Police 'Couldn't or Wouldn't' Submit Sexual Assault Kits for Forensic DNA Testing: A Focal Concerns Theory Analysis of Untested Rape Kits," Law & Society Review 52, no.1 (2018): 99.

38. Rachael Denhollander, What Is a Girl Worth? My Story of Breaking the Silence and Exposing the Truth about Larry Nassar and USA Gymnastics (Carol Stream, IL: Tyndale Momentum, 2019), 291-92, 313.

39. Debra Dickerson, "Rallying Around the Rapist," New York Times, March 18, 2003, https://www .nytimes.com/2003/03/18/opinion/rallying-around-the-

rapist.html.

40. Eli Rosenberg and Kristine Phillips, "Accused of Rape, Former Baylor Fraternity President Gets No Jail Time After Plea Deal," Washington Post, December 11, 2018, https://www.washingtonpost.com/education/2018/12/11/accused —rape— former—frat—president—gets—no—jail—time—after—plea—deal—da.

41. Holly Yan and Tina Burnside, "Ex—Baylor Frat President Indicted on 4 Counts of Sex Assault Won't Go to Prison," CNN, December 11, 2018, https://www .cnn. com/2018/12/11/us/baylor—ex—frat—president—rape—allegation /index.html.

42. Herman, "Justice from the Victim's Perspective," 595.

43. Brandon Stahl, "6 Years in Prison for Ex—U Student Who Raped Two Women," Star Tribune, August 30, 2016, http://www.startribune.com/6—year—term —for— ex—u—student—who—raped—one—woman—at—frat—party—another—at —his— apartment/391781041.

44. Jan Ransom, "19 Women Accused a Gynecologist of Abuse. Why Didn't He Go to Prison?," New York Times, October 22, 2019, https://www.nytimes. com/2019/10/22/nyregion/robert—hadden—gynecologist—sexual—abuse.html.

45. Marissa Hoechstetter, "Can a Prosecutor Be Progressive and Take Sex Crimes Seriously?," The Appeal, January 8, 2020, https://the appeal.org/progressive— prosecutors—metoo.

46. Nelli Black, et al., "New Evidence Shows a Patient Warned Columbia University About OB—GYN's Alleged Sexual Assault Decades Ago," CNN, February 28, 2020, https://www.cnn.com/2020/02/28/politics /columbia—sexual—assault— letter—warning—invs/index.html.

47. Stassa Edwards, "Redemption Is Inevitable for Powerful Men," Jezebel, April 20, 2018, https://jezebel.com/redemption—is—inevitable —for—powerful— men—1825364533.

48. Leah Litman et al., "A Comeback but No Reckoning," New York Times, August 2, 2018, https://www.nytimes.com/2018/08/02/opinion /sunday/alex—kozinski— harassment—allegations—comeback.html.

49. Herman, "Justice from the Victim's Perspective," 590.

맺음말

1. 디알로와 스트로스칸의 이야기는 다음 출처에서 가져왔다. Christopher Dickey, "'DSK Maid' Tells of Her Alleged Rape by Strauss—Kahn: Exclusive," Newsweek, July

25, 2011, https://www.newsweek.com/dsk-maid-tells-her-alleged-rape-strauss -kahn-exclusive-68379; Recommendation for Dismissal at 8, People v. Strauss-Kahn, No. 02526/2011 (N.Y. Sup. Ct. August 22, 2011); Adam Martin, "Strauss-Kahn Held Without Bail: Graphic De- tails Released," Atlantic, May 16, 2011, https://www.theatlantic.com /international/archive/2011/05/strauss-kahn-held-without-bail -graphic-details-released/350724/; Adam Martin, "Strauss-Kahn Pins Defense on Datebook, Claim of Consent," Atlantic, May 17, 2011, https://www.theatlantic.com/international/archive/2011/05/strauss -kahn-pins-defense-datebook/350755/; John Eligon, "Strauss-Kahn Drama Ends with Short Final Scene," New York Times, August 23, 2011, https://www. nytimes.com/2011/08/24/nyregion/charges-against -strauss-kahn-dismissed. html; Vivienne Foley and Michael Pearson, "Strauss-Kahn, Accuser Settle Civil Lawsuit," CNN, December 10, 2012, https://www.cnn.com/2012/12/10/us/dsk-lawsuit/index.html; Complaint, Nafissatou Diallo v. Dominique Strauss-Kahn, Case No. 307065-2011 (New York Supreme Ct., Bronx County, August 8, 2011).

2. Erika Stallings, "This Is How the American Healthcare System Is Failing Black Women," O, The Oprah Magazine, August 1, 2018, https://www.oprahmag. com/life/health/a23100351/racial-bias -in-healthcare-black-women/; Consumer Reports, "Is Bias Keeping Female, Minority Patients from Getting Proper Care for Their Pain?," Washington Post, July 29, 2019, https://www. washingtonpost .com/health/is-bias-keeping-female-minority-patients-from-getting-proper-care-for-their-pain/2019/07/26/9d1b3a78-a810-11e9-9214-246e594de5d5_story.htmlavailable.

3. Ahrens, "Being Silenced," 270-73.

4. Andrea Johnson et al., "Progress in Advancing Me Too Workplace Reforms in #20StatesBy2020," National Women's Law Center (2019), https://nwlc.org/wp-content /uploads/2019/07/final_2020States_Report-12.20.19-v2.pdf.

성원

책으로 사람을 만나고 세상을 배우는 게 좋아서 시작한 번역이 어느덧 업이 되었다. 책을 통한 사색만큼 물질성 있는 노동을 사랑한다. 슬하에 2묘를 두고 있다. 《빈 일기》 《오버타임》 《살릴 수 있었던 여자들》 《우리는 맞고 너희는 틀렸다》 《쫓겨난 사람들》 《백래시》 《여성, 인종, 계급》 등을 우리말로 옮겼다.

불신당하는 말

2023년 3월 10일 초판 1쇄 발행

- 지은이 ─────── 데버라 터크하이머
- 옮긴이 ─────── 성원
- 펴낸이 ─────── 한예원
- 편집 ───────── 이승희, 윤슬기, 양경아, 김지희, 유가람
- 본문 조판 ───── 성인기획

- 펴낸곳 **교양인**

　　　　우 04015 서울 마포구 망원로6길 57 3층

　　　　전화 : 02)2266-2776 팩스 : 02)2266-2771

　　　　e-mail : gyoyangin@naver.com

　　　　출판등록 : 2003년 10월 13일 제2003-0060

ⓒ 교양인, 2023

ISBN 979-11-87064-98-5　03330